Fiscale eenheid und Organschaft

Europäische Hochschulschriften

European University Studies

Publications Universitaires Européennes

Reihe II **Rechtswissenschaft**

Series II Law

Série II Droit

Band/Volume **5832**

Johannes Grave

Fiscale eenheid und Organschaft

Einheitstheorie und Trennungsprinzip – auf dem Weg zu einer binationalen Gruppenbesteuerung

PL ACADEMIC RESEARCH

Bibliografische Information der Deutschen Nationalbibliothek
Die Deutsche Nationalbibliothek verzeichnet diese Publikation in der Deutschen Nationalbibliografie; detaillierte bibliografische Daten sind im Internet über http://dnb.d-nb.de abrufbar.

Zugl.: Osnabrück, Univ., Diss., 2015

D 700
ISSN 0531-7312
ISBN 978-3-631-67310-2 (Print)
E-ISBN 978-3-653-06525-1 (E-Book)
DOI 10.3726/978-3-653-06525-1

PL Academic Research ist ein Imprint der Peter Lang GmbH.
Peter Lang – Frankfurt am Main · Bern · Bruxelles · New York · Oxford · Warszawa · Wien

Diese Publikation wurde begutachtet.

www.peterlang.com

Vorwort

Die vorliegende Arbeit wurde im Wintersemester 2015/2016 vom Fachbereich Rechtswissenschaften der Universität Osnabrück als Dissertation angenommen.

Ein besonderer Dank gilt meiner Doktormutter und Erstgutachterin Frau Prof. Dr. Heike Jochum, die mein Dissertationsvorhaben während meiner Tätigkeit als wissenschaftlicher Mitarbeiter am Institut für Finanz- und Steuerrecht an der Universität Osnabrück und auch danach stets mit Wohlwollen unterstützt hat. Frau Prof. Dr. Jochum hat mir die Möglichkeit gegeben, meine Dissertation eigenständig zu entwickeln und stand mir zugleich mit sinnvollen Anregungen immer dann zur Seite, wenn ich diese benötigte. Frau Prof. Dr. Jutta Förster danke ich für die freundliche und zeitnahe Erstellung des Zweitgutachtens. Für zahlreiche freundschaftliche Hinweise und die fruchtbaren Diskussionen über Inhalte meiner Arbeit bedanke ich mich ganz herzlich auch bei Prof. Dr. Steffen Lampert.

Daneben möchte ich mich bei all jenen bedanken, die auf andere Weise zu der Fertigstellung dieser Dissertation beigetragen haben. Für ihre unendliche Geduld und die Aufmunterungen insbesondere in der Endphase der Arbeit danke ich meiner Freundin Isabel Lechtape. Ebenso danke ich meinen Brüdern Christian und Marcus Grave mit ihren Familien für die vielen unbeschwerten Momente.

Die Unterstützung und die gelegentlich notwendige Ablenkung durch meine Freunde haben mir die Fertigstellung dieser Arbeit erheblich erleichtert. Daher gebührt allen Freunden, ganz besonders meinen ehemaligen Mitbewohnern Henning Ratering und Christian Heinen, meine tiefe Dankbarkeit.

Meine Eltern Hubert und Gertrud Grave haben mein Studium sowie mein angeschlossenes Dissertationsvorhaben jederzeit und in jeglicher Hinsicht gefördert. Ihrer unbedingten Unterstützung und Zuneigung habe ich Alles zu verdanken. Ihnen ist diese Dissertation gewidmet.

Köln, Januar 2016 Johannes Grave

Gliederung

A. Einleitung

Ein Unternehmer, der in mehreren unterschiedlichen Tätigkeitsbereichen aktiv ist, wird häufig ein Interesse daran haben, diese Bereiche auch in rechtlicher Hinsicht unter Bewahrung seiner beherrschenden Stellung voneinander zu trennen. Die so gebildete Unternehmensgruppe, der Konzern, unterscheidet sich in diesem Fall von der Einheitsgesellschaft, in der sämtliche Geschäftsbetriebe unter dem Mantel einer Rechtsperson angesiedelt sind, nur in seiner zivilrechtlichen Struktur. In Hinblick auf die wirtschaftliche Durchsetzbarkeit der Unternehmerentscheidung in den einzelnen Tätigkeitsbereichen lässt sich ein Unterschied zur Einheitsgesellschaft nicht feststellen. Aufgrund des tatsächlichen und rechtlichen Unterordnungs- und Abhängigkeitsverhältnisses tragen die in einzelne Rechtsträger gegliederten Tätigkeitsbereiche dann aus ökonomischer Sicht ebenso zu einem „Konzerneinkommen" bei wie die einzelnen Tätigkeitsbereiche zu dem Einkommen der Einheitsgesellschaft.[1] Diesem Umstand, der wirtschaftlichen Zusammengehörigkeit trotz rechtlicher Trennung im Konzern, hat sowohl der deutsche als auch der niederländische Steuergesetzgeber Rechnung getragen und mit der Organschaft und der *fiscale eenheid* besondere Instrumente zur körperschaftsteuerlichen[2] Erfassung von Unternehmensgruppen und ihren Rechtsträgern etabliert.

Das Gesamtsteueraufkommen der Bundesrepublik Deutschland betrug im Jahr 2013 619,708 Milliarden Euro. Der Anteil des körperschaftsteuerlichen Aufkommens belief sich dabei auf 19,508 Milliarden Euro, prozentual also etwa auf 3 % des Gesamtsteueraufkommens.[3] Nach der aktuellsten Körperschaftsteuerstatistik waren im Jahr 2009 2,4 % der Körperschaftsteuerpflichtigen in ein Organschaftsverhältnis eingebunden.[4] Zwar wird der Beitrag der Organschaftssachverhalte zu dem körperschaftsteuerlichen Aufkommen bedeutend höher als 2,4 % liegen.[5] Allerdings ist schon anhand des absoluten Körperschaftsteueraufkommens festzuhalten, dass die in körperschaftsteuerlichen Organschaften zusammengefassten Unternehmen

---

1 So bereits RFH v. 26.7.1932, I D 2/31, III D 2/32, RFHE 31, 297 (301).

2 Neben der in dieser Dissertation erörterten körperschaftsteuerlichen Organschaft sieht das deutsche Steuerrecht auch auf den Gebieten des Umsatzsteuerrechts und des Gewerbesteuerrechts Vorschriften zur Organschaft vor.

3 Vgl. die Statistik über das Steueraufkommen unter: https://www.destatis.de/DE/ZahlenFakten/GesellschaftStaat/OeffentlicheFinanzenSteuern/Steuern/Steuerhaushalt/Tabellen/KassenmaessigeSteuereinnahmen.html.

4 Statistisches Bundesamt, Jährliche Körperschaftsteuerstatistik 2009, S. 11, unter: https://www.destatis.de/DE/Publikationen/Thematisch/FinanzenSteuern/Steuern/Koerperschaftsteuer/KoerperschaftsteuerstatistikJ5799701097004.pdf?__blob=publicationFile.

5 Es ist nicht öffentlich statistisch nachgehalten, wie hoch der Anteil der Organschaften an dem Körperschaftsteueraufkommen ist.

nur einen geringen Einfluss auf das Gesamtsteueraufkommen der Bundesrepublik Deutschland haben.

I. Problemstellung

Trotz dieser relativ geringen fiskalischen Auswirkungen sind die Vorschriften der Organschaft in den §§ 14ff. KStG einer ständigen Diskussion in der Literatur[6] und Reformvorhaben des Gesetzgebers[7] ausgesetzt, die wiederum durch Entscheidungen höchstrichterlicher Rechtsprechung ausgestaltet[8] bzw. initiiert[9] werden. Für diesen stetigen Veränderungsbedarf der Organschaftsvorschriften sind mehrere Umstände ursächlich.

Zum einen wird das Recht der Konzerne, das die rechtliche Trennung wirtschaftlich unter einer Einheit „Konzern" verbundener Gesellschaften regelt, in einem hohem Maße durch Vorschriften des Gesellschaftsrechts ausgestaltet und bestimmt. Die Vorschriften zur Besteuerung von Konzernen erfassen somit Sachverhalte, die in einem Spannungsfeld zwischen den Einflüssen der zivilrechtlichen Trennung und der für die steuerliche Beurteilung maßgebenden Grundsätze stehen. Das Organschaftsregime löst diesen Konflikt, indem es die Vorgaben des Zivilrechts grundsätzlich auch für Belange der Besteuerung der Konzerne nachvollzieht. Demgegenüber erfassen die Vorschriften zur *fiscale eenheid* in den Niederlanden den Konzern für steuerliche Zwecke als Einheit. Beide Ansätze gehen dabei in ihrer Ausgestaltung Kompromisse ein, die der besonderen Situation der Konzerne geschuldet sind. Diese Kompromisse werden in Hinblick auf die Organschaft mit der wirtschaftlichen Einheit in der Unternehmensgruppe, auf Seiten der *fiscale eenheid* wiederum mit der rechtlichen Eigenständigkeit der einzelnen Konzerngesellschaften gerechtfertigt.

---

6 Einen Überblick zu dem Diskussionsstand verschafft D/J/P/W/*Dötsch*, § 14 Rn. 29b ff.; ebenso bereits *Kolbe*, in: H/H/R, § 14 KStG Rn. 15f.

7 Nur in dem Zeitraum seit dem Jahr 2000 erfuhren die Vorschriften der körperschaftsteuerlichen Organschaft Änderungen durch das StSenkG v. 23.10.2000 (BGBl. I 2000, 1433), das UntStFG v. 20.12.2001 (BGBl. I 2001, 3858), das StVBG v. 19.12.2001 (BGBl. I 2001, 3922), das 5. Gesetz zur Änderung des StBAG und zur Änderung von St-Gesetzen v. 23.7.2002 (BGBl. I 2002, 2715), das StVergAbG v. 16.5.2003 (BGBl. I 2003, 660), das EURLUmsG v. 9.12.2004 (BGBl. I 2004, 3310), das JStG 2008 v. 20.12.2007 (BGBl. I 2007, 3150) sowie das Gesetz zur Änderung und Vereinfachung des Unternehmenssteuerrechts und des steuerlichen Reisekostenrechts v. 20.2.2013 (BGBl. I 2013, 285).

8 Siehe zuletzt BFH v. 13.11.2013, I R 45/12, BFH/NV 2014, 783, zur Frage der Mindestlaufzeit des Gewinnabführungsvertrages bei einem Rumpfwirtschaftsjahr; ebenso BFH v. 24.7.2013, I R 40/12, BStBl. II 2014, 272.

9 Bereits die Aufnahme der Vorschriften zur Organschaft in das Körperschaftsteuergesetz beruhte auf einer entsprechenden Forderung des 1. Senates in BFH v. 4.3.1965, I 249/61 S, BStBl. III 1967, 118ff.; vgl. auch die Entscheidung des BFH v. 9.2.2011, I R 54, 55/10, BStBl. II 2012, 106 (108f.), auf die der Gesetzgeber mit der Aufgabe des Ansässigkeitserfordernisses beim Organträger reagierte.

Zum anderen sind von den §§ 14ff. KStG auch die in Deutschland ansässigen, aber weltweit tätigen Unternehmen betroffen. Recht, das die steuerliche Erfassung dieser *global player* regelt, muss auch Entscheidungen über die Besteuerung von deren grenzüberschreitenden Betätigungen treffen. Die Regelungen zur Besteuerung von Konzernen sind in den Steuerrechtsordnungen weltweit mit wenigen Ausnahmen[10], ebenso wie die Organschaft und die *fiscale eenheid,* in ihrem Anwendungsbereich auf nationale Sachverhalte beschränkt und stehen somit einer steuerlichen Ergebniskonsolidierung über die Landesgrenze im Konzern entgegen. Diese Begrenzung wirft in mehrfacher Hinsicht Fragen der Vereinbarkeit mit Vorgaben der Europäischen Union (EU) auf. Zunächst steht sie in Kontrast zu dem Ziel der EU, die Mitgliedstaaten zu einem gemeinsamen (wettbewerbsfähigen und dynamischen wissensgestützten) Wirtschaftsraum zu entwickeln.[11] Außerdem drängt sich die Frage der Vereinbarkeit einer solchen nationalen Begrenzung mit den Vorgaben der Europäischen Verträge, insbesondere den Grundfreiheiten, auf. So ist es nicht überraschend, dass auf Ebene der EU politische Initiativen vorangetrieben werden, die auf die Ermöglichung einer grenzüberschreitenden Ergebniskonsolidierung in Konzernen abzielen. Ebenso lässt sich vor diesem Hintergrund die hohe Anzahl der Entscheidungen des Europäischen Gerichtshofes (EuGH) über die Frage der Vereinbarkeit der nationalen Konzernbesteuerungsregime mit den europäischen Grundfreiheiten erklären.

Diese Überlegungen in der Steuerlehre, der Politik und der Rechtsprechung sowie ihre jeweiligen Einflüsse auf die Voraussetzungen von Konzernbesteuerungsvorschriften scheinen auch den deutschen Gesetzgeber erreicht zu haben. So propagierte der Koalitionsvertrag der Regierungskoalition aus CDU/CSU und FDP im Jahr 2009 das Ziel, die Organschaftsregeln durch ein modernes Gruppenbesteuerungssystem zu ersetzen.[12] Zwar lässt sich dem Koalitionsvertrag der Koalition aus CDU/CSU und SPD aus dem Jahr 2013 eine solche Zielformulierung nicht entnehmen. Dennoch soll auch nach der sogenannten „Kleinen Organschaftsreform“[13] durch das „Gesetz zur Änderung und Vereinfachung des Unternehmenssteuerrechts und des steuerlichen Reisekostenrechts“[14] ausdrücklich an dem politischen Ziel einer grundlegenden Reform der körperschaftsteuerlichen Organschaft festgehalten werden.[15]

---

10 Eine grenzüberschreitende Konsolidierung ermöglicht etwa die österreichische Gruppenbesteuerung.

11 So die Zielformulierung nach der sog. Lissabon-Strategie, Lisbon European Council, 23.-24.3.2000, Presidency Conclusions, Nr. 5 (einsehbar unter: http://www.europarl.europa.eu/summits/lis1_en.htm).

12 Koalitionsvertrag der CDU, CSU und FDP zur 17. Legislaturperiode, S. 14.

13 *Welling/Fellinger*, DStR 2013, 1718ff.

14 Gesetz vom 20.2.2013, BGBl. I 2013, 285.

15 So bereits die Begründung des Gesetzentwurfs zu dem Gesetz zur Änderung und Vereinfachung des Unternehmenssteuerrechts und des steuerlichen Reisekostenrechts in BT-Drucks. 17/10774, S. 9.

II. Zielsetzung und Gang der Untersuchung

Diese Dissertation soll das politische Ziel aufnehmen und die Diskussion über die grundlegende Reform der körperschaftsteuerlichen Organschaft vorantreiben. Schon aus dem Adjektiv „grundlegend" folgt, dass dazu Erörterungen über die zutreffende dogmatische Grundlage notwendig sind.

In diesem Sinne sollen daher in einem ersten Schritt die Vorschriften der Konzernbesteuerung in den Niederlanden, die einen vermeintlichen Gegenentwurf zu der Organschaft in Deutschland abbilden, erläutert und dem deutschen Organschaftsregime gegenübergestellt werden.

Es stellt sich sodann die Frage, ob die Einheitstheorie in ihrer Umsetzung in den Niederlanden als taugliche dogmatische Grundlage für die Konzernbesteuerung in Deutschland Anwendung finden könnte. Die Beantwortung dieser Frage macht eine Auseinandersetzung mit der Einheitstheorie und der derzeitigen Grundlagen der Organschaft, der Trennungs- und Zurechnungstheorie, erforderlich. In diesem Zusammenhang ist außerdem zu erörtern, inwieweit die zivilrechtlichen Anforderungen an die Behandlung der Konzerne in Deutschland auch deren Besteuerung vorzeichnen. Die Umsetzung der Einheitstheorie wirft daneben auch die Frage der Vereinbarkeit mit dem Grundsatz der Individualbesteuerung auf.

Neben den Erörterungen der dogmatischen Grundlagen soll diese Dissertation weitere Aspekte einer Reform der Organschaft beleuchten. Schwerpunkte sollen dabei hinsichtlich der steuerlichen Verlustberücksichtigung im Konzern, der Behandlung von Inlandsbetriebsstätten ausländischer Tochtergesellschaften sowie der Mehrmüttergruppenbesteuerung gesetzt werden. Diese Problemfelder sollen nach ihrer Eigenart vor dem Hintergrund der durch die Rechtsprechung festgelegten verfassungsrechtlichen sowie europarechtlichen Maßstäbe an die Besteuerung untersucht werden.

Insbesondere ist aber auf den Zusammenhang zwischen den verschiedenen Reformaspekten und den vorangestellten Ergebnissen zu einer tauglichen dogmatischen Grundlage einzugehen. Denn es muss der Frage nachgegangen werden, ob der Gesetzgeber im Rahmen der Nivellierung der verschiedenen Voraussetzungen der Konzernbesteuerung nicht nur durch die allgemein gültigen Vorgaben aus höherrangigem Recht, sondern auch durch die gewählte dogmatische Grundlage gebunden ist. Es ist also zu untersuchen, ob und in welchem Maße die jeweilige dogmatische Grundlage die Ausgestaltung der unterschiedlichen Voraussetzungen der Gruppenbesteuerung beeinflusst. Dieses ist insbesondere mit Blick auf die Behandlung der Vorgruppenverluste und der Inlandsbetriebsstätten ausländischer Tochtergesellschaften in den Niederlanden zu analysieren. Dabei ist auch zu erörtern, ob der jeweils getroffenen niederländischen Regelung eine Vorbildfunktion für die Reform zukommen könnte.

Die Beschränkung der Konzernbesteuerung auf nationale Sachverhalte wurde bereits oben als ein viel diskutierter Problembereich der Organschaft herausgestellt. In dieser Dissertation soll ein Vorschlag für eine grenzüberschreitende Ergebniskonsolidierung in der Unternehmensgruppe entwickelt werden. Dieses Vorhaben macht zunächst Erörterungen zu den bisherigen Initiativen zur grenzüberschreitenden Gruppenbesteuerung auf Ebene der EU notwendig. Der Analyse der *Common Consolidated Corporate Tax Base (CCCTB)*, als der am weitesten fortgeschrittenen Initiative soll dabei ein besonderes Gewicht zukommen. Es ist aber auch Ziel dieser Arbeit, der Frage nach einer im Anwendungsbereich flexibleren und damit leichter umsetzbaren Alternativlösung zur grenzüberschreitenden steuerlichen Erfassung der Konzernunternehmen nachzugehen.

B. Fiscale eenheid

Ebenso wie im deutschen Steuerrecht besteht auch in den Niederlanden die Möglichkeit, innerhalb eines Konzerns die Ergebnisse der einzelnen Konzerngesellschaften auf der Ebene der Obergesellschaft miteinander zu saldieren. Das Gruppenbesteuerungsregime der Niederlande – die *fiscale eenheid*[16] – ist in Art. 15ff. *Wet op de vennootschapsbelsasting 1969* (VPB)[17], im *Besluit fiscale eenheid*[18] sowie in der *Uitvoeringsregeling fiscale eenheid*[19] normiert.

Sind mehrere Gesellschaften zu einer *fiscale eenheid* verbunden, so ist auf dem Gebiet der Körperschaftsteuer nur eine zusammengefasste Steuererklärung einzureichen.[20] Die in einem Wirtschaftsjahr erzielten Ergebnisse der beteiligten Körperschaften werden dabei miteinander verrechnet.[21] Die gemeinsame Steuererklärung gibt also das konsolidierte Ergebnis von sämtlichen an der *fiscale eenheid* beteiligten Gesellschaften wieder.[22] Bei der Gruppenbesteuerung wird in den Niederlanden von einer fiktiven Fusion der Gesellschaften ausgegangen,[23] so dass die Gruppe körperschaftsteuerrechtlich als ein einziges Unternehmen behandelt wird.[24] Dieser Ansatz wird als Einheitstheorie bezeichnet und stellt auch im niederländischen Steuerrecht eine Ausnahme von dem an das Zivilrecht angelehnten Grundsatz der steuerlichen Selbständigkeit von (auch miteinander verbundenen) Unternehmen dar.[25] Die Körperschaftsteuer wird gemäß Art. 15 Abs. 1 S. 2 VPB bei der Muttergesellschaft erhoben. Dabei handelt es sich um die Gesellschaft, die die Anteile an den anderen Gesellschaften (Tochtergesellschaften) hält, Art. 15 Abs. 1 S. 1 VPB. Die Tochtergesellschaften werden dagegen aus Sicht der Steuerverwaltung für körperschaftsteuerliche Zwecke als ruhend verstanden.[26] Allerdings wird die *fiscale eenheid* nur aus Sicht des Fiskus als eine einzige juristische Person angesehen. Die Einheitstheorie entfaltet keine Wirkung für die Rechtsverhältnisse zwischen den

---

16 Im Folgenden auch bezeichnet als steuerliche Einheit oder fiskale Einheit.

17 Wet op de vennootschapsbelasting 1969 vom 8.10.1969, im Folgenden mit VPB abgekürzt; niederländisches Körperschaftsteuergesetz.

18 Besluit fiscale eenheid 2003 vom 17.12.2002; allgemeine Verwaltungsrichtlinie zu der fiscale eenheid.

19 Uitvoeringsregeling fiscale eenheid en voorkoming dubbele belasting 2003; Ausführungsregelung zu der fiscale eenheid.

20 *Sedlaczek*, IWB 2006, Fach 5 Gruppe 2, 435 (439).

21 *Heithuis/Van den Dool*, Compendium vennootschapsbelasting, S. 305.

22 *Sedlaczek*, IWB 2006, Fach 5 Gruppe 2, 435 (439).

23 Dafür spricht bereits der Wortlaut des Art. 15 I VPB: „*..de belasting van hen (moedermaatschapij en dochtermaatschapij) geheven alsof er één belastingplichtige is,...*".

24 *Kollruss*, IStR 2004, 5 (5); *Kessler*, FS Krüger, 235 (244).

25 *Strik/de Vries*, Cursus Belastingrecht Vennootschapsbelasting, S. 538.

26 *Heithuis/ Van den Dool*, Compendium vennootschapsbelasting, S. 303.

Einheitsgesellschaften und außenstehenden Rechtsträgern.[27] Dass die zivilrechtliche Selbständigkeit der Tochtergesellschaft mit der Begründung einer *fiscale eenheid* nicht untergeht,[28] offenbart sich etwa durch die gemeinsame Haftung der verbundenen Gesellschaften für die Körperschaftsteuerschuld gemäß Art. 39 IW[29].

Im Hinblick auf die übrigen Steuerarten, mit denen Gesellschaften in den Niederlanden belastet werden können, bleiben auch die Tochtergesellschaften der *fiscale eenheid* unmittelbar betroffen,[30] soweit auf dem Gebiet dieser Steuerarten kein mit der steuerlichen Einheit vergleichbares Rechtsinstitut besteht.[31]

I. Entwicklung der fiscale eenheid

Die Vorschriften zur *fiscale eenheid* waren ursprünglich nicht im niederländischen Körperschaftsteuergesetz, sondern in einem Erlass geregelt. Im *Besluit winstbelasting* wurde bereits 1940 der Regelungsinhalt der *fiscale eenheid* normiert.[32] Das niederländische Körperschaftsteuergesetz ist dagegen auf einen 1942 während der deutschen Besatzungszeit erlassenen Rechtsatz, den *Besluit op de vennootschapsbelasting*, zurückzuführen.[33] Dieser Erlass wurde im Jahr 1969 durch das neue Gesetz, das *Wet op de vennootschapsbelasting* (VPB), ersetzt. Mit der Reform des Körperschaftsteuerrechts 1969 wurde auch der Gegenstand des *Besluit winstbelasting* – die *fiscale eenheid* – in Art. 15ff. VPB aufgenommen.[34]

Der Regelungsinhalt der *fiscale eenheid* wurde aber 1969 nicht vollkommen durch das *Wet op de vennootschapsbelasting* erfasst. Vielmehr oblag es dem Steuergesetzgeber, die gesetzliche Regelung durch darauf basierende Verwaltungsvorschriften, sog. *Standaardvoorwaarden* (übersetzt etwa: allgemeine (Standard-) Voraussetzungen), zu konkretisieren. Aufgrund dieser Durchführungsverordnungen war es möglich, erforderliche Korrekturen an dem niederländischen Gruppenbesteuerungsregime

---

27 *Strik/de Vries*, Cursus Belastingrecht Vennootschapsbelasting, S. 545.

28 *Heithuis/ Van den Dool*, Compendium vennootschapsbelasting, S. 320; *Van der Geld*, Hoofdzaken vennotschapsbelasting, S. 278.

29 Invorderingswet 1990 vom 30.5.1990.

30 *Heithuis/ Van den Dool*, Compendium vennootschapsbelasting, S. 303; *Boer*, IStR 2011, 61 (62).

31 Auch auf dem Gebiet der Umsatzsteuer (Art. 7 IV Wet op de omzetbelasting 1968 vom 28.6.1968) wird die steuerliche Einheit als ein Unternehmer angesehen. Die umsatzsteuerlichen wie auch gewerbesteuerlichen Gruppenbesteuerungssysteme werden im Rahmen dieser Arbeit jedoch nicht nähergehend untersucht.

32 Auch wenn die Niederlande zum Zeitpunkt der Verabschiedung des *Besluit ob de Winstbelasting* am 26.7.1940 schon durch das deutsche Reich besetzt waren, entsprachen dessen Regelungen ihrem Inhalt nach nahezu vollkommen dem noch vor der Besetzung verfassten und vorgelegten Entwurf, vgl. dazu *Essers*, Belast verleden, S. 164; *Geiger*, IWB 2002, Fach 5 Gruppe 2, 361 (361); *Grotherr*, StuW 1996, 356 (357); *Strik/de Vries*, Cursus Belastingrecht Vennootschapsbelasting, S. 535.

33 *Jungnitz*, IStR 2006, 266 (266).

34 *Beusch*, in: FS Flume, Bd. 2, S. 33; *Koch*, Die steuerliche Einheit, S. 7.

ohne eine Änderung des Gesetzes vorzunehmen. Allerdings zeigte sich auch ein signifikanter Nachteil: eine Änderung der Regelungen zur *fiscale eenheid* durch neue und abgeänderte *Standaardvoorwaarden* entfaltete nur eine ex nunc-Wirkung. Das bedeutete, dass sich nur neu gegründete steuerliche Einheiten nach den neuen oder abgeänderten Voraussetzungen zu richten hatten. Auf steuerliche Einheiten, die vor diesem Vorgang – also nach zuvor geltendem Recht – gegründet worden waren, hatten Änderungen keinen Einfluss.[35] Diese konnten sich auf die *Standaarvoorwaarden* berufen, die zum Zeitpunkt der Bildung der jeweiligen *fiscale eenheid* Geltung hatten.[36] Aber auch für die Gesellschaften, die der *fiscale eenheid* zu einem Zeitpunkt nach ihrer Bildung beitraten, waren immer die gerade zu dem Beitrittszeitpunkt der Gesellschaft geltenden Voraussetzungen maßgeblich. So konnten beispielsweise in einer steuerlichen Einheit mit drei Untergesellschaften auch drei verschiedene Regelungen in den *Standaardvoorwaarden* maßgeblich sein. Dass damit eine erhebliche Rechtsunsicherheit und eine ungleiche Behandlung der verschiedenen Einheitsgesellschaften sowohl untereinander als auch im Hinblick zu anderen steuerlichen Einheiten verbunden war, ist augenscheinlich.

Ein weiteres Problemfeld offenbarte sich bezüglich der Behandlung der an der *fiscale eenheid* beteiligten Untergesellschaften: seit 1969 war durch die Formulierung des Art. 15 Abs. 1 VPB mit der steuerlichen Einheit der Gedanke des *opgaan in* verbunden.[37] Danach sollte eine beitretende Tochtergesellschaft mit Vermögen und Schulden sowie mit ihren Ergebnissen in der Mutter „aufgehen". Als Folge dieser Ansicht war die Behandlung der subjektiven Körperschaftsteuerpflicht der Tochtergesellschaft umstritten. So war fraglich, ob deren Eigenschaft als Körperschaftsteuersubjekt während des Bestehens der *fiscale eenheid* nur ruhte oder ob die Untergesellschaft körperschaftsteuerlich überhaupt nicht mehr existent war.[38] Die Rechtsprechung erkannte die körperschaftsteuerliche Existenz der Tochtergesellschaft in einer *fiscale eenheid* nicht an.[39] Dieser Umstand bereitete insbesondere Probleme für die Tochtergesellschaften hinsichtlich der Feststellung ihrer Ansässigkeit nach dem Recht der Doppelbesteuerungsabkommen.[40] Weil die Tochtergesellschaften in den Niederlanden als steuerlich nicht existent angesehen wurden, konnten sie nach einem Doppelbesteuerungsabkommen nicht wie eine ansässige juristische Person behandelt werden.[41]

Deshalb war ein Ziel der Reform der Gruppenbesteuerung im Jahr 2003, diese rechtliche Unsicherheit durch gesetzliche Verankerung der subjektiven Steuerpflicht

---

35 *Heithuis/Van den Dool*, Compendium vennootschapsbelasting, S. 304.

36 *Strik/de Vries*, Cursus Belastingrecht Vennootschapsbelasting, S. 551.

37 *Jungnitz*, IStR 2006, 266 (266); *Strik/de Vries*, Cursus Belastingrecht Vennootschapsbelasting, S. 538.

38 *Heithuis/Van den Dool*, Compendium vennootschapsbelasting, S. 305; *Scheuchzer*, IStR 1994, 562 (564).

39 *Hooge Raad*, 4.6.1986, BNB 1986/282.

40 *Jungnitz*, IStR 2006, 266 (266).

41 *Strik/de Vries*, Cursus Belastingrecht Vennootschapsbelasting, S. 540.

von Tochterunternehmen in der *fiscale eenheid* zu beheben. Trotzdem sollten nicht die positiven Effekte des *opgaan in* – Gedankens aufgegeben werden.[42] Als Folge dieses Vorhabens wurde der Grundsatz des *deel uitmaken* entwickelt und im Wortlaut des Art. 15 Abs. 1 S. 1 VPB manifestiert: danach erfolgt die Besteuerung der an einer steuerlichen Einheit beteiligten Gesellschaften „als ob es nur einen Steuerpflichtigen gebe, in dem Sinne, dass die Tätigkeiten und das Vermögen der Tochtergesellschaft einen Teil der Tätigkeiten und des Vermögens der Muttergesellschaft ausmachen“[43]. Durch diese Formulierung ist klargestellt, dass die Tochtergesellschaft zwar aufgrund der Beteiligungsverhältnisse ein Bestandteil der Muttergesellschaft ist, dennoch aber ein eigenes Steuersubjekt bleibt.[44] Letzteres wird durch den Wortlaut der weiteren Normen zur steuerlichen Einheit (Art. 15ff. VPB) untermauert, in denen im Hinblick auf die zusammengeschlossenen Gesellschaften von „den Steuerpflichtigen“ die Rede ist.[45] Das System nach der Reform entspricht somit in seinen Rechtsfolgen dem System vor der Reform, so dass auch weiterhin der Gedanke des *opgaan in* Anwendung findet.[46] Zusätzlich ist aber eine Ansässigkeitserklärung nach dem Recht der Doppelbesteuerungsabkommen nicht mehr von der Muttergesellschaft für ihre Tochter abzugeben, sondern kann von dieser selbst abgegeben werden.[47]

Ebenso wurde 2003 der Aufbau des Gruppenbesteuerungsregimes reformiert. Die Regelungstechnik mit *Standaardvoorwaarden* wich einer ausführlicheren Formulierung der Voraussetzungen der *fiscale eenheid* in den Art. 15ff. VPB. Daneben wurde die *fiscale eenheid* in einer allgemeinen Verwaltungsrichtlinie (*Besluit fiscale eenheid 2003)* und einer Ausführungsregelung (*Uitvoeringsregeling fiscale eenheid en voorkoming dubbele belasting 2003*) konkretisiert. Der Vorteil gegenüber den *Standaardvoorwaarden* liegt darin, dass Änderungen dieser Vorschriften auch für die bereits bestehenden steuerlichen Einheiten gelten.[48]

---

42 Besluit fiscale eenheid 2003, Staatsblad 2002, S. 646; Kamerstukken II 2000/01, 26 854, Nr. 6, V-N 2001/34.3, S. 3575; *Heithuis/Van den Dool*, Compendium vennootschapsbelasting, S. 304; *Strik/de Vries*, Cursus Belastingrecht Vennootschapsbelasting, S. 541.

43 Übersetzung eines Satzteils von Art. 15 I 1 VPB.

44 *Heithuis/Van den Dool*, Compendium vennootschapsbelasting, S. 304.

45 *Jungnitz*, IStR 2006, 266 (266).

46 *Strik/de Vries*, Cursus Belastingrecht Vennootschapsbelasting, S. 538.

47 *Jungnitz*, IStR 2006, 266 (266).

48 Kamerstukken II 2000/01, 26 854, Nr. 6, V-N 2001/34.3, S. 3575; *Heithuis/Van den Dool*, Compendium vennootschapsbelasting, S. 303. Es ist aber zu konstatieren, dass sich tatsächlich für die Rechtsanwender durch die Reform im Jahr 2003 die Voraussetzungen der *fiscale eenheid* nicht erheblich geändert haben. Die bis dahin festgelegten *Standaardvoorwaarden* wurden lediglich in das Gesetz oder die Verwaltungsrichtlinie übernommen, ohne dass daran zahlreiche Änderungen vorgenommen wurden, vgl. *Koch*, Die steuerliche Einheit; S. 9. Eine bedeutende Änderung der Rechtslage durch die Reform 2003 erfuhr die steuerliche Einheit hinsichtlich der Verlustvorträge. Diese können nun auch einer ausscheidenden Tochtergesellschaft übertragen werden, sofern diese die Verluste verursacht hat. Detailliertere Ausführungen dazu finden sich unter Gliederungspunkt B.VI.

II. Voraussetzungen der steuerlichen Einheit

Die Darstellung der Voraussetzungen für die Begründung einer *fiscale eenheid* erstreckt sich über die grundsätzlich zugelassenen Rechtssubjekte sowie das Beteiligungserfordernis. Weitere, technische Anforderungen für den Zusammenschluss, werden unter dem Gliederungspunkt „Eintritt in den Konsolidierungskreis“ aufgeführt.

1. Beteiligungsfähige Rechtssubjekte

Die Anforderungen an Rechtssubjekte, die an einer *fiscale eenheid* in den Niederlanden beteiligt werden können, divergieren deutlich von den Erfordernissen nach dem deutschen Körperschaftsteuergesetz an Organschaftsbeteiligte.

a) Muttergesellschaft

Als Muttergesellschaft kommen gemäß Art. 15 Abs. 3 lit. d VPB zunächst die *naamloze vennootschap (NV)*, die *besloten vennootschap met beperkte aansprakelijkheid (BV)*, die *coöperatie* (Genossenschaft) sowie eine *onderlinge waarborgmaatschappij* (Versicherungsverein auf Gegenseitigkeit) in Betracht. Die *NV* ist das niederländische Pendant zur Aktiengesellschaft, die *BV* in Voraussetzungen und Rechtsfolgen mit der Gesellschaft mit beschränkter Haftung zu vergleichen. Ebenso kann eine Europäische Gesellschaft (Societas Europeae – SE), die durch EU-Verordnung der niederländischen *NV* gleichgestellt ist, als Muttergesellschaft fungieren.[49] Es ist also festzustellen, dass als Muttergesellschaften einer *fiscale eenheid* nur solche Gesellschaften in Betracht kommen, die unter das Recht der niederländischen Körperschaftsteuer fallen.[50]

b) Untergesellschaft

Nach Art. 15 Abs. 3 lit. e VPB können eine *NV* oder *BV* Tochtergesellschaft in einer steuerlichen Einheit sein. Gemäß der EG-Verordnung zur SE gehört auch die Europäische Gesellschaft zu diesem Kreis.[51]

Dieselben Anforderungen bezüglich der Rechtsform gelten auch für solche Rechtssubjekte, deren Anteile von den Tochtergesellschaften des Konzerns gehalten werden. Diese Enkelgesellschaften können Teil der *fiscale eenheid* werden. Allerdings ist ihre Aufnahme in den Konsolidierungskreis dadurch bedingt, dass die ihre Anteile führenden Tochtergesellschaften ebenfalls Teil der *fiscale eenheid* sein müssen.[52]

---

49 Verordnung 2157/2001 vom 8.10.2001, Art. 10.
50 *Boer*, IStR 2011, 61 (61).
51 Verordnung 2157/2001 vom 8.10.2001, Art. 10.
52 *Kessler*, FS Krüger, 235 (244).

c) Berücksichtigung ausländischer Gesellschaften

Die *fiscale eenheid* ist auf Inlandssachverhalte begrenzt. Das bedeutet, dass nur in den Niederlanden ansässige Gesellschaften Teil des Konsolidierungskreises sein können, Art. 15 Abs. 3 lit. c VPB. Eine exakte Definition für den Begriff der Ansässigkeit gibt es in den Niederlanden nicht. Gemäß Art. 4 Abs. 1 AWR[53] beurteilt sich die Frage der Ansässigkeit einer Körperschaft nach den Umständen des Einzelfalls. In der Praxis ist für die Ansässigkeit in der Regel der Ort der tatsächlichen Geschäftsleitung einer Gesellschaft entscheidend.[54] Daraus folgt, dass nur eine Gesellschaft mit tatsächlicher Geschäftsleitung auf dem Gebiet der Niederlande an einer *fiscale eenheid* beteiligt werden kann.

Nachdem die Rechtsstellung von Gesellschaften, die ihre tatsächliche Geschäftsleitung in den Niederlanden hatten, aber nach dem Gesellschaftsrecht eines anderen Staates gegründet worden waren, lange Zeit klärungsbedürftig war, stellte der *Hoge Raad* (übersetzt: Hoher Rat), das für die Steuerrechtsprechung höchste Instanzengericht in den Niederlanden, in einem Beschluss aus dem Jahr 1994 fest, dass eine Nichtzulassung von im Ausland gegründeten Körperschaften eine unzulässige Diskriminierung nach dem Recht der Doppelbesteuerungsabkommen sei.[55] Demzufolge seien auch Körperschaften in die *fiscale eenheid* aufzunehmen, die nach ausländischem Recht gegründet wurden.[56] Als Reaktion auf diese Rechtsprechung nahm der Gesetzgeber eine Änderung der gesetzlichen Regelungen vor: in Art. 15 Abs. 3 lit. d und lit. e VPB wurden die beteiligungsfähigen Rechtssubjekte um im Ausland gegründete Gesellschaften erweitert. Diese müssen nach dem Recht der niederländischen Hoheitsgebiete in der Karibik[57], eines EU-Mitgliedstaates oder eines DBA-Partnerstaates der Niederlande außerhalb der EU gegründet worden sein, sofern das jeweilige Doppelbesteuerungsabkommen ein Diskriminierungsverbot bezogen auf Gesellschaften des anderen Vertragsstaates enthält. Dass diese

53 Algemene wet inzake rijksbelasting vom 2.7.1959; vergleichbar mit der Abgabenordnung.

54 *Boer*, IStR 2011, 61 (61); *Heithuis/van den Dool*, Compendium vennootschapsbelasting, S. 290; *Koch*, Die steuerliche Einheit, S. 12.

55 Hoge Raad, 16.3.1994, Nr. 27 764, BNB 1994/191. In diesem Verfahren ging es um eine nach dem Recht der niederländischen Antillen gegründete Aktiengesellschaft mit Sitz in den Niederlanden, die mit ihrer niederländischen Muttergesellschaft eine steuerliche Einheit begründen wollte. Da es sich um ein Verfahren betreffend die niederländischen Antillen handelte, waren die steuerlichen Regelungen zwischen den Niederlanden, den niederländischen Antillen sowie Aruba maßgeblich. Dabei handelt es sich zwar nicht um Doppelbesteuerungsabkommen im eigentlichen Sinne, die Vorschriften sind aber mit denen eines Doppelbesteuerungsabkommens vergleichbar, siehe auch http://www.belastingdienst.nl/variabel/buitenland/de/privatpersonen/privatpersonen-98.html (3.5.2011).

56 Hoge Raad vom 16.3.1994, Nr. 27 764, BNB 1994/191.

57 Zu diesen gehören Aruba, Curacao, St. Marteen sowie die *BES-Inseln* (Bonaire, St. Eustatius, Saba).

Gesellschaften den Ort ihrer Geschäftsleitung in den Niederlanden haben müssen, dort also ansässig sein müssen, ergibt sich wie für die nach niederländischem Recht gegründeten Körperschaften aus Art. 15 Abs. 3 lit. c VPB. Selbst wenn die Voraussetzungen erfüllt sind, nach denen aus niederländischer Sicht eine Ansässigkeit der Gesellschaft zu bejahen ist, ist in den Fällen trotzdem keine *fiscale eenheid* möglich, in denen das Besteuerungsrecht nach einem Doppelbesteuerungsabkommen dem anderen Vertragsstaat zugewiesen ist.[58] Darüber hinaus müssen die im Ausland gegründeten Gesellschaften nach Art und Struktur mit den niederländischen Gesellschaftsformen vergleichbar sein. Was unter dieser Vergleichbarkeit im Sinne von Art. 15 Abs. 3 lit. d und lit. e VPB zu verstehen ist, wird in Art. 3 Abs. 1 Besluit fiscale eenheid näher ausgeführt. Danach wird eine Gesellschaftsform aus dem Ausland mit den beteiligungsfähigen niederländischen Rechtsformen *NV* und *BV* als vergleichbar anerkannt, wenn deren Kapital vollkommen in gleiche oder gleichmäßige Teile zerlegt ist (a), die Gesellschaftsform in ihrem Gründungsland der Gewinnbesteuerung unterworfen ist (b), sie nicht transparent ist, sondern hinsichtlich der Gewinnausschüttung an die Gesellschafter ein Ausschüttungsbeschluss erforderlich ist (c), die Haftung der Gesellschafter auf deren Einlage beschränkt ist (d) und jeder Gesellschafter zumindest grundsätzlich ein Stimmrecht hat, das im Verhältnis zu dem von ihm eingezahlten Kapital steht (e).

Zu diskutieren ist hinsichtlich dieser Anforderungen an die Vergleichbarkeit aus Art. 15 Abs. 3 lit. d und lit. e VPB die Rechtsform der GmbH & Co.KG/oHG aus Deutschland. Obwohl diese in Deutschland Personengesellschaft ist, wird sie in den Niederlanden als nicht transparent angesehen, sofern ihre Gesellschaftsanteile übertragen werden können, ohne dass nach dem Gesellschaftsvertrag die Zustimmung aller anderen Gesellschafter einzuholen ist. In diesem Fall gilt die GmbH & Co. in den Niederlanden als sogenannte *open commanditaire vennootschap (offene KG)*, so dass sie mit einer Kapitalgesellschaft gleichgestellt wird.[59] Man kann sich demnach fragen, ob ein gesellschaftsrechtlicher *Mischtyp*[60] wie die GmbH & Co. als ein Bestandteil der *fiscale eenheid* fungieren kann, weil er in den Niederlanden als Kapitalgesellschaft angesehen wird und Kapitalgesellschaften nach niederländischem Recht beteiligungsfähig an der *fiscale eenheid* sind. Allerdings wird diese vermeintliche Regelungslücke durch das Recht der Doppelbesteuerungsabkommen geschlossen. Die Niederlande folgen für die Einstufung in dieser Hinsicht der Qualifikation im Gründungsstaat.[61] Somit ist eine hybride Gesellschaft, auch wenn sie nach niederländischem Recht als Kapitalgesellschaft einzustufen wäre, nicht selbst[62] beteiligungsfähig in einer *fiscale eenheid*.

---

58 *Heithuis/van den Dool*, Compendium vennootschapsbelasting, S. 314.

59 *Spierts/Stevens*, in: Wassermeyer u.a., Personengesellschaften im internationalen Steuerrecht, Rn. 27.13 ff.

60 *Baumbach/Hopt/Hopt*, Anh § 177a, Rn. 1.

61 *Mick/Galavazi*, in: Debatin/Wassermeyer, DBA Niederlande, Vor Art. 1, Rn. 18.

62 Anderes gilt für die in den Niederlanden befindliche Betriebsstätte einer deutschen GmbH & Co, siehe unten.

Während im Ausland ansässige Körperschaften nicht Teil einer steuerlichen Einheit werden können, gilt etwas anderes für die in den Niederlanden liegenden Betriebsstätten ausländischer Konzerntochtergesellschaften. Unter den Voraussetzungen des Art. 15 Abs. 4 VPB kann eine solche inländische Betriebsstätte einer ausländischen Konzerngesellschaft in den Konsolidierungskreis aufgenommen werden, sofern den Niederlanden das Besteuerungsrecht für die Betriebsstätteneinkünfte zugewiesen ist. Dazu muss die Geschäftsleitung der Gesellschaft in den niederländischen Hoheitsgebieten in der Karibik[63], einem EU-Mitgliedstaat oder einem Staat liegen, mit dem die Niederlande ein Doppelbesteuerungsabkommen geschlossen haben, das das Besteuerungsrecht für die Betriebsstätten dem Sitzstaat zuweist, Art. 15 Abs. 4 lit. a VPB. Das sogenannte Betriebsstättenprinzip ist in Art. 7 OECD-Musterabkommen verankert und der Regelfall in Doppelbesteuerungsabkommen der Niederlande mit anderen Staaten. Weitere Voraussetzung für die Einbeziehung einer Betriebsstätte einer ausländischen Gesellschaft ist, dass diese Gesellschaft im Ausland eine für die *fiscale eenheid* zugelassene Gesellschaftsform aufweist. Diese muss gemäß Art. 15 Abs. 4 lit. b VPB entweder *NV* oder *BV* sein oder eine damit vergleichbare ausländische Rechtsform aufweisen. Die inländische Betriebsstätte kann auch als Obergesellschaft einer steuerlichen Einheit fungieren. Dazu ist nach Art. 15 Abs. 4 lit. c VPB erforderlich, dass die Betriebsstätte die Anteile an den beteiligten Gesellschaften der *fiscale eenheid* in ihrem Betriebsvermögen führt. Beabsichtigt also ein Konzern mit ausländischen Tochtergesellschaft(en) in den Niederlanden die Gründung einer *fiscale eenheid*, so kann eine solche durch die Übertragung der Anteile an eine Betriebsstätte in den Niederlanden gegründet werden. Natürlich müssen die weiteren Qualifikationsmerkmale der *fiscale eenheid*, zum Beispiel eine Beteiligungsquote von 95% auch in diesem Fall erfüllt sein.[64] Anders als im Falle einer *fiscale eenheid* nur zwischen Kapitalgesellschaften führt die Beteiligung der Betriebsstätte dazu, dass nur diese, nicht aber ihr im Ausland gelegener Hauptsitz Teil des Konsolidierungskreises ist. Nur die Transaktionen mit dieser Betriebsstätte werden als solche der *fiscale eenheid* aufgefasst, dagegen nicht diejenigen zwischen den Einheitsgesellschaften und der ausländischen Körperschaft, die die Betriebsstätte in den Niederlanden betreibt.[65] Handelt es sich bei der ausländischen Gesellschaft um eine Konzerntochter, so wird sie in der Konzernbilanz weiterhin unter dem Posten Beteiligungen geführt.[66] Die Berücksichtigung derartiger Betriebsstätten machen auch Konstruktionen möglich, in denen die niederländische Betriebsstätte einer ausländischen Konzernmuttergesellschaft mit der niederländischen Betriebsstätte von deren ebenso nicht in den Niederlanden gelegenen Konzerntochtergesellschaft

63 Zu diesen gehören Aruba, Curacao, St. Marteen sowie die *BES-Inseln* (Bonaire, St. Eustatius, Saba).

64 *Strik/de Vries*, Cursus Belastingrecht Vennootschapsbelasting, S. 555.

65 *Heithuis/van den Dool*, Compendium vennootschapsbelasting, S. 356.

66 *Heithuis/van den Dool*, Compendium vennootschapsbelasting, S. 356; zu der bilanziellen Behandlung von Beteiligungen innerhalb der steuerlichen Einheit vgl. B.III.

in den Niederlanden eine steuerliche Einheit bilden kann, sofern beide ausländische Gesellschaften ihrer Rechtsform nach für die steuerliche Einheit zugelassen sind und die Betriebsstätte der Muttergesellschaft die Beteiligung an der Tochtergesellschaft in ihrem Betriebsvermögen führt.[67] Besteht ein Konzern aus einer niederländischen Mutter- und einer niederländischen Enkelgesellschaft, deren Anteile von einer im Ausland belegenen Konzerntochter gehalten werden, so ist eine *fiscale eenheid* zwischen den niederländischen Gesellschaften grundsätzlich nicht möglich. Dieser Umstand kann umgangen werden, wenn die Tochtergesellschaft ihre Anteile an der Konzernenkelgesellschaft auf eine niederländische Betriebsstätte überträgt, die ebenfalls in den Konsolidierungskreis einbezogen ist.[68]

Durch die Möglichkeit der Teilnahme von Betriebsstätten können auch Personengesellschaften Teil der steuerlichen Einheit werden: eine in den Niederlanden liegende Personengesellschaft (z.B. *BV/CV-constructie*[69]) müsste, wenn sie eine Mutter im Ausland hat, aus niederländischer Sicht als eine niederländische Betriebsstätte einer ausländischen Muttergesellschaft gelten. Weist die Muttergesellschaft eine für die *fiscale eenheid* zulässige Rechtsform auf und überträgt sie der niederländischen Personengesellschaft die Anteile an anderen niederländischen Konzerngesellschaften, kann diese sogar Obergesellschaft einer *fiscale eenheid* sein, obwohl sie bei einem rein nationalen Sachverhalt kein beteiligungsfähiges Rechtssubjekt im Sinne von Art. 15 Abs. 3 lit. d und lit. e VPB ist.[70] Diese Benachteiligung von Inlandssachverhalten gegenüber Auslandssachverhalten bei der Berücksichtigung von Betriebsstätten wird unter Hinweis auf den Zweck dieser Regelung hingenommen. Der Gesetzgeber wollte einer möglichen Diskriminierung der Betriebsstätte nach EU-Recht (Niederlassungsfreiheit, Art. 49 AEUV) vorbeugen.[71]

Vor der Reform der Regelungen zur steuerlichen Einheit im Jahr 2003 galt eine nach niederländischem Recht gegründete Kapitalgesellschaft als in den Niederlanden ansässig, auch wenn sie ihren Standort in einen anderen Staat verlagert hatte. Diese Fiktion fand sich als *vestigingsplaatsfictie*[72] in Art. 2 Abs. 4 VPB a.F. und ging

---

67 *Kollruss*, IStR 2004, 5 (7); *Strik/de Vries*, Cursus Belastingrecht Vennootschapsbelasting, S. 566 mit Schemata zu verschiedenen Möglichkeiten der Einbeziehung von Betriebsstätten ausländischer Kapitalgesellschaften.

68 *Kollruss*, IStR 2004, 5 (8, Fn. 28).

69 Vergleichbar mit der deutschen GmbH & Co.

70 *Kollruss*, IStR 2004, 5 (6).

71 *Jungnitz*, IStR 2006, 266 (267 und Fn. 15) sieht die gesetzgeberische Intention darüber hinaus in der Verhinderung einer Diskriminierung nach dem Recht der Doppelbesteuerungsabkommen; der Gleichbehandlungsgrundsatz aus Art. 24 III OECD-MA ist allerdings auf die Besteuerung der eigenen Tätigkeit der Inlandsbetriebsstätte beschränkt und erstreckt sich nicht auf eine Gleichbehandlung in Bezug auf Regelungen zur Besteuerung von Gruppen, vgl. OECD-MK, Art. 24 Nr. 41.

72 Übersetzt: Standortfiktion.

auf die Rechtsprechung des Hohen Rates der Niederlande zurück.[73] Die *vestigingspaatsfictie* ermöglichte faktisch eine grenzüberschreitende steuerliche Einheit. Die beteiligten Gesellschaften mussten nur nach niederländischem Recht gegründet worden sein und eine für die *fiscale eenheid* zulässige Rechtsform aufweisen.[74] Allerdings wurde diese Regelung mit der Reform 2003 aufgehoben. Der Gesetzgeber wollte eine Nutzung nicht in den Niederlanden generierter Verluste verhindern.[75] Darüber hinaus wurde eine doppelte Verlustnutzung befürchtet, wenn die ausländischen Gesellschaften der *fiscale eenheid* ihre Verluste sowohl eigenständig in ihrem Ansässigkeitsstaat als auch infolge der Konsolidierung bei der Obergesellschaft der *fiscale eenheid* in den Niederlanden nutzen könnten.[76]

2. Beteiligungserfordernis

Gemäß Art. 15 Abs. 1 VPB muss die Mutter am Nominalkapital der Tochtergesellschaft zur Gründung einer *fiscale eenheid* einen Anteil von 95% halten. Um Steuergestaltungen zu verhindern, muss sich die Beteiligung der Muttergesellschaft auch auf 95% der Stimmrechte an der Tochtergesellschaft erstrecken.[77] Diese Grenze besteht seit der Reform der *fiscale eenheid* im Jahr 2003. Nach der davor gültigen Rechtslage musste die Obergesellschaft alle Anteile an der Tochter halten, wobei 99% ebenfalls als „alle Anteile" im Sinne der gesetzlichen Regelung angesehen wurden.[78]

Das Eigentum am Nominalkapital muss nach Art. 15 Abs. 1 VPB sowohl juristischer als auch wirtschaftlicher Natur sein. Während das juristische Eigentum nach den Grundsätzen des niederländischen Zivilrechts erworben und nach dem Umfang der Stimmrechte beurteilt wird,[79] bedeutet wirtschaftliches Eigentum, dass die Muttergesellschaft sämtliche Früchte (z.B. Dividenden) aus den Anteilen ziehen darf.[80] Die Notwendigkeit des Vorliegens beider Arten von Eigentum erweist sich in Fällen der Übertragung von Anteilen an Tochtergesellschaften zwischen zwei steuerlichen Einheiten als Problem. Weil – vergleichbar mit dem deutschen Recht – an den zivilrechtlichen Übergang von Eigentum in den Niederlanden weitere Erfordernisse geknüpft werden, kommt es zu Situationen, in denen die Übernehmende

---

73 HR vom 29.6.1988, Nr. 24 738, BNB 1988/331; HR vom 13.11.1996, Nr. 31 008, BNB 1998/47.

74 *Scheuchzer*, IStR 1994, 562 (563); *Strik/de Vries*, Cursus Belastingrecht Vennootschapsbelasting, S. 540.

75 *Jungnitz*, IStR 2006, 266 (266 und Fn. 14).

76 *Heithuis/van den Dool*, Compendium vennootschapsbelasting, S. 314.

77 *Kollruss*, IStR 2004, 5 (5).

78 *Koch*, Die steuerliche Einheit, S. 17; *Scheuchzer*, IStR 1994, 562 (563).

79 Hrvom 18.6.2010, Nr. 08/03662, BNB 2010/266c; zu der Maßgeblichkeit der Zurechnung der Stimmrechte bei Anteilsverpfändungen unter aufschiebender Bedingung an Banken siehe *van der Burgt/Elsweier*, BMA-in 2011/2819, 1 (2); *Kok/De Vries*, WFR 2011/262, 1(3).

80 *Heithuis/van den Dool*, Compendium vennootschapsbelasting, S. 310.

steuerliche Einheit zwar bereits wirtschaftlicher Eigentümer der Tochtergesellschaftsanteile, nicht aber deren juristischer Eigentümer ist.[81] Da wegen des Übergangs des wirtschaftlichen Eigentums in dieser Situation aber auch bei der Übergebenden Einheit nicht mehr beide Arten von Eigentum vorliegen, bestände die zu übertragende Tochtergesellschaft für kurze Zeit ohne Teil einer *fiscale eenheid* zu sein. Dieses Ausscheiden aus der *fiscale eenheid* hätte für diese Untergesellschaft nicht unerhebliche steuerrechtliche Folgen; insbesondere würde es einen enormen Verwaltungsaufwand auslösen.[82] Um dieses zu vermeiden, wird gemäß Art. 4 Besluit fiscale eenheid eine zeitgleiche Übertragung von wirtschaftlichem und juristischem Eigentum an den Gesellschaftsanteilen fingiert, sofern zwischen den beiden Eigentumsübergängen nicht mehr als fünf Tage liegen.[83]

Das 95%-Erfordernis wird zum einen mit der Möglichkeit der *geräuschlosen Umstrukturierung*[84] begründet, die ausschließlich bei einem sehr großen – nahezu vollständigen Anteilsbesitz der Mutter an der Tochter gewährt werden soll. Zum anderen ist diese Grenze eingeführt worden, weil nach niederländischem Gesellschaftsrecht für den Eigner von 95% der Anteile an einer *NV* (Art. 2:92a BW[85]) oder einer *BV* (Art. 2:201a BW) die Möglichkeit besteht, die Minderheitseigner auch gegen ihren Willen durch Abkauf ihrer Anteile aus dem Gesellschafterkreis zu drängen.[86] Die Beteiligung von 95% sichert dem Eigner so die faktische Zugriffsmöglichkeit auf 100% der Anteile.

Durch den für die steuerliche Einheit notwendigen hohen Anteilsbesitz ist für den Gesetzgeber sichergestellt, dass die Tochtergesellschaft tatsächlich als ein Teil

81 *Strik/de Vries*, Cursus Belastingrecht Vennootschapsbelasting, S. 575; *Heithuis/van den Dool*, Compendium vennootschapsbelasting, S. 310.

82 Siehe zu den Folgen unten unter dem Gliederungspunkt Austritt aus dem Konsolidierungskreis.

83 Wird dieser Zeitraum von fünf Tagen nicht eingehalten, gilt die Fiktion auch dann, wenn die Verzögerung des Eigentumübergangs auf Umstände zurückzuführen ist, die außerhalb der Einflusssphäre der Parteien liegen. Als solche Ausnahmen, die eine Fristverlängerung von bis zu drei Monaten bewirken können, wird etwa eine erforderliche Zustimmung bei Unternehmensübertragungen durch die niederländische *mededingingsautoriteit* (Wettbewerbsaufsicht) oder durch die Europäische Kommission angesehen (*Strik/de Vries*, Cursus Belastingrecht Vennootschapsbelasting, S. 575). Trotz des Art. 4 Besluit fiscale eenheid bestehen in der Praxis oft Probleme mit der Feststellung, wann das wirtschaftliche Eigentum übergegangen ist (*Heithuis/van den Dool*, Compendium vennootschapsbelasting, S. 311).

84 Dazu unten unter B.V.

85 *Burgelijk Wetboek, Boek 2: Rechtspersonen* (Bürgerliches Gesetzbuch der Niederlande).

86 *Heithuis/van den Dool*, Compendium vennootschapsbelasting, S. 309; die Verringerung des Anteilserfordernisses von 99% auf 95% im Jahr 2003 wurde mit dem in der niederländischen Wirtschaft verbreiteten Instrument von Anteilsoptionen für Arbeitnehmer begründet, siehe *Van der Geld*, Hoofdzaken vennotschapsbelasting, S. 294.

der Obergesellschaft angesehen werden kann.[87] Dieser Umstand macht einen zivilrechtlichen Vertrag zwischen beiden Gesellschaften wie den Gewinnabführungsvertrag nach den §§ 291 ff. AktG in Deutschland obsolet.

Gemäß Art. 15 Abs. 2 VPB werden auch Anteile zur Berechnung zugelassen, die nur im mittelbaren Besitz der Gesellschaft stehen. Dazu müssen diese aber von solchen Tochtergesellschaften unmittelbar gehalten werden, die ebenfalls in den Konsolidierungskreis der *fiscale eenheid* einbezogen sind. Es besteht also kein Additionsverbot bezüglich der mittelbaren Beteiligung.[88] Die erforderlichen 95% müssen sich dabei rechnerisch ergeben. Das bedeutet, dass keine *fiscale eenheid* möglich ist, wenn etwa die Muttergesellschaft 95% an der Tochtergesellschaft, diese wiederum 95% der Anteile an einer Enkelgesellschaft besitzt, so dass sich rechnerisch ein mittelbarer Anteil der Muttergesellschaft an der Enkelgesellschaft von weniger als 95% ergibt.[89]

Die Aktien oder Anteile dürfen nicht zum Umlaufvermögen der Muttergesellschaft oder der ihr den Anteilsbesitz vermittelnden Gesellschaften gehören, Art. 15 Abs. 3 lit. f VPB. Vorratsgesellschaften, die faktisch kein Unternehmen betreiben und nahezu keine anderen Aktiva als liquide Mittel oder solche Wirtschaftsgüter besitzen, die unverzüglich in liquide Mittel umgewandelt werden können,[90] können damit nicht Teil der steuerlichen Einheit werden. Dieses soll Steuergestaltungen mit Hilfe von Gesellschaften verhindern, deren Anteile im Umlaufvermögen gehalten werden, weil sie zum Verkauf bestimmt sind.[91] Allerdings wird entgegen des Gesetzestextes in Art. 15 Abs. 3 lit. f VPB die Mitgliedschaft einer derartigen Gesellschaft im Konsolidierungskreis ermöglicht, sofern sie länger als 12 Monate im Umlaufvermögen der Muttergesellschaft geführt wird und die Besteuerung eines bei ihrer Veräußerung generierten Gewinns sicher gestellt ist.[92]

Für Zwecke der Gewinnermittlung wird fingiert, dass, selbst wenn der tatsächliche Anteilsbesitz darunter liegt, die Muttergesellschaft 100% an den beteiligten Gesellschaften hält.[93]

III. Eintritt in den Konsolidierungskreis

Gemäß Art. 15 Abs. 1 S. 1 VPB wird die *fiscale eenheid* auf Antrag der betroffenen Gesellschaften gegründet. Begehrt also eine Tochtergesellschaft die Aufnahme in den Konsolidierungskreis, so ist ein gemeinsamer Antrag der Tochter- und ihrer

87 *Jungnitz*, IStR 2006, 266 (267).

88 *Boer*, IStR 2011, 61 (62); *Geiger*, IWB 2002, Fach 5 Gruppe 2, 361 (362).

89 *Van der Geld*, Hoofdzaken vennotschapsbelasting, S. 294; *Heithuis/van den Dool*, Compendium vennootschapsbelasting, S. 310; *Strik/de Vries*, Cursus Belastingrecht Vennootschapsbelasting, S. 577 mit schematischer Darstellung.

90 *Hoge Raad* vom 23.2.2000, Nr. 34 253, BNB 2000/215.

91 *Boer*, IStR 2011, 61 (62).

92 *Van der Geld*, Hoofdzaken vennotschapsbelasting, S. 296.

93 *Boer*, IStR 2011, 61 (62).

Muttergesellschaft als Obergesellschaft der *fiscale eenheid* erforderlich. Adressat des Antrags ist das für die Muttergesellschaft zuständige Finanzamt, das per hoheitlichen Akt[94] über ein Zustandekommen der *fiscale eenheid* beschließt, Art. 15 Abs. 8 VPB. Die Steuerbehörde hat dem Antrag stattzugeben, sofern die Voraussetzungen einer *fiscale eenheid* von den Antragsstellern erfüllt werden.[95] Ein zurückwirkendes Entstehen der *fiscale eenheid* ist gemäß Art. 15 Abs. 5 VPB bis zu einem Zeitpunkt von drei Monaten vor der Antragsstellung möglich.

Der Konzern kann durch das Antragserfordernis frei über die Teilnahme einzelner Gruppengesellschaften an der *fiscale eenheid* entscheiden. Diese Möglichkeit, die auch *cherry picking*[96] genannt wird, eröffnet einen Gestaltungsspielraum. So kann in bestimmten Konstellationen eine Gruppenbesteuerung für einzelne Konzerngesellschaften unter steuerlichen Gesichtspunkten sinnvoll sein. Andererseits kann sich eine gemeinsame Besteuerung verschiedener Gesellschaften auch für einzelne beteiligungsfähige Rechtssubjekte als ungünstig erweisen. Durch die Voraussetzung der Antragsstellung bleibt es den Gesellschaften überlassen, eine Besteuerung auf Grundlage eines eigenständigen oder eines konsolidierten Ergebnisses herbeizuführen.[97]

Für sämtliche beteiligten Gesellschaften der steuerlichen Einheit müssen dieselben Gewinnermittlungsvorschriften gelten, Art. 15 Abs. 3 lit. b VPB. Diese Voraussetzung bereitet bei der *NV* oder *BV* kaum Schwierigkeiten. Es dürfen lediglich keine von der Steuer freigestellten Unternehmen in den Konsolidierungskreis eintreten.[98] Ebenso ist wegen des besonderen steuerlichen Gewinnermittlungsregimes von Versicherungen (Art. 29f. VPB) grundsätzlich keine *fiscale eenheid* zwischen diesen und Gesellschaften anderer Rechtsformen möglich.[99]

Die beitretenden Gesellschaften müssen über identische Geschäftsjahre verfügen, Art. 15 Abs. 3 lit. a VPB. Diese Voraussetzung soll die Konsolidierung der Ergebnisse bei der Muttergesellschaft, die ja zu einem bestimmten Zeitpunkt vollzogen werden muss, erleichtern.[100] Die Tochtergesellschaft wird gemäß Art. 7 Abs. 4 VPB im Beitrittsjahr auf Grundlage eines Rumpfwirtschaftsjahres besteuert. Dieses Rumpfwirtschaftsjahr endet mit dem Eintritt in die *fiscale eenheid*, wenn dieser Moment

94 Formulierung in Art. 15 VIII: *voor bezwaar vatbare beschikking.*

95 *Sedlaczek*, IWB 2006, Fach 5 Gruppe 2, 435 (439); *Kessler*, FS Krüger, 235 (244); im niederländischen Umsatzsteuerrecht besteht eine steuerliche Einheit dagegen nicht auf Antrag, sondern von Amts wegen, sobald die Voraussetzungen für eine solche gegeben sind (Art. 7 IV Wet op de omzetbelasting 1968).

96 *Jungnitz*, IStR 2006, 266 (267).

97 *Strik/de Vries*, Cursus Belastingrecht Vennootschapsbelasting, S. 544.

98 *Heithuis/van den Dool*, Compendium vennootschapsbelasting, S. 313.

99 Ausnahmen von diesem Grundsatz sind nach Art. 15 IV 1 VPB möglich und bereits in den Art. 19 – Art. 28 Besluit fiscale eenheid enthalten.

100 *Heithuis/van den Dool*, Compendium vennootschapsbelasting, S. 313.

während des laufenden Wirtschaftsjahres der Muttergesellschaft liegt.[101] Ebenso entsteht bei der Tochtergesellschaft ein Rumpfwirtschaftsjahr, wenn sie zwar zum beginnenden Geschäftsjahr der Muttergesellschaft der *fiscale eenheid* beitritt, aber ein unterschiedliches Geschäftsjahr aufweist.[102] Für neu gegründete Gesellschaften ist das Erfordernis durch Art. 5 Besluit fiscale eenheid gelockert: diese können entweder mit ihrer Gründung oder zu einem später gewählten Datum innerhalb ihres Gründungsjahres Teil einer steuerlichen Einheit werden, selbst wenn ihr (erstes) Wirtschaftsjahr dann nicht mit dem der übrigen beteiligten Gesellschaften zusammenfällt. Deren Wirtschaftsjahr endet dann mit dem Ende der übrigen Einheitsgesellschaften, ohne dass zuvor eine Besteuerung nach dem Rumpfwirtschaftsjahr vollzogen werden musste.

Zum Eintritt eines Rechtssubjekts stellt die Muttergesellschaft der *fiscale eenheid* – unabhängig davon, ob ihr Wirtschaftsjahr noch weiterläuft – eine Konzerneröffnungsbilanz auf, durch die die fiktive Fusion von Mutter- und Tochtergesellschaft verdeutlicht und das Anfangsvermögen der nun entstandenen Einheit ausgewiesen wird, das in Zukunft Grundlage der gemeinsamen Gewinnermittlung sein wird.[103]

Die Muttergesellschaft muss unmittelbar vor dem Zustandekommen ihre Beteiligung an der Tochter unter Zugrundelegung des Verkehrswertes neu bewerten, Art. 15ab Abs. 1 VPB. Diese Neubewertung dient der Aufdeckung der stillen Reserven bei der Tochtergesellschaft, die ansonsten steuerlich unberücksichtigt bleiben könnten. Allerdings ist die durch die Aufdeckung entstehende Wertsteigerung der Beteiligung der Muttergesellschaft an der Tochter wegen des niederländischen Schachtelprivilegs aus Art. 13 VPB[104] steuerfrei. Nur wenn diese Freistellungsregel ausnahmsweise nicht oder nur zum Teil anwendbar ist, kommt es zu einer steuerlichen Belastung der haltenden Gesellschaft.[105] Somit hat der Eintritt einer Gesellschaft in eine *fiscale eenheid* grundsätzlich keine steuerlichen Belastungen zur Folge.

Nach dem Eintritt wird in der Bilanz der Muttergesellschaft anstelle des Postens *Beteiligung (an der) Tochtergesellschaft* deren Vermögen als Aktiva und Passiva

---

101 Eine steuerliche Einheit kann auch während des laufenden Wirtschaftsjahrs begründet werden. Vor der Reform der Gruppenbesteuerung im Jahr 2003 war das Zustandekommen einer steuerlichen Einheit nur auf den Zeitpunkt des Beginns des Wirtschaftsjahres möglich, *Strik/de Vries*, Cursus Belastingrecht Vennootschapsbelasting, S. 550.

102 *Jungnitz*, IStR 2006, 266 (267 und Fn. 23); *Kollruss*, IStR 2004, 5 (7).

103 *Jungnitz*, IStR 2006, 266 (267 und Fn. 23).

104 Nach dem Schachtelprivileg aus Art. 13 VPB bleiben Vorteile aus einer Beteiligung steuerfrei, sofern der Eigner mindestens 5% der Anteile hält. In dem Fall wird auf eine Gewinnausschüttung auch keine Kapitalertragssteuer erhoben. (*Geiger*, IWB 2002, Fach 5 Gruppe 2, 361 (361). Da für die Begründung einer steuerlichen Einheit 95% der Anteile im Eigentum der Muttergesellschaft sein müssen, greift üblicherweise diese Freistellungsregel.

105 *Boer*, IStR 2011, 61 (63).

ausgewiesen. Die Wirtschaftsgüter werden zu ihren, nach Maßgabe des Art. 15ab Abs. 1 VPB neu ermittelten, Buchwerten übernommen.[106]

Weil als Folge der Einheitstheorie zwischen den an der steuerlichen Einheit beteiligten Rechtspersonen keine Darlehensverhältnisse möglich sind,[107] müssen gegenseitige Forderungen und Verbindlichkeiten aufgelöst werden. Dazu ist eine gleiche Bewertung der Bilanzposten bei Mutter- und Tochtergesellschaft unabdingbar, damit sich diese bei der Vereinigung der Gesellschaften in einer Einheitsbilanz gegenseitig aufheben. Solche Forderungen sind durch die Gläubigergesellschaft gemäß Art. 15ab Abs. 6 S. 1 VPB vor dem Eintritt bilanziell mit dem Teilwert oder, wenn dieser geringer als der Teilwert ist, mit dem Nennwert anzusetzen. Der ermittelte Wert ist von der Schuldnergesellschaft für die Verbindlichkeit zu übernehmen (Art. 15ab Abs. 6 S. 2 VPB). Durch diese Regelung werden Gestaltungen verhindert, nach denen die Verbindlichkeit einer Gruppengesellschaft bis zum Eintritt in die *fiscale eenheid* hoch angesetzt wird und dann wegen der Unsichtbarkeit der gegenseitigen Darlehensverhältnisse im Konsolidierungskreis abgebaut wird, ohne einen steuerpflichtigen Gewinn zu erzeugen.[108] Dieses dient auch der Gleichbehandlung von Einheitsgesellschaften mit Kapitalgesellschaften, die nicht Teil einer *fiscale eenheid* sind. Eine Wertreduzierung von Forderungen und Verbindlichkeiten verringert überdies das spätere Verlustverrechnungspotential der eintretenden Körperschaften.[109]

Ebenso einer Steuergestaltung zuvorkommen sollen Art. 15ab Abs. 2 – Abs. 5 VPB. Hält eine eintretende Gesellschaft Anteile an einer zu liquidierenden Gesellschaft, so dürfen diese „latenten Liquidationsverluste“[110] nicht in die steuerliche Einheit eingebracht werden. Sonst wären Gestaltungen möglich, nach denen mit Gesellschaften gehandelt wird, um deren Verlustverrechnungspotential infolge der hohen latenten Liquidationsverluste zu nutzen, welches ohne die *fiscale eenheid* aus Mangel an Gewinn bei diesen Gesellschaften unberücksichtigt bliebe.[111] In Art. 15ab

106 *Kollruss*, IStR 2004, 5 (5); *Geiger*, IWB 2002, Fach 5 Gruppe 2, 361 (363); *Strik/de Vries*, Cursus Belastingrecht Vennootschapsbelasting, S. 539.

107 Die Tochtergesellschaften werden mit ihren Aktiva und Passiva bilanziell bei der Muttergesellschaft geführt, so dass gegenseitige Forderungen und Verbindlichkeiten nicht auftreten können.

108 *Heithuis/van den Dool*, Compendium vennootschapsbelasting, S. 325 f.

109 *Jungnitz*, IStR 2006, 266 (268).

110 Latente Liquidationsverluste: im Fall der Abwicklung einer Gesellschaft, an der der Steuerpflichtige beteiligt ist, kann nach Art. 13d VPB vom Gewinn des Steuerpflichtigen ein Verlust abgezogen werden, der sich nach den Anschaffungskosten für die Beteiligung vermindert um den Liquidationserlös der Gesellschaft errechnet. Diese Regelung soll einen Ausgleich für die nicht mehr nutzbaren Verluste der liquidierten Gesellschaft schaffen. Als latent wird ein Liquidationsverlust dann angesehen, wenn das betroffene Unternehmen seine Tätigkeit bereits nahezu eingestellt hat oder die Einstellung beschlossen ist (*Boer*, IStR 2011, 61 (64).

111 *Heithuis/van den Dool*, Compendium vennootschapsbelasting, S. 324.

Abs. 2 – Abs. 5 VPB wird geregelt, dass die festgestellten latenten Liquidationsverluste bei derjenigen Einheitsgesellschaft verbleiben, die die betroffene Beteiligung ursprünglich, also vor dem Eintritt in den Konsolidierungskreis, gehalten hat. Die Verluste können dann nur mit Gewinnen dieser Gesellschaft verrechnet werden. Dieses erfordert die Fortführung eines eigenen Kontos betreffend die latenten Liquidationsverluste bei dieser Gesellschaft, obwohl sie im Rahmen der steuerlichen Einheit grundsätzlich davon befreit ist.[112]

Als logische Folge der Einheitstheorie und der Zurechnungsfiktion in Art. 15 Abs. 1 S. 1 VPB kann die Muttergesellschaft auch keine Teilwertabschreibung auf ihre Beteiligung an einer Tochtergesellschaft mehr vornehmen, sobald diese Teil der steuerlichen Einheit geworden ist. Die Beteiligung an der Tochter besteht nämlich seit deren Eintritt in den Konsolidierungskreis nicht mehr fort, sondern in der Mutterbilanz erscheinen die Aktiva und Passiva der Tochter.

IV. Austritt aus dem Konsolidierungskreis

Die *fiscale eenheid* endet, wenn ein in Art. 15 Abs. 6 VPB genannter Fall eintritt. Eine Beendigung kann zum einen gemäß Art. 15 Abs. 6 lit. a VPB auf behördlichen Beschluss erfolgen, sobald die Voraussetzungen für die Gruppenbesteuerung nicht mehr vorliegen. Dieses ist beispielsweise der Fall, wenn die Beteiligung der Mutter- an der Tochtergesellschaft unter die notwendigen 95% fällt.[113] Zum anderen ist auch ein Austritt auf Antrag von Mutter- und Tochtergesellschaft möglich, Art. 15 Abs. 6 lit. d VPB. Die beiden weiteren Möglichkeiten betreffen den Sonderfall der *fiscale eenheid* mit Einbeziehung einer niederländischen Betriebsstätte einer im Ausland gelegenen Gesellschaft.[114] Die *fiscale eenheid* endet auch, sobald die ausländische Körperschaft ihre Geschäftsleitung in die Niederlande verlegt (und somit selbst Mitglied der steuerlichen Einheit werden kann)[115] oder eine niederländische Gesellschaft ins Ausland wechselt, jedoch eine Betriebsstätte im Inland zurücklässt (welche dann unter den genannten Voraussetzungen wieder Teil einer steuerlichen Einheit werden kann)[116].

Tritt eine Tochtergesellschaft aus, so besteht die *fiscale eenheid* zwischen der Mutter und anderen Tochtergesellschaften auch weiterhin. Eine *fiscale eenheid* kann jedoch, was aus der Natur des Gruppenbesteuerungssystems folgt, nicht nur aus einer einzigen Körperschaft bestehen.

Ebenso wie bei Begründung der *fiscale eenheid* mit der Tochtergesellschaft hat die Mutter auch im Falle deren Austritts eine Bilanz zu erstellen, in der sie das

---

112 *Boer*, IStR 2011, 61 (64).)

113 *Sedlaczek*, IWB 2006, Fach 5 Gruppe 2, 435 (439); *Jungnitz*, IStR 2006, 266 (267); *Strik/de Vries*, Cursus Belastingrecht Vennootschapsbelasting, S. 627.

114 Siehe oben unter B.II.1.c).

115 Art. 15 VI lit. b VPB.

116 Art. 15 VI lit. c VPB.

Eigenkapital dieser Tochter sowie die aktuellen Beteiligungs- und Finanzverhältnisse (z.B. Darlehen) zu dieser Tochter ausweist.[117] Die Wirtschaftsgüter der Tochtergesellschaft sind also wieder in deren eigene Bilanz zu übertragen, während bei der Obergesellschaft der Posten Beteiligung an dieser Tochter neu entsteht.

Klärungsbedürftig ist bei diesem Vorgang, welche Wirtschaftsgüter der ehemaligen Einheitsgesellschaft zuzuordnen und wie die zu übertragenden Wirtschaftsgüter zu bewerten sind. Um das Vermögen der wieder selbständigen Gesellschaft feststellen zu können, hat die Obergesellschaft nach Maßgabe des Art. 13 Abs. 1 Besluit fiscale eenheid deren Wirtschaftsgüter aus der Gruppenbilanz auszusondern und zu einer Anfangsbilanz zusammenzustellen. Daneben sind auch andere Posten, wie etwa der Gesellschaft zurechenbare Verlustvorträge,[118] zu übermitteln.[119] Zwar sind eventuell aufgedeckte stille Reserven aufgrund des Schachtelprivilegs für die Muttergesellschaft steuerfrei. Allerdings ist die Frage der Bewertung entscheidend dafür, wie hoch der im Falle einer Abwicklung dieser Tochtergesellschaft anfallende Liquidationsverlust der Muttergesellschaft ist.[120] Deswegen wird der Wert der Beteiligung gemäß Art. 13d Abs. 8 i.V.m. Art. 15aj Abs. 6 VPB auf das Eigenkapital der Tochter abzüglich bestimmter Werte festgesetzt. Dadurch wird die Aufdeckung von stillen Reserven mit bedeutendem Ausmaß unterbunden, so dass diese auch für den Fall einer Abwicklung der Tochtergesellschaft nicht ihrer Höhe nach als Liquidationsverlust von der Mutter steuerlich geltend gemacht werden können.[121] Der austretenden Gesellschaft zurechenbare Rücklagen[122] müssen vor dem Austritt gemäß Art. 15aj Abs. 3 VPB aufgelöst werden. Dieser Vorgang führt zu einer Erhöhung des steuerpflichtigen Gewinns bei der *fiscale eenheid.* Art. 15aj Abs. 3 VPB soll verhindern, dass die Rücklagen bei der Tochtergesellschaft unversteuert bleiben, weil diese zahlungsunfähig wird. Die Besteuerung noch bei der Gruppe ist auch aufgrund der gemeinsamen Haftung für Körperschaftsteuerschulden nach Art. 39 IW für den Fiskus mit einem geringeren Ausfallrisiko verbunden.[123]

Art. 15aj Abs. 2 VPB regelt die Bewertung gegenseitiger Forderungen und Verbindlichkeiten zwischen den ehemals verbundenen Gesellschaften. Diese sind während des Bestehens der *fiscale eenheid* als Folge der Einheitstheorie steuerlich unbeachtet geblieben,[124] leben aber jetzt wieder auf. Der Gläubiger hat dabei die Forderung unmittelbar zum Austrittszeitpunkt mit dem Nominalwert oder dem niedrigeren Teilwert anzusetzen. Durch die Verpflichtung zur niedrigeren Bewertung

117 *Boer*, IStR 2011, 61 (66).
118 Siehe dazu unten unter B.VI.
119 *Strik/de Vries*, Cursus Belastingrecht Vennootschapsbelasting, S. 628.
120 *Heithuis/van den Dool*, Compendium vennootschapsbelasting, S. 334; zum Begriff des Liquidationsverlustes siehe oben unter B.III.
121 *Heithuis/van den Dool*, Compendium vennootschapsbelasting, S. 334.
122 Genannt werden in Art. 15aj III VPB Ausgleichsrückstellungen und Reinvestitionsrücklagen.s
123 *Boer*, IStR 2011, 61 (66).
124 Vgl. oben unter B.III.

wird verhindert, dass der bereits durch die *fiscale eenheid* aufgrund des Verlustes der beteiligten Tochtergesellschaft entstandene steuerliche Vorteil durch eine Forderungsabschreibung ein weiteres Mal steuersenkend genutzt wird.[125] Demgegenüber ist der Forderungsschuldner zur Bewertung mit dem Nominalwert verpflichtet. Eine Abschreibung der Forderung führt folglich bei der Schuldnergesellschaft zu einem steuerpflichtigen Gewinn.

Verlässt die Tochtergesellschaft die *fiscale eenheid* durch einen Anteilsverkauf der Mutter, so wird fingiert, dass die Veräußerung erst („eine juristische Sekunde") nach der Loslösung von der *fiscale eenheid* erfolgt ist. Diese *verbrekingsfictie*[126] bewirkt eine Steuerbefreiung des Veräußerungsgewinns für die Mutter aufgrund des Schachtelprivilegs, während eine Veräußerung der Wirtschaftsgüter der Tochtergesellschaft während des Bestehens einer *fiscale eenheid* deren steuerpflichtigen Gewinn erhöhen würde.[127] Ebenso sichert diese Fiktion etwaige Ansprüche des Fiskus gegen die *fiscale eenheid*, die etwa durch eine Werterhöhung der Beteiligung an der Tochtergesellschaft bei der Mutter entstehen könnten.[128] Auch nach dem Austritt aus dem Konsolidierungskreis haften die beteiligten Gesellschaften gemäß Art. 39 IW für die Körperschaftsteuerschulden, die zu einem Zeitpunkt begründet wurden, zu dem sie Teil der *fiscale eenheid* waren. Eine ehemalige Einheitsgesellschaft kann folglich noch erhebliche Risiken in Form von nachträglichen körperschaftsteuerlichen Verbindlichkeiten mit sich führen.[129]

Der Zeitraum zwischen Austritt aus der *fiscale eenheid* und dem Beginn eines neuen Wirtschaftsjahres wird, entsprechend der Regelung beim Eintritt,[130] als Rumpfwirtschaftsjahr i.S.v. Art. 7 Abs. 4 VPB behandelt. Damit werden auch die in diesem Zeitraum vollzogenen Geschäfte der Gesellschaft von der Steuer erfasst.[131] Wird dagegen die austretende Gesellschaft direkt an eine andere *fiscale eenheid* übertragen (z.B. durch Veräußerung), gilt Art. 4 Besluit fiscale eenheid[132]: die übertragene Tochtergesellschaft wird nicht als körperschaftsteuerpflichtig angesehen, sofern zwischen der Übereignung von wirtschaftlichem und dem juristischen Eigentum nicht mehr als fünf Tage liegen.

Es besteht nach dem Gruppenbesteuerungsregime der Niederlande keine zeitliche Bindung für die teilnehmenden Gesellschaften.[133] Allerdings regelt Art. 15 Abs. 7 VPB den Fall, dass eine Tochter im Laufe des Wirtschaftsjahres[134] dem

---

125 *Jungnitz*, IStR 2006, 266 (269); Boer, IstR 2011, 61 (66).
126 *Heithuis/van den Dool*, Compendium vennootschapsbelasting, S. 331.
127 *Boer*, IStR 2011, 61 (66).
128 *Heithuis/van den Dool*, Compendium vennootschapsbelasting, S. 331.
129 *Heithuis/van den Dool*, Compendium vennootschapsbelasting, S. 360.
130 Siehe oben unter B.III.
131 *Heithuis/van den Dool*, Compendium vennootschapsbelasting, S. 331.
132 Siehe oben unter B.II.2.
133 *Kessler*, FS Krüger 235 (244); *Boer*, IStR 2011, 61 (62).
134 Nach überwiegender Ansicht in den Niederlanden gilt diese Ausnahme unter Beachtung ihres Wortlautes nicht, wenn die Tochtergesellschaft nicht *im Laufe*,

Konsolidierungskreis beitritt und noch in diesem Wirtschaftsjahr wieder austritt. Dann wird die Tochtergesellschaft nicht als in die steuerliche Einheit einbezogen angesehen und bleibt für den gesamten Zeitraum selbständig körperschaftsteuerpflichtig.[135] Die Laufzeit der Organschaft ist ebenfalls bei der Übertragung von Wirtschaftsgütern mit stillen Reserven zu beachten.[136]

V. Gruppeninterne Transaktionen und Schuldverhältnisse

Die Wirtschaftsgüter der Tochtergesellschaften werden nach der in Art. 15 Abs. 1 S. 1 VPB verankerten Einheitstheorie durch den Eintritt in den Konsolidierungskreis auf die Muttergesellschaft übertragen, so dass die untergeordneten Gesellschaften wie unselbständige Betriebsstätten der Muttergesellschaft zu qualifizieren sind.[137] Entsprechend erfolgt die Gewinnermittlung in der steuerlichen Einheit nicht separat für jede Tochtergesellschaft, sondern für alle beteiligten Körperschaften zusammen bei der Obergesellschaft.[138] Weil alle Wirtschaftsgüter der Gruppe in einer Bilanz zusammengefasst sind, hat eine Übertragung von Wirtschaftsgütern zwischen verschiedenen Einheitsgesellschaften keine Auswirkungen auf diese Gruppenbilanz.[139] Deshalb werden Zwischengewinne bei gruppeninternen Transaktionen schon gar nicht realisiert und müssen demnach auch nicht eliminiert werden.[140] Ebenso wie die Übertragung von Wirtschaftsgütern werden Schuldverhältnisse wie die Darlehensaufnahme und -vergabe sowie Miet- oder Lizenzvereinbarungen als steuerlich nicht existent behandelt, weil sie sich aus einheitstheoretischer Sicht wegen der Zurechnungsfiktion bei der Muttergesellschaft gegeneinander aufheben.[141] Grundsätzlich müssten für diese Rechtsgeschäfte keine Preise fingiert werden, die

---

sondern genau mit Beginn des Wirtschaftsjahres Teil der steuerlichen Einheit wird, aber noch während dieses Jahres wieder austritt (*Heithuis/van den Dool*, Compendium vennootschapsbelasting, S. 319 f.).

135 *Boer*, IStR 2011, 61 (62); *Heithuis/van den Dool*, Compendium vennootschapsbelasting, S. 319.

136 Zu der Regelung des Art. 15ai Abs. 3 lit. c VPB siehe unten unter B.V.

137 *Scheuchzer*, IStR 1994, 562 (565); *Geiger*, IWB 2002, Fach 5 Gruppe 2, 361 (364).

138 *Boer*, IStR 2011, 61 (63); *Geiger*, IWB 2002, Fach 5 Gruppe 2, 361 (364).

139 *Heithuis/van den Dool*, Compendium vennootschapsbelasting, S. 326.

140 *Boer*, IStR 2011, 61 (63); *Scheuchzer*, IStR 1994, 562 (565); weil Zwischengewinne nicht auftreten, ist die teilweise vertretene Aussage, die steuerliche Einheit sei ein System mit Zwischengewinneliminierung (*Kessler*, FS Krüger, 235 (243)), irreführend, sofern sie eine nachträgliche (aktive) Eliminierung wie im Falle der Auflösung konzerninterner Darlehensverhältnisse bei Eintritt in die steuerliche Einheit suggeriert; passender kann das niederländische Gruppenbesteuerungssystem daher hinsichtlich gruppeninternen Transaktionen als neutral bezeichnet werden, vgl. *da Silva*, Intertax 2011, 257 (258).

141 *Strik/de Vries*, Cursus Belastingrecht Vennootschapsbelasting, S. 543; *Heithuis/van den Dool*, Compendium vennootschapsbelasting, S. 306 und S. 326.

einem Drittvergleich nach dem *at arm's length principle* standhalten.[142] Auch Zinsabzugsbeschränkungen auf gegenseitige Darlehen sind nicht erforderlich.[143]

Es ist gleichwohl schon[144] aus betriebswirtschaftlichen Gründen nachvollziehbar, dass in niederländischen Konzernen demnach auch die Einzelergebnisse der Einheitsgesellschaften ermittelt werden.[145] Für ein effektives Controlling ist die Erfassung der gruppeninternen Geschäfte – natürlich zu Fremdvergleichspreisen – erforderlich. Faktisch wird der Gewinn der steuerlichen Einheit in der Praxis wegen der erforderlichen Nebenrechnungen für jede der beteiligten Gesellschaften damit doch durch Konsolidation, also die Zusammenrechnung der separat ermittelten Ergebnisse sämtlicher Einheitsgesellschaften, ermittelt.[146] Der Vorteil der Nichtberücksichtigung gruppeninterner Transaktionen in der steuerlichen Einheit wird für die Konzerne daher durch den Aufwand verringert, der den Konzernen dadurch erwächst, dass von den betriebswirtschaftlichen Einzelergebnissen bei der körperschaftsteuerlichen Konsolidierung die Geschäfte zwischen den Einheitsgesellschaften wieder abzuziehen sind.[147] Die vorteilhaften Grundsätze der Einheitstheorie sind folglich aufgrund ihrer Auswirkungen in der Praxis zu relativieren.

Weil nach der Einheitstheorie in der steuerlichen Einheit gruppeninterne Transaktionen unberücksichtigt bleiben, wird den beteiligten Rechtssubjekten die Möglichkeit der sog. „lautlosen Umstrukturierung“[148] eröffnet. Während des Bestehens der *fiscale eenheid* können Wirtschaftsgüter des Anlage- und Umlaufvermögens grundsätzlich innerhalb der Gruppe übertragen werden, ohne einen körperschaftsteuerpflichtigen Tatbestand auszulösen.[149]

Eine Ausnahme dieses Grundsatzes stellt Art. 15ai VPB dar, nach dem ein innerhalb der Gruppe übertragenes Wirtschaftsgut, sofern eine an dieser Transaktion beteiligte Gesellschaft danach aus dem Konsolidierungskreis austritt, unmittelbar vor dem Austritt nach dem wirtschaftlichen Wert anzusetzen ist. Der dadurch entstehende steuerpflichtige Gewinn für die steuerliche Einheit soll eine steuerfreie Übertragung von den Wirtschaftsgütern anhaftenden stillen Reserven mithilfe des Instituts der *fiscale eenheid* verhindern.[150] Es wird nämlich vom Steuergesetzgeber

---

142 *Heithuis/van den Dool*, Compendium vennootschapsbelasting, S. 326.

143 *Boer*, IStR 2011, 61 (63).

144 Weitere Gründe für eine gesonderte Ergebnisberechnung können sich aus den Anforderungen des Gruppenbesteuerungsregimes ergeben, vgl. etwa zur Zurechenbarkeit von Verlusten unten B.VI.

145 *Boer*, IStR 2011, 61 (67); *Strik/de Vries*, Cursus Belastingrecht Vennootschapsbelasting, S. 546.

146 *Boer*, IStR 2011, 61 (63 und Fn. 19).

147 *Strik/de Vries*, Cursus Belastingrecht Vennootschapsbelasting, S. 546.

148 *Heithuis/van den Dool*, Compendium vennootschapsbelasting, S. 306.

149 *Boer*, IStR 2011, 61 (65). *Heithuis/van den Dool*, Compendium vennootschapsbelasting, S. 306; *Rosenberger*, in: Quantschnigg/Achatz/Haidenthaler/Trenkwalder/Tumpel, Gruppenbesteuerung, S. 506.

150 *Boer*, IStR 2011, 61 (65).

in den Niederlanden als Gefahr gesehen, dass eine *fiscale eenheid* ausschließlich für den Zweck einer solchen „lautlosen Umstrukturierung“ im Konzern (auch nur kurzfristig) gegründet wird.[151] Außerdem könnte die steuerfreie Übertragung von Wirtschaftsgütern genutzt werden, um daran anschließend die Anteile an der übernehmenden Gesellschaft nach den Grundsätzen der *verbrekingsfictie*[152] zu veräußern, wodurch ein wegen des Schachtelprivilegs steuerfreier Gewinn generiert würde, obwohl eine direkte Veräußerung des Wirtschaftsgutes steuerpflichtig wäre.[153] Diese Gestaltungen werden durch Art. 15ai VPB unterbunden, nach dessen Maßgabe in Fällen einer nur kurzzeitigen Aufnahme einer Gesellschaft in die *fiscale eenheid* zum Zwecke einer Wirtschaftsgutübertragung die stillen Reserven nachträglich steuererhöhend aufzudecken sind. Im Ergebnis führt die Aufwertung des Wirtschaftsgutes durch Art. 15ai VPB aber sogar zu einer höheren Steuerschuld als sie ein Verkauf des Wirtschaftsgutes an einen Dritten ausgelöst hätte: schließlich wird bei einer solchen Veräußerung üblicherweise nicht der Verkehrswert gezahlt, sondern von diesem noch die durch die Gewinnrealisierung entstehende und vom Käufer übernommene Körperschaftsteuerschuld abgezogen.[154] Somit führt die Besteuerung aufgrund von Art. 15ai VPB zu einer Benachteiligung der steuerlichen Einheitsgesellschaften gegenüber sich als Dritte gegenüberstehenden Gesellschaften.

Jedoch macht Art. 15ai Abs. 3 lit. c VPB von dieser Regelung eine (Rück-) Ausnahme in den Fällen, in denen zwischen der Übertragung des Wirtschaftsgutes und dem Zeitpunkt des Gruppenaustritts einer an diesem Rechtsgeschäft beteiligten Gesellschaft mindestens sechs Kalenderjahre verstrichen sind. Unter diesen Voraussetzungen wird nicht mehr von einer missbräuchlichen Gestaltung ausgegangen, sondern angenommen, dass die Übertragung sich im Rahmen der gewöhnlichen Geschäftstätigkeit der beteiligten Gesellschaften ereignet hat und somit nicht aus steuerlichen, sondern aus wirtschaftlichen Erwägungen heraus vollzogen wurde.[155]

VI. Verlustberücksichtigung

Die Frage nach den Möglichkeiten der Berücksichtigung von Verlusten hat zunächst Relevanz für eine gesamte zu einer steuerlichen Einheit zusammengefasste Gruppe von Kapitalgesellschaften hinsichtlich der vertikalen und horizontalen Verlustverrechnung. Sie ist aber auch für jede einzelne Einheitsgesellschaft von Bedeutung, wenn es etwa darum geht, Vorgruppenverluste einzubringen oder Verlustvorträge aus der Zeit der Gruppenbesteuerung nach dem Austritt zu behalten.

---

151 *Heithuis/van den Dool*, Compendium vennootschapsbelasting, S. 348.

152 Siehe zum Regelungsinhalt der *verbrekingsfictie* oben unter B.IV.

153 *Heithuis/van den Dool*, Compendium vennootschapsbelasting, S. 349.

154 *Heithuis/van den Dool*, Compendium vennootschapsbelasting, S. 349 mit Beispiel.

155 *Boer*, IStR 2011, 61 (65); eine weitere Rückausnahme enthält Art. 15ai III lit. b VPB, wenn eine an der Transaktion beteiligte Gesellschaft gegen die Gewährung von Gesellschaftsrechten an der übernehmenden Körperschaft übertragen wird und die Transaktion mindestens drei Jahre zurückliegt.

Eine *fiscale eenheid* kann – ebenso wie andere Körperschaftsteuerpflichtige – eine vertikale Verlustverrechnung vornehmen. Nach den Regeln des niederländischen *Wet op vennootschapsbelasting (VPB)*[156] kann ein von der steuerlichen Einheit insgesamt erlittener Verlust mit den Gewinnen des Vorjahres oder der folgenden neun Jahre ausgeglichen werden. Diese Verlustvor- und –rücktragsmöglichkeit ergibt sich aus Art. 20 Abs. 2 VPB.

Problematischer gestaltete sich hingegen im niederländischen Gruppenbesteuerungsrecht stets die Behandlung von Vorgruppenverlusten einzelner Einheitsgesellschaften. Der Gesetzgeber verfolgte mit den Regelungen zur Verlustberücksichtigung im Rahmen der *fiscale eenheid* das Ziel, Mantelkaufgestaltungen zu verhindern und die bestehenden Verlustverrechnungsmöglichkeiten im niederländischen Steuerrecht nicht für die Gruppenbesteuerung zu erweitern.[157] Auf der anderen Seite sollte aber die *fiscale eenheid* hinsichtlich der Verlustvortragsberücksichtigung auch nicht schlechter als Einzelgesellschaften gestellt werden. Um für andere Einheitsgesellschaften die Nutzung von solchen Verlusten zu unterbinden, können Verlustvorträge einer beitretenden Gesellschaft, die aus der Zeit vor der Eingehung der steuerlichen Einheit stammen, nicht unmittelbar mit dem Konzernergebnis verrechnet werden. Gemäß Art. 15ae Abs. 1 lit. a VPB dürfen von einer Gesellschaft vor dem Eintritt erlittene Verluste nur dann durch die *fiscale eenheid* genutzt werden, wenn die Verlustvorträge mit Gewinnen ausgeglichen werden, die dieser Gesellschaft zugeordnet werden können.[158] Daher ist bei Vorgruppenverlusten eine gesonderte Ermittlung des Gewinnes der betreffenden Einheitsgesellschaften erforderlich.[159] Diese Gewinnermittlung hat grundsätzlich gemäß Art. 15ah Abs. 1 VPB wie für selbständige Unternehmen zu erfolgen. Faktisch wird damit die Gruppenbilanz der *fiscale eenheid* bezüglich der Vorgruppenverluste aufgehoben und die einzelnen Gesellschaften werden als steuerlich selbständig angesehen.[160]

In Art. 15ah Abs. 2 – Abs. 4 VPB sind Regelungen aufgenommen, die einen Missbrauch mit Hilfe von Verlustvorträgen verhindern sollen. So könnten von einer Gesellschaft in die *fiscale eenheid* eingebrachte Verlustvorträge genutzt werden, indem dieser Gesellschaft Wirtschaftsgüter (durch „lautlose Umstrukturierung“[161]) mit erheblichen stillen Reserven übertragen werden. Die übernehmende Gesellschaft

---

156 Körperschaftsteuergesetz, siehe dazu oben unter B.

157 *Heithuis/van den Dool*, Compendium vennootschapsbelasting, S. 339.

158 Diese Möglichkeit der Nutzung von Vorgruppenverlusten für die einzelne Einheitsgesellschaft wird in der niederländischen Steuerpraxis auch als *enkelsporige* (einspurige) Verlustverrechnung bezeichnet, *Strik/de Vries*, Cursus Belastingrecht Vennootschapsbelasting, S. 611.

159 *Jungnitz*, IStR 2006, 266 (270); *Kessler*, FS Krüger, 235 (244); *Boer*, IStR 2011, 61 (64); *Heithuis/van den Dool*, Compendium vennootschapsbelasting, S. 342 f.

160 In Umkehr zu der bei der steuerlichen Einheit angenommenen fiktiven Fusion der Gesellschaften könnte hier von einer fiktiven Trennung gesprochen werden, vgl. *Strik/de Vries*, Cursus Belastingrecht Vennootschapsbelasting, S. 613.

161 Siehe oben unter B.V.

könnte dann die stillen Reserven gewinnerhöhend aufdecken und diesen Gewinn mit ihren Verlustvorträgen verrechnen.[162] Art. 15ah Abs. 2 VPB schreibt aber den an der Übertragung von Wirtschaftsgütern mit stillen Reserven beteiligten Einheitsgesellschaften die Aufteilung des dabei entstehenden Gewinns vor, um derartige Gestaltungen zu verhindern.[163] Des Weiteren könnte innerhalb der steuerlichen Einheit der einer einzelnen Gesellschaft zurechenbare Gewinn i.S.d. Art. 15ae Abs. 1 lit. a VPB manipuliert werden. Dieses ist etwa zu erreichen, indem die Verlustvorträge führende Gesellschaft ein Darlehen von einer anderen Einheitsgesellschaft erhält. Da grundsätzlich solche Schuldverhältnisse unter den Gesellschaften in der *fiscale eenheid* unberücksichtigt bleiben, würde die Rückzahlung des Darlehens zuzüglich Zinsen in der Steuerbilanz nicht erfasst. Diese Zahlung würde damit den Gewinn der Darlehensnehmerin nicht mindern, den Gewinn der Darlehensgeberin nicht erhöhen.[164] So könnte durch Gestaltung grundsätzlich der einer Einheitsgesellschaft zurechenbare Gewinn erhöht und damit deren vorgetragene Vorgruppenverluste genutzt werden. Allerdings ist eine derartige Verschiebung der Gewinne missbräuchlich und steht im Widerspruch zu dem Grundsatz des Art. 15ah Abs. 1 VPB, nach dem für die Berücksichtigung von Vorgruppenverlusten die Einheitsgesellschaften so zu behandeln sind, als wenn sie keinen Bestandteil der steuerlichen Einheit ausmachten. Daher wurde dieser Gestaltungsmöglichkeit auch durch die Rechtsprechung die Anerkennung versagt.[165] Mittlerweile schreibt Art. 15ah Abs. 3 VPB eine Berücksichtigung gegenseitiger Schuldverhältnisse zwischen Einheitsgesellschaften für die Berechnung des einer einzelnen Einheitsgesellschaft zuzuordnenden Gewinns vor.

Die Nutzung von Verlustvorträgen wird aber auch dadurch erschwert, dass vor dieser vertikalen Verrechnung gemäß Art. 12 Besluit fiscale eenheid zunächst eine horizontale Konsolidierung zu erfolgen hat. Bevor diese Vorgruppenverluste einer

162 *Heithuis/van den Dool*, Compendium vennootschapsbelasting, S. 343.

163 Gesetzgeberischer Grundgedanke zur Feststellung des einer Einheitsgesellschaft zurechenbaren Gewinns war bei Art. 15ah Abs. 2 VPB, die übernehmende sowie die übergebende Partei so zu stellen, als ob es sich um die Übertragung eines Wirtschaftsgutes zwischen selbständigen Gesellschaften handelte. Das Wirtschaftsgut wird bei der übernehmenden Gesellschaft zum Verkehrswert angesetzt, so dass darauf basierend eine Abschreibung möglich ist, Art. 15ah Abs. 2 lit. a VPB. Der Unterschiedsbetrag zwischen der zum Verkehrswert erfolgenden Abschreibung bei der gesonderten Gewinnermittlung der übernehmenden Einheitsgesellschaft und der Abschreibung auf Grundlage des in der Einheitsbilanz geführten Wertes des Wirtschaftsgutes wird der übertragenden Einheitsgesellschaft als Gewinn zugerechnet, Art. 15ah Abs. 2 lit. b VPB. Stille Reserven sowie goodwill, die mit dem Wirtschaftsgut verbunden sind, werden für die Einzelgewinnberechnung der übertragenen Gesellschaft zugeordnet, Art. 15ah Abs. 2 lit. c, d VPB.

164 *Strik/de Vries*, Cursus Belastingrecht Vennootschapsbelasting, S. 612f.

165 Hoge Raad vom 16.10.1985, Nr. 22 707, BNB 1986/44; vom 18.10.1995, Nr. 29 513, BNB 1996/9.

Einheitsgesellschaft mit deren Gewinnen verrechnet werden, müssen die Gewinne demzufolge mit den Ergebnissen der übrigen Gesellschaften der steuerlichen Einheit im aktuellen Wirtschaftsjahr saldiert werden. Erst danach darf die Gesellschaft die von ihr weitergeführten (Vorgruppen-)Verlustvorträge nutzen und damit ihren noch verbliebenen Gewinn ausgleichen. Diese Regelung schränkt die Nutzbarkeit von Verlustvorträgen deutlich ein. Zwar kann man die vorgeschriebene Reihenfolge mit dem Wesen der *fiscale eenheid* begründen.[166] Dennoch kann Art. 12 Besluit fiscale eenheid dazu führen, dass Verlustvorträge von einer Einheitsgesellschaft nicht genutzt werden können und nach neun Jahren i.S.d. Art. 20 Abs. 2 VPB verfallen.

Sind Vorgruppenverluste, die eine Gesellschaft mit in die *fiscale eenheid* vorgetragen hat, während deren Mitgliedschaft nicht abgebaut worden, so verbleiben diese (oder der noch verbliebene Teil der) Verlustvorträge gemäß Art. 15af Abs. 1 lit. a VPB mit dem Austritt bei dieser Gesellschaft.

Demgegenüber gehen grundsätzlich während der Mitgliedschaft zur steuerlichen Einheit generierte Verluste einer austretenden Gesellschaft nicht auf diese über, sondern dürfen durch die Muttergesellschaft der steuerlichen Einheit fortgeführt werden. Diese Folge aus der Einheitstheorie ist aus steuerlicher Sicht für den Konzern nicht immer von Vorteil. So erzielt die Muttergesellschaft häufig als reine Anteilshalterin lediglich Einkünfte in Form von Dividenden und Gewinnausschüttungen ihrer Tochtergesellschaften, die aufgrund des Schachtelprivilegs in den Niederlanden steuerfrei sind. Es mangelt in diesen Fällen an steuerpflichtigem Gewinn, mit dem die Verlustvorträge verrechnet werden können.[167] Deswegen macht es für viele Konzerne Sinn, der aus der Einheitsbesteuerung ausscheidenden Gesellschaft die Verlustvorträge zu übertragen. Diese Möglichkeit wird gemäß Art. 15af Abs. 1 lit. b, Abs. 2 VPB auf Antrag von Mutter- und betroffener Untergesellschaft eröffnet, sofern der Nachweis erbracht wird, dass der austretenden Körperschaft die Verluste zuzurechnen sind. Eine Aufteilung dieser durch die Tochter generierten Vorträge, so dass ein Teil bei der Mutter verbleibt und der andere Teil auf die austretende Tochter übergeht, ist nicht möglich.[168] Dennoch stellt diese Möglichkeit eine Ausnahme von dem System der Einheitstheorie dar, wonach der Verlust der gesamten steuerlichen Einheit genau wie der Gewinn der Muttergesellschaft zuzurechnen ist. Außerdem ist auch, um den Nachweis der Zurechenbarkeit der Verluste zu erbringen, entgegen dem einheitstheoretischen Gedanken jährlich eine gesonderte Ergebnisermittlung für die einzelnen Untergesellschaften durchzuführen, denen in Zukunft Verlustvorträge übertragen werden sollen.[169]

---

166 *Strik/de Vries*, Cursus Belastingrecht Vennootschapsbelasting, S. 611.

167 *Jungnitz*, IStR 2006, 266 (270); *Heithuis/van den Dool*, Compendium vennootschapsbelasting, S. 345.

168 *Heithuis/van den Dool*, Compendium vennootschapsbelasting, S. 346 mit Verweis auf die Auffassung der niederländischen Finanzverwaltung.

169 Neben dem Vorwurf des *Systembruchs* wird diese Regelung deswegen kritisiert, weil sie besonders Konzernmütter in Form von Holdinggesellschaften begünstigt,

Ein vertikaler Rücktrag der Verluste nach Beendigung der *fiscale eenheid* ist nur im ersten Jahr der ehemaligen Obergesellschaft möglich.[170] An dieser Stelle folgt das Gruppenbesteuerungsregime wieder der Einheitstheorie und verwehrt – entgegen der Möglichkeit bei den Verlustvorträgen – den ehemaligen Tochtergesellschaften einen Verlustrücktrag, auch wenn die Gewinne der *fiscale eenheid*, mit denen der Verlust saldiert werden soll, ihnen zugerechnet werden könnten.

VII. Berücksichtigung von Minderheitsanteilseignern und -aktionären

Die Bildung einer steuerlichen Einheit zwischen zwei Körperschaften setzt eine Beteiligungsquote von mindestens 95% voraus. Die rechtliche Behandlung der Anteilseigner bzw. Aktionäre der übrigen bis zu 5% der Gesellschaft ist dagegen kaum gesondert in den Regeln zur *fiscale eenheid* aufgenommen.

Lediglich Art. 10 Abs. 1 Besluit fiscale eenheid schreibt vor, dass Zahlungen von Einheitsgesellschaften an Anteilsinhaber, die nicht zu dieser *fiscale eenheid* gehören, als Gewinnausschüttungen zu behandeln sind. Bei den Gesellschaftern, sofern sie nicht selbst die übrigen 5% der Anteile führen und damit unter das niederländische Schachtelprivileg fallen,[171] werden diese Zahlungen nach den üblichen steuerrechtlichen Vorschriften für Beteiligungserträge erfasst. Als Folge der Annahme einer fiktiven Fusion der Einheitsgesellschaften als Ausfluss der Einheitstheorie[172] entstehen allerdings für die Minderheitseigner Schwierigkeiten hinsichtlich der Geltendmachung ihrer Rechte.

Beispielsweise stellt sich ein zivilrechtliches Problem für die Minderheitseigner einer Gesellschaft, wenn diese zwar gewinnträchtig ist, aber deren Gewinne mit Verlusten anderer Einheitsgesellschaften verrechnet werden. Besitzen die Gesellschafter nur Anteile an der profitablen Körperschaft, so würden sie – wenn diese nicht Teil einer *fiscale eenheid* wäre – eine Dividende bzw. Gewinnausschüttung beziehen. Durch die Gewinnverrechnung im Zuge der Konsolidierung reduziert sich dieser Vorteil jedoch oder entfällt je nach Umfang der verrechenbaren Verluste. Aus wirtschaftlicher Sicht müssten die Minderheitsgesellschafter aber entsprechend ihrer Beteiligung so gestellt werden, als würde die *fiscale eenheid* nicht bestehen. Dieses Ergebnis könnte durch einen zivilrechtlichen Anspruch für die Minderheit auf eine entsprechende Zahlung gegen die *fiscale eenheid* gewährleistet werden. Allerdings gibt es keinen solchen Anspruch im niederländischen Gesellschaftsrecht.[173] Eine

---

die die nicht für sich nutzbaren Verlustvorträge einer austretenden operativ tätigen Untergesellschaft übertragen können, vgl. *Jungnitz*, IStR 2011, 266 (270).

170 *Boer*, IStR 2011, 61 (65); *Heithuis/van den Dool*, Compendium vennootschapsbelasting, S. 347.

171 Siehe oben unter B.II.2.

172 Siehe oben unter B.I.

173 *Boer*, IStR 2011, 61 (64).

andere denkbare Möglichkeit wäre ein Anspruch der benachteiligten Gesellschafter gegen die *fiscale eenheid*, der auf eine Verpflichtung zur entgeltlichen Übernahme der (Minderheits-) Gesellschaftsanteile gerichtet ist. Durch die Auszahlung der übrigen Gesellschafter auf deren Verlangen endete einerseits deren Benachteiligung durch die Verrechnung der ihnen anteilsmäßig zustehenden Gewinne. Andererseits würde auch dem Grundgedanken der Einheitstheorie Rechnung getragen, in der eine fiktive Fusion von Mutter- und Tochtergesellschaft angenommen wird. Zwar ist die *fiscale eenheid* als 95%iger Anteilsinhaber zu einer Übernahme der sonstigen Anteile (auch gegen den Willen der Minderheitsgesellschafter) berechtigt,[174] jedoch nicht nach Aufforderung verpflichtet. Durch eine zivilrechtliche Verpflichtung könnte eine Benachteiligung dieser Anteilsinhabern bzw. Aktionären verhindert werden.

VIII. Resümee

Für die *fiscale eenheid* kommen nur Kapitalgesellschaften in Frage. Zu begründen ist dieser Umstand mit der mangels Belastungsgleichheit zu den Kapitalgesellschaften geringen Verbreitung von Personengesellschaften in den Niederlanden. Der Konsolidierungskreis wird dabei auf Inlandssachverhalte begrenzt, da nur in den Niederlanden belegene Unternehmen oder Inlandsbetriebsstätten ausländischer Kapitalgesellschaften einbezogen werden.

Die dem Regime der *ficale eenheid* zugrunde liegende Einheitstheorie fingiert eine Fusion der Einheitsgesellschaften unter dem Dach einer Obergesellschaft. Diese Fusion gilt nur für steuerliche Belange und wird durch zahlreiche Regelungen durchbrochen. Zunächst wird eine Einheit nur bei Antragstellung angenommen. Das räumt den Konzernen ein Wahlrecht darüber ein, ob ihre Gesellschaften – trotz Vorliegens der Voraussetzungen – Teil der *ficale eenheid* werden sollen oder nicht, weil es aus steuerlicher Sicht nicht förderlich ist. Diese Möglichkeit des sog. *cherry-picking* stellt einen Widerspruch zum Konzept der Einheitstheorie dar, das auf der Annahme eines faktischen Konzerns beruht. Eigentlich müssten sämtliche Tochterunternehmen, bei denen das Faktum der fast vollständigen Beteiligung erfüllt ist, Teil der steuerlichen Einheit werden.

Auch werden die Gruppen in vielen Fällen durch Vorschriften, die den Gestaltungsmissbrauch verhindern sollen, gezwungen, einzelne Bilanzpositionen weiterhin für jedes beteiligte Unternehmen getrennt fortzuführen. So sind Vorgruppenverluste ebenso wie latente Liquidationsverluste eines Einheitsunternehmens nur isoliert bei dessen Gewinnen in Abzug zu bringen. Diese Regelung ist wiederum als Ausnahme von der Einheitsbesteuerung anzusehen. Im Widerspruch zu der Annahme einer fiktiven Fusion unter der sachlichen Steuerpflicht der Muttergesellschaft steht auch die Möglichkeit, Verlustvorträge aus der Zeit des Bestehens der *fiscale eenheid* auf ausscheidende Untergesellschaften zu

---

174 Siehe oben unter B.II.2.

übertagen. Unabhängig von der Frage ihrer Rechtfertigung hat diese Regelung erhebliche Auswirkungen auf die Buchführung bei den Konzernen: um auf die Untergesellschaften die ihnen zurechenbaren Verluste bei einem Austritt aus der Gruppenbesteuerung übertragen oder um deren Vorgruppenverluste während des Bestehens der *fiscale eenheid* steuerlich nutzen zu können, ist eine isolierte Gewinnermittlung für diese Gesellschaften erforderlich. Ohne diese könnte der erforderliche Nachweis nicht erbracht werden, dass die Verluste auf diejenige Untergesellschaft übertragen werden, die auch für deren Entstehen kausal ist. Somit ist die *fiscale eenheid* faktisch dazu verpflichtet, eine gesonderte Bilanz für jede Einheitsgesellschaft zu erstellen, obwohl nach Art. 15 Abs. 6 S. 1 VPB eigentlich nur eine zusammengefasste Bilanz erforderlich wäre. Dieses steigert die Komplexität des eigentlich auf Einfachheit ausgelegten Einheitsregimes und erhöht die Steuerbefolgungskosten für die Rechtsanwender.

Auch hinsichtlich der Regelungen zum Austritt aus dem Konsolidierungskreis in den Niederlanden lassen sich zwei miteinander in Wechselwirkung stehende gesetzgeberische Intentionen feststellen: einerseits soll die Loslösung einer Gesellschaft aus der *fiscale eenheid* möglichst steuerfrei erfolgen können. Andererseits sollen aber verschiedene Normen verhindern, dass diese Steuerfreiheit zu unerwünschten Gestaltungen genutzt wird. Die durch die Einheitsbetrachtung geschaffene steuerliche Gestaltungsfreiheit für die Konzerne provoziert auf der Kehrseite somit auch an dieser Stelle eine umfassende Anti-Missbrauchsgesetzgebung. Unter gewissen Umständen kann die als Vorteil für die Konzerne geplante Einheitsbesteuerung sich aufgrund der Regulationsnormen sogar negativ auswirken. Wird eine ehemalige Einheitsgesellschaft nach ihrem Austritt abgewickelt, so ist in aller Regel der Liquidationsverlust[175] für die Konzernmuttergesellschaft geringer, als der Wert, der sich ohne die vorherige Mitgliedschaft dieser Tochter zur steuerlichen Einheit ergeben hätte. Dieses hat seine Ursache in Art. 13d Abs. 8 i.V.m. Art. 15aj Abs. 6 VPB, wonach zur Verhinderung von Gestaltungen die Bewertung einer austretenden Gesellschaft und dem durch den Austritt wieder entstehenden Bilanzposten „Beteiligung an dieser Tochter“ möglichst gering gehalten wird.[176] Ebenfalls von Nachteil kann die Verpflichtung der verlustvortragenden Tochtergesellschaft sein, diese Verluste erst nach einer horizontalen Konsolidierung nutzen zu können.[177] Dadurch kann diese Gesellschaft in die Lage kommen, dass sie ihre Verlustvorträge nicht voll ausschöpfen kann, obwohl ihr eigener Gewinn diese Verluste übersteigt.[178] Die steuerliche Einheit wirkt sich dann negativ aus, indem die Verlustvorträge durch Inflation im Wert sinken, je länger sie vorgetragen werden müssen.[179]

175 Siehe zur Begriffserläuterung oben unter B.III.
176 *Heithuis/van den Dool*, Compendium vennootschapsbelasting, S. 335.
177 Siehe oben unter B.VI.
178 Dieses ist der Fall, wenn die Gewinne dieser Gesellschaft durch die Ergebnisse anderer Einheitsgesellschaften im selben Wirtschaftsjahr (horizontale Verlustverrechnung) gemindert wird.
179 *Heithuis/van den Dool*, Compendium vennootschapsbelasting, S. 341 f.

Die Bestimmungen für außerhalb der Einheit stehende Gesellschafter sind nur rudimentär, was wohl auf das hohe Beteiligungserfordernis zurückzuführen ist. Hier folgt der Gesetzgeber dem Grundgedanken der *fiscale eenheid*: bei einer (fiktiven) Fusion von Tochter- und Muttergesellschaft kann es eigentlich keine dritten Parteien geben.

Zahlreiche Vorschriften betreffend die steuerliche Einheit sind eingeführt worden, um eine Abwanderung von in den Niederlanden gebildetem Steuersubstrat zu verhindern.[180] Zu bedenken ist dabei, dass eine Abwanderung aus rein steuerlichen Gründen für ein Unternehmen nicht sinnvoll ist, wenn im anderen Staat ein mit den Niederlanden vergleichbares Besteuerungsniveau herrscht. Eine sich in diesem Fall vollziehende Abwanderung geschieht nur aus wirtschaftlichen Gründen. Die Möglichkeit der Beibehaltung der Gruppenbesteuerung auch im Falle einer Abwanderung kann damit die internationale Wettbewerbsfähigkeit und Standortattraktivität der Niederlande verbessern. Dieses sollte auch aus niederländischer Sicht wünschenswert sein und war bereits Ausgangspunkt von Gesetzen und Entwürfen zur Änderung des niederländischen Körperschaftsteuerrechts.[181]

Aber das System der *fiscale eenheid* erschwert auch die Möglichkeit von Unternehmensbeteiligungen. So ist die Beteiligung von neuen Gesellschaftern an Gesellschaften, insbesondere eingesetzt als Mittel der Gesellschaften zur Generierung von Kapital, dadurch eingeschränkt, dass eine Beteiligung der Obergesellschaft am Nominalkapital der Tochter in Höhe von 95% verlangt wird und damit nur eine Veräußerung von maximal 5% der Gesellschaftsanteile durchführbar ist. Diese Möglichkeit der Kapitalbeschaffung entfällt damit für eine Gesellschaft, die in einer steuerlichen Einheit steht, nahezu vollständig.[182] Die Regelung, die wegen der Voraussetzung des hohen Anteilsbesitzes und der dadurch entstehenden Fiktion der Eingliederung der Unter- in die Muttergesellschaft die steuerliche Einheit von einem bürokratisch aufwendigeren Gewinnabführungsvertrag o.ä. befreit, wirkt sich also auf der anderen Seite negativ aus.

---

180 Beispielsweise soll hier auf Art. 15 VI c VPB verwiesen werden, nach dem die steuerliche Einheit zu einer Gesellschaft endet, sobald sie ihren Sitz ins Ausland verlegt, obwohl noch eine Betriebsstätte in den Niederlanden verbleibt.

181 vgl. *Wet werken aan winst* vom 1.1.2007, durch das unter anderem der KSt-Tarif von 29,6% auf maximal 25,5% (bei einem Gewinn bis 25000€ beträgt der Steuersatz 20%, bis 60000€ nur 23,5%) gesenkt worden ist; zur Intention des Gesetzgebers siehe *Strik/de Vries*, Cursus Belastingrecht Vennootschapsbelasting, S. 13ff.

182 *Strik/de Vries*, Cursus Belastingrecht Vennootschapsbelasting, S. 547.

C. Organschaft

Der Konzern als Steuerpflichtiger für sämtliche der zu ihm gehörenden Gesellschaften ist im deutschen Steuerrecht bis heute nicht normiert.[183] Dennoch sollen die Regelungen zur Organschaft dem wirtschaftspolitischen Zweck dienen, integrierte Unternehmensgruppen dadurch zu fördern, dass die wirtschaftlichen Gegebenheiten auch steuerrechtlich nachvollzogen werden.[184] Der Begriff der Organschaft beschreibt ein durch tatsächliche und rechtliche Gegebenheiten belegbares Unterordnungs- und Abhängigkeitsverhältnis zwischen mindestens zwei Unternehmen, das das untergeordnete Unternehmen wirtschaftlich derart unselbständig erscheinen lässt, dass sein Einkommen dem herrschenden Unternehmen zuzurechnen ist.[185] Die Organschaft basiert dabei auf der Organtheorie, die in diesen Konstellationen eine wirtschaftliche Einheit zwischen den rechtlich weiterhin selbstständigen Wirtschaftssubjekten (=Organen) annimmt und zu dem Schluss kommt, dass als Folge dieser Einheit das Organeinkommen nur ein Mal der Besteuerung unterliegen sollte.[186]

Nach den Vorschriften zur Organschaft in den §§ 14ff. des Körperschaftsteuergesetzes wird das Einkommen aller an der Organschaft beteiligten Gesellschaften per Zurechnung auf die Muttergesellschaft (Organträger) übertragen, dort mit den Einkommen weiterer Teilnehmergesellschaften verrechnet und danach der Besteuerung zugeführt (sog. Zurechnungstheorie).[187] Die beteiligten Gesellschaften, die nicht Muttergesellschaft sind (Organgesellschaften), werden wie allein stehende Steuersubjekte von der Körperschaftsteuer erfasst; ihre Körperschaftsteuerschuld

183 BFH v. 4.3.1965, I 249/61 S, BStBl. III 1965, 329 (331); *Fußbroich*, DStR 2002, 697 (697); *Karsten*, DStR 1991, 893 (893); *Schnittker/Hartmann*, BB 2002, 277 (277); F/M/*Frotscher*, § 14 Rn. 9; *Prinz*, FR 1993, 725 (725); *Wöhe*, DStR 1990, Beihefter zu Heft 7, 1 (2)).

184 *Kraft/Kraft*, Grundlagen der Unternehmensbesteuerung, S. 121; F/M/*Frotscher*, § 14 Rn. 10a; *Herzig*, in: Herzig, Organschaft, S. 3.

185 So bereits RFH RStBl. 1933, 647 (648); RFH 1933, 136 (137); ferner BFH v. 8.3.1955, I 73/54 U, BStBl. III 1955, 187 (190); *Erle/Heurung* in Erle/Sauter, KStG, Vor § 14 Rn. 1; *Jurkat*, Die Organschaft, Rn. 580; *Müller/Stöcker*, Die Organschaft, Rn. 8; *Mössner/Seeger/Müller*, Vor §§ 14–19 Rn. 2; *Küster/Köhler*, BB 1998, 2401 (2403).

186 RFH, RStBl. 1930, 148 (151); BFH v. 17.7.1952, V 17/52 S, BStBl. III 1952, 234 (235) hier bzgl. der umsatzsteuerlichen Organschaft; BFH v. 4.3.1965, I 249/61 S, BStBl. III 1965, 329 (331).

187 F/M/*Frotscher*, § 14 Rn. 7; *Eversberg*, in: Herzig, Organschaft, S. 75; *Küster/Köhler*, BB 1998, 2401 (2403); *Krebs*, BB 2001, 2029 (2030); *Herzig*, Beihefter zu DStR 30 2010, 61 (66).

beträgt bei einer wirksamen Organschaft aber trotz des zuvor unabhängig voneinander entwickelten Ergebnisses aufgrund dessen Zurechnung 0 €.[188]

Die Bildung einer Organschaft kommt besonders dann in Frage, wenn ein Konzern sowohl Unternehmen mit positiven als auch solche mit negativen Ergebnissen umfasst.[189] Verluste könnten ohne Vorliegen einer Organschaft nur durch das sie verursachende Konzernunternehmen durch Verrechnung mit den Ergebnissen aus anderen Wirtschaftsjahren genutzt werden. Gegenüber dieser „vertikalen" Verlustnutzung ermöglicht die Organschaft eine Verrechnung des Unternehmensverlustes mit den Gewinnen anderer Konzernunternehmen in demselben Wirtschaftsjahr. Durch diese periodengerechte Konsolidierung im Konzern wird der Aufbau steuerlicher Verlustvorträge bei einzelnen Konzerngesellschaften verhindert. Ohne das Institut der Organschaft führte etwa die Situation einer verlustreichen Mutter- und einer in gleicher Höhe gewinnträchtigen Tochtergesellschaft zu einer Körperschaftsteuerbelastung für den Konzern: handelte es sich bei der Mutter um eine Kapitalgesellschaft, so wären gemäß § 8b Abs. 1, Abs. 5 KStG 95 % der von der Tochter bezogenen Dividenden für sie steuerfrei. Nach § 8b Abs. 5 S. 2 KStG i.V.m. § 3c Abs. 1 EStG dürfte die Mutter aber aufgrund der weitgehenden Steuerbefreiung ihre Verluste auch nicht gewinnmindernd mit 95 % des Gewinns der Tochtergesellschaft verrechnen.[190] Dieser Gewinn würde der Besteuerung unterliegen, der Verlust der Muttergesellschaft wäre lediglich in andere Wirtschaftsjahre übertragbar. Durch die Bildung einer Organschaft werden diese Auswirkungen verhindert und eine innerperiodische und intersubjektive Ergebniskonsolidierung im vollem Umfang ermöglicht. Dem Regime der Organschaft kommt aufgrund dieser und weiterer Vorteile[191] eine erhebliche wirtschaftliche Bedeutung zu.[192]

---

188 Dies gilt zumindest in den Fällen, in denen die Organgesellschaften von dem Organträger keine Ausgleichszahlungen nach § 304 AktG beziehen, dazu unten unter C.VII.; BFH v. 4.3.1965, I 249/61 S, BStBl. III 1965, 329 (331); *Erle/Heurung* in Erle/Sauter, KStG, Vor § 14 Rn. 5; *Jurkat*, Die Organschaft, Rn. 13.

189 *Herkenroth/Hein/Labermeier/Pache/Striegel/Wiedenfels*, Konzernsteuerrecht, S. 151.

190 Im Falle einer Personengesellschaft oder eines Einzelunternehmers als Konzernspitze kann nur der steuerpflichtige Anteil der Dividende (60 % gemäß § 3c II EStG) mit den Verlusten der Mutter verrechnet werden, wobei zusätzlich Kapitalertragsteuer anfällt.

191 Die Leistungen von den Organgesellschaften an den Organträger stellen keine Dividenden/Gewinnausschüttungen, sondern Gewinnabführungen dar. Daher kann § 8b Abs. 5 KStG auf Organschaftsinterne Gewinnübertragungen ebensowenig wie die §§ 43ff. EStG (Pflicht zur Einbehaltung von Kapitalertragsteuer) Anwendung finden. Weiterhin entfällt aufgrund der umfassenden Gewinnabführung das Risiko, dass eine Tochtergesellschaft trotz bestehender Verlustvorträge der Mindestbesteuerung nach § 10d Abs. 2 EStG unterliegt. Siehe ferner D/J/P/W/*Dötsch/Witt*, § 14 Rn. 31ff.

192 *Hey* u.a., IFSt-Schrift Nr. 471, S. 20f.; Prüfbericht des BMF: „Verlustverrechnung und Gruppenbesteuerung", vom 10.11.2011, S. 117.

I. Entwicklung der Organschaft

Die Regelungen zur Organschaft sind ein Resultat jahrzehntelanger Rechtsfortbildung. Bereits 1902 wurde, auf dem Gebiet des Gewerbesteuerrechts, der Begriff der Organschaft durch das Preußische Oberverwaltungsgericht entwickelt.[193] Das Gericht zielte dabei allerdings nicht auf eine Einmalbesteuerung des Einkommens verbundener Unternehmen ab. Motivation war vielmehr zu verhindern, dass sich nichtpreußische Unternehmen der preußischen Besteuerung durch Gestaltungen entziehen.[194]

Erst in den 1920er Jahren wuchs mit dem ersten Auftreten von Unternehmenszusammenschlüssen zu Konzerneinheiten die Erkenntnis, dass sich die Besteuerung von Konzernen nicht nur an den zivilrechtlichen Rechtsformen der beteiligten Gesellschaften, sondern auch nach den wirtschaftlichen Gegebenheiten in den Unternehmensgruppen auszurichten hat. Aus Gründen der Steuergerechtigkeit sollte das Steuerrecht der wirtschaftlichen Entwicklung Rechnung tragen. Der Reichsfinanzhof übernahm das vom Preußischen Oberverwaltungsgericht entwickelte Institut der Organschaft, dieses Mal nicht zur Missbrauchsbekämpfung, sondern zur Vermeidung einer doppelten Besteuerung von Beteiligungserträgen innerhalb eines Konzerns bei finanzieller, wirtschaftlicher und organisatorischer Eingliederung.[195]

Weil man die Organschaft bereits durch diese Rechtsprechung als hinreichend konkretisiert ansah, wurde bei der Kodifizierung des Körperschaftsteuergesetzes im Jahr 1934 von einer Aufnahme der Organschaftsregeln in den Gesetzestext abgesehen.[196] Erst nachdem der Bundesfinanzhof, der die körperschaftsteuerliche Organschaft zunächst bestätigt und weiter ausgeformt hatte,[197] aufgrund der zunehmenden wirtschaftlichen Komplexität der klärungsbedürftigen Sachverhalte eine

---

193 Preuß. OVG v. 31.5.1902, zitiert von *Jurkat*, Die Organschaft, Rn. 115.

194 *Herzig*, in: Herzig, Organschaft, S. 4; eine ausführliche Darstellung der Rechtsprechung des Preußischen OVG ist Witt, Konzernbesteuerung, S. 143ff. zu entnehmen.

195 Zunächst für die Kohlen- und Umsatzsteuer, RFH v. 21.7.1920 II A 167/20, RFHE 3, 231 (234); RFH RStBl. 1920, 357 (358); RFH RStBl. 1920, 468 (469); RFH RStBl. 1920, 639 (639)), danach auch auf dem Gebiet der Körperschaftsteuer, RFH vom 31.3.1922 I A 10/22, RFHE 9, 167 (171); *Schnittker/Hartmann*, BB 2002, 277 (277); *Karsten*, DStR 1991, 893 (893); *Hübl*, DStZ A 1965, 17 (17); *Herzig*, in: Herzig, Organschaft, S. 4.

196 Vgl. Begründung zum KStG 1934, RStBl. 1935, 81 (84); *Mössner/Seeger/Müller*, Vor §§ 14–19 Rn. 12; demgegenüber nahm der Gesetzgeber die Organschaft für die Umsatzsteuer im Jahr 1934, für die Gewerbesteuer im Jahr 1936 in das jeweilige Gesetz auf, *Kolbe* in Herrmann/Heuer/Raupach, § 14 Rn. 2.

197 BFH v. 24.11.1953, 109/53 U, BStBl. III 1954, 21 (22); BFH v. 4.3.1965, I 249/61 S, BStBl. III 1965, 329 (331); BFH v. 8.3.1955, I 73/54 U, BStBl. III 1955, 187 (188ff.) bzgl. der Gewinnabführungsverpflichtung; BFH v. 14.2.1956, I 73/55 U, BStBl. III 1956, 151 (153f.) bzgl. der Behandlung vororganschaftlicher Verluste; BFH v. 27.11.1956, I D 1/56 S, BStBl. III 1957, 139 (140ff.) u.a. zu der Steuersubjektqualität von Organgesellschaften; BFH v. 5.11.1957, I 163/56 U, BStBl. III 1958, 24 (25).

formalgesetzliche Regelung forderte,[198] wurde die Organschaft im Jahr 1969 als § 7a in das Körperschaftsteuergesetz aufgenommen.[199] Dabei adaptierte der Gesetzgeber den durch die Rechtsprechung entwickelten und auf der Zurechnungstheorie basierenden Organschaftsbegriff.[200]

Die Organschaft ermöglichte zunächst besonders Einkommensteuersubjekten wie Einzelkaufleuten und Personengesellschaften als Organträgern, der doppelten Gewinnbesteuerung bei ihnen und der mit ihnen verbundenen Kapitalgesellschaft aus dem Weg zu gehen.[201] Seitdem im Jahr 1977 das Prinzip der doppelten Gewinnbesteuerung zugunsten des Anrechnungsverfahrens aufgegeben und § 7a KStG durch die §§ 14–19 KStG ersetzt wurde, besteht der Zweck der Organschaft vor allem im Verlustausgleich innerhalb des Konzerns.[202]

II. Voraussetzungen der Organschaft

1. Beteiligungsfähige Rechtssubjekte

Die Mutter-/Obergesellschaft wird im deutschen Körperschaftsteuerrecht als *Organträger* bezeichnet, während die Tochter-/Untergesellschaft als *Organgesellschaft* firmiert, § 14 Abs. 1 S. 1 KStG.

---

198 Schreiben des 1. Senates des BFH v. 4.4.1962, I 249/61, BB 1962, 438f.; nochmals ausdrücklich zum Abschluss des Verfahrens, zu dem auch das Schreiben vom 4.4.1962 ergangen war, in BFH v. 4.3.1965, I 249/61 S, BStBl. III 1965, 329 (331); ebenso kritisch zur körperschaftsteuerlichen Anerkennung von Personenunternehmen als Organträger ohne gesetzliche Grundlage, BFH v. 17.11.1966, I 280/63, BStBl. III 1967, 118ff.; die Finanzverwaltung behandelte die Organschaft in dem sog. „Organschaftserlass" v. 23.10.1959, BStBl. II 1959, 161.

199 „Gesetz zur Änderung des KStG und anderer Gesetze" v. 15.8.1969, BStBl. I 1969, 471.

200 *Erle/Heurung* in Erle/Sauter, KStG, § 14 Rn. 2; *Kolbe*, in: H/H/R, § 14 KStG Rn. 4.

201 *Witt*, Die Organschaft im Ertragsteuerrecht, S. 63; Kapitalgesellschaften entkamen der Doppelbesteuerung zumeist durch das damals geltende Schachtelprivileg, vgl. *Karsten*, DStR 1991, 893 (893); *Hey* u.a., IFSt-Schrift Nr. 471, S. 20.

202 F/M/*Frotscher*, § 14 Rn. 2, 5; *Karsten*, DStR 1991, 893 (893); *Erle/Heurung in* Erle/Sauter, KStG, § 14 Rn. 2; seit Abschaffung des Anrechnungsverfahrens durch das StSenkG vom 23.10.2000 (BGBl. I 2000, 1433ff.) ist der Zweck insbesondere für Personengesellschaften als Organträger wegen des Teileinkünfteverfahrens auf Gewinnausschüttungen erneut die Vermeidung der Doppelbesteuerung, *Herzig*, in: Herzig, Organschaft, S. 6; auch bei Kapitalgesellschaften verhindert die Organschaft die durch § 8b Abs. 5 KStG vorgegebene Doppelbesteuerung der Gewinne i.H.v. 5 %, was sich besonders bei tief gestaffelten Konzernstrukturen vorteilhaft auswirkt (zum sog. „Kaskadeneffekt" vgl. F/M/*Frotscher*, § 14 Rn. 3f.).

a) *Muttergesellschaft*

Die Voraussetzung an die Fähigkeit zur Funktion als Organträger ist rechtsformunabhängig. Es kann sich nach § 14 Abs. 1 S. 1 Nr. 2 KStG um eine natürliche Person, eine Personengesellschaft oder eine Kapitalgesellschaft handeln.

Der Organträger muss nicht in Deutschland ansässig sein oder seine Geschäftsleitung in Deutschland haben. Es ist ausreichend, dass die Beteiligung einer inländischen Betriebsstätte zuzuordnen ist, die der unbeschränkten Steuerpflicht in Deutschland unterliegt und nicht steuerbefreit ist.[203]

Der Organträger muss selbst gewerblich tätig sein, § 14 Abs. 1 S. 1 KStG. Da bei dieser Voraussetzung der Begriff des Gewerbebetriebes i.S.v. § 2 GewStG zugrunde gelegt wird,[204] sind Kapitalgesellschaften schon qua Rechtsform gemäß § 2 Abs. 2 GewStG tauglicher Organträger, auch wenn sie keine gewerbliche Tätigkeit betreiben oder dauerhaft defizitär arbeiten.[205] Auch eine Vorgründungsgesellschaft, die in der Rechtsform einer GbR oder oHG auftritt, kann bei Vorliegen der weiteren Voraussetzungen genau wie eine Vorgesellschaft Organträger sein.[206] Demgegenüber muss das Merkmal der Gewerblichkeit bei Personengesellschaften positiv festgestellt werden. Dies soll verhindern, dass die aus den Organgesellschaften stammenden gewerblichen Einkünfte auf Ebene der Organträger in nicht gewerbliche Einkünfte umqualifiziert werden und u.a. nicht mehr der Gewerbesteuer unterliegen.[207] Das erforderliche Ausmaß zur Qualifikation als gewerblich ist dabei ungeklärt. Entscheidend soll das Ergebnis einer Gesamtwürdigung sein, wobei die Geprägerechtsprechung des Bundesfinanzhofes als Anhaltspunkt dienen kann.[208] So ist eine nicht operativ tätige rein vermögensverwaltende

---

203 Siehe zu der Rechtslage vor der Reform durch das „Gesetz zur Änderung und Vereinfachung der Unternehmensbesteuerung und des steuerlichen Reisekostenrechts" unten unter D.II.2; eine teilweise steuerbefreite Gesellschaft kann mit ihrem steuerpflichtigen Teil als Organträger in Betracht kommen, vgl. *Milatz/Schäfers*, DB 2005, 1761 (1765).

204 BMF, BStBl. I 2003, 437; *Müller/Stöcker*, Die Organschaft, Rn. 62; *Mössner/Seeger/Müller*, § 14 Rn. 143; F/M/*Frotscher*, § 14 Rn. 20.

205 BMF, BStBl. I 2003, 437 Rn. 4; *Herlinghaus*, FR 2000, 1105 (1110); *Koths*, in: Herzig, Organschaft, S. 65; *Mössner/Seeger/Müller*, § 14 Rn. 144; dies gilt auch für die KGaA, vgl. D/J/P/W/*Dötsch*, § 14 Rn. 82.

206 *Müller/Stöcker*, Die Organschaft, Rn. 45; F/M/*Frotscher*, § 14 Rn. 18a; weil eine Vorgründungsgesellschaft aber nicht mit der später entstehenden Kapitalgesellschaft rechtsidentisch ist, muss zwischen der Kapitalgesellschaft und der Organgesellschaft erneut ein Gewinnabführungsvertrag geschlossen werden, BFH, v. 8.11.1989, I R 174/86, BStBl. II 1990, 91.

207 *Erle/Heurung* in Erle/Sauter, KStG, § 14 Rn. 53.

208 BFH v. 11.8.1999, XI R 12/98, BStBl. II 2000, 229 (230); BFH v. 29.11.2001, IV R 91/99, BStBl. II 2002, 221; eine nur geringfügige gewerbliche Betätigung wird nicht als ausreichend erachtet, BMF BStBl. I 2005, 1038 (1040 Rn. 17), a.A.: F/M/*Frotscher*, § 14 Rn. 39; *Mössner/Seeger/Müller*, § 14 Rn. 129.

Holding-Personengesellschaft in diesem Sinne nicht als gewerblich anzusehen,[209] während bei einer geschäftsleitenden Holding-Personengesellschaft, die Einfluss auf die Geschäftspolitik des Konzerns nimmt, auf den Einzelfall abzustellen ist.[210] Auch eine GmbH & Co.-Personengesellschaft ist geeignete Organträgerin, sofern die Personengesellschaft originär gewerblich ist.[211]

b) Untergesellschaft

Als Organgesellschaft kommen nach § 14 Abs. 1 S. 1 KStG nur die mit der AG vergleichbare *Societas Europaea (SE)*[212], eine Aktiengesellschaft (AG) oder eine Kommanditgesellschaft auf Aktien (KGaA) in Frage. Dieser Kreis tauglicher Organgesellschaftsformen wird durch § 17 KStG auf andere Kapitalgesellschaften, insbesondere die Gesellschaft mit beschränkter Haftung (GmbH), erweitert.[213] Insgesamt können

---

209 BMF, BStBl. I 2003, 437 Rn. 4 und BMF, BStBl. I 2005, 1038 (1040 Tz. 18); *Herzig*, in: Herzig, Organschaft, S. 9.

210 BMF, BStBl. I 2005, 1038 (1040 Tz. 18).

211 Die bis einschließlich 2002 nur erforderliche Gewerblichkeit eines Mitunternehmers (die bei der GmbH & Co. immer durch die Beteiligung der GmbH gewährleistet ist, sog. gewerbliche Prägung) ist mit dem Inkrafttreten des StVergAbG (BGBl. I 2003, 660 (661)) nicht mehr ausreichend, *Müller/Stöcker*, Die Organschaft, Rn. 68; F/M/*Frotscher*, § 14 Rn. 38; D/J/P/W/*Dötsch*, § 14 Rn. 91.

212 Obwohl es sich auch bei der *Societas Cooperativa Europaea (SCE)* (Europäische Genossenschaft) um eine Europäische Gesellschaft handelt, kommt diese Personengesellschafts-Rechtsform als Organgesellschaft nicht in Frage, D/J/P/W/*Dötsch*, § 14 Rn. 50.

213 Die Einbeziehung dieser Kapitalgesellschaftsformen durch § 14 Abs. 1 KStG scheidet aus, da die für den Gewinnabführungsvertrag maßgeblichen §§ 291ff. AktG für sie keine unmittelbare Anwendung finden, *Erle/Heurung* in Erle/Sauter, KStG, § 17 Rn. 2f. Wie ein solcher Gewinnabführungsvertrag unter Mitwirkung einer GmbH ausgestaltet sein muss, um zivilrechtlich wirksam und damit steuerlich anerkannt zu werden (BFH v. 30.7.1997, I R 7/97, BStBl. II 1998, 33; BGHZ 105, 339), wurde vom Bundesgerichtshof konkretisiert im sog. Supermarkt-Beschluss vom 24.10.1988, II ZB 7/88, BGHZ 105, 324 ff.; der Gewinnabführungsvertrag mit einer GmbH muss danach grundsätzlich die gleichen Anforderungen erfüllen wie bei Mitwirkung einer AG oder KGaA, vgl. F/M/*Frotscher*, § 17 Rn. 11. Auch die nach § 5 KStG von der Körperschaftsteuer befreiten Gesellschaften können als Organgeselschaft fungieren. Allerdings wird durch den Gewinnabführungsvertrag zumeist die Gemeinnützigkeit dieser Gesellschaft aufgehoben, da diese gem. § 58 Nr. 1 AO entfällt, wenn die Gesellschaft ihr Einkommen an einen nicht steuerbefreiten Organträger abzuführen verpflichtet ist, *Milatz/Schäfers*, DB 2005, 1761 (1767). Entsprechend der zivilrechtlichen Vorgaben kann im Gegensatz zur Vorgründungsgesellschaft (BFH v. 8.11.1989, I R 174/88, BStBl. II 1990, 91 (92)) auch die Vorgesellschaft als Organgesellschaft auftreten, wenn die Organschaftsvoraussetzungen mit Ausnahme der Handelsregistereintragung gegeben sind, *Karsten*, DStR 1991, 893 (895); *Müller/Stöcker*, Die Organschaft, Rn. 34.

nur Rechtsträger in der Rechtsform der Kapitalgesellschaft als Organgesellschaft auftreten. Personengesellschaften sind keine zulässigen Organgesellschaften. Für ihre Einbeziehung besteht auch wenig Anlass, da bereits infolge des dann Anwendung findenden Transparenzprinzips ihre Verluste den Einkünften der Gesellschafter zugerechnet werden.[214]

Die Organgesellschaft muss eine inländische Geschäftsleitung sowie einen Sitz in einem Mitgliedstaat der Europäischen Union oder in einem EWR-Vertragsstaat haben, § 14 Abs. 1 S. 1 KStG. Dieses durch die Organschaftsreform novellierte Kriterium erweitert den Kreis der tauglichen Organgesellschaften und sichert dem Fiskus trotzdem das Besteuerungsrecht auf die Organgesellschaftseinkommen.[215]

c) Berücksichtigung ausländischer Gesellschaften

Die Regeln der körperschaftsteuerlichen Organschaft sind nicht auf reine Inlandssachverhalte, sondern darauf ausgerichtet, dass die Einkommen der Organschaften dem deutschen Besteuerungszugriff unterliegen. So wird bezüglich des Organträgers nicht auf dessen Ansässigkeit, sondern nur auf die Beteiligung an den Organgesellschaften abgestellt, die gemäß § 14 Abs. 1 S. 1 Nr. 2 S. 4ff. KStG einer inländischen, der deutschen Besteuerung unterliegenden Betriebsstätte zuzuordnen sein muss. Daneben muss die Voraussetzung der Gewerblichkeit auch bei einem ausländischen Organträger vorliegen. Diese wird aber bereits bei einer gewerblichen Tätigkeit der inländischen Betriebsstätte zu bejahen sein.[216]

Auch hinsichtlich der Organgesellschaft kommt es nicht auf deren Sitz, sondern auf den für die Besteuerung maßgeblichen Ort der Geschäftsleitung im Inland an. Die inländische Betriebsstätte einer ausländischen Konzerntochter ist als Organgesellschaft dagegen nicht zulässig.[217]

Der Zielrichtung des Gesetzgebers entspricht auch die Vorschrift des § 14 Abs. 1 S. 1 Nr. 5 KStG, nach der der Verlust einer doppelt ansässigen Gesellschaft in Deutschland bei der Organschaft unberücksichtigt bleibt, sofern er auch im anderen (Sitz-)Staat bei einer der deutschen Körperschaftsteuer entsprechenden Steuer berücksichtigt wurde. Diese Norm soll die doppelte Verlustnutzung im In- und Ausland und die damit verbundene Verringerung des zu besteuernden Organschaftseinkommens in Deutschland verhindern.[218]

---

214 *Eversberg*, in: Herzig, Organschaft, S. 76; *Mössner/Seeger/Müller*, § 14 Rn. 38.
215 Siehe zu der alten Rechtslage und deren Rechtswidrigkeit unten unter D.II.1.
216 Zur alten Rechtslage siehe *Erle/Heurung* in Erle/Sauter, KStG, § 18 Rn. 12; *Koths*, in: Herzig, Organschaft, S. 71f.; BMF, BStBl. I 2003, 437 Rn. 3; *EY/Walter*, § 18 Rn. 10.
217 Zu der Europarechtswidrigkeit dieses Umstandes siehe unten unter D.III.3.
218 *Mühl/Wagenseil*, NZG 2009, 1253 (1255); zu dem geringen Anwendungsbereich der Vorschrift siehe *Dötsch/Pung*, DB 2013, 305 (312).

2. Beteiligungserfordernis

Gemäß § 14 Abs. 1 S. 1 Nr. 1 KStG muss dem Organträger zur Begründung einer Organschaft die Mehrheit der Stimmrechte an der Organgesellschaft zustehen. Es wird für die sog. finanzielle Eingliederung[219] also ausdrücklich nicht auf die Mehrheit der Kapitalanteile abgestellt, um die Willensdurchsetzung des Organträgers im Geschäftsverkehr mit der Organgesellschaft zu gewährleisten.[220]

Das Beteiligungserfordernis muss nach § 14 Abs. 1 S. 1 Nr. 1 KStG von Beginn bis Ende des Wirtschaftsjahres, ausschlaggebend ist hierbei das Wirtschaftsjahr der Organgesellschaft,[221] ununterbrochen bestehen.

Nach § 14 Abs. 1 S. 1 Nr. 1 S. 2 KStG sind mittelbare Beteiligungen, auch neben oder zusammen[222] mit unmittelbaren Beteiligungen zu berücksichtigen, wenn der Anteil an jeder vermittelnden Gesellschaft dem Organträger die Mehrheit der Stimmrechte gewährt. Es ist im Umkehrschluss kein bestimmter Beteiligungsgrad der vermittelnden Gesellschaft an der Organgesellschaft erforderlich, sofern dem Organträger noch auf andere Wege Stimmrechtsanteile an der Organgesellschaft zuzurechnen sind. Auch eine Struktur mehrerer untergeordneter Gesellschaften ist bei jeweiliger Einhaltung des Stimmrechtserfordernisses somit möglich.[223] Es ist

---

219 Im Jahr 2000 wurde durch das StSenkG (BGBl. I 2000, 1433ff.; BStBl. I 2000, 1428ff.) das zuvor bestehende Erfordernis der wirtschaftlichen und organisatorischen Eingliederung der Organgesellschaft in den Konzern aufgegeben; die (finanzielle) Eingliederung wird seitdem ausschließlich mit dem Vorliegen eines Gewinnabführungsvertrag i.S.v. § 291 AktG und einer Stimmrechtsmehrheit für den Organträger an der Organgesellschaft begründet.

220 Abweichungen zwischen der Kapitalbeteiligung und den zugewiesenen Stimmrechten können sich z.B. durch stimmrechtslose Anteile ergeben, *Herlinghaus*, FR 2000, 1105 (1111); bestehende Mehrstimmrechtsaktien sind mit Wirkung zum 1.6.2003 gelöscht worden, vgl. KonTraG v. 1.5.1998, BGBl. I 1998, 786.

221 *Erle/Heurung* in Erle/Sauter, KStG, § 14 Rn. 112.

222 Siehe zur Aufhebung des Additionsverbotes durch das StSenkG aus dem Jahr 2000 (BGBl. 2000, 1433ff.) *Stahl/Fuhrmann*, NZG 2003, 250 (252f.); *Herzig*, in: Herzig, Organschaft, S. 10.

223 Es ist dabei nicht ausdrücklich geregelt, wie bei der Zwischenschaltung vermittelnder Gesellschaften die Höhe der Beteiligung zu berechnen ist: man könnte die Stimmrechte entweder per Durchrechnung, also anteilig ermitteln, so die Rechtslage in den Niederlanden und Österreich, vgl. oben unter B.II.2. sowie Erläuterungen zu § 9 IV öKStG in ÖStZ 2004, 133 (143 mit Beispiel)); für die Durchrechnung sprechen sich auch in Deutschland Stimmen der Literatur und der Finanzverwaltung aus, siehe Finanzverwaltung: R 57 KStR (Beispiel 3); *Müller/Stöcker*, Die Organschaft, Rn. 94; *Gosch/Neumann*, § 14 Rn. 139; *Herlinghaus*, FR 2000, 1105 (1112); eine andere Möglichkeit besteht darin, die Stimmrechte bei Vorliegen des Mehrheitserfordernisses in voller Höhe zurechnen, sog. Additionsmethode, vgl. *Dötsch*, in: Kessler/Kröner/Köhler, Konzernsteuerrecht, S. 198; *Heuring/Klübenspieß*, BB 2003, 2483 (2486); F/M/*Frotscher*, § 14 Rn. 100; *Herzig/Köster*, Organschaft, S. 92; *Scheidle/Koch*, DB 2005, 2656 (2657)); *Förster*, in: Herzig,

unerheblich, ob die vermittelnde Gesellschaft selbst als taugliche Organgesellschaft qualifiziert ist.[224] Die Stimmrechtsmehrheit an einer inländischen Enkelgesellschaft kann dem Organträger daher auch von einer Tochtergesellschaft vermittelt werden, die ihre Geschäftsleitung im Ausland hat.[225] Handelt es sich bei dem Organträger um eine Personengesellschaft, so muss die finanzielle Eingliederung der Organgesellschaft zu dieser selbst vorliegen, § 14 Abs. 1 S. 1 Nr. 2 S. 3 KStG; das bedeutet, dass die Beteiligung an der Organgesellschaft im Gesamthandsvermögen der Personengesellschaft befindlich sein muss und nicht (nur) zum Sonderbetriebsvermögen eines Gesellschafters gehören darf.[226]

III. Eintritt in den Konsolidierungskreis

Die Regeln der Organschaft beruhen auf dem Konzept des Vertragskonzerns im Gegensatz zu dem des faktischen Konzerns.[227] Dementsprechend setzt § 14 Abs. 1 S. 1 KStG den Abschluss eines Vertrages zwischen den beteiligten Rechtssubjekten voraus, durch den sich die Organgesellschaft zur Abführung ihres gesamten Gewinns an den Organträger verpflichtet. Dieser Gewinnabführungsvertrag, der

---

Organschaft, S. 92; *Kolbe*, in: H/H/R, § 14 KStG Rn. 113; D/J/P/W/*Dötsch/Witt*, § 14 Rn. 127. Für die Zurechnung in voller Höhe auch bei nicht vorliegender voller Beteiligung an der vermittelnden Gesellschaft könnte die Tatsache sprechen, dass schon durch die erforderliche mehr als 50%ige Beteiligung die Obergesellschaft in dieser vermittelnden Gesellschaft tatsächlich ihren Willen durchsetzen kann. So kann schon ein mehrheitlich beteiligter Organträger gegenüber der vermittelnden (Zwischen-)Gesellschaft bestimmen, auf welche Weise diese ihre Stimmrechte an der Organgesellschaft ausübt. Gegen die Additionsmethode könnte jedoch Sinn und Zweck der Vorschrift sprechen, weil nur bei Durchrechnung der Anteile die Möglichkeit der Stimmrechtsausübung im Interesse des Organträgers rechtlich anzuerkennen ist. Indem die Vorschrift des § 14 Abs. 1 S. 1 Nr. 1 S. 2 KStG aber auf die Stimmrechte abstellt, macht der Gesetzgeber deutlich, dass es nicht auf die Anteile am Kapital ankommt, sondern darauf, ob der Organträger tatsächlich die Geschicke der Organgesellschaft bestimmen kann. Dieses wird ihm durch die Mehrheit der Stimmrechte ermöglicht. So muss auch für eine vermittelnde Gesellschaft gelten, dass der Organträger schon durch die Mehrheit an deren Stimmrechten volle „Stimmgewalt" über die Stimmrechte dieser vermittelnden Gesellschaft an der Organgesellschaft hat. Die Additionsmethode erscheint somit gegenüber der Durchrechnung der Stimmrechtsanteile als vorzugswürdig.

224 H 57 KStH; BFH v. 2.11.1977, I R 143/75, BStBl. II 1978, 74.

225 *Stahl/Fuhrmann*, NZG 2003, 250 (253); *Scheidle/Koch*, DB 2005, 2656 (2657); *Müller/Stöcker*, Die Organschaft, Rn. 89.

226 *Müller/Stöcker*, Die Organschaft, Rn. 314; *Herzig*, in: Herzig, Organschaft, S. 10; *Mössner/Seeger/Müller*, § 14 Rn. 134.

227 *Schießl* in Lüdicke/Sistermann, Unternehmenssteuerrecht, § 4 Rn. 1; *Esterer/Bartelt*, BB Beilage Nr. 1 2010, 2 (2); *Danelsing*, DStR 2005, 1342 (1343).

durch die §§ 291ff. AktG ausgestaltet ist, muss für eine Laufzeit von fünf Jahren abgeschlossen und tatsächlich durchgeführt werden, § 14 Abs. 1 S. 1 Nr. 3 KStG.[228]

Der Gewinnabführungsvertrag muss zivilrechtlich wirksam sein, um Anerkennung durch die Finanzbehörden zu finden.[229] Das bedeutet auch, dass sich der Organträger nach Maßgabe des § 302 Abs. 1 AktG zum Ausgleich eines Verlustes der Organgesellschaft verpflichten muss.

Die aktienrechtlichen Vorgaben für den Gewinnabführungsvertrag sind entsprechend im Falle von Organgesellschaften anzuwenden, die nicht unter das Regime des Aktiengesetzes fallen.[230] Während die dafür auch erforderliche Formulierung der Verlustübernahmeverpflichtung im Gewinnabführungsvertrag in der Vergangenheit stark diskutiert wurde,[231] ist durch die Reform der Organschaft durch das „Gesetz zur Änderung und Vereinfachung der Unternehmensbesteuerung und des steuerlichen Reisekostenrechts" mit der Einführung des durch § 17 S. 2 Nr. 2 KStG geregelten dynamischen Verweises auf § 302 AktG „in seiner jeweils gültigen Fassung" für die Anwender Rechtssicherheit geschaffen worden.[232]

Die Rechtsfolgen der Organschaft treten erst mit der Eintragung des Gewinnabführungsvertrages in das Handelsregister bei der Organgesellschaft ein.[233] Wird der Gewinnabführungsvertrag nicht tatsächlich durchgeführt oder ist er aufgrund eines Formmangels nichtig oder schwebend unwirksam, sind die Organschaftsregeln grundsätzlich nicht anwendbar.

---

228 Ungeklärt ist die Frage, ob mit dem Jahres-Erfordernis fünf Kalender- oder fünf Wirtschaftsjahre gemeint sind, offen gelassen durch BFH v. 3.3.2009, IV R 38/07, BStBl. II 2010, 60; aufgrund dieser Unsicherheit kann in der Praxis entweder eine Laufzeit von sechs Kalenderjahren oder eine Klausel vereinbart werden, nach der die Laufzeit des Gewinnabführungsvertrages von dessen wirksamer Eintragung in das Handelsregister abhängig gemacht wird, *Tappen/Riegel*, SteuK 2010, 309 (310f.).

229 *Mössner/Seeger/Müller*, § 14 Rn. 557.

230 Hauptsächlich dürfte dieses Organgesellschaften in der Rechtsform der GmbH treffen, siehe oben unter C.II.1.b).

231 Vgl. dazu nur seit 2010, BFH v. 3.3.2010, I R 68/09, DStR 2010, 858; BFH v. 28.7.2010, I B 27/10, BStBl. II 2010, 932; BFH v. 15.9.2010, I B 27/10, DStR 2010, 1984; FG Köln, DStRE 2006, 535 (537); FG Köln, DStRE 2005, 1210 (1212f.); BMF v. 19.10.2010, DStR 2010, 2193; *Heurung/Engel/Schröder*, BB 2011, 599 (601); *Grieser/Wirges*, DStR 2010, 2288 (2288); *Hohage/Willkommen*, BB 2011, 224 (224); IDW, UbG 2010, 536ff.

232 Dazu unten unter D.II.4.

233 Selbst wenn die Eintragung durch das Registergericht schuldhaft oder aus anderen vom Steuerpflichtigen nicht zu vertretenen Gründen verzögert wird, ist ein um ein Wirtschaftsjahr rückwirkendes Inkrafttreten des Gewinnabführungsvertrages grundsätzlich nicht möglich und es kommt allenfalls eine Billigkeitsmaßnahme in Betracht, BFH v. 12.6.2008, I B 20/08 (nicht veröffentlicht); *Tappen/Riegel*, SteuK 2010, 309 (310).

IV. Austritt aus dem Konsolidierungskreis

Die Organschaft endet mit dem Beginn des Wirtschaftsjahres, in dem die Voraussetzungen der §§ 14ff. KStG durch die verbundenen Unternehmen nicht mehr erfüllt werden. Das kann darauf zurückzuführen sein, dass eine beteiligte Gesellschaft nach einer Umwandlung nicht mehr taugliche Organgesellschaft sein kann oder dass die finanzielle Eingliederung infolge des Verlustes der Stimmrechtsmehrheit entfällt. Ebenso kann die Organschaft durch Beendigung des Gewinnabführungsvertrages per Zeitablauf, Aufhebungsvertrag oder Kündigung aufgelöst werden.[234] Die Kündigung kann dabei durch rechtsgestaltende Erklärung[235] nach Maßgabe des § 297 AktG sowohl ordentlich als auch außerordentlich erfolgen. Sie wirkt gemäß § 14 Abs. 1 S. 1 Nr. 3 S. 3 KStG auf den Beginn des Wirtschaftsjahres zurück, sofern die Mindestlaufzeit der Organschaft verstrichen ist. Die Organschaft kann auch durch Aufhebungsvertrag zum Gewinnabführungsvertrag zum Ende des Wirtschaftsjahres beendet werden, § 296 AktG.[236]

Wird die Organschaft vor Ablauf der gesetzlichen Mindestlaufzeit von fünf Jahren ohne Vorliegen eines wichtigen Grundes[237] beendet, so entfällt ihre Wirkung grundsätzlich ex tunc, also mit Wirkung von Beginn der vermeintlichen Organschaft.[238] Wird der Gewinnabführungsvertrag innerhalb dieses Zeitraums von der Finanzverwaltung nicht anerkannt, etwa aufgrund schädlicher Kündigung, fehlerhafter Ausgestaltung oder Durchführung,[239] handelt es sich um einen Fall der

---

234 *Eversberg*, in: Herzig, Organschaft, S. 78f.; F/M/*Frotscher*, § 14 Rn. 351; zu dem Aufhebungsvertrag, geregelt in § 296 Abs. 1 AktG, vgl. *Schäfer/Wind/Mager*, DStR 2013, 2399 (2402f.).

235 Die ordentliche Kündigung bedarf bei der Organgesellschaft einen Sonderbeschluss der Gesellschafter, § 297 Abs. 2 AktG.

236 Im Falle einer Veräußerung einer Organgesellschaft von einem auf den anderen Organträger wird – um kein Rumpfwirtschaftsjahr notwendig zu machen – der Veräußerungszeitpunkt auf das Ende des Wirtschaftsjahres gelegt: die Anteile werden zu diesem Zeitpunkt veräußert, der Gewinnabführungsvertrag zu diesem Stichtag aufgehoben; für den übernehmenden Organträger wird fingiert, dass die Organgesellschaft erst mit Beginn des neuen Wirtschaftsjahres, also in einer logischen Sekunde zwischen 24 und 0 Uhr erfolgt, so dass die finanzielle Eingliederung von Beginn des Wirtschaftsjahres besteht, R 59 II KStR.

237 § 14 Abs. 1 S. 1 Nr. 3 KStG; ein wichtiger Grund, der auch zu einer außerordentlichen Kündigung berechtigt, kann sich aus § 297 Abs. 1 S. 2 AktG ergeben; er kann auch vorliegen, wenn die Organbeteiligung des Organträgers durch Veräußerung, Umwandlung oder Liquidierung entfällt, vgl. R 60 Abs. 6 S. 2 KStR. Nach Ansicht von *Kahlert*, DStR 2014, 73 (76), soll nicht nur die Eröffnung des Insolvenzverfahrens einen wichtigen Grund darstellen, sondern bereits der Eintritt in das vorläufige Insolvenzverfahren.

238 *Tappen/Riegel*, SteuK 2010, 331 (331).

239 Siehe zu der durch das „Gesetz zur Änderung und Vereinfachung der Unternehmensbesteuerung und der steuerlichen Reisekostenrechts“ in § 14 Abs. 1 S. 1 Nr. 3 KStG eingeführten Heilung von Bilanzierungsfehlern unter D.II.5.

„verunglückten Organschaft“, bei dem die Organschaft ebenfalls von Beginn an als nicht existent angesehen wird. Die Steuerbescheide, die zuvor unter Zugrundelegung der Rechtsfolgen der §§ 14ff. KStG ergangen sind, sind dann nach § 175 Abs. 1 Nr. 2 AO zu ändern;[240] die Untergesellschaft muss ihr Einkommen selbst versteuern. Die Gewinnabführungen an den vermeintlichen Organträger werden als verdeckte Gewinnausschüttungen, Zahlungen des Organträgers an die Organgesellschaft zur Verlustübernahme als verdeckte Einlage umqualifiziert.[241]

V. Gruppeninterne Transaktionen und Schuldverhältnisse

Die zu der Organschaft gehörenden Organträger und Organgesellschaften werden auch nach dem Eintritt in den Konsolidierungskreis weiterhin als getrennte Steuersubjekte behandelt.[242] Das Steuerrecht folgt dabei der zivilrechtlichen Betrachtungsweise. Dieses Trennungsprinzip gebietet auch die getrennte Gewinnermittlung für die einzelnen Organgesellschaften nach den allgemeinen Vorschriften der steuerlichen Gewinnermittlung. Erst danach werden die Einzelergebnisse der Organgesellschaften auf Ebene des Organträgers per Zurechnung konsolidiert.[243]

Lieferungen und Leistungen sowie Schuldverhältnisse müssen, auch wenn ausschließlich Gruppenmitglieder beteiligt sind, daher steuerlich so behandelt werden, als hätten sie unter Dritten stattgefunden.[244] Dabei realisierte Gewinne, sog. Zwischengewinne, finden somit Berücksichtigung und bleiben auch nach der Konsolidierung auf Ebene des Organträgers im Gruppenergebnis erhalten.

VI. Verlustberücksichtigung

Der aktienrechtliche Gewinnabführungsvertrag, der Voraussetzung für die Begründung einer Organschaft ist, verpflichtet nicht nur gemäß § 291 Abs. 1 AktG die Organgesellschaft zur Abführung ihres Gewinns, sondern auch den Organträger

---

240 F/M/*Frotscher*, § 14 Rn. 352.

241 Zur verdeckten Gewinnausschüttung vgl. BFH v. 26.4.1989, I R 152/84, BStBl. II 1989, 668 (671); die Verlustübernahme führt auf Seiten des Organträgers bei dem Verunglücken der Organschaft zu nachträglichen Anschaffungskosten, BFH v. 16.5.1990, I R 96/88, BStBl. II 1990, 797 (799); Zahlungen des Organträgers an die Minderheitseigentümer der vermeintlichen Organgesellschaft gelten nach den Grundsätzen des Vorteilsausgleichs als Einlage des Organträgers in die Organgesellschaft und als verdeckte Gewinnausschüttung der Organgesellschaft an den Organträger, D/J/P/W/*Dötsch*, § 16 Rn. 49.

242 BFH v. 7.12.1994, I K 1/93, BStBl. II 1995, 175 (178f.) m.w.N.

243 Die Konsolidierung erfolgt dadurch, dass der Gewinn der Organgesellschaft dem Organträger außerhalb von dessen Steuerbilanz hinzugerechnet wird. *Wassermann*, DStR 2004, 214 (215), spricht insofern von einer zweistufigen Gewinnermittlung.

244 *Wagner*, Konzeption einer Gruppenbesteuerung, S. 1.

gemäß § 302 Abs. 1 AktG dazu, den bei einer Organgesellschaft entstandenen Verlust auszugleichen. Diese sog. Verlustübernahme erfolgt, indem der Organträger eine Verbindlichkeit in Höhe des Verlustes passiviert und die Organgesellschaft eine entsprechende Forderung aktiviert.[245]

Ein Verlustabzug nach § 10d EStG i.V.m. § 8 KStG ist für Organgesellschaften nicht zulässig, § 15 S. 1 Nr. 1 KStG.[246] Aufgrund der Verlustübernahmeverpflichtung des Organträgers können während des Bestehens der Organschaft ohnehin keine Verluste bei der Organgesellschaft entstehen. Die Vorschrift zielt somit darauf ab, die Nutzung solcher Verluste zu unterbinden, die ihren Ursprung zeitlich vor oder nach der Organschaft haben.[247] Die sog. vororganschaftlichen Verluste der Organgesellschaft gehen durch Begründung der Organschaft nicht unter, sondern werden eingefroren und können nach der Beendigung der Organschaft wieder durch die Organgesellschaft genutzt werden.[248] § 15 S. 1 Nr. 1 KStG regelt auch, dass die bei der Organgesellschaft nach dem Bestehen der Organschaft entstehenden Verluste nicht durch Rücktrag mit Einkommen aus dem letzten organschaftlichen Veranlagungszeitraum in Abzug zu bringen sind.[249]

Da § 15 S. 1 Nr. 1 KStG sich nur auf Organgesellschaften bezieht, sind vororganschaftliche Verluste des Organträgers ohne Einschränkungen auch während der Organschaft berücksichtigungsfähig.

VII. Berücksichtigung von Minderheitsanteilseignern und -aktionären

Da es zu der Begründung einer Organschaft nur der Mehrheit der Stimmrechte an der Organgesellschaft bedarf, können neben dem Organträger noch Inhaber von Organgesellschaftsanteilen mit erheblichem Ausmaß auftreten. Da die Organgesellschaft aber infolge des Abschlusses des Gewinnabführungsvertrages keinen ausschüttungsfähigen Bilanzgewinn mehr aufweist, entfällt die Ergebnisbeteiligung

245 *Erle/Heurung* in Erle/Sauter, KStG, § 14 Rn. 153.

246 Dieses widerspricht der handelsrechtlichen Regelung, nach der der Organträger den vororganschaftlichten Verlust der Organgesellschaft auszugleichen hat, § 301 AktG.

247 *Küster/Köhler*, BB 1998, 2401 (2404); *Mössner/Seeger/Müller*, § 15 Rn. 31.

248 Nach § 10d Abs. 4 EStG sind die Verlustvorträge in jedem Organschaftsjahr in unveränderter Höhe gesondert festzustellen, *Erle/Heurung* in Erle/Sauter, KStG, § 15 Rn. 11; *Herzig*, Beihefter zu DStR 30 2010, 61 (65).

249 Der letzte vororganschaftliche Veranlagungszeitraum gilt ebenfalls nicht als unmittelbar vorangegangener Veranlagungszeitraum i.S.d. § 10d EStG, vgl. BFH v. 12.12.2012, I R 69/11, DStR 2013, 570 (570). Daher können die vororganschaftlichen Verluste durch die Körperschaft nach dem Ausscheiden aus der Organschaft ausschließlich mit zukünftigen Gewinnen in Abzug gebracht werden.

dieser außenstehenden Anteilseigner.[250] Um ihnen trotzdem eine Verzinsung der Anteile zu gewährleisten, müssen sie einen angemessenen Ausgleich von dem Organträger erhalten, der gemäß § 304 Abs. 1 S. 1 AktG bereits im Gewinnabführungsvertrag festzulegen ist.

Nach § 304 Abs. 2 S. 1 AktG kann bei einer Organgesellschaft in einer aktienrechtlichen Rechtsform[251] ein fester Ausgleich ermittelt werden, indem auf Grundlage der bisherigen Ertragslage und der zukünftigen Ertragsaussichten ein durchschnittlich pro Aktie zu verteilender Gewinnanteil festgestellt wird. In Ermangelung eines Konzernrechts für die GmbH ist die Regelung der Ausgleichszahlung für Organgesellschaften mit dieser Rechtsform grundsätzlich frei auszugestalten.[252]

Ist keine Ausgleichszahlung vereinbart, ist der Gewinnabführungsvertrag und mit ihm die Organschaft als nichtig anzusehen, § 304 Abs. 3 S. 1 AktG.[253] Eine unangemessene Bezahlung führt nach Umkehrschluss aus § 304 Abs. 3 AktG, nach dem in diesem Fall ein Gericht über die Angemessenheit zu bestimmen hat, allerdings nicht zur Nichtigkeit der Organschaft.

Die Ausgleichszahlung soll der Höhe nach eine feste Größe sein, die unter den Voraussetzungen des § 304 Abs. 2 S. 1 AktG zu bestimmen ist, unter anderem nach der bisherigen Ertragslage und den künftigen Ertragsaussichten der Organgesellschaft. Die Vereinbarung variabler, etwa an das Ergebnis der Organgesellschaft vor der Zurechnung gekoppelter Ausgleichszahlungen, ist daher unter steuerlichen Gesichtspunkten unzulässig.[254]

---

250 Außenstehender Aktionär i.S.v. § 304 I AktG ist zunächst jeder, der nicht Vertragspartner der Organgesellschaft nach dem Gewinnabführungsvertrag ist; daneben sind Aktionäre nicht außenstehend, die dem Organträger zu 100 %, die in diesen eingegliedert sind, denen der Organträger zu 100% gehört oder in die der Organträger eingegliedert ist, sowie solche, die wiederum mit dem Organträger eine Organschaft haben, BFH v. 4.3.2009, I R 1/08, BStBl. II 2010, 407 (410); *Erle/Heurung* in Erle/Sauter, KStG, § 16 Rn. 17ff.; *Emmerich/Habersack*, Aktien- und GmbH-Konzernrecht, § 304 AktG Rn. 18f.

251 Darunter fallen die AG, die KGaA und die SE.

252 F/M/*Frotscher*, § 16 Rn. 20; D/J/P/W/Dötsch, § 16 Rn. 13.

253 Ob diese Rechtsfolge auch auf Organgesellschaften in der Rechtsform der GmbH eintritt, ist ungeklärt. Dieses wird von der Literatur verneint, da der Abschluss des Gewinnabführungsvertrages nach h.M. einer Zustimmung von 100 % der GmbH-Gesellschafter bedürfe. Verzichteten die außenstehenden Gesellschafter wirksam auf eine Ausgleichszahlung, seien sie nach dem Handelsrecht nicht schutzwürdig und eine Ausgleichszahlung nicht erforderlich, Schöneborn, DB 2010, 245 (246); *Neumayer/Imschweiler*, GmbHR 2011, 57 (63); D/J/P/W/*Dötsch*, § 16 Rn. 13; F/M/*Frotscher*, § 16 Rn. 19.

254 BGH v. 21.7.2003, II ZB 17/01, DStR 2003, 1938 (1939); BFH v. 4.3.2009, I R 1/08, BStBl. II 2010, 407 (407); D/J/P/W/*Dötsch*, § 16 Rn. 31; eine generelle Untersagung von Kombinationen aus fester und variabler Ausgleichszahlung hat der BFH aber nicht vorgenommen, Müller/Stöcker, Die Organschaft, Rn. 713; Erle/Heurung in Erle/Sauter, KStG, § 16 Rn. 40; so wird teilweise in der Literatur ein nur geringfügiger

Für die Position des Minderheitsgesellschafters ist aber zu beachten, dass ein Gewinnabführungsvertrag für eine AG, SE oder KGaA als Organgesellschaft nur möglich ist, wenn deren Hauptversammlung die Zustimmung erteilt, § 293 Abs. 1 S. 1 AktG. Dazu ist nach § 293 Abs. 1 S. 2 AktG eine Mehrheit von 75 % des vertretenen Grundkapitals erforderlich, sofern der Gesellschaftsvertrag nicht noch höhere Mehrheiten voraussetzt.[255] Auch dem Vertragsschluss einer GmbH als Organgesellschaft muss die Gesellschafterversammlung zustimmen. Weil in der Gewinnabführung eine Zweckänderung der GmbH i.S.v. § 33 Abs. 1 S. 2 BGB (analog) oder eine Leistungsvermehrung nach § 53 Abs. 3 GmbHG vorgenommen wird, bedarf es zu diesem Beschluss der Zustimmung sämtlicher GmbH-Gesellschafter.[256] Das bedeutet, dass die Minderheitseigner zwar nicht in die Umsetzung des Gewinnabführungsvertrages und der Ausgleichszahlung eingreifen können. Ihnen steht allerdings für den Fall, dass das spätere Organträger-Unternehmen über den Abschluss eines Gewinnabführungsvertrages nicht alleine beschließen kann, hinsichtlich des „ob" eines Gewinnabführungsvertrages ein Mitspracherecht zu.

§ 16 KStG regelt die steuerliche Behandlung der Ausgleichszahlungen. Obwohl der Organträger der zivilrechtliche Schuldner des Ausgleichs[257] ist, sind die Ausgleichszahlungen durch die Organgesellschaft in Höhe von 20/17 der geleisteten Summe zu versteuern.[258] Dieses gilt unabhängig davon, ob die Organgesellschaft selbst oder der Organträger die Zahlung an die außenstehenden Gesellschafter leistet. In beiden Fällen führt die Leistung von Ausgleichszahlungen gemäß § 16 KStG zu einem steuerpflichtigen Einkommen der Organgesellschaft,[259] welches gemäß § 4 Abs. 5 S. 1 Nr. 9 EStG i.V.m. § 8 KStG nicht als Betriebsausgabe vom Gewinn abgezogen werden kann.

---

variabler Betrag von 10% der Gesamtausgleichszahlung für zulässig erachtet, vgl. *Müller/Stöcker*, Die Organschaft, Rn. 713; *Mössner/Seeger/Müller*, § 16 Rn. 20, halten einen „vernachlässigbaren variablen Anteil" für zulässig.

255 *Mühl/Wagenseil*, NZG 2009, 1253 (1255).

256 H.M. *Mühl/Wagenseil*, NZG 2009, 1253 (1255); *Reis*, Die Körperschaftsbesteuerung des Konzerns als wirtschaftliche Einheit, S. 40; Emmerich, in: Scholz, GmbHG, Anhang § 13 Rn. 202 m.w.N.; a.A. *Halm*, NZG 2001, 728 (729ff.), der eine qualifizierte Mehrheit für ausreichend erachtet.

257 Vgl. bereits oben unter diesem Gliederungspunkt; *Rogall/Dreßler*, DStR 2015, 449 (451).

258 Da die Organgesellschaft gemäß § 16 KStG die Ausgleichszahlungen selbst zu versteuern hat, entspricht bei einem Körperschaftsteuersatz von derzeit 15 % eine Ausgleichszahlung von 85 einem Einkommen der Organgesellschaft von 100. Daher hat die Gesellschaft 100/85 (gekürzt: 20/17) der geleisteten Ausgleichszahlungen zu versteuern.

259 Sofern der Organträger die Ausgleichszahlungen vornimmt, werden 20/17 ihrer Summe gemäß § 16 S. 2 KStG der Organgesellschaft außerbilanziell zugerechnet. Demgegenüber müssen 20/17 der Zahlungen vom zu versteuernden Einkommen des Organträgers abgezogen werden, um eine Doppelbesteuerung zu vermeiden, *Rogall/Dreßler*, DStR 2015, 449 (450); *Erle/Heurung* in Erle/Sauter, KStG, § 16 Rn. 71.

Neben der Zahlung eines angemessenen Ausgleichs muss der Gewinnabführungsvertrag gemäß § 305 Abs. 1 AktG auch eine Bestimmung enthalten, nach der der außenstehende Gesellschafter seine Anteile gegen eine angemessene Abfindung[260] an den Organträger übertragen kann. Minderheitsanteilseigner können daher selbst entscheiden, ob sie gegen Abfindung aus der Organgesellschaft ausscheiden oder ob sie die Beteiligung an dieser halten und die vereinbarten Ausgleichszahlungen beziehen.

VIII. Resümee

Die Regeln der ertragsteuerlichen Organschaft in Deutschland zeichnen sich durch eine Anlehnung an die Bestimmungen des Handels- und Gesellschaftsrechts aus. Obwohl der Zweck der §§ 14ff. KStG in der Abbildung der wirtschaftlichen Realitäten durch das Steuerrecht gesehen wird, wird an der durch das Zivilrecht vorgegebenen Trennung der beteiligten Konzerngesellschaften festgehalten. Diese Trennung erfährt erst in einem zweiten Schritt, im Wege der Konsolidierung, eine Durchbrechung durch die Ergebniszurechnung auf Ebene des Organträgers. Diese Durchbrechung des Trennungsprinzips wird wiederum nur bei einem wirksam abgeschlossenen und tatsächlich durchgeführten aktienrechtlichen Gewinnabführungsvertrag als gerechtfertigt angesehen. Die Organschaft beruht damit auf einem Konzept des Vertragskonzerns, was wiederum die zivilrechtliche Prägung des Konzernbesteuerrechts in Deutschland widerspiegelt.

Eine Ursache für die Vertragskonzernkonzeption mag die Genese der Organschaft sein. Während die *fiscale eenheid* in den Niederlanden durch den Gesetzgeber etabliert wurde, entstand die Organschaft in Deutschland infolge richterlicher Rechtsfortbildung. Die Organe der Rechtsprechung erkannten dabei, dass die besondere Abhängigkeit in Konzernstrukturen eine steuerliche Sonderbehandlung der verbundenen Körperschaften notwendig macht. Im Gegensatz zu einer Legislativgewalt, die die Regelungen des einfachen Rechts von Außen auch zu novellieren vermag, lehnte sich die Rechtsprechung an den zivilrechtlichen Vorgaben der Trennung an und bildete diese fort. Das unter diesen Umständen entwickelte und später nach der Etablierung entsprechend kodifizierte Vertragskonzernkonzept ist international weitgehend unbekannt, während in anderen Gruppenbesteuerungssystemen weltweit der faktische Konzern konzeptioneller Regelfall ist.[261]

Ein Vorteil der getrennten Behandlung der Konzerngesellschaften ist, dass die Regeln der Organschaft gegenüber einem Konzept des faktischen Konzerns wie der *fiscale eenheid* bedeutend weniger Raum für Gestaltungen durch die Rechtsanwender lassen. Die Organgesellschaften müssen zunächst ihr eigenes steuerliches

---

260 Die Abfindung besteht nach § 305 Abs. 2 AktG abhängig von Ansässigkeit und der Integration des Organträgers in ein anderes Unternehmen entweder in der Gewährung von Aktien des Organträgers oder in der Leistung einer Barabfindung.

261 *Herzig*, Beihefter zu DStR 30 2010, 61 (63); *Hey* u.a., IFSt-Schrift Nr. 471, S. 22.

Ergebnis ermitteln, insbesondere auch unter Berücksichtigung der Erlöse aus innerkonzernlichen Transaktionen; erst daran anschließend erfolgt die Zurechnung nach Vorgabe des rechtfertigenden Vertrages. Daher müssen die allgemeinen steuerlichen Gewinnermittlungsvorschriften nicht um eine speziell die Organschaft umfassende Antimissbrauchsgesetzgebung erweitert werden. Als offensichtliche gesetzgeberische Maßnahmen zur Verhinderung von Gestaltungsmissbrauch sind so auch lediglich die fünfjährige Mindestlaufzeit der Organschaft sowie die Unzulässigkeit der Nutzung vororganschaftlicher Verluste der Organgesellschaften zu nennen. Besonders die vorgeschriebene Einfrierung der vororganschaftlichen Organgesellschaftsverluste kann dabei vor dem Hintergrund des Trennungsprinzips als widersprüchlich beurteilt werden.[262]

Das Zusammenwirken aus fortgesetzter Trennung und Gewinnabführungsvertrag ermöglicht für die Organschaft ein deutlich geringeres Beteiligungserfordernis, als dieses bei faktischen Konzernkonzepten notwendig ist. Kehrseite dieser „Zugangserleichterung“ ist die Erforderlichkeit tiefgreifender Regelungen zur Behandlung außenstehender (Minderheits-)Gesellschafter. Ebenfalls ist mit dem Gewinnabführungsvertrag nicht nur für den Rechtsanwender eine erhebliche formale Hürde zu bewältigen. Die zwingende fünfjährige Gewinnabführung verringert auch die Flexibilität und schafft Fehlanreize für die anwendenden Wirtschaftsakteure.[263] Zu den Besonderheiten der Organschaft ist ferner die Beteiligungsfähigkeit von Personengesellschaften und natürlichen Personen als Organträger zu zählen. Die §§ 14ff. KStG sind dabei zwar nicht auf rein inländische Sachverhalte, aber auf die Sicherung inländischen Steuersubstrats ausgelegt.

262 Vgl. *Elsweier/Grave*, IStR 2013, 91 (95f.); entgegen der steuerrechtlichen Vorgaben aus § 15 S. 1 Nr. 1 KStG schreibt das Handelsrecht den Abbau der vororganschaftlichen Verluste vor, § 301 AktG.

263 Siehe dazu unten D.III.1.b)ee)(1).

D. Die Reform der Besteuerung von Konzernen in Deutschland

Die Überlegungen zu einer umfassenden Reform der ertragsteuerlichen Organschaft haben eine über mehrere Jahrzehnte zurückreichende Geschichte.

I. Reforminitiativen seit 1969

Bereits mit der Kodifizierung im Jahr 1969 wurden Pläne zu einer Änderung des körperschaftsteuerlichen Organschaftsrechts erörtert.[264] Im „Gutachten zur Reform der direkten Steuern" wendet sich der Wissenschaftliche Beirat beim Bundesministerium der Finanzen gegen die der Organtheorie immanente Aussage, dass bei wirtschaftlicher Betrachtungsweise rechtlich selbständige, verbundene Konzernunternehmen auch steuerlich wie Einheitsunternehmen zu besteuern sind.[265] Es sei schon aufgrund der im Konzern möglichen Aufteilung des Unternehmerrisikos auf rechtlich selbständige Einheiten sowie der weitaus umfänglicheren und vielfältigeren Steuergestaltungsmöglichkeiten im Konzern eine Gleichbehandlung mit den Einheitsunternehmen nicht geboten.[266] Neben diesem „Gestaltungsprivileg"[267] der Konzerne bestehe keine weitere Veranlassung für deren steuerliche Bevorteilung.[268] Der Wissenschaftliche Beirat kommt zu der Empfehlung, dass die körperschaftsteuerliche Organschaft aufzulösen sei.[269] Ein Minderheitenvotum, nach dem die körperschaftsteuerliche Organschaft als Instrument zur Unternehmensorganisation beibehalten werden sollte, gibt dabei allerdings bereits Aufschluss auf im Beirat bestehende kontroverse Sichtweisen zu dieser Empfehlung.[270] So sah dann auch das nur wenige Jahre später unter der Ägide des Finanzministeriums erschienene „Gutachten der Steuerreformkommission" mit Blick auf die praktische Relevanz der Organschaft für die intraperiodische Saldierung von Gewinnen und Verlusten in Konzernen eine Aufhebung nicht mehr vor.[271]

Die Teilhabersteuer, ein Vorschlag zur Stärkung der Eigenkapitalfinanzierung von Unternehmen, entwickelt von *Engels* und *Stützel* im Jahr 1968, sollte die Körperschaft- und die Kapitalertragsteuer ersetzen und Unternehmensgewinne

---

264 *Jurkat*, Die Organschaft, Rn. 921.
265 Wiss. Beirat beim BMF, Gutachten zur Reform der direkten Steuern (1967), S. 53.
266 Wiss. Beirat beim BMF, Gutachten zur Reform der direkten Steuern (1967), S. 53f.
267 Wiss. Beirat beim BMF, Gutachten zur Reform der direkten Steuern (1967), S. 54.
268 Wiss. Beirat beim BMF, Gutachten zur Reform der direkten Steuern (1967), S. 54.
269 Wiss. Beirat beim BMF, Gutachten zur Reform der direkten Steuern (1967), S. 54.
270 Wiss. Beirat beim BMF, Gutachten zur Reform der direkten Steuern (1967), S. 54 (Fn).
271 Gutachten der Steuerreformkommission (1971), Abschnitt IV: Körperschaftsteuer, Rn. 228f.

rechtsformunabhängig einem einheitlichen Steuersatz von 53 % unterwerfen.[272] Die Unternehmensteilhaber sollten danach wiederum die anteiligen Unternehmensgewinne als eigene Einkünfte versteuern, wobei die bereits geleistete anteilige Teilhabersteuer hätte angerechnet werden sollen.[273] Da die Teilhabersteuer auf die Ersetzung der Körperschaftsteuer abzielte, sahen die Autoren die körperschaftsteuerliche Organschaft als überflüssig an, sofern Teilhaberverluste in Konzernen bis zu den Organträgerteilhabern hätten berücksichtigt werden können.[274]

Weitere Reforminitiativen beschäftigten sich weniger mit der Existenz des Organschaftsregimes an sich, sondern vielmehr mit dessen tatbestandlichen Voraussetzungen und dogmatischer Grundlage. Nach *Böhm* sollte der zusammengefasste Gewinn der wirtschaftlichen Einheit „Konzern" Grundlage der Besteuerung sein.[275] Er argumentiert dabei mit der Besteuerung von Zwischengewinnen und -verlusten bei innerkonzernlichen Transaktionen, die zu einer Zweifachbesteuerung führen und daher abzulehnen sei.[276] Ebenso sei im Konzern eine steuerrelevante Konsolidierung gegenseitiger Forderungen und Verbindlichkeiten vorzunehmen und der nach diesen Maßnahmen festgestellte Konzerngewinn sollte nach einem Verteilungsschlüssel auf die verschiedenen Konzerngesellschaften ausgekehrt werden.[277] Ebenso wie *Böhm* sahen weitere Autoren in den folgenden Jahren entsprechend der wirtschaftlichen Betrachtungsweise in der Einheitstheorie den Ausgangspunkt für ihre Reformansätze zum geltenden Organschaftsrecht.[278]

Reis hat in ihrer Arbeit aus dem Jahr 1996 den Versuch einer Ausgestaltung von einem auf dem Einheitsgedanken fußenden Konzernbesteuerungsregime unternommen.[279] Aufgrund der zu erwartenden Missbrauchsanfälligkeit durch unterschiedliche Gewinnermittlungsregime und Steuersätze sowie der Problematik der Ergebnisaufteilung zwischen den beteiligten Fisci hält sie zwar einen grenzüberschreitenden Konsolidierungskreis nicht für vorstellbar.[280] Bezüglich eines rein

272 *Engels/Stützel*, Teilhabersteuer, Rn. 1.
273 *Engels/Stützel*, Teilhabersteuer, Rn. 1.
274 *Engels/Stützel*, Teilhabersteuer, Rn. 22, Fn. 9.
275 *Böhm*, Der Konzerngewinn als Grundlage für Dividendenausschüttung und Steuerbemessung (1979), S. 212f, 216.
276 *Böhm*, Der Konzerngewinn als Grundlage für Dividendenausschüttung und Steuerbemessung, S. 212.
277 *Böhm*, Der Konzerngewinn als Grundlage für Dividendenausschüttung und Steuerbemessung, S. 216.
278 *Bauer*, Die Besteuerung deutscher Konzerne (1987), S. 40, 208ff.; mit Einschränkungen bei der Neutralität von Zwischengewinnen sowie bezogen auf nationale Eingliederungskonzerne Pullen, Körperschaftsbesteuerung nationaler und internationaler deutscher Konzerne (1994), S. 235f.
279 *Reis*, Die Körperschaftsbesteuerung des Konzerns als wirtschaftliche Einheit, S. 171ff.
280 *Reis*, Die Körperschaftsbesteuerung des Konzerns als wirtschaftliche Einheit, S. 260f.

nationalen Konzerns soll nach *Reis* aber die Einheitstheorie Anwendung finden, da bei wirtschaftlicher Betrachtung die Konzerntochtergesellschaften wie Betriebsstätten der Konzernmutter zu behandeln seien.[281] Konzerninterne Schuldverhältnisse sollen ebenso wie Gewinne aus innerkonzernlichen Lieferungen und Leistungen in der sich aus den Einzelsteuerbilanzen der Konzernunternehmen zusammensetzenden Konzernsteuerbilanz keine Berücksichtigung finden.[282] Zusammenfassend lässt sich dem Entwurf von *Reis* eine Orientierung an der handelsrechtlichen Behandlung von Konzernen entnehmen, wobei die Autorin vorschlägt, die verschiedenen handelsrechtlichen Bewertungswahlrechte für eine Einheitsbesteuerung von Konzernen erheblich einzuschränken.[283]

In seinem „Vorschlag zur Fortentwicklung des Rechts der steuerlichen Organschaft"[284] hat *Witt* im Jahr 2006 im geltenden Organschaftsregime grundlegende konzeptionelle Unzulänglichkeiten gesehen.[285] Er plädiert daher für einen an der wirtschaftlichen Einheit ausgerichteten steuerlichen Konzernkreis, in den alle Gruppenkapitalgesellschaften eingegliedert werden müssen, an denen das nicht rechtsformgebundene Mutterunternehmen eine Beteiligung von 75 % an Nennkapital und Stimmrechten hält.[286] Einen Gewinnabführungsvertrag hält *Witt* unter diesen Voraussetzungen nicht für erforderlich.[287] Ebenso macht er sich in seinem Reformentwurf für das Institut der Mehrmütterorganschaft über eine gemeinsame Willensbildungs-GbR stark.[288] Die Konzernbesteuerung soll dabei in zwei Schritten durchgeführt werden. Zunächst seien die Ergebnisse sämtlicher Konzernunternehmungen unter Anwendung des Fremdvergleichsgrundsatzes getrennt zu ermitteln, bevor in einem zweiten Schritt diese Einzelergebnisse bei der Obergesellschaft zu konsolidieren seien.[289] Infolge dieser Ergebniszusammenfassung sollen nach *Witt* Gewinne aus gruppeninternen Transaktionen oder Schuldverhältnissen nachträglich eliminiert werden und erst und nur dann Berücksichtigung finden, wenn sich der Gewinn durch Übertragung an einen außerhalb des Konzerns stehenden Dritten

---

281 *Reis*, Die Körperschaftsbesteuerung des Konzerns als wirtschaftliche Einheit, S. 269.

282 *Reis*, Die Körperschaftsbesteuerung des Konzerns als wirtschaftliche Einheit, S. 250ff.; in seiner praktischen Durchführung weist das Modell nach *Reis* weitgehende Ähnlichkeiten zu dem Entwurf *Bauers* auf, vgl. *Bauer*, Die Besteuerung deutscher Konzerne (1987), S. 316ff.

283 *Reis*, Die Körperschaftsbesteuerung des Konzerns als wirtschaftliche Einheit, S. 269.

284 So der Untertitel von Witt, Die Konzernbesteuerung.

285 *Witt*, Die Konzernbesteuerung, S. 477.

286 *Witt*, Die Konzernbesteuerung, S. 229f.

287 *Witt*, Die Konzernbesteuerung, S. 230.

288 *Witt*, Die Konzernbesteuerung, S. 220ff.

289 *Witt*, Die Konzernbesteuerung, S. 312f.

auch wirtschaftlich realisiert oder wenn eine daran beteiligte Konzerngesellschaft aus der Besteuerungsgruppe austritt.[290]

Auch *Wagner* hat sich in seiner Dissertationsschrift aus dem Jahr 2006 mit der theoretischen Grundlage der Gruppenbesteuerung auseinander gesetzt und dabei vordergründig in der Voraussetzung des Gewinnabführungsvertrages ein Hindernis für die Durchsetzung des Einheitsgedankens gesehen.[291] Insbesondere zur Wahrung des Grundsatzes der Einzelbesteuerung von Konzerngesellschaften und der Verhinderung bürokratischen Aufwands vertritt *Wagner* ein fiktives Zurechnungskonzept, das sich auf die Möglichkeit der Verlustverrechnung im Konzern beschränkt, aber an der Besteuerung von Zwischengewinnen festhält.[292]

Gegen den Gewinnabführungsvertrag als formales Kriterium der Organschaft wendet sich auch der Reformvorschlag des *Institut Finanzen und Steuern* aus dem Juni 2011.[293] Die „IFSt-Arbeitsgruppe", bestehend aus Vertretern der Wissenschaft, der steuerberatenden Berufe sowie der Finanzverwaltung, beabsichtigt mit dessen Aufgabe die Stärkung des Einheitsgedankens als Grundlage der Gruppenbesteuerung.[294] Dennoch soll ein umfassender Systemwechsel zu einer Einheitsbesteuerung mit steuerlicher Negierung gruppeninterner Transaktionen oder einem Gruppenbeitragsmodell nicht vorgenommen und die Technik der Ergebniszurechnung beibehalten werden.[295]

Die fortwährenden, durch die Vertreter der Steuerwissenschaft geführten Diskussionen haben auch auf Seiten des Gesetzgebers zu der Einsicht geführt, dass eine Reform erforderlich ist. Der Koalitionsvertrag der Regierungskoalition aus CDU/CSU und FDP aus dem Jahr 2009 formulierte anstelle der bisherigen Organschaft die Einführung eines modernen Gruppenbesteuerungssystems als Ziel.[296] Zur Umsetzung dieses Vorhabens wurde im Januar 2011 eine Arbeitsgruppe aus Vertretern des BMF, der jeweils für Finanzen zuständigen Ressorts der Bundesländer Baden-Württemberg, Bayern, Hessen, Nordrhein-Westfalen und Rheinland-Pfalz sowie eines Vertreters der Bundesvereinigung der kommunalen Spitzenverbände eingesetzt, um u.a.[297] für das deutsche Konzernbesteuerungssystem Handlungsalternativen zu evaluieren und zu entwickeln. Die dabei entstandenen Ergebnisse wurden am 10. Oktober 2011 vorgestellt.[298] Sie sahen vor, die Konzernbesteuerung entweder durch ein Gruppenbeitragsmodells zu ersetzen oder – sofern die Vorgabe

290 *Witt*, Die Konzernbesteuerung, S. 313f.
291 *Wagner*, Konzeption einer Gruppenbesteuerung, S. 11.
292 *Wagner*, Konzeption einer Gruppenbesteuerung, S. 300ff.
293 *Hey* u.a., Einführung einer modernen Gruppenbesteuerung, IFSt Schrift Nr. 471.
294 *Hey* u.a., Einführung einer modernen Gruppenbesteuerung, IFSt Nr. 471, S. 45ff.
295 *Hey* u.a., Einführung einer modernen Gruppenbesteuerung, IFSt Nr. 471, S. 47f.
296 Koalitionsvertrag der CDU, CSU und FDP zur 17. Legislaturperiode, S. 14.
297 Neben der Konzernbesteuerung hat sich die Facharbeitsgruppe mit der steuerlichen Verlustverrechnung auseinandergesetzt.
298 Prüfbericht „Verlustverrechnung und Gruppenbesteuerung" vom 10.11.2011, (einsehbar unter www.bundesfinanzministerium.de).

der Aufkommensneutralität einer Reform aufrechterhalten wird – die bisherige Organschaft ggf. mit Modifikationen beizubehalten.[299] Nach dem bevorzugten Gruppenbeitragsmodell werden innerhalb der an der Gruppe beteiligten Gesellschaften Beiträge geleistet, die auf Seiten des leistenden Gruppenmitglieds steuer- und handelsrechtlich als Betriebsausgabe und bei dem Zahlungsempfänger als Einnahme zu behandeln sind. Die bis zur Abgabe der Steuererklärung zwischen den Gruppenmitgliedern zu vereinbarenden Beiträge dürfen das zu versteuernde Einkommen des Zahlungsschuldners nicht überschreiten. Eine Ausweitung der Gruppenbesteuerung auf im Ausland ansässige Rechtsträger war ebenso wie eine Zwischengewinneliminierung weiterhin nicht vorgesehen.[300] Mit dem präferierten Gruppenbeitragsmodell sollte eine Erhöhung der Beteiligungsquote einhergehen. Anstatt der bisher für die finanzielle Eingliederung i.S.v. § 14 Abs. 1 S. 1 Nr. 1 KStG erforderlichen Mehrheit der Stimmrechte an der Organgesellschaft musste die Obergesellschaft nach dem Gruppenbeitragsmodell zu 95 % an Nennkapital und Stimmrechten der Gruppengesellschaft beteiligt sein. Die Verschärfung des Beteiligungserfordernisses wurde auf die Abschaffung des bisher erforderlichen Gewinnabführungsvertrages zurückgeführt.[301]

Zusammenfassend lässt sich zunächst konstatieren, dass bereits die schlichte Anzahl der aufgeführten Vorschläge dafür spricht, dass die Reform der Konzernbesteuerung in Deutschland seit der Einführung der körperschaftsteuerlichen Organschaft in der Wissenschaft beinahe durchgehend diskutiert worden ist. Inhaltlich vertraten die Autoren insbesondere seit den späten siebziger Jahren Ansätze, die durch die Anerkennung der tatsächlichen Verhältnisse in den Konzern geprägt waren und daher deren wirtschaftliche Einheit auch dogmatisch in den Vordergrund stellten. Dabei wurden die zunächst lediglich auf betriebswirtschaftliche Gesichtspunkte abstellenden Begründungen für die Einheitstheorie durch nachfolgende Vertreter nicht nur untermauert, sondern es wurden auch Überlegungen zur Minimierung von Missbrauchsgefahren angestellt, die mit deren Einführung verbunden sein können. Auch die durch die Koalition im Jahr 2009 erstmals durch eine Regierung aufgenommene Initiative unterstrichen den Reformbedarf bei der körperschaftsteuerlichen Organschaft.

II. Gesetz zur Änderung und Vereinfachung der Unternehmensbesteuerung und des steuerlichen Reisekostenrechts

Das „Gesetz zur Änderung und Vereinfachung der Unternehmensbesteuerung und des steuerlichen Reisekostenrechts“ (im weiteren Verlauf auch: Änderungsgesetz)

299 Vgl. Prüfbericht des BMF, S. 142.
300 Vgl. Prüfbericht des BMF, Anlage 7; zum Diskussionsstand Schönfeld, IStR 2012, 368ff.
301 Vgl. Prüfbericht des BMF, S. 120.

wurde am 20. Februar 2013 beschlossen.[302] Seine Regelungen sollten den Abschluss des Gewinnabführungsvertrages und die Durchführung der ertragsteuerlichen Organschaft erleichtern sowie Rechtssicherheit bei den Anwendern schaffen.[303] Verschiedene Regelungen zielten daneben einerseits auf die Wahrung von Kontinuität, andererseits aber auch auf eine Fortentwicklung des deutschen Unternehmenssteuerrechts im Gleichlauf mit der Dynamik des globalen Wandels ab.[304] Die Neuregelungen sind zum Teil für noch nicht bestandskräftige Sachverhalte mit Wirkung für die Vergangenheit wirksam,[305] teilweise auch ab dem Veranlagungszeitraum 2012 anzuwenden, § 34 Abs. 1 KStG. Verfahrensrechtliche Neuerungen fanden ab dem Veranlagungszeitraum 2014 Geltung, § 34 Abs. 9 Nr. 9 KStG.[306]

1. Aufgabe des doppelten Inlandsbezuges bei der Organgesellschaft

Das bisher durch § 14 Abs. 1 S. 1 KStG und § 17 S. 1 KStG normierte Erfordernis des sogenannten doppelten Inlandsbezuges, d.h. des Vorhandenseins von Geschäftsleitung und Sitz im Inland zur Qualifizierung als taugliche Organgesellschaft, wurde durch das Änderungsgesetz aufgehoben. Sofern die Kapitalgesellschaft ihren Sitz im EU/EWR-Ausland hat, ist nach § 14 Abs. 1 S. 1 KStG, § 17 S. 1 KStG ein Sitz im EU/EWR-Ausland bei Geschäftsleitung der Organgesellschaft im Inland ausreichend.[307]

Mit der Änderung reagierte der Gesetzgeber auf die Einleitung eines Vertragsverletzungsverfahrens durch die Europäische Kommission, die in dem Erfordernis des doppelten Inlandsbezuges bei der Organgesellschaft einen Verstoß gegen die Niederlassungsfreiheit aus Art. 49ff. AEUV gesehen hatte.[308] Mit Blick auf das anhängig gewordene Vertragsverletzungsverfahren hatte das Bundesfinanzministerium bereits mit Schreiben vom 28. März 2011[309] die Anwendbarkeit der Organschaftsregeln über den Gesetzeswortlaut hinaus auf Kapitalgesellschaften mit Sitz im EU/EWR-Ausland und inländischer Geschäftsleitung ausgeweitet. Insofern ist die Regelung im Änderungsgesetz als gesetzgeberische Anpassung der Verwaltungspraxis zu bezeichnen.[310] Durch die Anknüpfung an eine inländische Geschäftsleitung wurde eine Organschaft zwischen inländischem Organträger und im EU/EWR-Ausland ansässiger Organgesellschaft grundsätzlich, unter der Voraussetzung der

302 Bt-Drucks. 17/10774; BR-Drucks. 34/13; BGBl. I v. 20.02.2013, 285.
303 Bericht des Finanzausschusses in Bt-Drucks. 17/11217, S. 2.
304 So die Zielformulierung im Gesetzesentwurf der Fraktionen der CDU/CSU und FDP, BT-Drucks. 17/10774, S. 1.
305 Siehe zu § 34 Abs. 9 Nr. 7 KStG bei der Heilung von Bilanzierungsfehlern unten D.II.5.
306 Vgl. ferner zum zeitlichen Anwendungsbereich § 34 Abs. 9 KStG.
307 BT-Drucks. 17/10774, Art. 2 Nr. 2 a) aa) aaa) sowie Art. 2 Nr. 3 a).
308 Vertragsverletzungsverfahren Nr. 2008/4909 der Europäischen Kommission.
309 BMF, BStBl. I 2011, 300.
310 *Witt*, Die Erste Seite, BB Heft 7/2013.

Anerkennung im Sitzstaat dieser Kapitalgesellschaft, möglich.[311] Im Umkehrschluss gilt für Kapitalgesellschaften aus Drittstaaten auch nach der Gesetzesnovelle das doppelte Inlandserfordernis.

Die Aufgabe des doppelten Inlandsbezuges bei der Organgesellschaft ist als Vereinfachung für die Anwender zu sehen, wenn auch aufgrund des eingeleiteten Vertragsverletzungsverfahrens der Europäischen Kommission nicht davon ausgegangen werden kann, dass diese auf intrinsische Motive des deutschen Steuergesetzgebers zurückzuführen war.[312] Ob sich dadurch Varianten zu einer grenzüberschreitenden Organschaft entwickeln lassen, bleibt insbesondere aufgrund der fraglichen Anerkennung des Gewinnabführungsvertrages im Ansässigkeitsausland allerdings abzuwarten.[313] Infolge der qua Gewinnabführungsvertrag notwendigen Zurechnung des Organgesellschaftsgewinns an den Organträger bleibt das Besteuerungsrecht ohnehin stets bei der Bundesrepublik Deutschland verhaftet.

2. Zuordnung der Beteiligung an inländische Betriebsstätte

Durch das Änderungsgesetz wurde § 14 Abs. 1 Nr. 2 KStG dahingehend geändert, dass die Beteiligung, die dem Organträger i.S.v. § 14 Abs. 1 Nr. 1 KStG die Mehrheit der Stimmrechte an der Organgesellschaft vermittelt, einer inländischen Betriebsstätte zuzuordnen sein muss.[314] Auf die Geschäftsleitung des Organträgers im Inland[315] wird nicht mehr abgestellt. Von einer inländischen Betriebsstätte i.S.d. Neuregelung in § 14 Abs. 1 Nr. 2 KStG wird nur dann ausgegangen, wenn die dieser Betriebsstätte zuzurechnenden Einkünfte sowohl nach deutschem Steuerrecht als auch nach dem jeweils anwendbaren Doppelbesteuerungsabkommen dem deutschen Besteuerungszugriff unterliegen.[316] Aufgrund dieser Vorschrift ist es zukünftig nicht mehr entscheidend, ob sich der Organträger im In- oder Ausland befindet, solange die beteiligungsführende Betriebsstätte ausschließlich im Inland steuerpflichtig ist. Damit entfällt der Regelungsgehalt des ehemaligen § 18 KStG, der folgerichtig durch

---

311 *Winter/Marx*, IStR 2011, 1101 (1102ff.) weisen darauf hin, dass nur bei Anwendung der Gründungstheorie in den Wegzugsstaaten überhaupt eine grenzüberschreitende Organschaft entstehen kann, weil bei Anwendung der Sitztheorie der Wegzugsstaat der ehemaligen Kapitalgesellschaft die Rechtspersönlichkeit versagen werde. Der Gründungstheorie auch bei Verlegung des Verwaltungssitzes in einen anderen Vertragsstaat folgen nach den Autoren Dänemark, England, Finnland, Liechtenstein und die Niederlande, *Winter/Marx*, IStR 2011, 1101 (1103).

312 Siehe die Gesetzesbegründung in Bt-Drucks. 17/10774, S. 18.

313 Aus Gründen der Rechtssicherheit empfehlen *Winter/Marx*, IStR 2011, 1101 (1107) die Herbeiführung eines Zustimmungsbeschlusses zum Gewinnabführungsvertrag beim Organträger.

314 BT-Drucks. 17/10774, Art. 2 Nr. 2 a) aa) bbb).

315 Das frühere Erfordernis des Sitzes im Inland war bereits mit dem Unternehmenssteuerfortentwicklungsgesetz (UntStFG) vom 20.12.2001, BGBl. I 2001, 3858ff., aufgehoben worden.

316 BT-Drucks. 17/10774, Art. 2 Nr. 2 a) aa) bbb) a.E.

das Änderungsgesetz aufgehoben wurde.[317] Auch ist in dieser Hinsicht zu erwähnen, dass sich der Gesetzgeber von der Formulierung „Zweigniederlassung" in § 18 KStG gelöst hat und in § 14 Abs. 1 Nr. 2 KStG auf die im internationalen Steuerrecht bekannte Betriebsstätte als Zurechnungsobjekt abstellt.[318]

Diese Änderung ist als Reaktion auf das Urteil des Bundesfinanzhofs vom 9.2.2011 zu verstehen, der in der bisherigen Regelung zum Organträger einen Verstoß gegen das Diskriminierungsverbot im DBA-Recht gesehen hatte, vgl. Art. 24 Abs. 5 OECD-MA.[319] Eine Novellierung aufgrund dieser Rechtsprechung war bereits im November 2011 durch das BMF als notwendig erachtet worden,[320] so dass dieser Schritt nicht als Überraschung aufzufassen war. Ziel des Gesetzgebers war die Bewahrung von

---

317 BT-Drucks. 17/10774, Art. 2 Nr. 4.

318 Gemäß § 12 S. 2 Nr. 2 AO ist eine Zweigniederlassung aus steuerlicher Sicht stets eine Betriebsstätte. Umgekehrt ist aber nicht jede Betriebsstätte gleichsam eine Zweigniederlassung nach § 13ff. HGB, vgl. Gosch/Neumann, § 18 KStG, Rn. 20. Aus diesem Grund war die in § 18 KStG gewählte Formulierung „Zweigniederlassung" überraschend. Selbst auf Seiten des Gesetzgebers wurden die Begriffe der handelsrechtlichen Zweigniederlassung und der steuerlichen Betriebsstätte scheinbar als synonym verwendet, vgl. BMF, Prüfbericht: „Verlustverrechnung und Gruppenbesteuerung", vom 10.11.2011, S. 135.
Es ist anzunehmen, dass die Wortwahl im § 18 KStG auf der für eine Zweigniederlassung nach § 13 I HGB erforderlichen Eintragung in das Handelsregister beruhte, die der Gesetzgeber auch für die inländische Konzerneinheit als Voraussetzung vorgesehen hatte. Eine Zweigniederlassung ist im Handelsregister unter einem Handelsnamen einzutragen, der nicht notwendig den Namen der Hauptniederlassung beinhalt, aber ihre Eigenschaft als Zweigniederlassung deutlich macht. Die Eintragung ist für die Zweigniederlassung nicht rechtsbegründend; sie entsteht bereits mit Aufnahme des Geschäftsbetriebs, vgl. *Ruß* in HK-HGB, § 13 Rn. 4ff. Gleichwohl ist für die steuerliche Anerkennung gemäß § 18 KStG eine Eintragung der Zweigniederlassung erforderlich gewesen. Nach h.M. musste die Eintragung entsprechend der Regelung in § 14 Abs. 1 S. 2 KStG im Laufe des Jahres erfolgen, in welchem die Organschaft erstmals bestehen sollte, *EY/Walter*, § 18 Rn. 14; *Gosch/Neumann*, § 18 Rn. 24; F/M/*Frotscher*, § 18 Rn. 1; a.A. *Erle/Heurung* in Erle/Sauter, KStG, § 18 Rn. 17, die eine Eintragung der Zweigniederlassung in das Handelsregister im ersten Folgejahr nach dem Inkrafttreten der Organschaft als ausreichend betrachteten.

319 BFH v. 9.2.2011, I R 54, 55/10, BStBl. II 2012, 106 (108f.). Das Urteil befasst sich mit der Frage, ob einem in Großbritannien ansässigen gewerblichen Unternehmen die Organträgereigenschaft in der gewerbesteuerlichen Organschaft verwehrt werden kann. Der BFH kommt darin zu dem Ergebnis, dass die auf ansässigkeitsbegründenden Merkmalen beruhende steuerliche Andersbehandlung von ausländerbeherrschten gegenüber inländerbeherrschten Inlandsunternehmen nicht vor dem Diskriminierungsverbot in Art. XX Abs. 4 DBA-Großbritannien (=Art. 24 Abs. 5 OECD-MA) gerechtfertigt werden kann.

320 BMF, Prüfbericht: „Verlustverrechnung und Gruppenbesteuerung", vom 10.11.2011, S. 123.

in Deutschland generierten Steuersubstrats. Das soll dadurch erreicht werden, dass die vom BFH als diskriminierend herausgestellte Anknüpfung der Organträgerbefähigung an ansässigkeitsbegründende Merkmale i.S.v. Art. 4 OECD-MA aufgehoben und fortan auf die unbeschränkt steuerpflichtige Inlandsbetriebsstätte als Zurechnungsobjekt angeknüpft wird.[321] Genau wie das BMF sah auch der Gesetzgeber anderenfalls die Gefahr der Nichtbesteuerung, wenn die der Inlandsbetriebsstätte zuzurechnen Einkünfte nicht sowohl nach deutschem wie auch nach Abkommensrecht dem deutschen Steuerzugriff unterliegen.[322]

Es lässt sich festhalten, dass die Änderung durch § 14 Abs. 1 Nr. 2 KStG auf dem Zwang zur Sicherung von Steuersubstrat beruhte. Eine Beteiligung kann einer Betriebsstätte dabei nur bei einem tatsächlich-funktionalen Zusammenhang zu der Organgesellschaft zugeordnet werden.[323] Unter welchen Umständen dieser tatsächlich-funktionale Zusammenhang allerdings gegeben ist, ist in der Anwendungspraxis nicht geklärt.[324] Es besteht somit die Gefahr, dass die zur Schaffung von Rechtssicherheit eingeführte Neuregelung stattdessen zu weiterer Unsicherheit in der Praxis führt.

3. Feststellungsverfahren zum zuzurechnenden Einkommen der Organgesellschaft

Mit dem Änderungsgesetz wurde ein neuer § 14 Abs. 5 KStG angefügt, der eine gesonderte und einheitliche Feststellung des dem Organträger zuzurechnenden Einkommens der Organgesellschaft vorsieht. Die darin durch das für die Organgesellschaft zuständige Finanzamt getroffenen Feststellungen sind sowohl für die Körperschaftsteuerbescheide der Organgesellschaft als auch für den Organträger bindend. Beide Rechtsträger sind somit die Adressaten des Verfahrens.[325]

Die gesonderten und einheitlichen Feststellungen des zuzurechnenden Organgesellschaftseinkommens behoben ein seit Jahren bestehendes Problem, das bei nachträglichen Änderungen von Besteuerungsgrundlagen einer Organgesellschaft aufgetreten war. Der Bundesfinanzhof hatte bezogen auf die Einkommenszurechnungsvorschrift des § 14 Abs. 1 S. 1 KStG entschieden, dass diese nur materiellrechtliche, nicht aber verfahrensrechtliche Wirkung entfaltet.[326] Das bedeutete in der Praxis, dass eine nachträgliche Änderung des Einkommens einer Organgesellschaft

321 BT-Drucks. 17/10774, S. 18f.

322 Mit Hinweis auf die unterschiedliche Auslegung des innerstaatlichen und abkommensrechtlichen Betriebsstättenbegriffs BT-Drucks. 17/10774, S. 19; BMF, Prüfbericht: „Verlustverrechnung und Gruppenbesteuerung", vom 10.11.2011, S. 123.

323 BFH v. 19.12.2007, I R 66/106, BStBl. II 2008, 510; BMF v. 16.4.2010, BB 2010, 1054.

324 *Lenz/Adrian/Handwerker*, BB 2012, 2851 (2856); bezogen auf die Tatsächlichkeit bereits *Wassermeyer*, IStR 2007, 211 (212).

325 BT-Drucks. 17/10774, Art. 2 Nr. 2 b).

326 BFH. v. 6.3.2008, IV R 74/05, BStBl. II 2008, 663; v. 28.1.2004, I R 84/03, BStBl. II 2004, 539.

(z.B. infolge einer Betriebsprüfung) nicht notwendigerweise zu einer Änderung der bestandskräftigen Organträgerveranlagung führte.[327] Die dadurch entstehenden Schwierigkeiten wurden durch den § 14 Abs. 5 KStG behoben, der die Feststellung von Besteuerungsgrundlagen wie dem zuzurechnenden Einkommen der Organgesellschaft und damit die Körperschaftsteuerbescheide verfahrensrechtlich verknüpft. Änderungen dieser Steuerbescheide können somit zukünftig nur gegenüber Organgesellschaft und -träger einheitlich erfolgen.[328]

§ 14 Abs. 5 KStG schaffte mit dem Feststellungsverfahren eine verfahrensrechtliche Verknüpfung der materiell-rechtlich durch die Organschaftsregeln festgelegten Beziehung von Organträger und Organgesellschaft. Die Änderungsvorschrift glich dabei die Nichtanerkennung dieser verfahrensrechtlichen Bindung durch die Rechtsprechung aus. Sie ist einerseits somit als entsprechend der Zurechnungstheorie notwendige Vorschrift zu befürworten und trägt zu den gesetzgeberischen Leitmotiven der Verfahrensvereinfachung und Rechtssicherheit bei.[329] Andererseits ist festzuhalten, dass es sich um eine verspätete Reaktion auf die Rechtsprechung des Bundesfinanzhofes aus dem Jahr 2004 handelte.

4. Dynamischer Verweis auf § 302 AktG

Im Rahmen der Reform wurde ferner der Wortlaut von § 17 S. 2 Nr. 2 KStG geändert. Diese Norm regelt die Vereinbarung der Verlustübernahme mit Organgesellschaften, welche nicht in einer unter das Aktiengesetz fallenden Kapitalgesellschaftsrechtsform oder als Europäische Gesellschaft auftreten. Insbesondere sind also Organgesellschaften in der Rechtsform der GmbH von dieser Neuregelung betroffen.[330] In Zukunft soll der vertraglich weiterhin notwendigen Verlustübernahme durch eine Formulierung genüge getan werden, die auf den maßgebenden § 302 AktG „in seiner jeweils gültigen Fassung" verweist.[331]

Dieser dynamische Verweis stellte für die GmbH-Organgesellschaften die Formulierung der Verlustübernahmeverpflichtung klar. Damit wurde ein Problem in der Rechtsanwendung gelöst, das infolge Änderungen des Gesetzeswortlautes oder

327 BT-Drucks. 17/10774, S. 20.

328 Bei den Feststellungsbescheiden des § 14 Abs. 5 KStG handelt es sich damit um Grundlagenbescheide i.S.v. § 175 Abs. 1 S. 1 Nr. 1 AO i.V.m. § 171 Abs. 10 AO, BT-Drucks. 17/10774, S. 20.

329 *Teiche*, DStR 2013, 2197 (2200), weist daraufhin, dass die Rechtssicherheit durch das Feststellungsverfahren aus Sicht der Steuerpflichtigen darunter leidet, dass die Feststellungsbescheide regelmäßig gemäß § 164 AO unter den Vorbehalt der Nachprüfung gestellt würden. Dieses habe zur Folge, dass Rechtssicherheit erst mit Aufhebung des Vorbehaltes bzw. mit Festsetzungsverjährung eintrete.

330 BT-Drucks. 17/10774, S. 20.

331 BT-Drucks. 17/10774, Art. 2 Nr. 3 b).

bestimmter Formulierungsvorgaben zu besonderer Unsicherheit geführt hatte.[332] Das hatte unter Umständen erhebliche steuerliche Auswirkungen, da der Korrektur der Verlustübernahmeverpflichtung ein konstitutiver Charakter beigemessen wurde, so dass sie einen Gewinnabführungsvertrag nicht nachträglich heilen konnte.[333] Somit waren trotz tatsächlicher Durchführung des vermeintlich wirksamen Gewinnabführungsvertrages die beteiligten Gesellschaften mit Rückwirkung getrennt zu veranlagen.

Mit der Neuregelung wurde somit für die Zukunft in dieser Hinsicht Rechtssicherheit geschaffen. Eine entsprechende Umstellung der bestehenden Verlustvereinbarungen in Gewinnabführungsverträgen sollte in dem vom Gesetzgeber gewährten Zeitraum bis zum 31.12.2014[334] gelingen.[335] Die Korrektur wird nicht als Neuabschluss des Gewinnabführungsvertrages aufgefasst und löst somit keine neue 5-jährige Mindestlaufzeit aus.[336] Die Einführung des dynamischen Verweises auf § 302 AktG stellte also ein aus Anwendersicht sinnvolles Vorhaben dar.[337] Gleichwohl manifestiert die gesetzgeberische Formulierungshilfe den Fortbestand der handelsrechtlichen Bindung der Organschaftsregeln.

5. Heilung von Bilanzierungsfehlern

Zur wesentlichen Erleichterung sollte die Neuregelung in § 14 Abs. 1 S. 1 Nr. 3 S. 4ff. KStG beitragen, nach der fehlerhafte Bilanzansätze nicht zu einem „verunglücken" der Organschaft mit ex tunc-Wirkung führen, sondern nachträglich geheilt werden können. Die Heilung ist trotz eines fehlerhaften Bilanzansatzes möglich, sofern der Jahresabschluss wirksam festgestellt wurde, dessen Fehlerhaftigkeit unter

332 Anschaulich macht die Schwierigkeiten der Praxis bzgl. der Formulierung einer den Organschaftsregeln entsprechenden Verlustübernahmeverpflichtung der Beschluss des BFH v. 28.7.2010, I B 27/10, BStBl. II 2010, 932 ff.; ebenso BFH v. 22.2.2006, I R 73/05 (NV); insbesondere war streitig, ob für die Anforderungen des § 17 S. 2 Nr. 2 KStG ein Verweis auf § 302 Abs. 1 AktG ausreicht oder der gesamte § 302 AktG einzubeziehen ist, BFH v. 17.6.2008, IV R 88/05, BFH/NV 2008, 1705; BFH v. 3.3.2010, I R 68/09, DStR 2010, 858 (860); OFD Rheinland, Verfügung vom 12.8.2009, S 2770-1015-St 131, DStR 2010, 1136 (1137); kritisch zu dieser OFD-Verfügung *Rödder*, DStR 2010, 1218 (1219); ebenso ablehnend dazu BFH v. 28.7.2010, I B 27/10, DStR 2010, 1777 (1779); zivilrechtlich ist die Regelung des § 302 AktG auch ohne vertragliche Vereinbarung ggfs. analog anzuwenden, BGH v. 11.10.1999, II ZR 120/08, BGHZ 142, 382.

333 BFH v. 22.2.2006, I R 73/05, HFR 2006, 1009; OFD Rheinland, DStR 2010, 1136 (1137).

334 Bei bis zum 31.12.2014 entsprechend geänderten Bestands-Gewinnabführungsverträgen wird für 2014 endende Veranlagungszeiträume die Anerkennung rückwirkend zugesprochen, § 34 Abs. 10b S. 1 KStG; BT-Drucks. 17/10774, Art. 2 Nr. 5 c).

335 Kritisch dazu in Hinblick auf abweichende Wirtschaftsjahre *Lenz/Adrian/Handwerker*, BB 2012, 2851 (2855).

336 § 34 Abs. 10b S. 1 KStG; BT-Drucks. 17/10774, Art. 2 Nr. 5 c).

337 *Middendorf/Holtrichter*, StuB 2013, 123 (127).

Anwendung der Sorgfalt eines ordentlichen Kaufmanns nicht hätte erkannt werden können und der Fehler spätestens im darauf folgenden Jahresabschluss von Organgesellschaft und -träger inhaltlich und durch entsprechende Abführungen an den Fiskus korrigiert wird.[338] Unter diesen Voraussetzungen gilt der Gewinnabführungsvertrag als weiter durchgeführt. Als bemerkenswert ist der Umstand zu werten, dass die Heilungsmöglichkeit auch in sämtlichen noch nicht bestandskräftigen Fällen Anwendung gefunden hat.[339]

Die Regelung zielte auf die Relativierung der Folgen von Bilanzierungsfehlern und dadurch bedingter zu geringer oder zu hoher Gewinnabführung bzw. Verlustübernahme ab, die etwa bei einer Betriebsprüfung retrospektiv aufgedeckt werden. Vor der Novellierung konnte dadurch die nach § 14 Abs. 1 S. 1 Nr. 3 KStG gebotene Durchführung des Gewinnabführungsvertrages versagt werden und ein *Verunglücken* der Organschaft mit erheblichen Folgen drohen.[340] Diesen Wirkungen tritt die Heilungsmöglichkeit entgegen, indem sie insbesondere die Erkennbarkeit des Bilanzierungsfehlers an die Sorgfalt eines ordentlichen Kaufmanns knüpft und damit den Gedanken des subjektiven Fehlerbegriffs hervorhebt.[341] Die Sorgfalt ist dann gewahrt, wenn dem Jahresabschluss ein uneingeschränkter Bestätigungsvermerk nach Maßgabe des § 322 Abs. 3 HGB zugrunde liegt oder die Erstellung des Jahresabschlusses durch einen Steuerberater oder Wirtschaftsprüfer mit umfassender Beurteilung erfolgt ist.[342] Letzteres soll bereits durch eine Bescheinigung des Steuerberaters oder Wirtschaftsprüfers über die Jahresabschlusserstellung gemäß IDW Standard gelingen.[343]

Es ist abzusehen, dass die Vorschrift viele zukünftige sowie noch nicht bestandskräftige (Alt-)Fälle für die Anwender vereinfachen und ein Verunglücken verhindern wird. Auch wenn der in § 14 Abs. 1 Nr. 5 KStG verwandte Terminus *fehlerhafte Bilanzansätze* nicht weiter definiert ist,[344] trägt die Vorschrift damit zu einer rechtlichen Sicherheit bei der Durchführung der Gewinnabführungsverträge bei.

338 Siehe den Gesetzesentwurf in BT-Drucks. 17/10774, Art. 2 Nr. 2 a) aa) ccc).

339 § 34 Abs. 9 Nr. 7 KStG; BT-Drucks. 17/10774, Art. 2 Nr. 5 b).

340 Siehe dazu oben unter C.III.; Zu einem nicht vorgenommenen Verlustausgleich bei der Organgesellschaft hat der BFH entschieden, dass bereits um geringe Beträge vom objektiven Ergebnis abweichende Gewinnabführungen auf die Anerkennung der Organschaft durchschlagen und – nach früherer Rechtslage – auch nicht durch eine berichtigte Bilanz geheilt werden können, BFH v. 21.10.2010, IV R 21/07, EFG 2007, 1104.

341 BT-Drucks. 17/10774, S. 19.

342 § 14 Abs. 1 Nr. 5 KStG, BT-Drucks. 17/10774, Art. 2 Nr. 2 a) aa) ccc).

343 BT-Drucks. 17/10774, S. 20.

344 Kritisch dazu äußern sich *Lenz/Adrian/Handwerker*, BB 2012, 2851 (2852), gehen allerdings dennoch davon aus, dass selbst geringfügige Fehler zu fehlerhaften Bilanzansätzen i.S.d. Neuregelung führen.

6. Fazit

Mit dem „Gesetz zur Änderung und Vereinfachung der Unternehmensbesteuerung und des steuerlichen Reisekostenrechts“ wollte der Gesetzgeber einerseits Kontinuität wahren, andererseits aber die Organschaft aufgrund des dynamischen globalen Wandels den neuen Gegebenheiten anpassen. Weitere Ziele der „kleinen Unternehmenssteuerreform“[345] waren die Verbesserung der Rechtssicherheit sowie die Vereinfachung für die Anwender.[346] Die Änderungen bei der Organschaft werden nach den Schätzungen des Gesetzesentwurfs zu keinen Steuermindereinnahmen für den Fiskus führen.[347]

Das gesetzgeberische Motiv der Kontinuitätswahrung wurde in der Begründung zum Änderungsgesetz hervorgehoben und trat insbesondere dadurch in Erscheinung, dass sich die Neuregelungen nicht auf Grundfeste der ertragsteuerlichen Organschaften erstrecken. Es wurden demzufolge lediglich Folgeerscheinungen des bestehenden Regimes für die Praxisanwender ausgebessert.[348] An der steuertheoretischen Grundlage der Organschaft, dem durch Gewinnabführungsvertrag zuzurechnenden Ergebnis, der Behandlung organschaftsinterner Schuldverhältnisse oder Leistungen wurde jedoch – insofern tatsächlich kontinuitätswahrend – keine Änderung vorgenommen. Gleichwohl wurde auch weiterhin das gesetzgeberische Bestreben der Fortentwicklung der ertragsteuerlichen Organschaft zu einem modernen Gruppenbesteuerungssystem ausgegeben.[349] Wenn aber eine grundlegende Reform als bei geeigneter Haushaltslage wünschenswertes Ziel deklariert wird, kann die Wahrung von Kontinuität nicht als gewollte Ausrichtung des Änderungsgesetzes hervortreten.[350] Insofern erscheint diese nur als ein vorgeschobenes Zweckargument. Hinsichtlich der Wahrung von Kontinuität sind demnach bereits die Aussagen des Gesetzentwurfs widersprüchlich, ohne dass es einer tiefergehenden Auseinandersetzung mit der Sinnhaftigkeit dieses Motivs bedürfte.

---

345 *Wittkowski/Hielscher*, BC 2012, 542 (546).

346 So die Ziele laut Gesetzentwurf der Fraktionen der CDU/CSU und FDP v. 25.9.2012, BT-Drucks. 17/10774, S. 1.

347 BT-Drucks. 17/10774, S. 17. Diese Annahme des Gesetzgebers ist überraschend. In Hinblick auf die Abschaffung des Gewinnabführungsvertrages als Erfordernis für die Organschaft hat das Bundesfinanzministerium angenommen, dass ein attraktiverer Zugang zur Organschaft deren Fallzahlen und das Verlustverrechnungsvolumen erhöhen und damit zu Steuermindereinnahmen führen wird, vgl. BMF, Prüfbericht „Verlustverrechnung und Gruppenbesteuerung“ vom 10.11.2011, (einsehbar unter www.bundesfinanzministerium.de), S. 126. Da auch das Änderungsgesetz auf Anwendungsvereinfachung abzielt, hätte der Gesetzgeber in Fortführung dieses Gedankens ebenfalls von Steuermindereinnahmen ausgehen müssen.

348 Witt spricht von einem „Reparaturbetrieb“, *Witt*, Die Erste Seite, BB Heft 7/2013.

349 Zum Koalitionsvertrag der CDU, CSU und FDP zur 17. Legislaturperiode, S. 14, siehe oben unter D.I.

350 Begründung des Gesetzentwurfs in BT-Drucks. 17/10774, S. 9.

Die Fortentwicklung aufgrund des dynamischen globalen Wandels wurde ebenfalls in der Begründung des Gesetzentwurfs als Reformziel angeführt.[351] Eine Auseinandersetzung mit den unterschiedlichen Regelungen des Änderungsgesetzes ergibt auch Berührungspunkte mit grenzüberschreitenden Sachverhalten. So können infolge der Aufgabe des doppelten Inlandsbezuges auch Kapitalgesellschaften mit Sitz im Ausland grundsätzlich als Organgesellschaften am Konsolidierungskreis teilhaben. Diese Erweiterung erstreckt sich auf das EU/EWR-Ausland und damit genau so weit, wie der zuvor geregelte doppelte Inlandsbezug nach Auffassung der Europäischen Kommission gegen die Niederlassungsfreiheit verstoßen hatte.[352] Die aufgegebene Anknüpfung an ansässigkeitsbegründende Merkmale bei der Organträgerbefähigung ist demgegenüber nicht auf Europarecht, sondern auf Vorgaben des Diskriminierungsverbotes im Recht der Doppelbesteuerungsabkommen zurückzuführen.[353] Durch die notwendige Zuordnung der die Stimmrechtsmehrheit sichernden Kapitalbeteiligung zu einer inländischen Betriebsstätte behält der Fiskus allerdings trotzdem den Zugriff auf das in Deutschland erwirtschaftete Steuersubstrat. Die jeweils durch internationales Recht oder Rechtsprechung bewirkten Neuregelungen zeigen, dass der Steuergesetzgeber diesbezüglich nicht die durch die eigene Formulierung beanspruchte aktive Rolle bei der Fortentwicklung des Unternehmenssteuerrechts eingenommen hat.[354] Anstatt den globalen Wandel dynamisch mitzugestalten wurde er vielmehr von europäischen und internationalen Bestimmungen getrieben. Insbesondere das Festhalten am Gewinnabführungsvertrag, der als Voraussetzung der Gruppenbesteuerung im Ausland kaum bekannt ist,[355] unterstreicht die fehlende Bereitschaft zur Fortentwicklung zu international vergleichbaren Maßstäben.

Die ebenfalls als Reformziele auf der Agenda stehenden Verbesserungen hinsichtlich der Rechtssicherheit für die Anwender und die Vereinfachung des Organschaftsregimes wurden demgegenüber durch verschiedene Neuerungen gewährleistet. Die Heilung von Bilanzierungsfehlern sowie das Feststellungsverfahren für das dem Organträger zuzurechnende Organgesellschaftseinkommen wirken insbesondere bezüglich nachträglich festgestellter Mängel bei der Durchführung des Gewinnabführungsvertrages und verhindern das zuvor – ggfs. mit Rückwirkung – drohende Scheitern der Organschaft. Ebenso zur Vereinfachung und Steigerung der Rechtssicherheit trug die Formulierungshilfe zur Bezugnahme auf die Verlustübernahmeverpflichtung des § 302 AktG mithilfe eines dynamischen Verweises bei.

351 Begründung des Gesetzentwurfs in BT-Drucks. 17/10774, S. 9.

352 Siehe oben D.II.1.

353 Siehe oben D.II.2.

354 BT-Drucks. 17/10774, S. 1, 9: „Deutschland benötigt daher ein Unternehmenssteuerrecht, das (...) durch eine stetige Fortentwicklung dem dynamischen globalen Wandel gerecht wird."

355 Seit der Reform der Konzernbesteuerung in Österreich setzt neben Deutschland nur Slowenien steuerrechtlich den Abschluss eines Gewinnabführungsvertrages voraus.

Es ist somit zusammenfassend festzuhalten, dass für die Praxis bedeutsame Probleme bei der Beherrschung der Organschaftsregeln erkannt und durch das Änderungsgesetz gelöst wurden. Gleichsam muss sich der Gesetzgeber allerdings auch mit der Frage auseinandersetzen, ob er mit seiner Reform nur die Symptome bekämpft hat, anstatt deren Ursache zu behandeln.[356] Insbesondere können mehrere Reformvorschriften mit der Existenz und den Auswirkungen der Voraussetzung des Gewinnabführungsvertrages verbunden werden. Anstatt diese Voraussetzung der Organschaft allerdings entfallen zu lassen oder zu ersetzen, hielt der Gesetzgeber an dem durch das Aktiengesetz ausgestalteten Vertragswerk fest.

III. Herausforderungen und Aspekte einer Reform in der deutschen Konzernbesteuerung

Der Gesetzgeber verfolgte mit der Unternehmenssteuerreform durch das „Gesetz zur Änderung und Vereinfachung der Unternehmensbesteuerung und des steuerlichen Reisekostenrechts" eine Abmilderung der in der Anwendungspraxis auftretenden Probleme des Organschaftsregimes. Selbst wenn man dieses Ziel als weitgehend erreicht betrachtet, stellt sich dennoch die Frage, ob die Reform überhaupt als solche bezeichnet werden kann. Denn eine Umgestaltung der bisher maßgeblichen Voraussetzungen der Organschaft ist durch das Änderungsgesetz gerade nicht eingetreten. Es verwundert daher nicht, dass auch von Seiten der Politik die grundlegende Neuregelung des deutschen Gruppenbesteuerungsregimes weiterhin auf der Agenda gesehen wird.[357] Im Folgenden sollen Aspekte einer solchen Neuregelung beleuchtet werden. Dabei wird insbesondere erörtert, ob und inwieweit die niederländischen Regelungen zur *fiscale eenheid* eine Vorbildfunktion für die grundlegende Reform der §§ 14ff. KStG einnehmen können.

1. Dogmatische Grundlagen einer Konzernbesteuerung

Die Regelungen zur Besteuerung von Konzernen stehen in einem Spannungsfeld, in dem sie einerseits die wirtschaftlichen Gegebenheiten berücksichtigen müssen, sich anderseits aber auch in das für Unternehmensgruppen maßgebliche, zivilrechtliche Normgefüge einzuordnen haben. Die dogmatischen Grundlagen der Konzernbesteuerung müssen diese beiden Parameter in Ausgleich bringen können.

356 *Schnittger*, IstR 2014, 587 (591), spricht in diesem Zusammenhang von „Flickschusterei".

357 Vgl. Begründung des Gesetzentwurfs in BT-Drucks. 17/10774, S. 9.

a) *Einheitstheoretische Ansätze als Gegenentwurf zur körperschaftsteuerlichen Konzernbesteuerung*

Die Regeln der Organschaft in den §§ 14ff. KStG folgen der Zurechnungstheorie, die an die zivilrechtliche Trennung der verbundenen Unternehmen anknüpft.[358] Im Gegensatz dazu steht das dem einheitstheoretischen Grundgedanken unterworfene Regime der *fiscale eenheid* in den Niederlanden. Dieses erfordert lediglich die Einreichung einer gemeinsamen Steuererklärung für die saldierten Ergebnisse der Einheitsunternehmen, auf deren Grundlage die Besteuerung der gesamten Gruppe berechnet wird. Eine eigenständige Ergebnisermittlung für jedes Gruppenmitglied ist grundsätzlich nicht erforderlich.[359]

aa) *Trennungs- und Zurechnungstheorie als derzeitige dogmatische Grundlagen der Organschaft*

Nach den Vorgaben der Trennungstheorie[360] werden in einem ersten Schritt alle zu einer Organschaft gehörenden Unternehmen zu einer individuellen steuerlichen Ergebnisermittlung verpflichtet.[361] Diese Behandlung beruht auf dem Umstand, dass das deutsche Steuerrecht hinsichtlich der Konzernbesteuerung der zivilrechtlichen Sichtweise Beachtung schenkt, nach der einzelne Rechtssubjekte trotz gegenseitiger Verbundenheit als voneinander getrennt und selbständig gelten.[362] Ausfluss dieser Trennung ist dabei auch die Maßgabe, innerkonzernliche Rechtsgeschäfte steuerlich so zu behandeln, als hätten sie nicht unter dem Dach eines Konzerns, sondern zwischen nicht verbundenen Dritten stattgefunden.

Erst nach der Gewinnermittlung auf Ebene der Organgesellschaften nach Maßgabe der Trennungstheorie wirkt sich in einem zweiten Schritt die Zurechnungstheorie in Form der Ergebnisabführung und der Ergebniskonsolidierung aus, so dass sich beim Organträger ein steuerrechtliches Einkommen für die Organschaft bildet, vgl. § 14 Abs. 1 S. 1 KStG. Unter dem dem Organträger zuzurechnenden Einkommen der Organgesellschaft ist also der Betrag zu verstehen, der vor der Ergebnisabführung an die Obergesellschaft ermittelt wurde.[363] Durch die Vorgaben der Zurechnungstheorie wird damit erst in einem zweiten Schritt der steuerlichen Konzerngewinnermittlung das Trennungsprinzip bei Kapitalgesellschaften

---

358 *Jurkat*, Die Organschaft, Rn. 151; F/M/*Frotscher*, § 14 Rn. 7; *Eversberg*, in: Herzig, Organschaft, S. 75; *Küster/Köhler*, BB 1998, 2401 (2403); *Krebs*, BB 2001, 2029 (2030); *Herzig*, Beihefter zu DStR 30 2010, 61 (66).

359 Siehe zu den Auswirkungen der steuerlichen Einheit, aber auch zu der in der Praxis dennoch durchgeführten getrennten Buchführung oben unter B.VI.

360 *Kessler*, in: Kessler/Kröner/Köhler, Konzernsteuerrecht, S. 2.

361 BFH BStBl. II 1975, 126; *Schnittker/Hartmann*, BB 2002, 277 (278); *Müller/Stöcker*, Die Organschaft, Rn. 467.

362 *Crezelius*, Steuerrechtliche Rechtsanwendung und allgemeine Rechtsordnung, S. 208f.

363 *Karsten*, DStR 1991, 893 (897).

durchbrochen.[364] Es handelt sich somit um eine Korrektur auf Ebene der körperschaftsteuerlichen Bemessungsgrundlage.[365]

bb) Das Leistungsfähigkeitsprinzip und die Begründbarkeit der Einheitstheorie in Deutschland

Art. 3 Abs. 1 GG und der Grundsatz der Steuergerechtigkeit stehen in einem – diskussionsträchtigen[366] – Gegenseitigkeitsverhältnis. Als Lastenverteilungsmaßstab wird das Postulat der Besteuerung nach der individuellen wirtschaftlichen Leistungsfähigkeit – das sog. Leistungsfähigkeitsprinzip – sowohl aus dem Grundsatz der Steuergerechtigkeit[367] als auch unmittelbar aus dem Gleichheitssatz[368] sowie den Freiheitsgrundrechten[369] hergeleitet. Wirtschaftliche Leistungsfähigkeit ist als Fähigkeit zu verstehen, Geldzahlungen erbringen zu können.[370] Besteuerungsmaßstab

364 *Dötsch*, in: Kessler/Kröner/Köhler, Konzernsteuerrecht, S. 183.

365 *Witt*, Die Konzernbesteuerung, S. 231, spricht von einer partiellen Verwirklichung des Einheitsgedankens durch die Organschaft; *Röder*, Das System der Verlustverrechnung im deutschen Steuerrecht, S. 83.

366 Das BVerfG entnimmt Art. 3 GG den Grundsatz der Steuergerechtigkeit, vgl. BVerfG v. 17.1.1957, 1 BvL 4/54, BVerfGE 6, 55 (70f.); v. 30.10.1961, 1 BvR 833/59, BVerfGE 13, 181 (202); v. 07.11.2006, 1 BvL 10/02, BVerfGE 117, 1 (30); demgegenüber wird in der Literatur vielfach die Ansicht vertreten, dass der Gleichheitssatz aus Art. 3 GG gerade der Verwirklichung der Gerechtigkeit diene und damit auch die Steuergerechtigkeit dem Gleichheitssatz vorausgehe, *Tipke*, StuW 2007, 201 (203f.); umfassend in der Herleitung sowie m.w.N. *Lampert*, Doppelbesteuerungsrecht und Lastengleichheit, S. 177ff.

367 BVerfG v. 28.11.1984, 1 BvR 1157/82, BVerfGE 68, 287 (310).

368 BVerfG v. 23.01.1990, 1 BvL 4–7/87, BVerfGE 81, 228 (236); v. 22.6.1995, 2 BvL 37/91, BVerfGE 93, 121 (135); v. 21.07.2010, 1 BvR 611/07, 1 BvR 2464/07, BVerfGE 126, 400 (B I 2a); v. 7.7.2010, 2 BvR 748/05, 2 BvR 753/05, 2 BvR 1738/05, BVerfGE 127, 61 (B I 2 b bb)); v. 12.10.2010, 2 BvL 59/06, BVerfGE 127, 335 (335); aber auch v. 9.8.1978, 2 BvR 831/76, BVerfGE 49, 148 (164) zur Herleitung des Grundsatzes materieller Gerechtigkeit aus dem Rechtsstaatsprinzip.

369 Vgl. *Wendt*, NJW 1980, 211 (213f.), zu der Schutzwirkung von Art. 14 GG bzgl. der in den einzelnen Vermögensgegenständen verkörperten Vermögenswerte; *Birk*, StuW 1983, 293 (297f.), begründet die Besteuerung nach der wirtschaftlichen Leistungsfähigkeit auch mit der Konzeption der verfassungsrechtlichen Freiheitsgrundrechte, durch die der Staat den Einzelnen nur so weit durch Besteuerung in seiner Freiheitsbetätigung einschränken darf, wie es die freiheitlichen Kollisionsgrundrechte zulassen; *Waldhoff*, in: Isensee Kirchhof, HBStR, Bd. V, § 116 Rn. 110.

370 *Birk*, Das Leistungsfähigkeitsprinzip als Maßstab der Steuernormen, S. 167, unterscheidet davon die Fähigkeit, Geld erwirtschaften zu können (Erwerbspotential), die nicht als Besteuerungsmaßstab herhalten könne, da die Besteuerung sich nur auf „effektiv vorhandene Zahlungsfähigkeit beziehen“ könne.

soll dabei die in Geldwert vorhandene „Ist-Leistungsfähigkeit“[371] sein. Man unterscheidet in dieser Hinsicht zwischen horizontaler und vertikaler Leistungsfähigkeit: gleich Leistungsfähige (horizontal) müssen danach gleich hoch, unterschiedlich leistungsfähige Steuerpflichtige (vertikal) in Relation zu dem sie unterscheidenden Maße unterschiedlich hoch erfasst werden.[372]

Legt man allerdings diese Anknüpfung der Steuerverpflichtung an die individuelle wirtschaftliche Leistungsfähigkeit im deutschen Steuerrecht zugrunde, so wird der Konflikt zwischen der Begründung und den Auswirkungen der Zurechnungstheorie bei der Besteuerung von Konzernen in Deutschland und dem Gedanken der wirtschaftlichen Leistungsfähigkeit deutlich. Denn durch die Zurechnungstheorie wird die Leistungsfähigkeit einer zu besteuernden Konzerneinheit nach den kumulierten (zugerechneten) jeweiligen Ergebnissen der zugehörigen individualisierten Rechtssubjekte bestimmt.

Dieses Ergebnis änderte sich, wenn man die Gesamtleistungsfähigkeit der Unternehmensgruppe zum Steuerobjekt machte, anstatt auf die Leistungsfähigkeit der einzelnen Konzerngesellschaften abzustellen. Der Ansatz der Gesamtleistungsfähigkeit ließe sich unter Anlehnung an die Auslegung nach der wirtschaftlichen Betrachtungsweise begründen. Danach können spezielle Steuersachverhalte nach ihrem tatsächlichen wirtschaftlichen Ergebnis beurteilt werden, auch wenn die formaljuristische Sichtweise grundsätzlich eine andere Einordnung gebietet.[373] Wendet man den der wirtschaftlichen Betrachtung innewohnenden Gedanken auf den Konzernsachverhalt an, muss die Frage gestellt werden, ob die Leistungsfähigkeit

---

371 *Birk*, Das Leistungsfähigkeitsprinzip als Maßstab der Steuernormen, S. 167; *Tipke*, StuW 1980, 281 (295).

372 BVerfG v. 6.7.2010, 2 BvL 13/09, BVerfGE 126, 268 (278); v. 9.12.2008, 2 BvL 1/07, 2 BvL 2/07, 2 BvL 1/08, 2 BvL 2/08, BVerfGE 122, 210 (231); v. 21.6.2006, 2 BvL 2/99, BVerfGE 116, 164 (180); v. 4.12.2002, 2 BvR 400/98, 2 BvR 1735/00, BVerfGE 107, 27 (46f.); *Kirchhof*, JZ 1979, 153 (156); *Birk*, Das Leistungsfähigkeitsprinzip als Maßstab der Steuernormen, S. 165ff.

373 BVerfG v. 24.1.1962–1 BvR 232/60, BVerfGE 13, 318 (329); BFH v. 14.10.1966, IV 61/64, BStBl. III 1967, 175 (II.3.); BFH v. 5.10.1973, VIII R 78/70, BStBl. II 1974, 130 zu § 1 StAnpG, der mit Einführung der Abgabenordnung 1977 außer Kraft gesetzt worden ist; eine mit § 1 StAnpG identische Vorschrift war im Gesetzgebungsverfahren zunächst für die Aufnahme in die AO vorgesehen, die wirtschaftliche Betrachtungsweise wurde dann allerdings als für die Steuerrechtliche Auslegung selbstverständlich angesehen, was die Vorschrift überflüssig machte, vgl. BT-Drucks. VII/4292, S. 15 sowie *Crezelius*, Steuerrechtliche Rechtsanwendung und allgemeine Rechtsordnung, S. 195; zur Üblichkeit der wirtschaftlichen Betrachtungsweise im Steuerrecht siehe *Küting*, DB 1990, 489 (497); *Jebens*, BB 2010, 2025 (2026); für eine wirtschaftliche Betrachtung des Konzernsachverhalts spricht sich auch *Reis*, Die Körperschaftsbesteuerung des Konzerns als wirtschaftliche Einheit, S. 168f. aus, während *Crezelius*, Steuerrechtliche Rechtsanwendung und allgemeine Rechtsordnung, S. 209, die wirtschaftliche Betrachtungsweise als für die Auslegung unbrauchbar bezeichnet.

des Konzerns nicht präziser und realitätsgerechter dargestellt würde, wenn man die wirtschaftliche Leistungsfähigkeit der Gruppengesellschaften zusammengefasst der Besteuerung unterwerfen würde, anstatt diese zunächst jeweils getrennt zu veranlagen.[374] Schließlich sind die einzelnen Gliedunternehmen dem auch in der Kapitalbeteiligung zum Ausdruck kommenden beherrschenden Willen der Konzernzentrale unterworfen. Nicht selten sind die Konzerngesellschaften sogar so strukturiert, dass ihre Funktionen nur im Verbund mit anderen Konzerngesellschaften sinnvoll wahrgenommen werden können, sie alleinstehend aber nicht wirtschaftlich lebensfähig wären. Eine Besteuerung des eigenständigen Ergebnisses ist im Falle dieser Funktionseinheiten daher kein Ausfluss einer realitätsgerechten Steuerlastverteilung, sondern beruht auf einer fingierten wirtschaftlichen Leistungsfähigkeit.[375] Wenn die Besteuerung einer Unternehmensgruppe nach wirtschaftlicher Betrachtung realitätsgerecht erfolgen soll, kann konsequenterweise die Leistungsfähigkeit in diesen Fällen nicht anhand des Ergebnisses jeder Konzern(teil-)gesellschaft bemessen werden; Besteuerungsgrundlage müsste vielmehr die wirtschaftliche Leistungsfähigkeit des Konzerns als Ganzes sein.[376]

Wenn es aber Ausfluss des Leistungsfähigkeitsprinzips ist, Konzerngesellschaften, denen eine wirtschaftliche Lebensfähigkeit fehlt, im Verbund zu besteuern, muss dieses auch für Gliedunternehmen gelten, die dem zentral gelenkten, beherrschenden Willen eines Konzerns unterworfen sind. Die wirtschaftliche Bedeutung und Funktion auch dieser Konzerneinheiten wird sich nämlich ebenso nur in der Gesamtschau mit allen Konzernteilen realitätsgerecht bemessen lassen.

Die Besteuerung nach Maßgabe der Gesamtleistungsfähigkeit der Gruppe führt auch nicht zu einer Steuervergünstigung: eher wird den tatsächlichen Gegebenheiten Rechnung getragen und die der Trennungstheorie immanente formaljuristische Aufteilung eines einheitlichen wirtschaftlichen Besteuerungssachverhaltes verhindert.[377] Gegenüber der Trennung zwischen den einzelnen Konzerngesellschaften

---

374 So auch *Urtz/Züger*, in: Besteuerung von Unternehmensgruppen, S. 64f., die aus betriebswirtschaftlicher Sicht eine Behandlung des Konzerns als steuerrechtliche Einheit als geboten ansehen; vgl. ebenso *Treptow*, StbJB 1995/96, S. 59; *Scheuchzer*, Konzernbesteuerung, S. 26 ff.

375 *Frotscher*, Reformbedarf bei der körperschaftsteuerlichen Organschaft, in FS Solms, S. 167f.

376 *Prinz*, Beihefter zu DStR 2010, 67 (68) sowie *Hey* u.a., Einführung einer modernen Gruppenbesteuerung, S. 47 sprechen von einer „Konzern- oder Verbundleistungsfähigkeit"; Endres, Intertax 2003, 349 (349): „If the intention is to tax a group by reference to its overall performance and not merely along the lines of its legal structure, provisions are necessary to avoid effective double taxation within the group whilst avoiding discrimination between legal forms and distortion of competition."; *Endres*, FS *Herzig*, 189 (194); *Herzig*, Beihefter zu DStR 2010, 61 (63).

377 *Krebühl*, DStR 2001, 1730 (1732) hält den Konzern für ein Unternehmen im ökonomischen Sinn; *Hey* u.a., Einführung einer modernen Gruppenbesteuerung, S. 47; auch nach Auffassung von *Sydow*, IStR 2014, 480 (485), müsse „sich ein

und deren Durchbrechung durch die Zurechnungstheorie könnte sich daher eine Betrachtung des Konzerns als wirtschaftliche und steuerliche Einheit als geeigneter und unter Berücksichtigung des Leistungsfähigkeitsprinzips gerechter erweisen.

Für diesen Ansatz spricht weiter, dass bereits die Begründung der Organschaft durch die Rechtsprechung des Preußischen Oberverwaltungsgerichts[378], ausgeformt durch den Reichs-[379] und den Bundesfinanzhof[380], erfolgte, um die wirtschaftliche Einheit rechtlich selbständiger Wirtschaftssubjekte in steuerlicher Hinsicht anzuerkennen.[381] Die Organschaft hat damit einen aus der Einheitstheorie hervorgegangenen dogmatischen Ausgangspunkt, der auch auf den Grundsätzen der wirtschaftlichen Betrachtungsweise beruhte.[382] In einem Gutachten im Jahr 1932 hat sich der Reichsfinanzhof mit der Frage auseinandergesetzt, ob juristisch eigenständige Konzerngesellschaften körperschaftsteuerlich als zusammengefasste Rechtseinheit zu behandeln sind.[383] Dazu stellte der Reichsfinanzhof fest, dass das Steuerrecht den zivilrechtlichen Vorgaben zu folgen habe, solange Zweck und Wirtschaftlichkeitserwägungen im Körperschaftsteuergesetz nicht etwas anderes gebieten.[384] Das Gericht konnte diese Notwendigkeit zu dem damaligen Zeitpunkt nicht feststellen. Seine Argumentation stützte der Reichsfinanzhof insbesondere auf die Tatsache, dass sich eine unter Aufrechnung gegenseitiger Schuldverhältnisse aufgestellte konsolidierte Konzernbilanz in der deutschen Wirtschaftspraxis noch nicht durchgesetzt habe.[385] Der Reichsfinanzhof bediente sich somit auch an dieser Stelle der auf die tatsächlichen Gegebenheiten abstellenden Grundsätze der wirtschaftlichen Betrachtungsweise.

Die weiteren Entscheidungen des Reichsfinanzhofes zur Organschaft[386] bauen in der Argumentation ebenso wie die Auseinandersetzungen des Bundesfinanzhofes

---

Gruppenbesteuerungssystem am verwirklichten wirtschaftlichen Lebenssachverhalt messen lassen".

378 *Staringer*, DStJG 25, 73 (86) mit Verweis auf PrOVG vom 4.7.1914, Bd. 17, 152 sowie PrOVG vom 31.5.1902, Bd. 10, 391, die die Organschaft auf dem Gebiet der Gewerbe- und der Umsatzsteuer behandeln.

379 RFH v. 30.1.1930, I A 226/29, RStBl. 1930, 148 (150f.).

380 In Hinblick auf die umsatzsteuerliche Organschaft BFH v. 17.7.1952, V 17/52 S, BStBl. III 1952, 234 (235f.); sich gegen die Filial- und damit auch gegen die Einheitstheorie aussprechend in BFH v. 8.3.1955, I 73/54 U, BStBl. III 1955, 187 (188f.).

381 *Staringer*, DStJG 25, 73 (86).

382 *Fischer*, FS *Blomeyer*, 323 (326); *Schultze-Schlutius*, Die Organtheorie, S. 31; *Hüttemann*, in Schön/Osterloh-Konrad, Kernfragen des Unternehmenssteuerrechts, 127 (129).

383 RFH, Gutachten v. 26.7.1932, I D 2/31 und III D 2/32, RStBl. 1933, 136ff.

384 RFH, Gutachten v. 26.7.1932, I D 2/31 und III D 2/32, RStBl. 1933, 136 (138).

385 RFH, Gutachten v. 26.7.1932, I D 2/31 und III D 2/32, RStBl. 1933, 136 (138); als Beispiel für die Anwendung einer praktizierten einheitlichen Konzernsteuerbilanz nennt der RFH die USA.

386 RFH v. 28.11.1934, I A 125/33, RStBl. 1935, 725 (727); RFH v. 25.9.1934/22.1.1935, I A 401/32, RStBl. 1935, 517 (520).

mit der Frage der dogmatischen Grundlagen der Konzernbesteuerung[387] auf dem Reichsfinanzhof-Gutachten aus dem Jahr 1932 auf. Stellte man heute auf die tatsächlichen Gegebenheiten ab, ist festzuhalten, dass die Wirtschaftspraxis sich bei Umsetzung der Einheitstheorie anders darstellen würde und Unternehmensgruppen heute, anders als 1932, eine konsolidierte Konzernbilanz aufstellen würden oder dieses ohnehin bereits tun. Teilen der aus dem ursprünglichen Reichsfinanzhof-Gutachten fortgeführten Argumente gegen den Einheitsgedanken könnte somit entgegengehalten werden, dass sich die im Jahr 1932 zugrunde gelegten tatsächlichen Gegebenheiten geändert haben und nunmehr eine andere Entscheidung zu treffen wäre, wenn man diese Tatsachen erneut zugrunde legte.

Neben dem Argument der fehlenden Durchsetzung der konsolidierten Konzernbilanz in der Wirtschaftspraxis, das heute nicht mehr greifen würde, fußte die Argumentation des Reichsfinanzhofes gegen die Einheitstheorie auf der Gefahr der Enthaftung von Forderungen gegen die eventuell nicht mehr rechtsfähigen Organgesellschaften. Beruft man sich also heute auf die Argumentation aus diesem grundlegenden Gutachten aus dem Jahr 1932, so beurteilt sich die Frage nach der zwingenden Beibehaltung der Trennungstheorie nur noch danach ob die Rechtsfähigkeit der Organgesellschaften bei Anwendung der Einheitstheorie untergeht. Diese gesellschaftsrechtliche Frage gilt es im Rahmen dieser Arbeit noch zu untersuchen. Auf die Grundsätze der wirtschaftlichen Betrachtungsweise oder Vorgaben des Leistungsfähigkeitsprinzips kann sich die Begründung der Trennungstheorie jedoch nicht berufen. Im Gegenteil: gerade diese Grundsätze rechtfertigten die Anwendung der Einheitstheorie im Konzernsteuerrecht.

Zur Unterlegung der Argumentation für die wirtschaftliche Betrachtungsweise sind auch die betriebswirtschaftlichen Vorgaben an die Besteuerung von Konzernen zu untersuchen. Nach ökonomischen Gesichtspunkten sollten die Regeln zur Organschaft in idealer Weise so konzipiert sein, dass sie zu einer effizienten Ressourcenverteilung in der Wirtschaft nicht im Widerspruch stehen.[388] Die Förderung eines optimalen Ressourceneinsatzes ist nach Art. 120 AEUV ebenfalls Ziel der gemeinsamen Wirtschaftspolitik innerhalb der Europäischen Union. Dieser Gedanke der Allokationseffizienz ist Ausfluss der Optimalsteuertheorie, nach der bei der Besteuerung Entscheidungsneutralität gewährleistet sein sollte.[389] Sofern dieses erreicht sei, so die Optimalsteuertheorie, werde ein rational handelnder Steuerpflichtiger bei einer Entscheidungssituation die für ihn optimale Handlungsalternative wählen,

387 BFH v. 8.3.1955, I 73/54 U, BStBl. III 1955, 187 (188); BFH v. 25.10.1960, I 62/59 S, BStBl. III 1961, 69 (69f.); BFH v. 4.11.1958, I 141/57 U, BStBl. 1959, 50 (50); BFH v. 25.6.1957, I 119/56 U, BStBl. III 1957, 303 (305); BFH, Gutachten v. 27.11.1956, I D 1/56 S, BStBl. III 1957, 139 (140).

388 *Wagner*, Konzeption einer Gruppenbesteuerung, S. 82, der dabei ein dynamisches Verständnis der Allokationseffizienz fordert, nach dem die Gruppenbesteuerung auch als Nebenziel sich flexibel verändernden Umweltbedingungen Rechnung tragen soll.

389 Vgl. *Lang*, in: Tipke/Lang, § 1 Rn. 45; *Pohmer*, Zur optimalen Besteuerung, S. 11 ff.

ohne einer steuerlichen Beeinflussung ausgesetzt zu sein.[390] Bezogen auf den Fall der Gruppenbesteuerung wird eine von der Besteuerung neutrale Entscheidungsmöglichkeit nur dann erreicht, wenn die Wahl der Organisationsform im Konzern[391] für den Entscheider von steuerlichen Folgewirkungen losgelöst, d.h. unbeeinflusst ist.[392] Demzufolge sollten Einheits- und Holdingkonzern steuerlich gleich behandelt werden, um dem Idealbild der Entscheidungsneutralität zu entsprechen. Diesem Optimalziel kann die Zurechnungstheorie nicht Rechnung tragen. Bereits mit der ihr immanenten Trennung der wirtschaftlich verbundenen und finanziell eingegliederten Unternehmen im Holdingkonzern legt sie den Grundstein für eine steuerlich unterschiedliche Behandlung gegenüber dem Einheitskonzern. Allerdings wäre Entscheidungsneutralität bei der Organisationswahl zu verwirklichen, wenn die Einheitstheorie konsequent durchgeführt würde. In diesem Fall würde schließlich der Konzern in einer Holdingstruktur steuerlich wie ein Einheitsunternehmen behandelt.[393] Demzufolge würden steuerliche Gründe die Organisationsentscheidung der Verantwortlichen nicht beeinflussen. Daher lässt sich konstatieren, dass durch Anwendung der Einheitstheorie dem ökonomischen Idealbild der Allokationseffizienz durch Herbeiführung von Entscheidungsneutralität bei der Organisationswahl entsprochen werden kann. Legte man also nur diesen Gesichtspunkt zugrunde, wäre die Einheitstheorie der derzeit geltenden Zurechnungstheorie vorzuziehen. Allerdings ist zu betonen, dass eine Konzernbesteuerung auch nur in den Fällen gerechtfertigt sein kann, in denen eine wirtschaftliche Einheit der verbundenen Unternehmen vorliegt. Dazu erforderlich ist ein höheres Maß an Einflussnahmemöglichkeit für die Obergesellschaft, als es derzeit durch das schlichte Mehrheitserfordernis gewährleistet ist.[394] Daneben ist mit Blick auf die Optimalsteuertheorie darauf hinzuweisen, dass die Organisation eines Unternehmens von vielen Aspekten beeinflusst wird; das Steuerrecht zählt dabei gewiss zu den bedeutenden, aber

---

390 *Krebühl*, DStR 2001, 1730 (1731); *Wagner*, Konzeption einer Gruppenbesteuerung, S. 82f.; *Elschen*, StuW 1991, 99 (102).

391 Als mögliche Handlungsalternativen bieten sich bei der Strukturierung entweder die Bildung eines Einheitsunternehmens mit unselbständigen Betriebsstätten oder die Organisation in einer Holdingstruktur mit selbständigen Tochtergesellschaften an.

392 *Wagner*, Konzeption einer Gruppenbesteuerung, S. 84; *Herzig*, DB 2002, Gastkommentar zu Heft 46; *Kessler*, in: Kessler/Kröner/Köhler, Konzernsteuerrecht, § 1 Rn. 61; *Krebühl*, DB 1995, 743 (743).

393 Zu diesem Ergebnis bei rein betriebswirtschaftlicher Betrachtung kommen auch *Jacobs/Spengel*, IStR 1994, 100 (101); mit Verweis auf die unabhängig von der Konzernbesteuerungsform auch international beibehaltenen zivilrechtliche Selbständigkeit der Konzernunternehmen, *Beusch*, in: FS Flume, Bd. 2, S. 21 (42).

394 *Witt*, Konzernbesteuerung, S. 185 ff., der sich aufgrund der drohenden Rechtsunsicherheit und der fehlenden Praktikabilität gegen das Merkmal der organisatorischen Eingliederung ausspricht und die Möglichkeit zur Beherrschung durch das formal-rechtliche Kriterium einer hohen Beteiligungsquote als ausreichend erachtet.

sicher nicht zu den allein maßgeblichen Beweggründen für die unternehmerische Organisationsentscheidung.[395]

Verbleibt man bei dem Gedanken der hinreichend eng gefassten wirtschaftlichen Einheit verbundener Unternehmen, gewinnt ein zentrales Gegenargument an Bedeutung: Denn gegen die Umsetzbarkeit der Einheitstheorie wurde insbesondere die vermeintlich gegenläufige Entwicklung im deutschen Körperschaftsteuerrecht angeführt. Durch den Verzicht auf die wirtschaftliche und organisatorische Eingliederung im Jahr 2000[396] sei demnach die Verbindung und Abhängigkeit zwischen Organträger und Organgesellschaft zu sehr gelockert worden, um noch von einer „Konzerneinheit" ausgehen zu können.[397] Dagegen kann zunächst auf die noch immer erforderliche finanzielle Eingliederung als Argument für einen einheitstheoretischen Ansatz verwiesen werden.[398] Weiter ist festzustellen, dass die Abschaffung der wirtschaftlichen und organisatorischen Eingliederung nicht aus konzeptionellen Gründen, etwa zur Verdeutlichung einer Abgrenzung zum Einheitsgedanken erfolgte. Vielmehr beruht diese Entscheidung des Gesetzgebers im Jahr 2000 auf der Erkenntnis, dass diese Anforderungen an die Organschaft nicht mehr den tatsächlichen wirtschaftlichen Realitäten entsprachen und zu deren Herbeiführung es daher in der Praxis aufwendiger Steuergestaltungen bedurfte.[399] In dieser Argumentation finden sich die Grundsätze der wirtschaftlichen Betrachtungsweise wieder. Führte man diese unter Berücksichtigung der hier genannten Gründe fort, so ließe sich die Einheitstheorie mit der durch sie gewährleisteten Abbildung der tatsächlichen wirtschaftlichen Umstände begründen, ohne dass ihrer Umsetzung erhebliche Gründe entgegensprächen.

cc) Einheitsgedanke im deutschen Recht

Außerhalb des Körperschaftsteuergesetzes[400] ist in verschiedenen deutschen Gesetzen, die sich mit der rechtlichen Behandlung von Unternehmensgruppen befassen, eine Implementierung des Einheitsgedankens festzustellen.

---

395 Auf die Unterschiede zwischen der Organisationsform Konzern und Einheitsunternehmen weist *Altmeppen*/MüKo, Einl. §§ 291ff. AktG, Rn. 19ff. hin.

396 StSenkG (BGBl. I 2000, 1433ff.; BStBl. I 2000, 1428ff.).

397 *Staringer*, DStJG 25, 73 (86); *Hüttemann*, in Schön/Osterloh-Konrad, Kernfragen des Unternehmenssteuerrechts, 127 (138).

398 *Wagner*, Konzeption einer Gruppenbesteuerung, S. 5; *Reis*, Die Körperschaftsbesteuerung des Konzerns als wirtschaftliche Einheit, S. 127 f.

399 Vgl. die Begründung zum StSenkG in BT-Drucks. 14/2683, S. 124f.; *Fischer*, FS *Blomeyer*, 323 (329) mit Verweis auf das dem Merkmal der wirtschaftlichen Eingliederung zugrunde liegende und in der Konzernpraxis kaum mehr angewandte Stammhauskonzept.

400 *Bauer*, Die Besteuerung deutscher Konzerne, S. 39 schließt aus der bloßen Existenz der Instrumente verdeckte Gewinnausschüttung bzw. verdeckte Einlage die gesetzgeberische Berücksichtigung eines Konzerns als wirtschaftliche Einheit, da das Steuerrecht damit anerkenne, dass die Konzerngesellschaften aufgrund

Im handelsrechtlichen Bereich der Rechnungslegung ist gemäß § 290 Abs. 1 HGB durch die Muttergesellschaft ein Konzernabschluss und Konzernlagebericht zu erstellen, sofern sie auf ein Tochterunternehmen beherrschenden Einfluss ausüben kann. Ein solcher Einfluss wird gemäß § 290 Abs. 2 HGB angenommen, wenn dem Mutterunternehmen unmittelbar oder mittelbar (§ 290 Abs. 1 S. 1 HGB) die Mehrheit der Stimmrechte an der Untergesellschaft zusteht. Der Konzernabschluss soll nach § 297 Abs. 3 HGB so ausgestaltet sein, „als ob diese Unternehmen ein einziges Unternehmen wären." Diesen Vorschriften liegt somit der gesetzgeberische Gedanke der Einheit von Mutter- und Tochterunternehmen zugrunde.[401]

Auch die gewerbesteuerliche Organschaft wurde mit der Einheitsbetrachtung verbundener Unternehmen begründet. Diese Betrachtung sollte insbesondere einer Steueraufkommensverlagerung in andere Gemeinden entgegenwirken.[402] Zwar werden heute die Organträger und –gesellschaften nach der Rechtsprechung als selbständige Gewerbebetriebe angesehen.[403] Allerdings ist der Wortlaut des § 2 Abs. 2 S. 2 GewStG, nach dem Organgesellschaften trotz ihrer rechtlichen Eigenschaft als Kapitalgesellschaften als unselbständige Betriebsstätten und damit als Teil des Organträgers gelten, als Ausprägung der Einheitstheorie bei der gewerbesteuerlichen Organschaft zu verstehen.[404]

Das wiederholte Aufgreifen des Gedankens der Einheitsbetrachtung einer Unternehmensgruppe im deutschen Handels- und Steuerrecht wirft zwangsläufig die Frage auf, warum nicht auch die körperschaftsteuerliche Konzernbeurteilung auf der Einheitstheorie beruhen sollte. Zumindest aber kann dieser Umstand als Indiz für einen Wechsel der dogmatischen Grundlagen der Besteuerung von Konzernen herangezogen werden.

---

eines übergeordneten Interesses unübliche Konditionen in Kauf genommen haben. Diese Interpretation wird mit Verweis auf den über die Konzernbesteuerung hinausgehenden Anwendungsbereich des § 8 Abs. 3 KStG nicht geteilt.

401 Vgl. auch BT-Drs. 10/3440, 31; *Prinz*, Beihefter zu DStR 2010, 67 (68); *Krebühl*, DStR 2002, 1241 (1249); *Wöhe*, DStR 1990, Beilage zu Heft 7, 1 (4).

402 Zur sog. Gemeindeschutzfunktion vgl. *Witt*, Die Konzernbesteuerung, S. 42; *Staringer*, DStJG 25, 73 (85); Bundesrat zum Unternehmenssteuerfortentwicklungsgesetz, BR-Drs. 638/1/01, 9; BFH v. 27.6.1990, I R 183/85, BStBl. II 1990, 916 (919); *Hüttemann*, in Schön/Osterloh-Konrad, Kernfragen des Unternehmenssteuerrechts, 127 (130).

403 BFH v. 4.6.2003, I R 100/01, BStBl. II 2004, 244 (245); BFH v. 29.08.2000, VII R 1/00, BStBl. II 2001, 114 (115).

404 Man spricht daher von der eingeschränkten Einheitstheorie, *Witt*, Die Konzernbesteuerung, S. 42; *Dötsch*, in: Kessler/Kröner/Köhler, Konzernsteuerrecht, S. 187; *Montag*, in: Herzig, Organschaft, S. 294ff., der allerdings darauf verweist, dass entgegen des Wortlautes von § 2 II 2 GewStG unter dem „Etikett Einheitstheorie bei der Ermittlung des Gewerbeertrags im Ergebnis primär ein Trennungsprinzip praktiziert wird" (S. 296); bei kalendarjahrgleichem Wirtschaftsjahr ist erst seit dem VZ 2002 ein GAV Voraussetzung für die Anerkennung einer gewerbesteuerlichen O-Schaft.

dd) Zwischenergebnis

Die im deutschen Körperschaftsteuerrecht bei der Besteuerung von Unternehmensgruppen derzeit bestimmende Zurechnungstheorie ist eine Ausnahme von der im Grundsatz auch bei Konzernen geltenden Trennung der einzelnen Rechtssubjekte. Die Anwendung der Zurechnungstheorie fußt auf dem Gutachten des Reichfinanzhofes aus dem Jahr 1932, in dem zunächst die wirtschaftliche Betrachtungsweise auch für das Körperschaftsteuergesetz als maßgeblich erklärt,[405] in einem zweiten Schritt jedoch einer umfassenden Konsolidierung die Zustimmung versagt wird.[406] Erkennt man jedoch die Notwendigkeit einer wirtschaftlichen Betrachtung bei der Besteuerung an, kann die getrennte Erfassung der Konzerngesellschaftsergebnisse und die nur ausnahmsweise Zurechnung kaum überzeugen. Vielmehr wäre danach ein Standpunkt vertretbar, nach dem nicht jedes einzelne Konzernunternehmen getrennt, sondern die Unternehmensgruppe als Ganzes steuerlich erfasst würde. Steuerobjekt würde in dem Fall nicht die der Muttergesellschaft zugerechneten Leistungsfähigkeiten aller Einzelgesellschaften sein. Die körperschaftsteuerliche Bemessungsgrundlage würde sich nach Maßgabe der Leistungsfähigkeit der gesamten Gruppe als Einheit richten. Würde man daher lediglich dogmatische Gesichtspunkte heranziehen, erschiene die Einheitstheorie gegenüber der bislang geltenden Zurechnungstheorie bei der körperschaftsteuerlichen Organschaft als vorzugswürdige Grundlage.

b) Umsetzbarkeit der Einheitstheorie in Deutschland

Dass die auf der wirtschaftlichen Betrachtungsweise beruhende steuerliche Erfassung des Konzerns als Einheit gegenüber der derzeitigen Trennungs- und Zurechnungstheorie vor dem Hintergrund der verfassungsmäßigen Vorgaben aus dem Leistungsfähigkeitsprinzip als gerechter anzusehen ist und ihr auch keine weiteren Argumente entgegenstehen, wurde somit festgestellt. Fraglich ist aber, ob die Umsetzung eines einheitstheoretischen Ansatzes im deutschen Körperschaftsteuerrecht gelingen kann. Insbesondere ist dabei eine sorgfältige Auseinandersetzung mit der derzeit geltenden Rechtslage zu der Besteuerung von Unternehmensgruppen erforderlich. Denn die wirtschaftliche Betrachtungsweise, die als Grundlage für die Überwindung der formaljuristischen Vorgaben durch die Einheitstheorie herangezogen wurde, hat dann zurückzutreten, wenn sie mit dem Erfordernis von Rechtssicherheit und -klarheit unvereinbar ist.[407]

---

405 RFH, Gutachten v. 26.7.1932, I D 2/31 und III D 2/32, RStBl. 1933, 136 (137) mit Verweis auf den damals geltenden § 9 AO; siehe dazu bereits oben unter D.III.1.a)bb).

406 RFH, Gutachten v. 26.7.1932, I D 2/31 und III D 2/32, RStBl. 1933, 136 (138).

407 *Eibelshäuser*, DStR 2002, 1426 (1427).

aa) Verhältnis von Steuerrecht und Zivilrecht

Das derzeitige Organschaftsregime der §§ 14ff. KStG ist in mehrfacher Hinsicht von Voraussetzungen bestimmt, die auf das Zivilrecht zurückgreifen. Zum einen wird die Organgesellschaftsfähigkeit nur Rechtssubjekten in der zivilrechtlichen Rechtsform der Kapitalgesellschaft zugesprochen, §§ 14 Abs. 1 S. 1, 17 KStG. Daneben haben sich die Konzerne zur Begründung einer Organschaft in die durch Gewinnabführungsvertrag, Verlustausgleichsverpflichtung und Minderheitenschutz gekennzeichnete Struktur eines Vertragskonzerns einzufügen, die durch die §§ 291ff. AktG vorgegeben ist. Es stellt sich die Frage, ob das Steuerrecht an die Vorgaben des Zivilrechts gebunden ist oder ob aufgrund divergierender Wertungen auch eine abweichende Beurteilung von Sachverhalten je nach Rechtsgebiet in Betracht kommen kann.

Das Steuerrecht dient dazu, die Steuerpflichtigen einer, entsprechend ihrer wirtschaftlichen Leistungsfähigkeit und unter Beachtung des Grundsatzes der Folgerichtigkeit zu bemessenden, gerechten Besteuerung zu unterwerfen.[408] Bilden die zivilrechtlichen Ausformungen, in denen der Steuerpflichtige in Erscheinung tritt, diese Maximen der steuerrechtlichen Beurteilung zutreffend ab, so sollen sie auch anhand dieser Vorgaben steuerlich erfasst werden.[409] Es ist somit zu beurteilen, ob der zivilrechtliche Regelungsinhalt auch dem häufig zu einer wirtschaftlichen Betrachtung führenden Zweck des Steuertatbestands entspricht.[410] Dass das Steuerrecht, etwa in § 1 KStG, an den zivilrechtlichen Rechtsformen anknüpft und keine eigenständige steuerliche Kapitalgesellschaftsform etabliert hat, erscheint vor dem Hintergrund der Einheit der Rechtsordnung geboten und auch aus Sicht der Anwender sinnvoll. Demnach stellt das Zivilrecht im Regelfall den Rechtsrahmen für die Erzielung wirtschaftlicher Ergebnisse zur Verfügung, an die wiederum das Steuerrecht anknüpft.[411] Denn der Besteuerung geht die durch die zivilrechtlichen Handlungsformen vorgegebene wirtschaftliche Betätigung voraus. Dieser Zusammenhang begründet den Grundsatz der Übernahme der zivilrechtlichen Beurteilung durch das Steuerrecht. Werden zivilrechtliche Institute wie etwa Gesellschafts- oder Vertragsformen als Voraussetzungen im Steuerrecht zugrunde gelegt, müssen sie auch nach den zivilrechtlichen Vorgaben erfüllt werden.

Dieser „Primat des Zivilrechts" stößt aber immer dann an Grenzen, sobald die Vorgaben zur Behandlung eines Sachverhaltes aufgrund der unterschiedlichen Wertungen in beiden Rechtsgebieten voneinander abweichen.[412] Denn das Steuerrecht steht gleichgeordnet neben dem Zivilrecht, ohne durch dieses bestimmt oder

---

408 Siehe zu diesen Prinzipien ausführlich unten unter D.III.2.a)aa).

409 *Jochum*, FR 2005, 577 (580).

410 *Lang*, in: Tipke/Lang, Steuerrecht, § 5 Rn. 80.

411 *Crezelius*, Steuerrechtliche Rechtsanwendung und allgemeine Rechtsordnung, S. 6; *Lang*, in: Tipke/Lang, Steuerrecht, § 1 Rn. 17.

412 Vgl. dazu BFH v. 23.01.2013, I R 1/12, BFH/NV 2013, 989 (Rn. 22); v. 28.11.2007, I R 94/06, BFH/NV 2008, 1270 (Rn. 29); BFH v. 21.6.1957, VI 115/55 U, BStBl. 1957, 300 (300).

bestimmbar zu sein. Das folgt schon aus dem Umstand, dass es sich sowohl bei den Zivil- als auch bei den Steuergesetzen um einfache Bundesgesetze[413] handelt, die in der Normenhierarchie auf einer Stufe stehen und somit gleichrangig sind. Beide Rechtsgebiete stehen dabei gleichwohl hierarchisch unter dem Verfassungsrecht sowie dem Europarecht, deren Vorgaben jeweils im Steuerrecht wie im Zivilrecht zu unterschiedlichen Wertungen führen können.

Steuerrechtliche Abweichungen von den Vorgaben des Zivilrechts sind somit immer dann möglich und notwendig, wenn die zivilrechtliche Beurteilung eines Sachverhaltes von den auch durch das Verfassungsrecht vorgegebenen Leitprinzipien des Steuerrechts abweicht und keine ausdrückliche Verweisung auf zivilrechtliche Institutionen besteht.[414] Dass sich die zivilrechtliche Beurteilung im Regelfall für die Besteuerung als hinreichend erweist, muss daher auch nicht zu dem Schluss führen, eine vom Zivilrecht abweichende Beurteilung eines steuerrechtlich relevanten Sachverhaltes durch die speziellen Normen dieses Rechtsgebietes sei unzulässig. Dem Zivilrecht kommt insoweit nur eine Indizwirkung für das Steuerrecht zu.[415] Schon die unterschiedliche Zwecksetzung beider Rechtsgebiete, die auch zu unterschiedlichen Perspektiven auf einen wirtschaftlichen Vorgang führt, steht einem Vorrang des Zivilrechts gegenüber dem Steuerrecht entgegen.[416] Vielmehr kann es Sachverhalte geben, in denen etwa die nach dem Zivilrecht erforderliche Abgrenzung von Rechten und Pflichten zwischen verschiedenen Rechtssubjekten eine strikt getrennte Behandlung vorschreibt, in denen aber das in dieser Hinsicht durch andere Prämissen bestimmte Steuerrecht zu einer Beurteilung kommt, die aufgrund der bestehenden wirtschaftlichen Verflechtung und der dadurch beeinflussten wirtschaftlichen Leistungsfähigkeit über die einzelnen (Zivil-)Rechtssubjekte hinausgeht.

Als Folgerung dieser Analyse kann für den Organschaftssachverhalt festgehalten werden, dass die zivilrechtliche Trennung der Rechtssubjekte keine das Steuerrecht durchweg beherrschende Leitlinie ist, sondern Ausnahmen möglich sind. Ebenfalls kann eine Ausrichtung der Organschaft an das Vertragskonzernregime des Aktiengesetz dann nicht als verpflichtend notwendig herausgestellt werden, sofern sie steuerrechtlicher Leitlinien zuwider läuft.

---

413 Die konkurrierende Gesetzgebungskompetenz des Bundes für das Zivilrecht folgt aus Art. 72, 74 Abs. 1 Nr. 1 GG. Auch hinsichtlich des Steuerrechts ist die Gesetzgebung weitgehend dem Bund im Rahmen der konkurrierenden Gesetzgebung zugewiesen, vgl. Art. 105 GG.

414 *Lang*, in: Tipke/Lang, Steuerrecht, § 5 Rn. 81; Ruppe, in: H/H/R, Einf. ESt Rn. 455.

415 *Ruppe*, in: H/H/R, Einf. ESt Rn. 455.

416 BVerfG v. 27.12.1991, 2 BvR 72/90, BStBl. II 1992, 212 (213f.). Dieses Argument wird auch dadurch untermauert, dass die steuerrechtliche Wertung bei der Auslegung und Anwendung zivilrechtlicher Normen herangezogen wird, vgl. *Klingelhöffer*, DStR 1997, 544ff.; *Knobbe-Keuk*, Das Steuerrecht – eine unerwünschte Rechtsquelle des Gesellschaftsrechts?, S. 1ff.

bb) Einheitstheorie und der Grundsatz der Individualbesteuerung

Ebenso wie die Einkommensteuer ist auch die Körperschaftsteuer in Deutschland eine Personensteuer. Dies folgt für die einzelne Körperschaft als juristische Person aus dem oben aufgeführten Grundsatz der körperschaftsteuerlichen Erfassung nach der individuellen wirtschaftlichen Leistungsfähigkeit.[417] Die einzelne Körperschaft ist nach dem Grundsatz der Individualbesteuerung, der auch in § 1 KStG zum Ausdruck kommt, Zurechnungssubjekt der von ihr erzielten Einkünfte als Bemessungsgrundlage für die Besteuerung.[418] Danach hat jede Rechtsperson die von ihr erwirtschafteten Einkünfte zu versteuern; eine Übertragung von Einkünften ist nur dann möglich, wenn es die sachgerechte Verwirklichung des Leistungsfähigkeitsprinzips gebietet.[419] Die Rechtfertigung der Zuordnung des durch eine Rechtsperson ausgelösten Besteuerungstatbestands zu einem anderen Rechtsträger setzt voraus, dass dieser die Leistungsbeziehungen der anderen Person lenken, sich also dieser Person bedienen kann, um am Markt tätig zu werden.[420]

Dem körperschaftsteuerlichen Regime der Organschaft liegt ein Zusammenwirken von Trennung auf der ersten Stufe der Gewinnermittlung und erst daran anschließender Ergebniszurechnung auf der zweiten Stufe, nämlich auf der Ebene des Organträgers, zugrunde. Die Zurechnung wird dabei als durch das Leistungsfähigkeitsprinzip geboten angesehen, um der wirtschaftlichen Unternehmenseinheit Konzern rechtsformübergreifend Rechnung zu tragen.[421] Der Organträger kann sich aufgrund der finanziellen Eingliederung der Organgesellschaft bedienen, um am Markt tätig zu werden. Das Zusammenwirken von Trennung und Zurechnung gewährleistet die subjektive Steuerpflicht der Organgesellschaft. Dessen ungeachtet wird auch durch die bestehenden Regeln der Organschaft von dem Grundsatz der Individualbesteuerung abgewichen, indem die Organgesellschaft die von ihr erzielten Einkünfte gerade nicht selbst zu versteuern hat.[422] Diese Einkünfte werden nach der Konsolidierung bei dem Zurechnungssubjekt Organträger besteuert. Als Ausdruck des Grundsatzes der Individualbesteuerung verbleibt somit lediglich die subjektive Steuerpflicht der Organgesellschaft, während ihre Körperschaftsteuerschuld regelmäßig 0 Euro beträgt.[423]

---

417 Vgl. oben D.III.1.a)bb). Aus Sicht der Anteilseigner kann sich die Körperschaftsteuer dagegen auch als Steuer darstellen, die auf das durch die Körperschaft umfasste Vermögen, also ein Objekt, bezieht, vgl. D/J/P/W/*Graffe*, § 1 Rn. 5.

418 So hinsichtlich der Vererblichkeit des Verlustabzuges nach § 10d EStG BFH v. 17.12.2007, GrS 2/04, DStR 2008, 545 (548).

419 *Lang*, in: Tipke/Lang, Steuerrecht, § 9 Rn. 22.

420 *Crezelius*, FR 2002, 805 (809).

421 *Montag*, in: Tipke/Lang, Steuerrecht, § 18 Rn. 400.

422 *Blümich/Danelsing*, § 14 KStG Rn. 3; *Jochum*, FR 2005, 577 (580); *Hey*, in: H/H/R, § 1 KStG Rn. 6.

423 Eine nicht auf den Grundsatz der Individualbesteuerung, sondern dem Zweck des Schutzes der Minderheitsaktionäre kausal zurückführbare Ausnahme stellt die

Über die in Deutschland angewendeten Organschaftsregelungen hinaus erstreckt sich die niederländische Ausgestaltung der Einheitstheorie noch auf einen weiteren Schritt. Bei der *fiscale eenheid* findet die Konsolidierung nicht erst nach Ermittlung des Einzelergebnisses am Ende des Wirtschaftsjahres statt, sondern erfolgt aufgrund der in der Einheitsbilanz zusammengefassten Gewinnermittlung für die gesamte Gruppe kontinuierlich im laufenden Wirtschaftsjahr. Dadurch beträgt die Körperschaftsteuerschuld nicht wie nach Organschaftsrecht 0 Euro, sondern wird bei der Untergesellschaft erst gar nicht erfasst. Um die Steuersubjektqualität der Konzerngesellschaft zu bewahren, bedient sich der niederländische Steuergesetzgeber dabei einer gesetzlichen Fiktion. Durch diese Fiktion, bezeichnet als Prinzip des *deel uitmaken*, wird gewährleistet, dass die Untergesellschaft zwar für steuerbilanzielle Zwecke ein Teil der Muttergesellschaft ist, aber ihre Rechtssubjektqualität gleichwohl nicht aufgehoben wird.[424]

Bei Implementierung einer auf der Einheitstheorie fußenden Gruppenbesteuerung in Deutschland könnte eine dem niederländischen *deel uitmaken* entsprechende Regelung die Subjekteigenschaft der Untergesellschaft ebenfalls per Fiktion bewahren. Dann wäre die Untergesellschaft weiterhin Rechtssubjekt, hätte aber keine körperschaftsteuerliche Bemessungsgrundlage. Dem Gedanken der Rechtssicherheit und -klarheit wäre durch das Fortbestehen der Steuerrechtsubjektqualität Rechnung getragen. Auch wiche diese Lösung in ihren Rechtsfolgen für Belange vom Grundsatz der Individualbesteuerung nicht erheblich stärker als die derzeitige Trennungs- und Zurechnungstheorie ab, die diesen Grundsatz ohnehin nur in eingeschränktem Umfang berücksichtigt. Unter dieser Prämisse hätte die Einführung einer Gruppenbesteuerung auf Basis der Einheitstheorie hinsichtlich der Vereinbarkeit mit dem Grundsatz der Individualbesteuerung keine weitergehenden Auswirkungen als das derzeitige Recht der §§ 14ff. KStG.

Der gegen die Anwendung der Einheitstheorie, insbesondere auch durch den Reichsfinanzhof in seinem Gutachten aus dem Jahr 1932 vorgebrachte Einwand, die Anwendung der Einheitstheorie führte zwangsläufig zu einem Wegfall der Steuersubjektqualität,[425] könnte somit durch die Schaffung einer Fiktion nach dem Vorbild des *deel uitmaken* entkräftet werden.

cc) Aufgehen der Organgesellschaft im Organträger bei Eintritt in die Gruppenbesteuerung

Nach der Einheitsbesteuerung in den Niederlanden geht die Konzerntochter durch Eintritt in den Konsolidierungskreis in der Muttergesellschaft auf. Das bedeutet, dass

---

Versteuerung von Ausgleichszahlungen durch die Organgesellschaft gemäß § 16 KStG dar, s.o. C.VII.

424 Zu der Entwicklung und den Rechtsfolgen des *deel uitmaken* s.o. B.I.

425 Zur Begründung zog der Reichsfinanzhof insbesondere Gesichtspunkte aus dem Gesellschaftsrecht wie die drohende Enthaftung von Einheitsgesellschaften aufgrund der Aufgabe ihrer Steuersubjekteigenschaft heran, vgl. D.III.1.a)bb).

nicht mehr die Beteiligung an der Tochter bilanziell erfasst wird, sondern an deren Stelle die Wirtschaftsgüter des beitretenden Unternehmens zu führen sind.[426] Will man die Einheitstheorie konsequent und mit all ihren Folgen umsetzen, so muss steuerlich eine derartige Vereinigung zwischen Mutter- und Tochtergesellschaft vollzogen werden. Eine einheitliche Steuerbilanz verdeutlicht optimal, dass alle verbundenen Rechtssubjekte des Konzerns körperschaftsteuerrechtlich so zu erfassen sind, als wenn sie nur einen einzelnen Steuerpflichtigen darstellten.[427] Zur Fusion könnten – nach Maßgabe und unter Beachtung der Vorschriften des Umwandlungssteuergesetzes[428] – die Wirtschaftsgüter zu Buchwerten übertragen werden. Durch den Eintritt einer Tochtergesellschaft in den Konsolidierungskreis käme es danach selbst bei einer Einheitssteuerbilanz nicht zu einer Gewinnrealisation durch die Aufdeckung stiller Reserven.[429] Ebenfalls ohne einen Besteuerungstatbestand auszulösen sind die außenstehenden Gesellschafter der übertragenden Körperschaft unter den Voraussetzungen des § 13 II UmwStG zum Tausch ihrer Anteile gegen solche an dem übernehmenden Rechtsträger berechtigt, sofern es sich bei diesem um eine Körperschaft handelt.[430] Auch nach dem deutschen Recht wäre somit ein „Aufgehen“ der Wirtschaftsgüter der Tochtergesellschaft in die Bilanz der Muttergesellschaft durchführbar, ohne dass es bedeutender Änderungen der derzeitigen Rechtslage bedürfte.

dd) Berücksichtigung gruppeninterner Transaktionen und Schuldverhältnisse

In diesem Kontext ist ebenfalls zu untersuchen, ob mit der Verwirklichung des Einheitsgedankens als dogmatische Grundlage der Organschaftsbesteuerung auch die Eliminierung der Zwischengewinne innerhalb des Konzerns eingeführt werden sollte.

Aus unternehmerischer Sicht ist es oftmals sinnvoll, verschiedene Tätigkeitsfelder auch durch rechtliche Separation in einzelnen unabhängigen Einheiten, Konzerngesellschaften, zu betreiben. Eine Aufgliederung in einen Holding-Konzern, in dem die rechtlich selbständigen Tochtergesellschaften sich um die Konzernspitze gruppieren,[431] begünstigt zunächst die Transparenz jeder einzelnen Konzerneinheit und damit die Möglichkeit ihrer Ausstattung mit Fremdkapital. Denn die einem

---

426 Zum Prinzip des *deel uitmaken* siehe oben unter B.III.

427 So die Formulierung nach dem Prinzip des *deel uitmaken*, vgl. D.III.1.b)bb).

428 Handelt es sich bei dem Organträger um eine natürliche Person oder Personengesellschaft wäre § 3 II UmwStG, im Falle einer Kapitalgesellschaft als Organträger § 11 II UmwStG anzuwenden.

429 So noch der gegen die Anwendung der Einheitstheorie vorgebrachte Aspekt bei *Jurkat*, Die Organschaft, Rn. 38.

430 Für den Fall einer natürlichen Person oder Personengesellschaft als Organträger wäre eine zu dessen Lasten geltende, mit den §§ 304f. AktG vergleichbare Ausgleichsverpflichtung gegenüber den Minderheitsgesellschaftern zu kodifizieren.

431 So die Definition bei *Holtmann*, DStR 1998, 1278 (1278).

Einheitsunternehmen inhärente interne Subventionierung zwischen einzelnen Unternehmensteilen, die den Blick auf den jeweiligen Ergebnisbeitrag einer Unternehmensabteilung verschleiern kann, schlägt sich auf dem Kapitalmarkt zumeist in einer negativeren Bewertung solcher Unternehmen nieder.[432] Eine Konzernstruktur ermöglicht zudem die Eingliederung akquirierter Gesellschaften in den Unternehmensverbund, ohne bei anderen Gruppengesellschaften gesellschaftsrechtliche Friktionen aufzuwerfen. Gleichsam erhöht sich aus diesem Grund auch die Flexibilität für die Veräußerung der separierten Gesellschaften. Denn Konzerngesellschaften behalten trotz ihrer Eingliederung unter die einheitliche Führung ihre Firma und damit im Gegensatz zu einer Abteilung eines Einheitsunternehmens auch einen eigenständigen Geschäftswert.[433]

Die Konzerngesellschaften unterliegen der Entscheidung einer leitenden (natürlichen oder juristischen) Person. Diese trägt den wirtschaftlichen Erfolg der Gruppe, da sich bei ihr die Ergebnisse der einzelnen Konzerngesellschaften zusammenfinden. Die Existenz der einzelnen Gesellschaften, die die verschiedenen Tätigkeitsfelder einer Person abdecken, beruht aber auf der aufgezeigten Motivlage und ihre Trennung besteht damit nur in rechtlicher Hinsicht. Daher ist auch der Gedanke nachvollziehbar, die zwischen den Gesellschaften erfolgenden Transaktionen und die durch ihr Zusammenwirken auftretenden Schuldverhältnisse, die schließlich dem unternehmerischen Erfolg derselben Person dienen, als künstlich generierte und damit dem Grunde nach nicht besteuerungspflichtige Vorgänge anzusehen. Auf diesem Gedanken fußt der Ansatz, die bei gruppeninternen Vorgängen entstehenden Erlöse, die sogenannten Zwischengewinne, als nicht besteuerungspflichtig anzusehen.

Für die Einführung einer solchen Zwischengewinneliminierung sprechen insbesondere steuerpolitische Gründe. Bei jeder Unternehmensgruppe entsteht in wiederkehrenden Situationen, etwa infolge sich ändernder Marktbedingungen oder aus intrinsischen Gründen die Notwendigkeit einer konzeptionellen und gegebenenfalls auch organisatorischen Neuausrichtung. Dieser Umstand ist logische Folge der freien Marktwirtschaft und fördert für den Konzern die Möglichkeit, auch in Zukunft Gewinne zu generieren. Diese erforderlichen Umstrukturierungsmaßnahmen im Konzern sind damit auch aus fiskalischer Sicht wünschenswert und sollten nicht durch das Steuerrecht erschwert oder verhindert werden.[434] Die Umstrukturierungen können allerdings auch gruppeninterne Verlagerungen von Wirtschaftsgütern erfordern. Diese internen Transaktionen werden nach Maßgabe der deutschen Trennungstheorie steuerlich so behandelt, als hätten sie zwischen fremden Steuersubjekten stattgefunden und müssen zu üblichen Marktpreisen

432 *Bühner*, Das Management-Wert-Konzept, S. 70f.

433 *Altmeppen*/MüKo, Einl. §§ 291ff. AktG, Rn. 22.

434 *Krebühl*, DStR 2001, 1730 (1733) sieht die fehlende Möglichkeit der steuerneutralen Wirtschaftsgutübertragung innerhalb eines Konzerns als Umstrukturierungshindernis.

erfolgen.[435] Die dabei fingierten Zwischengewinne unterliegen der Besteuerung. Es werden also nach der geltenden Rechtslage in Deutschland wirtschaftlich sinnvolle und volkswirtschaftlich wünschenswerte Aktivitäten innerhalb der Gruppe besteuert und damit beeinträchtigt. Betrachtete man mit der Einheitstheorie den Konzern als ein Ganzes, so würden konzerninterne Umstrukturierungen durch Verlagerung von Wirtschaftsgütern zwischen einzelnen Konzerngesellschaften dem Grunde nach steuerlich nicht belastet und damit nicht erschwert.[436] Dieses Argument spricht somit für die Negierung von gruppeninternen Rechtsgeschäften auf Grundlage der Einheitstheorie.

In den Niederlanden entstehen keine derartigen Zwischengewinne, da in der steuerlichen Einheitsbilanz keine Transaktionen zwischen den Gruppengesellschaften auftreten.[437] Aber auch in anderen Gruppenbesteuerungsregimen erfolgt keine oder nur eine eingeschränkte Zwischengewinnrealisierung. So wird etwa in Frankreich[438], Großbritannien, Irland, Italien, Japan, Portugal, Spanien oder den USA[439] unter bestimmten Umständen auf die Besteuerung von gruppeninternen Übertragungen verzichtet. Dadurch sind insbesondere solche Konzerne mit Ansässigkeit in Deutschland einem Wettbewerbsnachteil gegenüber internationalen Konkurrenten ausgesetzt, die eine zwischen den einzelnen Organgesellschaften aufgeteilte und vertikal tief gegliederte Produktionskette aufweisen.[440]

Aufgrund dieser Situation ist es nicht verwunderlich, dass in Deutschland Reformansätze vertreten werden, die sich mit der Aufhebung der Besteuerung von Zwischengewinnen bei gruppeninternen Übertragungen auseinander setzen. So schlägt *Witt* vor, gruppeninterne Transaktionen dann steuerlich unberücksichtigt zu lassen, wenn das Wirtschaftsgut nicht bis zum Ende des Wirtschaftsjahres an

---

435 Siehe oben unter C.

436 *Krebühl*, DStR 2002, 1241 (1249).

437 Siehe oben unter B.V.

438 In Frankreich besteht nach den Regeln der *intégration fiscale* (Art. 223 F CGI) die Möglichkeit der nachträglichen Neutralisierung von gruppeninternen Übertragungen von Wirtschaftsgütern, indem der zunächst durch die Transaktion entstehende Gewinn in diesem Wirtschaftsjahr vom Gruppenergebnis abgezogen wird; die Zwischenerfolge werden allerdings lediglich aufgeschoben und bei einer Veräußerung oder Abschreibung des übertragenen Wirtschaftsgutes bzw. bei Ausscheiden einer beteiligten Gruppengesellschaft aus dem Konsolidierungskreis steuerlich erfasst, vgl. die Ausführungen von *Jacobs/Spengel*, IStR 1994, 146 (147ff.); *Tillmanns*, RIW 1988, 275 (280f.); BMF, Grünbuch der Deutsch-Französichen Zusammenarbeit, Konvergenzpunkte bei der Unternehmensbesteuerung (1.2.2012), S. 18f.

439 Eine ausführliche Zusammenstellung der verschiedenen nationalen Regeln zur Verhinderung der Zwischengewinnrealisierung im Konzern findet sich bei *Witt*, Die Konzernbesteuerung, S. 83ff.

440 *Grotherr*, in: Gassner/Lang/Wiesner, Besteuerung von Unternehmensgruppen, S. 263; *Dötsch*, in: Kessler/Kröner/Köhler, Konzernsteuerrecht, S. 186.

einen Dritten veräußert wird.[441] *Probst* erachtet demgegenüber nur eine nach der Beteiligungsquote der verbundenen Unternehmen orientierte Zwischengewinneliminierung für geboten.[442] Zur Begründung der Durchführung einer Zwischengewinneliminierung wird u.a. auf das handelsrechtliche Verfahren verwiesen.[443] Allerdings erweist sich dabei die Existenz der handelsrechtlichen Wahlrechte als problematisch. Diese würden den Konzernen einen erheblichen steuerlichen Gestaltungsspielraum eröffnen.[444] Nicht nur aus fiskalischen, sondern auch aus gleichheitsrechtlichen Gesichtspunkten ist die Heranziehung des Handelsrechts als Vorbild für eine Neuausrichtung der steuerlichen Konzernveranlagung somit abzulehnen.

Es scheint jedoch auf den ersten Blick als systematisch zwingend notwendig, im Rahmen einer Umsetzung der Konzernbesteuerung auf Grundlage der Einheitstheorie auch eine Zwischengewinneliminierung zu etablieren. Schließlich kann in einer als Einheitsunternehmen angesehenen Gruppe, deren Wirtschaftsgüter in einer gemeinsamen steuerlichen Einheitsbilanz aufgegangen sind, bei internen Transaktionen kein Besteuerungssachverhalt ausgelöst werden.[445] Durch die Ermöglichung einer Zwischengewinneliminierung würde die wirtschaftliche Betrachtung des Konzerns als ein einziges Unternehmen[446] auch konsequenter umgesetzt.[447] Allerdings ist zu hinterfragen, ob das dem Anschein nach zwangsläufige Ergebnis der Notwendigkeit einer steuerlichen Nichtberücksichtigung gruppeninterner Transaktionen und Schuldverhältnisse zutreffend ist. Selbst wenn man die Unternehmensgruppe mit ihren einzelnen Gesellschaften gemäß der Einheitstheorie als eine steuerliche Einheit ansieht, schreibt der Grundsatz der Individualbesteuerung die Steuersubjektqualität einer jeden eingegliederten Körperschaft vor.[448] Diese könnte per Fiktion

---

441 *Witt*, Die Konzernbesteuerung, S. 288.

442 Vgl. *Probst*, Die Behandlung der Anteile von Minderheitsgesellschaftern innerhalb der Besteuerung der Konzernunternehmung, S. 198ff., der unter Zugrundelegung der Interessentheorie bei Lieferungen von Unter- an Obergesellschaften und zwischen diesen bestehenden Schuldverhältnissen eine anteilige Zwischenergebniseliminierung entsprechend der Höhe der Beteiligungsquote vorsieht.

443 Vgl. zu der handelsrechtlichen Zwischengewinnkonsolidierung *Wöhe*, DStR 1990, Beilage zu Heft 7, 1 (4)); *Reis*, Die Körperschaftsbesteuerung des Konzerns als wirtschaftliche Einheit, S. 252.

444 So auch im Ergebnis *Reis*, Die Körperschaftsbesteuerung des Konzerns als wirtschaftliche Einheit, S. 269.

445 In diesem Sinne *Urtz/Züger*, in: Besteuerung von Unternehmensgruppen, S. 72; *Witt*, Die Konzernbesteuerung, S. 285f.; *Reis*, Die Körperschaftsbesteuerung des Konzerns als wirtschaftliche Einheit, S. 178, sieht in der Anwendung der Einheitsbesteuerung ohne erfolgende Zwischengewinneliminierung sogar einen Widerspruch.

446 Eine ausführliche und kritische Darstellung des Meinungsstandes zu der Anerkennung des Konzerns als selbständiges Steuersubjekt findet sich bei *Grotherr*, WPg 1995, 81 (81ff.).

447 *Krebühl*, DStR 2002, 1241 (1249).

448 Siehe oben D.III.1.b)bb).

sichergestellt werden. Dann wäre es aber auch zu rechtfertigen, auf Ebene jeder dieser Gesellschaften die aus konzerninternen Rechtsgeschäften resultierenden Ergebnisse steuerlich zu erfassen. Die Zwischengewinneliminierung ist somit nicht notwendige Voraussetzung des einheitstheoretischen Ansatzes,[449] sondern lediglich eine mögliche, naheliegende Folge. Sie ist aber eine vom jeweiligen Gruppenbesteuerungssystem unabhängige Komponente.[450] Denn genauso wie es möglich ist, im Rahmen eines einheitstheoretischen Ansatzes Zwischengewinne steuerlich zu berücksichtigen, könnte auch unter Zugrundelegung der Trennungs- und Zurechnungstheorie die Konsolidierung unter Nichtberücksichtigung sämtlicher oder bestimmter gruppeninterner Transaktionen etabliert werden.

Mit Blick auf die Behandlung von Zwischengewinnen ist daher eine differenziertere Betrachtung der niederländischen Regelung und ihrer Folgewirkungen geboten. Die steuerliche Eliminierung von Zwischengewinnen ist danach nicht erforderlich, weil Zwischengewinne erst gar nicht entstehen. Mit Eintritt in den Konsolidierungskreis werden die Wirtschaftsgüter aller Gruppengesellschaften in einer Steuerbilanz zusammengefasst. Dadurch können gruppeninterne Schuldverhältnisse nicht entstehen, weil sie sich in einer Bilanz gegeneinander aufheben.[451] Eine Erfassung in einer gesonderten Nebenrechnung ist ebenfalls gesetzlich nicht erforderlich. Dieser Umstand eröffnet allerdings der steuerlichen Gestaltung weitreichende Optionen, die in den Niederlanden unter dem Begriff der „lautlosen Umstrukturierung“ bekannt sind.[452] Die Möglichkeit zur Verlagerung von Wirtschaftsgütern ohne eine Besteuerung auszulösen ist wünschenswert, sofern diese Transaktionen auf rein betriebswirtschaftliche Motive zurückzuführen sind. Sie eröffnet dem Anwender allerdings auch die Gelegenheit des Missbrauchs und kann dazu führen, dass Wirtschaftsgüter nur aus steuerlichen Gründen übertragen und das ihnen innewohnende Potenzial der Besteuerung entzogen wird. Um die dadurch auftretenden fiskalischen Risiken einzudämmen, bedient sich der niederländische Steuergesetzgeber einer Antimissbrauchsvorschrift[453], die für den Fall des Ausscheidens einer Gesellschaft aus der Einheitsbesteuerung die Erfassung von stillen Reserven sicherstellen soll. Diese Regelung hat zur Folge, dass trotz der Einheitsbilanz auch in den Niederlanden bei Übertragungen von Wirtschaftsgütern wenigstens in einer „Schattenrechnung“ die Drittvergleichspreise und damit verbunden auch die Erlöse gruppeninterner Transaktion zu berücksichtigen sind.[454] Aufgrund dieser Einschränkung werden von

449 Vgl. *Gassner*, in: Gassner/Lang/Wiesner, Besteuerung von Unternehmensgruppen, S. 24, der selbst bei nur einem Steuersubjekt, das mehrere Betriebe führt oder an einer Mitunternehmerschaft beteiligt ist, die Zwischengewinneliminierung nicht als zwangsläufig ansieht.

450 *Lüdicke/Rödel*, IStR 2004, 549 (552).

451 Siehe oben unter B.V.

452 Siehe oben unter B.V.

453 Siehe oben unter B.V. zu Art. 15 ai VPB, aber auch zu der Rückausnahme bei einem Zeitablauf von 6 Jahren nach der Umstrukturierung nach Art. 15 ai III lit. c. VPB.

454 Siehe oben unter B.VIII.

der Zwischengewinneliminierung im System der *fiscale eenheid* nur solche gruppeninternen Transaktionen erfasst, die gesetzlich nicht als missbräuchlich eingestuft werden. Die niederländische Ausgestaltung stützt damit das oben ausgeführte Argument, nach dem die Einführung einer Zwischengewinneliminierung nicht die Konsequenz einer bestimmten theoretischen Grundlage der Konzernbesteuerung ist. Die Entscheidung über die Reichweite der Freistellung folgt nämlich auch im System der *fiscale eenheid* nicht zwingend aus der Etablierung der Einheitstheorie, sondern unterliegt der Ausgestaltung durch den niederländischen Gesetzgeber.

Es kann ferner mit Blick auf die niederländische Ausgestaltung der Schluss gezogen werden, dass die Durchführung einer Zwischengewinneliminierung in Deutschland mit nicht präzise abzusehenden fiskalischen Konsequenzen verbunden ist. Insbesondere die steuerneutralen innerorganschaftlichen Übertragungen hätten zur Folge, dass mit den Wirtschaftsgütern auch die darin enthaltenen stillen Reserven transferiert würden und somit vielfältigen Möglichkeiten der Steuergestaltung zu Lasten des Fiskus der Weg geebnet wäre. Dieses Risiko müsste durch den Steuergesetzgeber mithilfe weiterer Vorschriften eingedämmt werden. Will man – vergleichbar zu der *fiscale eenheid* in den Niederlanden – eine steuerbilanzielle Verschmelzung der Organgesellschaft auf den Organträger annehmen, so müsste dieser Zustand gleichzeitig mit dem Austrittszeitpunkt durch eine fiktive Spaltung wieder aufgehoben werden.[455] Während des Bestehens der Gruppenbesteuerung müsste zur Verhinderung eines uferlosen Gestaltungsspielraums für die Konzerne durch Vorschriften eine nachträgliche Berücksichtigung von Gewinnen bei gruppeninternen Transaktionen bzw. die Reintegration von Ergebniswirkungen konzerninterner Schuldverhältnisse für den Fall der Beendigung der Organschaft geregelt werden. Dazu wären die Konzerngesellschaften gezwungen, die konzerninternen Rechtsgeschäfte nachzuhalten. Es würde also für den Gesetzgeber, das zeigt das Beispiel der Niederlande, kaum möglich sein, den aufgezeigten Steuergestaltungen in wirksamer Weise zu begegnen, ohne dazu aufwendige Nebenrechnungen vorzuschreiben.[456]

Gleichwohl derartige Regelungen als zwingend erforderlich anzusehen sind, erweist sich ihre Ausgestaltung jedoch als ausgesprochen problematisch.[457] Eine Zwischengewinneliminierung ist nur durchführbar mit einer Antimissbrauchsregel, die gruppeninterne Transaktionen auf Grundlage einer diese Geschäfte erfassenden „Schattenrechnung" nachträglich erfasst. Diese Rechnung müsste außerhalb der Steuerbilanz, die unter der Prämisse des Fortbestehens des Einheitskonzernes ohne Berücksichtigung der gruppeninternen Rechtsgeschäfte aufzustellen wäre, erfolgen. Gerade die aufgrund von Mehr- und Minderabführungen entstehenden

455 F/M/*Frotscher*, § 14 Rn. 1; *Gassner*, in: Gassner/Lang/Wiesner, Besteuerung von Unternehmensgruppen, S. 289.

456 Vgl. den Ansatz von *Witt*, Die Konzernbesteuerung, S. 307ff.; *Lüdicke/Rödel*, IStR 2004, 549 (552) mit Hinweis auf den erheblichen Verwaltungsaufwand, der in einem System ohne einheitliche Bilanzierung zur Durchführung der Zwischengewinneliminierung erforderlich wäre.

457 *Krebühl*, DStR 2002, 1241 (1249); *Herzig*, Beihefter zu DStR 2010, 61 (66f.).

Abweichungen zwischen handels- und steuerbilanziellem Ergebnis und die deshalb erforderlichen Ausgleichsposten führen aber schon heute zu einer Verkomplizierung des Organschaftsrechts und zahlreichen ungeklärten Fragen in der Praxis.[458]

Die rechtliche Unsicherheit bezüglich der Nichtberücksichtigung von gruppeninternen Rechtsgeschäften wird noch durch die Tatsache verstärkt, dass ein System der Vollkonsolidierung, wie es in den Niederlanden durchgeführt wird, in Deutschland noch nie angewandt worden ist.[459] Der Steuergesetzgeber könnte sich demnach bei der Einführung nicht auf historische Erkenntnisse berufen, sondern müsste eine Neuregelung schaffen, die die in Deutschland vorherrschenden rechtlichen sowie wirtschaftlichen Strukturen berücksichtigt. Auch dieser Umstand spricht gegen die Anerkennung von gruppeninternen Transaktionen und Schuldverhältnissen.

Um einerseits technisch aufwendige Antimissbrauchsbestimmungen, andererseits aber auch die fiskalischen Nachteile von Steuergestaltungen zu vermeiden, ist es demnach vorzugswürdig, an der steuerlichen Berücksichtigung gruppeninterner Rechtsgeschäfte festzuhalten. Auch die für die „Zwischengewinneliminierung" angeführten Argumente ändern dieses Ergebnis nicht. Zwar ist etwa ein Nachteil deutscher Konzerne gegenüber Wettbewerbern im internationalen Kontext dann festzustellen, wenn ausländische Steuerrechtsregime die gruppeninternen Austauschverhältnisse negieren. Allerdings wird dieser Nachteil wiederum dadurch verringert, dass im Falle einer Aufdeckung der stillen Reserven die zu Verkehrswerten angesetzten Wirtschaftsgüter ein höheres Abschreibungspotenzial aufweisen und eine mit Etablierung der Zwischengewinneliminierung zwingende, bürokratisch aufwendige außerbilanzielle Nebenrechnung vermieden wird.

Es ist auch festzuhalten, dass die integrierten Unternehmensgruppen bei einer Nichtbesteuerung von Zwischengewinnen innerhalb Deutschlands gegenüber in einer Produktionskette zusammenarbeitenden, aber rechtlich getrennten Körperschaften bevorzugt würden. Überdies ist darauf zu verweisen, dass die Vorschriften des Umwandlungssteuergesetzes die steuerneutrale Umbildung eines Konzerns zu einem Einheitsunternehmen grundsätzlich ermöglichen.[460] Da in einem solchen

---

458 Vgl. im Ergebnis *Herzig*, in: DStJG 28, S. 220 ff.; Bereits der schlichte Umfang der Ausführungen von *Breier*, Der Konzern, 11ff., 84ff. spricht für die Komplexität der Fragestellungen zu den Mehr- und Minderabführungen in der Organschaft. Zahlreiche Fragen bleiben allerdings auch aus der Sicht des Autors (vgl. Fazit, S. 98) weiterhin offen und seien nach dem Gesetzeszweck sowie über die Auslegung nach der wirtschaftliche Betrachtungsweise zu lösen. Dieses Ergebnis unterstreicht die mit dem Instrument der außerbilanziellen Ausgleichsposten verbundene Rechtsunsicherheit für die Steuerpflichtigen. *Lüdicke/Rödel*, IStR 2004, 549 (552) verweisen auf die Minderheitsgesellschafter der Gruppengesellschaften, die durch den durch sie nicht zu beeinflussenden Transfer von Wirtschaftsgütern innerhalb der Gruppe bei einer Zwischengewinneliminierung benachteiligt bzw. begünstigt werden könnten.

459 *Hey* u.a., Einführung einer modernen Gruppenbesteuerung, S. 47.

460 Siehe zu den Anforderungen des Umwandlungssteuergesetzes unter D.III.1.b)cc).

Unternehmen auch in Deutschland keine Zwischengewinne entstehen und keine Schuldverhältnisse bestehen können, kann ein Argument für die Zwischengewinneliminierung in Konzernen entkräftet werden: Will eine Unternehmensgruppe wie ein einziges Unternehmen besteuert werden, so bleibt ihr die unternehmerische Entscheidung, sich nach Abwägung mit den zu Beginn dieses Kapitels aufgeführten Vorteilen einer Konzernstruktur zu einem einzigen Unternehmen umzuwandeln. Die darüber hinausgehende Einführung einer gestaltungsanfälligen Regelung ist dagegen aufgrund der hier aufgeführten Argumente nicht als empfehlenswert einzustufen.

ee) Gewinnabführungsvertrag

Gemäß § 14 Abs. 1 KStG muss zwischen Organträger und Organgesellschaft ein Gewinnabführungsvertrag i.S.v. § 291 Abs. 1 AktG geschlossen sein. Dieser Gewinnabführungsvertrag, vielfach auch als Ergebnisabführungsvertrag bezeichnet,[461] verdeutlicht die historisch auf einem Vertragskonzern beruhende Konzeption der Organschaft.[462] Die vertragliche Verbindung zwischen den Rechtssubjekten soll die Durchbrechung der Grundsätze des Trennungsprinzips durch die Organschaft sachlich rechtfertigen.[463] Dabei stellt sich schon die Frage, ob es dieser Rechtfertigung angesichts einer gesetzlichen Kodifizierung der Organschaft überhaupt noch bedarf.[464] Aber das Erfordernis des Gewinnabführungsvertrages wird nicht nur dogmatisch begründet. So wird durch das Bundesfinanzministerium auf die nicht absehbaren Folgen des Wegfalls des Gewinnabführungsvertrages hingewiesen und ein „schwer quantifizierbares Ansteigen der Verrechnungsvolumina“ aufgrund der dadurch gesteigerten Attraktivität der Organschaft für Unternehmensgruppen erwartet.[465] Allerdings offenbart sich in dieser Argumentation bereits ein grundsätzlich fragwürdiger Standpunkt auf Seiten der Finanzverwaltung. Es ist überaus kritisch zu bewerten, wenn die Notwendigkeit einer dem Steuerpflichtigen auferlegten, belastenden Voraussetzung wie die des Gewinnabführungsvertrages damit begründet wird, dass ihr Wegfall den Zugang zu einem Steuervorteil bürokratisch einfacher machen würde. Eine beabsichtigte Abschreckung durch die Komplexität

---

461 Diese Bezeichnung verwendend u.a. *Kessler*, DB 2011, Standpunkte, 73 (74); *Süß/Mayer*, DStR 2009, 789 (789); *Grewer*, DStR 1997, 745 (745); da von der Definition des § 4 I 1 EStG der Gewinn als Unterschiedsbetrag im Betriebsvermögen definiert ist und von dieser Definition somit auch ein negatives Ergebnis erfasst ist, wird im Folgenden der gesetzliche Terminus „Gewinnabführungsvertrag“ verwendet.

462 *Esterer/Bartelt*, BB Beilage Nr. 1 2010, 2 (2); *Danelsing*, DStR 2005, 1342 (1343).

463 *Krebühl*, DStR 2002, 1241 (1244); BMF, Prüfbericht: „Verlustverrechnung und Gruppenbesteuerung“, vom 10.11.2011, S. 130.

464 Vgl. *Jochum*, FR 2005, 577 (580f.).

465 Stellungnahme des BMF, in: Hey u.a., Einführung einer modernen Gruppenbesteuerung, S. 86.

des Steuerrechts kann keine rechtsstaatlich nachvollziehbare Begründung für den Gesetzgeber sein.

Jedenfalls macht eine genauere Betrachtung deutlich, dass es innerhalb der deutschen Finanzverwaltung auch andere Ansichten hinsichtlich des Erfordernisses eines Gewinnabführungsvertrages gibt. Ein vom Bayerischen Staatsministerium der Finanzen initiiertes sowie das vom Hessischen Ministerium der Finanzen entwickelte Reformmodell zur Einführung eines neuen Gruppenbesteuerungsregimes verzichten jeweils auf den Gewinnabführungsvertrag.[466] Und auch das Bundesministerium der Finanzen präferiert – sofern die Vorgabe der Aufkommensneutralität einer Reform aufgegeben wird – ein „Gruppenbeitragsmodell", welches den Gewinnabführungsvertrag nicht voraussetzt.[467]

(1) Kritik am Gewinnabführungsvertrag

Der Gewinnabführungsvertrag befindet sich schon seit langem im Zentrum der Kritik an dem deutschen Gruppenbesteuerungsregime.[468] Er soll als Voraussetzung nach nahezu jedem der zahlreichen Reformansätze aufgegeben werden.[469]

Bereits die formalen Anforderungen, die der Steuerpflichtige bei Abschluss dieses Vertrages zur Anerkennung einer Organschaft zu erfüllen hat, sind erheblich.[470] In diesem Zusammenhang ist auf die erforderliche Bezugnahme auf § 302 AktG hinzuweisen, die in der Praxis zu gravierender Rechtsunsicherheit führt.[471] Insbesondere

---

466 Das Hessische Modell verfolgt dabei den Ansatz von Gruppenbeiträgen zur Verlagerungen von wirtschaftlicher Leistungsfähigkeit innerhalb des Konzerns, vergleichbar mit dem in den skandinavischen Staaten bekannten System der *group contribution*; nach dem unter Beteiligung des Bayerischen Finanzministeriums entwickelten Vorschlages erfolgt die Zurechnung der Einzelergebnisse der Gruppengesellschaften über sog. „Gruppenmitglieds-/ oder Verrechnungskonten"; siehe zum „Verrechnungskontenmodell" auch *Esterer/Bartelt*, BB Beilage Nr. 1 2010, 2 (8); vgl. die Zusammenfassung beider Modelle in Hey u.a., Einführung einer modernen Gruppenbesteuerung, S. 95ff.

467 BMF, Prüfbericht: „Verlustverrechnung und Gruppenbesteuerung", vom 10.11.2011, S. 123ff. sowie S. 142.

468 *Hey* u.a., Einführung einer modernen Gruppenbesteuerung, S. 22ff.; *Kaeser*, Beihefter zu DStR 2010, 56ff.; *Scheunemann*, IStR 2006, 145 (146f.).

469 Eine Ausnahme zu diesem Standpunkt bildet der Handlungsvorschlag des BMF: bei einer aus fiskalischer Sicht aufkommensneutralen Reform der Gruppenbesteuerung soll danach eine Modifikation der Organschaft unter „Rückführung der Formalien beim Gewinnabführungsvertrag" erfolgen, vgl. BMF, Prüfbericht: „Verlustverrechnung und Gruppenbesteuerung", vom 10.11.2011, S. 136ff. sowie S. 142.

470 Vgl. die Ausführungen unter C.III.; eine detaillierte und pointierte Auflistung der Formerfordernisse findet sich auch bei *Hey* u.a., Einführung einer modernen Gruppenbesteuerung, S. 24ff.

471 Auch das BMF hat bereits zu der schlichten Formulierung dieser Verlustübernahmeverpflichtung in Organschaftsverträgen Stellung nehmen müssen, vgl. BMF, BStBl. I 2010, 836.

ist auch nach den Abmilderungen durch die „kleine Organschaftsreform“[472] der Umstand zu kritisieren, dass schon geringfügige Fehler bei Abschluss oder Durchführung eines Gewinnabführungsvertrages die Konsequenz einer verunglückten Organschaft mit sich bringen und die Regeln der §§ 14ff. KStG somit ex tunc keine Anwendung finden.[473] Dadurch entsteht eine gravierende Planungsunsicherheit bei den Konzernen mit schwerwiegenden Folgen für den Fall der rückwirkenden Nichtanerkennung der Organschaft.

Des Weiteren wird vielfach auf die betriebswirtschaftlichen Fehlanreize durch den Gewinnabführungsvertrag hingewiesen,[474] die schon daraus resultieren, dass Unternehmensgruppen zum Abschluss eines derartigen Vertrages und damit in das Profil eines Vertragskonzerns gezwungen werden, obwohl dieser Schritt nach der Konzernstruktur gegebenenfalls nicht geboten sei.[475]

Bereits die fünfjährige Mindestlaufzeit des Gewinnabführungsvertrages nach § 14 Abs. 1 S. 1 Nr. 3 KStG schränkt die unternehmerische Flexibilität ein.[476] Infolge dieser Regelung ist innerhalb des Fünfjahreszeitraumes eine Unterschreitung der Mindestbeteiligung kaum möglich, ohne die rückwirkende Auflösung der Organschaft herbeizuführen.

Die auf § 302 AktG zurückzuführende Verpflichtung zur Übernahme des Verlustes der Organgesellschaft erhöht für den Organträger das Risiko einer Überschuldungssituation.[477] Insbesondere auf Forschung und Entwicklung ausgerichtete Konzerngesellschaften sind in den ersten Wirtschaftsjahren nach ihrer Gründung üblicherweise verlustträchtig. Durch die Verlustübernahmepflicht müssen die Ergebnisse dieser *Startups* periodengerecht durch die Muttergesellschaft ausgeglichen werden, wenn ein Gewinnabführungsvertrag abgeschlossen ist. Aufgrund der Gefahr einer Überschuldung ist die Eingliederung von Forschungsgesellschaften in die Organschaft für einen Konzern sehr risikoreich. Wird allerdings aus diesem Grund von der Integration der Tochtergesellschaft als Organgesellschaft abgesehen, so ist kein phasengleicher – auch kein hinsichtlich der Überschuldung unschädlicher – Verlustausgleich möglich. Ebenso wenig können weitere Vorteile der Organschaft

---

472 Siehe oben unter D.II.

473 *Hey* u.a., Einführung einer modernen Gruppenbesteuerung, S. 22, sprechen von einer „Alles- oder Nichtswirkung“.

474 *Herzig*, Beihefter zu DStR 2010, 61 (62) m.w.N.

475 *Grotherr*, in: Gassner/Lang/Wiesner, Besteuerung von Unternehmensgruppen, S. 256; *Hey* u.a., Einführung einer modernen Gruppenbesteuerung, S. 23; zu der beherrschenden Rolle von faktischen Konzernen gegenüber Vertragskonzernen s.o. unter C.VIII.; EY/*Walter*, § 14 Rn. 26.

476 *Prinz*, in: Herzig, Organschaft, S. 554; *Hey* u.a., Einführung einer modernen Gruppenbesteuerung, S. 23.

477 *Endres*, FS *Herzig*, 189 (196); *Prinz*, Beihefter zu DStR 2010, 67 (70); trotz dieses Aspekts die Verlusttragungsverpflichtung befürwortend BMF in: Hey u.a., Einführung einer modernen Gruppenbesteuerung, S. 89f., das ohne die Verlusttragung durch die Muttergesellschaft die Gefahr von Steuergestaltung und –ausfällen sieht.

genutzt werden, wie etwa die Nichtanwendung der Vorschriften der Zinsschranke. Somit macht die derzeitige Regelung den Aufbau von Forschungsunternehmen für Konzerne weniger attraktiv, indem sie den zu einer Überschuldung des Konzerns führenden schädlichen Verlustausgleich vorschreibt. Die Verlustausgleichspflicht hemmt somit die für eine auf Spitzentechnologie basierte Volkswirtschaft notwendige und auch politisch erwünschte[478] Gründung von Gesellschaften zur Forschung und Entwicklung.

Auch die durch den Gewinnabführungsvertrag bedingte vollständige Abführung des Gewinnes (abzgl. nach kaufmännischer Beurteilung zulässiger Rücklagen, § 14 Abs. 1 S. 1 Nr. 4 KStG) der Tochter- an die Organmuttergesellschaft wird kritisiert. Dieses kann aus Sicht der Organgesellschaft bei der Finanzierung von Investitionen zu Problemen führen.[479] Demgegenüber muss angesichts eines einheitlichen Körperschaftsteuertarifs der fiskalische Nutzen der Ergebnisabführung bezweifelt werden.[480]

Nach der Abschaffung des Grundsatzes der formalen Maßgeblichkeit der Handels- für die Steuerbilanz durch das BilMoG[481] weichen überdies die jeweils ermittelten Ergebnisse und damit das handelsrechtliche vom steuerlich zuzurechnenden Einkommen in bestimmten Konstellationen weit voneinander ab.[482] Es erscheint daher fragwürdig, ob die durch den Gewinnabführungsvertrag geschaffene Verknüpfung von Handels- und Steuerbilanz aufrecht erhalten werden sollte.

---

478 Siehe dazu die Ziele im Koalitionsvertrag der CDU, CSU und FDP zur 17. Legislaturperiode, S. 9, insb. S. 34: „Eine zukunftsfähige deutsche Wirtschaft beruht auf freien Entwicklungs- und Forschungsmöglichkeiten:…".

479 *Hey* u.a., Einführung einer modernen Gruppenbesteuerung, S. 23; die externe Kreditaufnahme einer Tochtergesellschaft bringt weitere Probleme mit sich, z.B. das in der Praxis übliche Erfordernis einer Organschaftserklärung auch bekannt als Organschaftrevers, durch die sich die Obergesellschaft zur Beibehaltung der Organschaft während der Tilgungszeit verpflichtet, *Tetzlaff*, WM 2011, 1016 (1022).

480 *Kaeser*, Beihefter zu DStR 30 2010, 56 (60f.), bewertet die Rechtsfolgen des Gewinnabführungsvertrages des Weiteren als eine „Komfortzone" für das Management der Organgesellschaft.

481 Gesetz zur Modernisierung des Bilanzrechts (Bilanzrechtsmodernisierungsgesetz) vom 26.5.2009, BMF, BGBl. I 2009, S. 1102, BStBl. I 2009, S. 650.

482 Nach *Kaeser*, Beihefter zu DStR 30 2010, 56 (58), ist eine materielle Verbindung zwischen der handelsrechtlichen Gewinnabführung und der steuerrechtlichen Einkommenszurechnung nach der Aufgabe des Maßgeblichkeitsprinzips kaum noch erkennbar; *Hey* u.a., Einführung einer modernen Gruppenbesteuerung, S. 30, beweisen mit einfachen Beispielen, dass etwa infolge unterschiedlicher Bewertungsvorschriften die Konzernmutter handelsrechtlich zu einem Verlustausgleich verpflichtet sein, obwohl das ihr steuerlich zuzurechnende Einkommen der Organgesellschaft positiv ist.

(2) Gewinnabführungsvertrag und Einheitstheorie

Im Rahmen der Überlegungen zur Umsetzbarkeit der Einheitstheorie ist zu untersuchen, wie sich eine Umstellung der theoretischen Grundlage des aktuellen Gruppenbesteuerungsregimes auf die Voraussetzung des Gewinnabführungsvertrages auswirkt.

Geht man vom Gedanken der Einheit des Konzerns aus und will die Besteuerung an die Leistungsfähigkeit des gesamten Konzerns im Sinne einer Verbundleistungsfähigkeit knüpfen, dann sollte diese Einheit nicht durch vertragliche, also rechtliche Umstände, sondern vielmehr durch tatsächliche Gegebenheiten begründet werden.[483] Dies entspräche dem im Rahmen der Einheitstheorie zugrunde zu legenden Konzept des faktischen Konzerns unter Abkehr vom Konzept des Vertragskonzerns.[484] Eines Gewinnabführungsvertrages bedürfte es dabei nicht. Dieses Ergebnis erschließt sich auch aus der angeführten Rechtfertigung der Voraussetzung des Gewinnabführungsvertrages nach geltender Rechtslage: Die Notwendigkeit, das Trennungsprinzip durch einen Vertrag zwischen Organträger und -gesellschaft zu überwinden, besteht nicht mehr, wenn man beide Konzernunternehmen als Einheit betrachtet.

Allerdings müssten in diesem Fall solche gesetzlichen Voraussetzungen geschaffen werden, die die auf Tatsachen beruhende Betrachtung des Konzerns als Besteuerungseinheit legitimieren. Dieses bedingt eine Erhöhung der notwendigen Beteiligungsquote des Organträgers an der Organgesellschaft. Die derzeit erforderliche einfache Mehrheit würde eine Einheit dieser beiden Rechtssubjekte nur schwerlich widerspiegeln.[485] Nur bei einer höheren Beteiligung ist der einheitstheoretische Ansatz überhaupt begründbar und die steuerliche Lösung von der zivilrechtlichen Vorgabe der Trennung einzelner Rechtssubjekte im Konzern zu rechtfertigen.[486]

In dem Gruppenbesteuerungsregime der Niederlande muss zur Begründung einer *fiscale eenheid* die Mutter- zu 95 % an der Tochtergesellschaft beteiligt sein, Art. 15 Abs. 1 VPB. Durch dieses Erfordernis ist die körperschaftsteuerliche Einheit beider Rechtssubjekte legitimiert. Ob es einer derart hohen Beteiligungsquote aber bedarf oder diese auch trotz des Einheitsgedankens geringer sein kann, ist zu diskutieren. Zumindest sollte die Obergesellschaft an ihrer Tochter einen Einfluss ausüben können, wie ihr dieses auch gegenüber unselbständigen Betriebsstätten möglich ist.[487] Fraglich ist in diesem Zusammenhang, ob das im Sinne der Einheit

---

483 *Herzig*, Beihefter zu DStR 2010, 61 (63); *Witt*, Die Konzernbesteuerung, S. 19f., der den GAV vom Standpunkt der wirtschaftlichen Einheit aus als Fremdkörper bezeichnet.

484 Siehe oben unter B.VIII.

485 So auch *Hey* u.a., Einführung einer modernen Gruppenbesteuerung, S. 47.

486 *Herzig*, Beihefter zu DStR 2010, 61 (65); *Hüttemann*, in Schön/Osterloh-Konrad, Kernfragen des Unternehmenssteuerrechts, 127 (137); siehe zur Legitimation des Einheitsgedankens auch *Grotherr*, StuW 1996, 356 (376).

487 *Reis*, Die Körperschaftsbesteuerung des Konzerns als wirtschaftliche Einheit, S. 232.

der Rechtsordnung zu beachtende deutsche Zivilrecht,[488] insbesondere das Handels- und Gesellschaftsrecht, Anhaltspunkte für die Bestimmung einer sachgerechten Quote bietet. Gemäß § 179 AktG bedarf es zu der Satzungsänderung einer AG des Beschlusses von mindestens[489] drei Vierteln des vertretenen Grundkapitals. Ebenso wäre mit diesem Anteil der Abschluss eines Gewinnabführungsvertrages möglich, § 293 Abs. 1 S. 2 AktG. Eine Beteiligung von 75 % des vertretenen Grundkapitals an einer AG[490] reichen somit für den Abschluss eines Gewinnabführungsvertrages, der derzeit die Organschaft legitimiert, aus. Daraus kann der Schluss gezogen werden, dass im Falle einer Beteiligung des Organträgers an der Organgesellschaft in Höhe von 75 % auch die Besteuerung der Konzerngesellschaften wie eine Einheit gerechtfertigt ist. Mit Blick auf diese Vorgaben des Zivilrechts sollte eine Beteiligung von 75 % am Grundkapital der beherrschten Gesellschaft als Untergrenze angesehen werden.[491] Höhere Quoten verschafften zwar dem Gedanken der wirtschaftlichen Einheit noch mehr Geltung.[492] Allerdings wäre ein noch höheres Erfordernis rechtspolitisch schon aufgrund der derzeit geltenden einfachen Mehrheitsschwelle vermutlich kaum durchsetzbar.

Einer Klärung bedarf daneben die Frage des Bezugspunktes der Beteiligung. Gemäß § 14 Abs. 1 S. 1 Nr. 1 KStG wird derzeit eine finanzielle Eingliederung von der Mehrheitsbeteiligung an den Stimmrechten abhängig gemacht. Im Aktiengesetz wird bei Beschlüssen auf das vertretene Grundkapital abgestellt.[493] Demgegenüber richtet sich das GmbHG nach den abgegebenen Stimmen.[494] Abweichungen

---

488 *Müller*, in: Besteuerung von Unternehmensgruppen, S. 45; vgl auch oben unter D.III.1.b)aa).

489 Satzungsbedingt kann ein höheres Mehrheitserfordernis, nicht jedoch ein geringeres, festgesetzt werden (§ 179 Abs. 2 S. 2 AktG); auch können weitere Erfordernisse aufgestellt werden (§ 179 Abs. 2 S. 3 AktG).

490 Im Falle einer den Gewinnabführungsvertrag abschließenden Organträger-GmbH ist § 293 I 2 AktG analog anzuwenden, vgl. *Zöllner*, in: Baumbach/Hueck, GmbHG, SchlAnhKonzernR Rn. 56; MünchKommGmbHG/Harbarth, § 53 Rn. 156 m.w.N.; BGH v. 24.10.1988, II ZB 7/88, BGHZ 105, 324 (333).

491 So auch Steuerpolitisches Programm der Stiftung Marktwirtschaft, S. 34, einsehbar unter http://www.stiftung-marktwirtschaft.de; *Herzig*, Beihefter zu DStR 2010, 61 (65); *Schellmann*, in: Gassner/Lang/Wiesner, Besteuerung von Unternehmensgruppen, S. 206; *Hey* u.a., Einführung einer modernen Gruppenbesteuerung, S. 54; *Prinz*, Beihefter zu DStR 2010, 67 (71); *Endres*, FS *Herzig*, 189 (197); *Lampert/Grave*, DStZ 2012, 463 ff.

492 Zutreffend *Hüttemann*, in Schön/Osterloh-Konrad, Kernfragen des Unternehmenssteuerrechts, 127 (138), der ausgehendend von dem Grundsatz der wirtschaftlichen Einheit (eigentlich 100%) im Vergleich mit anderen Steuerrechtsordnungen mindestens 90 % Beteiligung für geeignet hält, um die Einheitstheorie und das Antragserfordernis zu bejahen.

493 Z.B. § 179 Abs. 2 S. 1 AktG bei Satzungsänderungen oder § 293 Abs. 1 S.2 AktG bei Unternehmensvertragsschlüssen.

494 U.a. § 53 Abs. 2 S. 1 GmbHG für Satzungsänderungen.

zwischen Kapitalbeteiligung und den zugewiesenen Stimmrechten[495] können dazu führen, dass ein Organträger das Stimmrechtsanteilerfordernis erfüllt, obwohl keine ausreichende Kapitalbeteiligung an der Organgesellschaft besteht. Nach der hier vertretenen Ansicht sollte der Gedanke der wirtschaftlichen Einheit in der Gruppenbesteuerung durch ein Anknüpfen an die tatsächlichen Gegebenheiten verwirklicht werden. Demnach erscheint es konsequent, dass eine erfüllte Stimmrechtsvoraussetzung stets auch durch eine den Gedanken der wirtschaftlichen Einheit entsprechende Kapitalbeteiligung gestützt wird. Diese sollte ebenfalls bei mindestens 75 % liegen. Die den Gewinnabführungsvertrag ersetzende Beteiligung sollte sich demzufolge sowohl auf das Grundkapital als auch auf die Stimmrechte in der Gesellschafter-/Hauptversammlung beziehen.[496] Weil es einerseits auf die Ausübung des Einflusses in den Beschlussgremien ankommt, darüber hinaus aber auch die tatsächliche Einheit des Konzerns gegenüber den rein formalen Gegebenheiten zu berücksichtigen ist, sollte auf das wirtschaftliche Eigentum[497] an den Körperschaftsanteilen abgestellt werden.[498]

Auch mittelbare Beteiligungsverhältnisse stärken den tatsächlichen Einfluss in Kapitalgesellschaften. Deswegen sind auch solche durch Zwischengesellschaften vermittelten Anteile weiterhin zu berücksichtigen. Die Beteiligungsquote sollte nach der die tatsächlichen Umstände abbildenden Additionsmethode ermittelt werden.[499]

Einer zeitlichen Mindestlaufzeit[500] bedarf die Organschaft nicht: aufgrund der nicht als sachgerecht erachteten Zwischengewinneliminierung ist eine Gestaltung durch die steuerneutrale Übertragung von Wirtschaftsgütern zwischen den

---

495 Siehe zu der Abweichung zwischen Kapitalbeteiligung und den zugewiesenen Stimmrechten aufgrund von stimmrechtslosen Anteilen oben unter C.II.2.

496 Vgl. mit demselben Ergebnis auch *Witt*, Die Konzernbesteuerung, S. 191f., der daneben auf die Rechtskonformität mit Nachbarstaaten und damit auf die Harmonisierungsmöglichkeit des deutschen Konzernbesteuerungsrechts in der Europäischen Union verweist.

497 Anteile an Kapitalgesellschaften stehen im wirtschaftlichen Eigentum, wenn eine rechtlich geschützte Position erworben wurde, die dem Erwerber gegen dessen Willen nicht mehr entzogen werden kann und auch die mit den Anteilen verbundenen Rechte (Stimmrechte etc.), Chancen und Risiken dem Erwerber zugewiesen sind, BFH v. 10.3.1988, IV R 226/85, BStBl. II 1988, 832 (832).

498 Zutreffend weist *Witt*, Die Konzernbesteuerung, S. 200, auf Gestaltungspotenziale hin; dieses ist allerdings nicht nur durch § 42 AO (so Witt, a.a.O.), sondern auch durch die zu § 39 AO ergangene umfassende Rechtsprechung begrenzt; siehe dazu exemplarisch das sog. *Leasing-Urteil* des BFH 26.1.1970, IV R 144/66, BStBl. II 1970, 264 sowie BFH 14.5.2002, VIII R 30/98, BStBl. II 2002, 741.

499 Vgl. ausführlich dazu oben unter C.II.2 Fn. 223. zu der Frage, ob die Beteiligung entweder per Durchrechnungs- oder per Additionsmethode zu berechnen ist.

500 Reformvorschlag von *Schellmann*, in: Gassner/Lang/Wiesner, Besteuerung von Unternehmensgruppen, S. 208, der eine Mindestbindung von 5 Jahren an den Antrag auf Gruppenbesteuerung als notwendig erachtet und von diesem Erfordernis

einzelnen Körperschaften nicht möglich.[501] Diese Steuergestaltung muss somit auch nicht durch eine Mindestlaufzeit erschwert werden.

(3) Zwischenergebnis

Nach dem hier vertretenen Ansatz soll die Überwindung der zivilrechtlichen Trennung der Konzerngesellschaften durch das Steuerrecht nicht durch eine auf dem Prinzip des Vertragskonzerns beruhenden rechtlichen Grundlage, sondern durch tatsächliche, eine Konzerneinheit zugrunde legende Umstände legitimiert sein. Nach dem Einheitsgedanken sind für eine Gruppenbesteuerung solche Voraussetzungen vorzuziehen, die bereits faktisch für den Bedarf einer gemeinsamen steuerlichen Erfassung der verbundenen Rechtssubjekte sprechen. Dieser Anforderung entspricht der aktienrechtliche, auf dem Vertragskonzernkonzept fußende Gewinnabführungsvertrag nicht. Stattdessen ist insbesondere ein Beteiligungserfordernis erforderlich, um die Gruppenbesteuerung zu untermauern. Nach Vorgaben des Gesellschaftsrechts müsste eine solche Quote zumindest 75 % der Anteile betragen. Sofern diese Voraussetzung gegeben ist, sollte ein Antrag auf Gruppenbesteuerung beider Gesellschaften gegenüber der Finanzverwaltung ausreichen, um die Verdrängung des zivilrechtlichen Trennungsprinzips für Zwecke der Besteuerung zu rechtfertigen. Eines Gewinnabführungsvertrages bedarf es bei Umsetzung der Theorie der wirtschaftlichen Einheit des Konzerns deswegen nicht.

Aber auch dann, wenn die Trennungs- und Zurechnungstheorie weiterhin Grundlage der Organschaft sein soll, stellt sich die Frage, ob weiterhin am Erfordernis des Gewinnabführungsvertrages festzuhalten ist.

Diese Voraussetzung der Organschaft stimuliert, wie die überzeugenden Argumente der Kritiker belegen, in den Konzernen eine aus ökonomischer und steuersystematischer Sicht nicht wünschenswerte Entwicklung. Um den Gewinnabführungsvertrag als notwendige Voraussetzung im geltenden Regime der Organschaft zu rechtfertigen, müssten demnach diesen nachteiligen Effekten schon beachtliche Gründe gegenüberstehen. Dass die herangezogenen sowohl fiskalischen als auch systematischen Gründe aber nicht zu einer Rechtfertigung geeignet sind, zeigen die Ausführungen in diesem Kapitel.[502]

Es stellt sich daher die Frage, ob und unter welchen Voraussetzungen von dem Erfordernis des Gewinnabführungsvertrages auch unter Beibehaltung der Trennungs- und Zurechnungstheorie als dogmatische Grundlage abgesehen werden kann. Die Vorschriften der §§ 14ff. KStG gründen auf dem Ansatz der

---

lediglich bei Umwandlungen innerhalb der Gruppe oder bei der Veräußerung einer Gruppengesellschaft eine Ausnahme einräumen will.

501 Erhebliche Aufzeichnungspflichten zur Verhinderung derartiger Steuerumgehungen, *Hüttemann*, in Schön/Osterloh-Konrad, Kernfragen des Unternehmenssteuerrechts, 127 (136), sind damit nicht erforderlich.

502 Siehe zur Begründung durch das BMF oben unter D.III.1.b)ee).

wirtschaftlichen Betrachtungsweise.[503] Diese gebietet es, die steuerliche Berücksichtigung der Verbindung zwischen Mutter- und Tochterunternehmen von tatsächlichen Umständen abhängig zu machen. Angewendet auf das Zusammenwirken von Trennungs- und Zurechnungstheorie ist demnach die Aussage der wirtschaftlichen Betrachtungsweise, dass eine Ausnahme von der Trennung zwischen Mutter- und Tochtergesellschaft durch die Anwendung der Ergebniszurechnungstheorie nur dann gerechtfertigt werden kann, wenn sich die Notwendigkeit der Ergebniszurechnung aufgrund vorliegender Tatsachen aufdrängt.

Das kann im Konzern dadurch manifestiert werden, dass die Gesellschaften einen Gewinnabführungsvertrag nach Maßgabe des § 291 AktG mit den dargelegten nachteiligen Folgewirkungen schließen. Weitere tatsächliche Umstände, die im Sinne der wirtschaftlichen Betrachtung für eine Beherrschung der Konzerngesellschaft sprechen, werden durch diesen Vertrag allerdings nicht begründet.[504] Eine auf Tatsachen beruhende Voraussetzung ist hingegen in dem nach § 14 Abs. 1 S. 1 Nr. 1 KStG festgelegten Erfordernis der Stimmrechtsmehrheit in der Organgesellschaft zu sehen. Die sich aufdrängende Notwendigkeit der Ergebniszurechnung erschließt sich also im derzeitigen Organschaftsregime nur aus der Kombination von Gewinnabführungsvertrag und Stimmrechtsmehrheit. Dies unterstreicht, dass der wirtschaftlichen Betrachtungsweise auch ohne Erfordernis eines Gewinnabführungsvertrages dadurch Rechnung getragen werden kann, dass die Anforderungen an die notwendige Beteiligung des Organträgers und damit dessen Fähigkeit zur Willensdurchsetzung in der Organgesellschaft gestärkt wird. Schließlich drängt es sich auf, dem Organträger das wirtschaftliche Ergebnis zuzurechnen, wenn dieses Ergebnis die Folge seiner Willensdurchsetzung in der Organgesellschaft ist.

Auch an dieser Stelle würde sich die für die Umstellung auf eine einheitstheoretische Grundlage hergeleitete Beteiligungsquote von 75 % am Kapital der Organgesellschaft aufgrund der in diesem Zusammenhang genannten Zumessungsgesichtspunkte als geeignet erweisen. Bei gleichzeitiger Erhöhung der notwendigen Beteiligungsquote könnte somit auch im Falle des Festhaltens an der Trennungs- und Zurechnungstheorie das aktienrechtliche Erfordernis des Gewinnabführungsvertrages durch einen Antrag auf Gruppenbesteuerung ersetzt werden.

c) Stellungnahme

Was unter einem Konzern definitionsgemäß zu verstehen ist, ist in Deutschland sowohl unter Juristen[505] und unter Betriebswirten[506], als auch zwischen beiden

---

503 Siehe oben unter D.III.1.a)bb).
504 *Witt*, Die Konzernbesteuerung, S. 19.
505 Siehe *Kerssenbrock*, in: Kessler/Kröner/Köhler, Konzernsteuerrecht, S. 56 ff.
506 Diskussionsstand bei *Theisen*, Der Konzern, S. 21 ff; *Reis*, Die Körperschaftsbesteuerung des Konzerns als wirtschaftliche Einheit, S. 21.

Disziplinen[507] umstritten. Ebenso existiert auch in den Niederlanden kein allgemein geltender Konzernbegriff.[508] Ein dogmatisches Fundament für eine Konzernbesteuerung sollte mehrere Prämissen erfüllen. Zunächst müsste sich dessen Anwendung entsprechend der wirtschaftlichen Betrachtungsweise an den ökonomischen Gegebenheiten orientieren. Aus betriebswirtschaftlicher Sicht zeichnet den Konzern eine gemeinsame wirtschaftliche Entscheidungs- und Handlungseinheit unter einheitlicher Leitung trotz der Beibehaltung der rein rechtlichen Selbständigkeit der einzelnen Konzerngesellschaften aus.[509] Gleichsam sollte die Ressourcenverteilung innerhalb der Gruppe so effektiv wie möglich erfolgen können und nicht in ungerechtfertigter Weise durch das Steuerrecht eingeschränkt werden. Daher ist es erforderlich, dass die Erfassung der Unternehmensgruppen durch das Körperschaftsteuerrecht an tatsächliche, sachliche Umstände anknüpft, anstatt seine Legitimation in zu erfüllenden rechtlichen Voraussetzungen zu finden.

Folgte man ausschließlich dem Gebot der wirtschaftlichen Betrachtungsweise, so müsste man sich gegen die bisherige getrennte Behandlung der einzelnen Gruppengesellschaften und für eine Besteuerung der gesamten Gruppe entsprechend der Verbundleistungsfähigkeit aussprechen. Daher erscheint die Anwendung der Einheitstheorie gegenüber dem bisherigen System aus Zurechnungstheorie als Durchbrechung des zivilrechtlichen Trennungsprinzips als vorzugswürdig. Aufgrund der grundlegenden Unterschiede zwischen verbundenen selbständigen Rechtsubjekten und in Einzelunternehmen zusammengeschlossenen Betriebseinheiten sollte aber eine theoretische Grundlage der Organschaft nicht den Anspruch haben, eine steuerliche Gleichbehandlung von Konzernen und Einheitsunternehmen herstellen zu wollen.[510]

Die Überwindung des Trennungsprinzips durch Verwirklichung des Einheitsgedankens kann durch sachliche Argumente gerechtfertigt werden. Die Verbundleistungsfähigkeit kann nur dann Grundlage der Besteuerung werden, wenn sie auch in den Organschaftsvoraussetzungen Berücksichtigung findet. Das wäre dann der Fall, wenn sich die Verbindung von Mutter- und Tochtergesellschaft auch durch ein entsprechendes Beteiligungsverhältnis ausdrückt. Dazu kann die bisher erforderliche Stimmrechtsmehrheit nicht genügen. Vielmehr müsste mit Einzug des Einheitsgedankens die Obergesellschaft mindestens 75 % der Stimmen innehaben und auch zumindest wirtschaftlicher Eigentümer eines ebenso hohen Anteils an der untergeordneten Gesellschaft sein. Durch diese an tatsächliche Umstände anknüpfenden Voraussetzungen müsste die Organschaft nicht weiterhin durch das komplexe und trotz aller Gesetzesänderungen als streitanfällig zu beurteilende Vertragswerk des

---

507 Vgl. die Ausführungen von *Reis*, Die Körperschaftsbesteuerung des Konzerns als wirtschaftliche Einheit, S. 22 ff., die zwischen dem aktienrechtlichen und dem handelsrechtlichen Konzernbegriff differenziert.

508 *Strik/de Vries*, Cursus Belastingrecht Vennootschapsbelasting, S. 537.

509 *Theisen*, Der Konzern, S. 15.

510 *Bauer*, Die Besteuerung deutscher Konzerne, S. 319.

Gewinnabführungsvertrags begründet werden. Vielmehr wäre dem Gedanken der wirtschaftlichen Einheit des Konzerns genüge getan und ein Antrag der beteiligten Gesellschaften auf Gruppenbesteuerung als ausreichend anzusehen. Als Folge dieser hohen Beteiligung partizipierte der Organträger bereits unmittelbar durch Wertsteigerung oder -minderung der Anteile an dem Erfolg oder Misserfolg der Organgesellschaft. Daher bedürfte es keines Ergebnisausgleiches durch Mittelfluss, wie ihn derzeit der Gewinnabführungsvertrag gebietet. Die wirtschaftliche Einheit kann schließlich auch über den Gedanken der Zurechnung hergeleitet werden: wenn man Zurechnung so versteht, dass die Obergesellschaft bereits durch den Verlust der Tochter getroffen ist, weil ihre Beteiligung weniger werthaltig ist, dann bedarf es keiner Gewinnabführungs- und Verlustausgleichsverpflichtung, also nicht der tatsächlichen Verschiebung von Liquidität.

Die hier angestellten Überlegungen zeigen, dass die Umsetzung und Etablierung einer Konzernbesteuerung auf Grundlage des Einheitsprinzips in Deutschland möglich ist. Diese gewährleistete unter Zugrundelegung der wirtschaftlichen Betrachtungsweise eine an den Realitäten ausgerichtete Besteuerung.[511] Die Einhaltung des Grundsatzes der Individualbesteuerung könnte durch eine gesetzliche Fiktion, entsprechend des niederländischen Prinzips des *deel uitmaken*, gewährleistet werden.

Die Umsetzung der Einheitstheorie führte also zu erheblichen Erleichterungen für die zu besteuernden Unternehmensgruppen und käme in ihrer Reinform dem betriebswirtschaftlichen Idealbild sehr nahe. Allerdings müssten auch Grenzen festgesetzt werden. Aus fiskalischer Sicht bestünde die Gefahr der Steuerumgehung durch Gestaltungen. Bei konsequenter Anwendung des Einheitsgedankens müssten gruppeninterne Transaktionen und Schuldverhältnisse steuerlich unberücksichtigt bleiben, da die Wirtschaftsgüter der Organgesellschaften in der Organträger(einheits-)bilanz aufgehen würden. Wegen der im Konzern gegebenen Verbindung zwischen den verschiedenen Gesellschaften sollte aus betriebswirtschaftlicher Sicht nur das von einem Konzern am Markt realisierte Ergebnis Besteuerungsgrundlage sein, während gruppeninterne Geschäfte unberücksichtigt bleiben müssten.

Trotz des wirtschaftlichen Nutzens und der dogmatischen Begründbarkeit einer Nichterfassung von Zwischengewinnen erscheint aber ein solches System in Deutschland derzeit nicht umsetzbar. Bei genauerer Betrachtung erweist sich überdies, dass die Nichtberücksichtigung von Zwischengewinnen zwar eine naheliegende und konsequente, aber keine zwingende Folge der Umsetzung der Einheitstheorie ist. Dies erschließt sich schon durch eine Analyse des niederländischen Regimes der *fiscale eenheid*, in dem einzelne gruppeninterne Transaktionen, die den Tatbestand von Anti-Missbrauchsbestimmungen erfüllen, nachträglich unter Fremdvergleichsgesichtspunkten bewertet und entsprechend besteuert werden.

511 Die meisten Unternehmensgruppen treten trotz der Anreizwirkung der steuerlichen Organschaft weiterhin als faktische Konzerne und nicht als Vertragskonzern in Erscheinung, vgl. *Altmeppen/MüKo*, Einl. §§ 291ff. AktG, Rn. 19.

Auch wenn dieses durch das Umwandlungssteuerrecht steuerneutral möglich wäre, ist daher ebenfalls ein Aufgehen der Tochter- in die Mutterbilanz, wie es in den Niederlanden praktiziert wird, abzulehnen. Dieser Vorgang würde, da Transaktionen von Wirtschaftsgütern in dieser Bilanz nicht erfasst werden können und sich gegenseitige Schuldverhältnisse aufheben würden, bei konsequenter Umsetzung zu einer steuerlichen Nichtberücksichtigung von Zwischengewinnen führen. Solange allerdings das Zivilrecht den Konzern nicht als eigenes wirtschaftliches Rechtssubjekt ansieht, ist eine einheitliche steuerrechtliche Konzernbilanz kaum darstellbar.[512] Es ist insbesondere auch darauf hinzuweisen, dass eine Einheitsbilanz schon den wirtschaftlichen (Controlling-)Interessen der Gruppe zuwider liefe. Ebenso zu Problemen führte die Behandlung der Minderheitsgesellschafter, wenn man die Wirtschaftsgüter der Konzerngesellschaften in einer Einheitsbilanz zusammenfasste. Auch aus deren Interessen ist eine eigenständige Gewinnermittlung der einzelnen Gesellschaften erforderlich.[513] Aus diesen Erwägungen lässt sich schließen, dass faktisch – wie in den Niederlanden – ohnehin jede einzelne Gruppentochter bilanzieren würde. Somit wäre auch trotz der steuerlichen Einheitsbilanz keine bürokratische Entlastung der beteiligten Gesellschaften zu erwarten.

Es erscheint aus diesen Gründen sinnvoll, im Falle einer Reform der Konzernbesteuerung in Deutschland die hier als geeignet dargestellten Gesichtspunkte der Einheitsbetrachtung umzusetzen. Dazu ist insbesondere das Prinzip des faktischen Konzerns, gerechtfertigt durch eine höhere notwendige Kapitalbeteiligung, zu nennen, der sich entsprechend der wirtschaftlichen Betrachtungsweise auf die durch die Konzerne zu erfüllenden tatsächlichen Gegebenheiten stützt.

In einem so verstandenen Konzern, dessen als steuerliche Einheit gemeinsam erwirtschaftetes Ergebnis der Besteuerung unterliegt, bedarf es keiner Bestimmungen zur Gewinnabführung und Verlustübernahme zwischen den einzelnen Rechtssubjekten. Das Erfordernis des Gewinnabführungsvertrages würde somit bei Einführung der Einheitstheorie als dogmatische Grundlage entfallen. Jedoch zeigt sich, dass auch bei einem Festhalten an der Trennungs- und Zurechnungstheorie der Abschluss eines aktienrechtlichen Gewinnabführungsvertrages keine zwingende Voraussetzung der Organschaft sein muss. Die Durchbrechung der Trennung durch die Ergebniszurechnung könnte auch, ebenfalls unter Verweis auf die Grundsätze der wirtschaftlichen Betrachtungsweise, durch einen Gruppenantrag, verbunden mit der Erhöhung der notwendigen Kapitalbeteiligung zwischen Mutter- und Tochtergesellschaft, gerechtfertigt werden.

---

512 So im Ergebnis auch *Witt*, Die Konzernbesteuerung, S. 237; *Grotherr*, WPg 1995, 81 (83f.); a.A. noch *Küting*, DB 1990, 489 (497).

513 *Jacobs/Spengel*, IStR 1994, 100 (101) verweisen dabei auf die aus Sicht der Minderheitsgesellschafter notwendige Erfolgslokalisation. Dieses erscheint angesichts der vorgeschriebenen ergebnisunabhängigen Ausgleichszahlung an die Minderheitsgesellschafter als fragwürdiges Argument.

Die eingeschränkte Anwendung der Einheitstheorie erscheint nachvollziehbar, wenn man die Rechtsfolgen einer umfassenden Umsetzung dieser Theorie am Beispiel der *fiscale eenheid* betrachtet. Diese führte dazu, dass ein aus mehreren Einzelgesellschaften bestehender Konzern steuerlich wie ein Einheitsunternehmen zu erfassen ist. Eine solche indifferente Behandlung erscheint allerdings aufgrund der unterschiedlichen Folgen, die mit den beiden Rechtstypen verbunden sind, fragwürdig. Die Durchführbarkeit des Einheitsgedankens mag in den Niederlanden mit der jahrzehntelangen Erfahrung im Umgang mit diesem System und dessen Einbettung in ein auf Konfrontationsvermeidung ausgelegtes Steuerrecht begründbar sein.[514] In Deutschland fehlt es aber gerade an dieser Etablierung des Einheitsgedankens. Seine konsequente Umsetzung erscheint daher aufgrund der damit notwendigen, grundlegende Prinzipien berührenden Änderungen im Recht der Konzernbesteuerung als kaum durchführbar.

Schließlich ist auch – und trotz des Ziels einer allein auf betriebswirtschaftlichen Motiven basierenden Unternehmerentscheidung[515] – auf die Wahlmöglichkeit zwischen Einheitsunternehmung und Gruppenstruktur hinzuweisen, die jedem Wirtschaftsakteur zusteht. Ein Wechsel des Unternehmensaufbaus kann dabei nach Maßgabe der Vorschriften des Umwandlungssteuergesetzes steuerneutral erfolgen. Trotz dieser gebotenen Einschränkungen kommt die Einheitstheorie den Grundsätzen der wirtschaftlichen Betrachtungsweise näher. Somit erscheint die Umsetzung einer entsprechend dieser Gesichtspunkte modifizierten Einheitstheorie[516] gegenüber der bisherigen Rechtslage als vorzugswürdig.

2. Verlustberücksichtigung innerhalb des Organkreises

Einen erheblichen Umfang nimmt im Rahmen der Diskussionen zur Reform der deutschen Gruppenbesteuerung die Regelung zur Verlustberücksichtigung innerhalb des Organkreises ein.[517] Bei genauerer Betrachtung ist in diesem Zusammenhang zwischen solchen Verlusten zu unterscheiden, die vor Eintritt in die Organschaft entstanden und noch nicht ausgeglichen sind und solchen, die während des Bestehens der Organschaft entstehen.[518] Durch die körperschaftsteuerliche

---

514 *Elsweier/Grave*, IStR 2013, 91 (91f.).

515 *Dörr*, IStR 2004, 265 (271); *Krebühl*, DStR 2001, 1730 (1731); *Winter*, in: H/H/R, § 14 KStG Rn. 3.

516 *Hüttemann*, in Schön/Osterloh-Konrad, Kernfragen des Unternehmenssteuerrechts, 127 (136), spricht von einer „punktuellen" Durchführung der Einheitsgedankens und verweist dabei auf die Gefahr von Steuergestaltungen.

517 *Krebühl*, DStR 2002, 1241 (1246); Fußbroich, DStR 2002, 697 (705) jeweils m.w.N.

518 Die Problematik der Berücksichtigung finaler Auslandsverluste betrifft Unternehmensgruppen unabhängig von dem Grad ihrer Beteiligung und der Frage, ob national davon eine Organschaft oder ein steuerpflichtiges Einzelunternehmen betroffen ist. Auch angesichts der Nichtanwendbarkeit der Organschaftsregeln für grenzüberschreitende Konzernstrukturen wird dieser Themenkomplex daher

Organschaft wird während ihres Bestehens die intersubjektive, also die Verlustverrechnung zwischen den am Organkreis beteiligten Rechtssubjekten,[519] innerhalb eines Wirtschaftsjahres gewährleistet.

a) Vororganschaftliche Verluste

Diskussionsbedürftig ist demgegenüber die Behandlung von Verlusten, die vor der Begründung der Organschaft bzw. dem Eintritt in die Organschaft durch die Organgesellschaft erlitten wurden. Grundsätzlich können Verluste gemäß § 8 Abs. 1 S. 1 KStG i.V.m. § 10d Abs. 2 EStG durch eine Kapitalgesellschaft unbegrenzt[520] in die folgenden Veranlagungszeiträume vorgetragen werden und mit den hier erzielten Ergebnissen saldiert werden.[521] Die Verlustvortragsfähigkeit schafft für die Anwender somit die Möglichkeit der interperiodischen Verlustverrechnung.[522] Mit Eintritt in die Organschaft ist für Organgesellschaften ein Verlustabzug i.S.d. § 10d EStG allerdings als unzulässig normiert, § 15 S. 1 Nr. 1 KStG. Die vor dem Eintritt in die Organschaft bei einer Kapitalgesellschaft angesammelten Verluste werden als Folge dieser Regelung auf ihren derzeitigen Stand „eingefroren" und können erst nach dem Austritt wieder zur Verrechnung genutzt werden.[523] Da infolge der Verlustübernahmeverpflichtung des Organträgers durch den Gewinnabführungsvertrag nach Maßgabe des § 302 Abs. 1 AktG bei der Organgesellschaft keine steuerlich zurechenbaren Verluste mehr entstehen, bezieht sich die Vorschrift des § 15 S. 1 Nr. 1 KStG nur auf Verlustvorträge aus vororganschaftlicher Zeit.[524] Im Unterschied dazu unterliegen vororganschaftliche Verluste des späteren Organträgers diesem

hier nicht behandelt; vgl. hierzu den Umsetzungsvorschlag bei Rublack, Berücksichtigung finaler Auslandsverluste, IFSt-Schrift Nr. 472. Die diesbezüglichen Vorgaben des EuGH sind dagegen hinsichtlich der Frage der Behandlung von Inlandsbetriebsstätten ausländischer Tochtergesellschaften erfasst, siehe unten unter D.III.3.a)aa).

519 *Herzig*, in: Lehner, Verluste im nationalen und Internationalen Steuerrecht, S. 39; zur Abgrenzung dieses Terminus von der intraperiodischen sowie der interperiodischen Verlustverrechnung siehe anschaulich *Röder*, Das System der Verlustverrechnung im deutschen Steuerrecht, S. 15 (Abb. 3).

520 *Schmidt/Heinicke* EStG §10d Rn. 32.

521 Nicht durch einen vorrangigen Verlustrücktrag nach § 10d I EStG abgezogene Verluste sind gemäß § 10d II EStG von dem 1 Million Euro nicht übersteigenden Gesamtbetrag der Einkünfte unbeschränkt, darüber hinaus von 60 % des 1 Million Euro übersteigenden Teils des Gesamtbetrags der Einkünfte abzuziehen; bejahend zur Verfassungsmäßigkeit dieser Mindestbesteuerung nach § 10d II EStG vgl. *Lambrecht* in Kirchhof, EStG, § 10d Rn. 4.

522 *Röder*, Das System der Verlustverrechnung im deutschen Steuerrecht, S. 18 ff.

523 BMF, Prüfbericht „Verlustverrechnung und Gruppenbesteuerung" vom 10.11.2011, (einsehbar unter www.bundesfinanzministerium.de), S. 106; *Fußbroich*, DStR 2002, 697 (699); *Herzig*, Beihefter zu DStR 2010, 61 (65); *Dötsch*, DK 2010, 99 (101).

524 F/M/*Frotscher*, § 15 Rn. 8.

Verbot nicht. Sie können auch nach Begründung oder Erweiterung der Organschaft zur Verlustverrechnung genutzt werden.

Die Nutzung ihrer Vorgruppenverluste ist in den Niederlanden isoliert für die jeweilige Einheitsgesellschaft nach bestimmten Voraussetzungen möglich.[525] Angesichts der mit Eintritt in die *fiscale eenheid* einhergehenden Überführung aller Bilanzposten in die Gruppeneinheitsbilanz[526] erscheint diese Regelung zur Verlustnutzung inkonsequent. Denn es wäre vor dem Hintergrund der Einheitstheorie konsequent, auch die Verlustvortragskonten aller Einheitsgesellschaft in der Gruppenbilanz zusammenzuführen.[527] Die durch den niederländischen Gesetzgeber statuierte Regelung zeigt aber auch für die Reform der Konzernbesteuerung in Deutschland, dass das Ergebnis auf die Frage nach der gerechten Behandlung von Vorgruppenverlusten nicht ausschließlich durch die Wahl der dogmatischen Grundlage der Gruppenbesteuerung vorgegeben wird. Der Gesetzgeber entscheidet, inwieweit er diese Grundlage umsetzt und hinsichtlich welcher Gesichtspunkte er von einer konsequenten Umsetzung – innerhalb der ihm gesetzten Grenzen – abweicht. Die Behandlung der Vorgruppenverluste stellt somit eine isoliert von der dogmatischen Grundlage zu diskutierende Problemstellung dar.

Die Ausgestaltung der Behandlung vororganschaftlicher Verluste obliegt somit im Grunde der gesetzgeberischen Entscheidungsfreiheit. Allerdings hat der Gesetzgeber dabei die ihn stets bindenden verfassungsrechtlichen Vorgaben an die Besteuerung zu beachten.

aa) *Verfassungsrechtliche Vorgaben für die periodenübergreifende Vortragsfähigkeit von Verlusten*

An dem System der Nichtberücksichtigung vororganschaftlicher Verluste soll nach Ansicht des Bundesfinanzministeriums auch im Falle einer Reform der Organschaft festgehalten werden. Man verweist dabei insbesondere auf fiskalische Gründe.[528] Gerade diese Argumentation,[529] aber auch die breite Kritik an der Behandlung vororganschaftlicher Verluste[530] machen jedoch eine grundlegende Auseinandersetzung

525 Siehe dazu unter B.VI.

526 Siehe B.III.

527 Vgl. *Elsweier/Grave*, IStR 2013, 91 (95f.).

528 Der Prüfbericht „Verlustverrechnung und Gruppenbesteuerung“ vom 10.11.2011, (einsehbar unter www.bundesfinanzministerium.de), S. 132, weist auf drohende „erhebliche Steuermindereinnahmen“ durch Erweiterung der Verrechnungsmöglichkeiten für vororganschaftliche Verluste hin; eine Verrechnung dieser Verluste könne durch Beendigung der Gruppenzugehörigkeit erreicht werden.

529 Ausführungen zu der Fragwürdigkeit einer nur auf fiskalischen Motiven beruhenden Argumentation siehe bereits oben unter D.III.1.b)ee).

530 *Lenz/Seroin/Handwerker*, DB 2012, 365 (367; 371), schlagen eine mit der französischen *intégration fiscale* vergleichbare Regelung vor, nach der sich die „vororganschaftlichen“ Verluste trotz Eintritts in die Gruppe weiterhin bei der Kapitalgesellschaft einkommensmindernd auswirken; *Frey/Sälzer*, BB 2012, 294 (298), sehen

sowohl mit der verfassungsrechtlichen Begründung der Vortragsfähigkeit von Verlusten als auch mit der Frage notwendig, ob vororganschaftliche Verluste während des Bestehens der Organschaft zu berücksichtigen sind. Als Maßstab für eine Rechtswidrigkeitsprüfung des § 15 S. 1 Nr. 1 KStG kommen mangels europarechtlichen Bezugs der Norm nur die Vorgaben des Grundgesetzes in Betracht. Erst mithilfe der auf diesem Weg ermittelten Grundsätze kann der Frage nachgegangen werden, ob die Regelung in § 15 S. 1 Nr. 1 KStG verfassungskonform ist.

(1) Der zeitliche Umfang des Leistungsfähigkeitsprinzips

Es besteht Einigkeit darin, dass es sich bei dem bereits erläuterten Leistungsfähigkeitsprinzip[531] um den fundamentalen Besteuerungsmaßstab im deutschen Ertragssteuerrecht handelt.[532] Uneinigkeit besteht jedoch im Hinblick auf die Frage, anhand welchen Zeitraums diese Leistungsfähigkeit zu bemessen ist. Die Besteuerung könnte schließlich entweder anhand des im konkreten Veranlagungszeitraum erwirtschafteten Ergebnisses eines Steuerpflichtigen oder unter Zugrundelegung der während seiner gesamten Existenz generierten Leistungsfähigkeit erfolgen.

(a) Die Leistungsfähigkeit in der Totalperiode

Als ideale Richtgröße für die Besteuerung nach der wirtschaftlichen Leistungsfähigkeit wurde bereits zu Zeiten der Weimarer Republik der Zeitraum vom Eintritt in das Erwerbsleben bis zum Austritt daraus, die sogenannte Totalperiode, angesehen.[533] Der diesem Ansatz innewohnende Gedanke kann hinsichtlich der Einkommensbesteuerung veranschaulicht werden: geht es um die Erfassung natürlicher Personen, so könnte man das „Lebenseinkommen“[534] als Bemessungsgrundlage heranziehen, also die wirtschaftliche Leistungsfähigkeit zugrunde legen, die ein Steuerpflichtiger während seines gesamten Lebens erwirtschaftet hat.[535] Das aus dem allgemeinen

---

einen Verrechnungsgrund zumindest bei Umsetzung des Gruppenbeitragsmodells als gegeben, bei dem ein steuerbilanzieller und damit verrechenbarer Gewinn entstehen kann, aber ein sich nach Handelsrecht ergebender Verlust die Abführung eines Gruppenbeitrags verhindert; bemerkenswert ist das im Hessischen Ministerium der Finanzen ausgearbeitete Gruppenbeitragsmodell, nach dem das „Einfrieren“ von Verlustvorträgen aufgehoben werden sollte, vgl. *Brusch*, DB Standpunkte 2011, 45 (46); *Rödder*, DB Standpunkte 2011, 41 (41).

531 Siehe dazu oben D.III.1.a)bb).

532 *Wendt*, in: DStJG Bd. 28, S. 42 f.; *Mitschke*, StuW 1980, 122 (122); zur Anwendbarkeit auch für die Körperschaftsteuer vgl. Englisch, DStR 2009, Beihefter zu Heft 34, 92 (92); BVerfG v. 12.10.2010, 1 BvL 12/07, BVerfGE 127, 224 (III. 1a).

533 Denkschrift des Reichsministers der Finanzen über die Besteuerung nach dem dreijährigen Durchschnitt und die Abzugsfähigkeit des Verlustvortrages bei der Einkommensteuer und Körperschaftsteuer, Verhandlungen des Reichstags, IV. Wahlperiode 1928, Band 435, unter Nr. 940, S. 9.

534 *Karrenbrock*, DB 2004, 559 (560).

535 *Lang*, Die Bemessungsgrundlage der Einkommensteuer, S. 187.

Gleichheitssatz und dem Grundsatz der Steuergerechtigkeit entwickelte Leistungsfähigkeitsprinzip soll nach dieser Ansicht auch eine steuerliche Vergleichbarkeit in der Zeit gewährleisten.[536] Diese könne nur zwischen den Steuerpflichtigen über die Vergleichbarkeit von Lebenseinkommen erreicht werden.[537]

Übertragen auf die Besteuerung von Kapitalgesellschaften kann das Zugrundelegen des Totaleinkommens nicht mit dem „Lebenseinkommen" begründet werden. Dennoch müsse auch bei der Körperschaftsteuer der selbe verfassungsmäßige Maßstab herangezogen werden wie bei natürlichen Personen.[538] Auch für Kapitalgesellschaften als eigenständige Grundrechtsträger nach Maßgabe des Art. 19 Abs. 3 GG gelte damit das Leistungsfähigkeitsprinzip als Ausformung von Art. 3 Abs. 1 GG und der Freiheitsgrundrechte.[539]

Nur die Besteuerung anhand der Totalperiode verhindere ökonomische Dispositionen, die lediglich auf die Vermeidung von zwischenperiodischen Einkommensunterschieden zurückzuführen seien und die Leistungsfähigkeit des Steuerpflichtigen verzerren und in die folgende Periode verlagern.[540] Neben diesen volkswirtschaftlich nicht wünschenswerten Auswirkungen würden durch eine periodenbezogene Besteuerung gerade periodenübergreifende Zusammenhänge ohne Berücksichtigung ihrer sachlichen Verbindung getrennt. Jeder kürzere Zeitraum als die Totalperiode sei daher dem Grunde nach als willkürlich anzusehen, wenn er auch aus Praktikabilitätserwägungen gerechtfertigt sein mag.[541]

Unter dem Gesichtspunkt der Praktikabilität wird schließlich auch von den Vertretern dieser Ansicht die nur einmalige Besteuerung anhand des Total-/Lebenseinkommens in Frage gestellt. Zur Deckung des laufenden Finanzbedarfs des Staates wird eine abschnittsmäßige Besteuerung empfohlen, die sich allerdings an der Leistungsfähigkeit in der Totalperiode zu orientieren habe. Das Periodizitätsprinzip sei

536 *Tipke*, Die Steuerrechtsordnung, S. 756.

537 *Tipke*, Die Steuerrechtsordnung, S. 756.

538 Ausführlich zu der Frage *Röder*, Das System der Verlustverrechnung im deutschen Steuerrecht, S. 169ff., 232; *Lampert*, Doppelbesteuerungsrecht und Lastengleichheit, S. 208.

539 Zumindest das objektive Leistungsfähigkeitsprinzip ist durch die Rechtsprechung bestätigt, BVerfG v. 21.6.2006, 2 BvL 2/99, BVerfGE 116, 164 (199); vgl. auch *Lehner*, in: Lehner, Verluste im nationalen und Internationalen Steuerrecht, S. 21 f.; *Hey*, Harmonisierung der Unternehmensbesteuerung in Europa, S. 255f. weist nachvollziehbar darauf hin, dass es sich bei der eigenen Leistungsfähigkeit der Kapitalgesellschaft nur um ein Zwischenstadium handelt, da der die Leistungsfähigkeit begründende Gewinn der Kapitalgesellschaft spätestens mit ihrer Liquidation (Totalperiode!) an die Anteilseigner fällt; von einer temporären Leistungsfähigkeit bis zur Gewinnausschüttung an den Gesellschafter geht *Drüen* m.w.N. aus, GmbHR 2008, 393 (395).

540 Vgl. *Hackmann*, Die Besteuerung des Lebenseinkommens, S. 48.

541 *Lang*, Die Bemessungsgrundlage der Einkommensteuer, S. 189.

damit nur technisch-budgetäres Instrument,[542] während die Steuerbemessung auf einen über die jeweilige Periode hinausgehenden Zeitraum abstelle.[543] Die Länge der Periode solle dabei so gewählt sein, dass sie einen regel- und gleichmäßigen Fluss der Steuereinnahmen für den Staat sicherstelle. Auch soll sich der Steuerpflichtige an den Bezug des besteuerten Einkommens erinnern können und dieses noch nicht verausgabt haben.[544] Der Gesetzgeber sei aufgerufen, das Spannungsverhältnis zwischen Steuergerechtigkeit (Leistungsfähigkeit in der Totalperiode) und Rechtssicherheit (Abschnittsbesteuerung) aufzulösen, was weder durch eine einmalige Endbesteuerung noch durch strikte Jahresbesteuerung zu gelingen vermag.[545] Schon weil auch eine Investitionsentscheidung in der Wirtschaft überperiodisch gedacht sei, sei jedenfalls eine überperiodische Betrachtungsweise notwendig.[546] Der Grundsatz der Steuergerechtigkeit verpflichte zu einer Beseitigung solcher Verstöße gegen die Besteuerung nach Maßgabe der Leistungsfähigkeit in der Totalperiode, die auf die Abschnittsbesteuerung zurückzuführen seien. Denn es sei Ausfluss des Kongruenzgebotes, dass die Summe aller Abschnittseinkommen einer Person deren Gesamteinkommen nicht übersteigen dürfe.[547]

Bezieht sich die wirtschaftliche Leistungsfähigkeit als Maßstab der Besteuerung somit auf die Totalperiode, so ist die Vortragsfähigkeit von Verlusten über die Wirtschaftsjahre hinweg eine notwendige Folge. Es handelt sich dann bei der interperiodischen Verlustverrechnung nicht um eine Steuervergünstigung; sie ist vielmehr Ausdruck des Gebots steuerlicher Gerechtigkeit.[548]

(b) Das Abschnittsprinzip

Einer Besteuerung entsprechend der Totalperiode stehen die Vertreter der abschnittsgemäßen Erfassung der Leistungsfähigkeit kritisch gegenüber. Diese berufen sich dabei zuvörderst auf die Umsetzungsprobleme einer nur einmaligen Leistungsfähigkeitserfassung. Aus Praktikabilitätsgründen und zur Aufrechterhaltung der Effizienz staatlichen Handelns sei eine Besteuerung am Lebensende bzw. zum Zeitpunkt der Beendigung der rechtlichen Existenz ungeeignet.[549] Selbst in

---

542 *Herzig*, in: Lehner, Verluste im nationalen und internationalen Steuerrecht, S. 38; *Lang*, Die Bemessungsgrundlage der Einkommensteuer, S. 91 f.; *Beiser*, Steuern, S. 35 f.

543 *Karrenbrock*, DB 2004, 559 (560); *Tipke*, Die Steuerrechtsordnung, S. 756; *Röder*, Das System der Verlustverrechnung im deutschen Steuerrecht, S. 232; *Mitschke*, StuW 1980, 122 (124) sowie StuW 1980, 252 ff. mit konkreten Überlegungen zur Einführung einer Lebenseinkommensbesteuerung durch interperiodischen Progressionsausgleich; mit vergleichbarer Zielrichtung *Hackmann*, StuW 1982, 173 ff.

544 *Hackmann*, Die Besteuerung des Lebenseinkommens, S. 45.

545 *Lang*, Die Bemessungsgrundlage der Einkommensteuer, S. 189.

546 *Seer*, in: DStJG 28, S. 91 f.

547 *Karrenbrock*, DB 2004, 559 (560).

548 *Beiser*, Steuern, S. 37; Karrenbrock, DB 2004, 559 (560); Lang, DStJG 24, S. 63ff.

549 Vgl. *Müller-Franken*, StuW 2004, 109 (122) u.v.m.

der Betriebswirtschaftslehre, auf die der Totalgewinngedanke zurückzuführen sei, sei dieser nur von theoretischer Bedeutung und fiktive Denkgröße.[550] Gegen das Lebenseinkommensprinzip spreche auch, dass dieses nur dann funktionieren könne, wenn das Steuerrecht während der Totalperiode keine Änderung erfahre.[551] Denn würde das geltende Recht zum Zeitpunkt der Beendigung der Existenz angewandt, so würden die Steuerpflichtigen anders behandelt als bei einer Besteuerung nach regelmäßigen Abschnitten entsprechend der jeweils aktuellen Rechtslage.[552] Dass sich aber das materielle Steuerrecht während einer Totalperiode nicht ändere, sei Utopie.[553] Darüber hinaus würden bei einer Totalrechnung Zinseffekte entstehen, die aufgrund des Nominalwertprinzips des Steuerrechts nicht berücksichtigt werden.[554] Man solle sich daher nicht einer Zielvorstellung nähern, die aufgrund ihrer faktischen Unerreichbarkeit nicht in Betracht gezogen werden könne.[555]

Neben Problemen der Umsetzung wird auch die dogmatische Begründung der Bemessung der wirtschaftlichen Leistungsfähigkeit in der Totalperiode in Frage gestellt. So wird an der abschnittsübergreifenden Sichtweise kritisiert, dass die Leistungsfähigkeit der Gegenwart durch die Leistungsfähigkeit in der Vergangenheit nicht berührt werde. Die Steuerschuld sei schließlich mit der Leistungsfähigkeit verknüpft, die durch das im Bemessungszeitraum des Wirtschaftsjahres bezogene Einkommen indiziert sei.[556] Die Leistungsfähigkeit stehe somit im zeitlichen Kontext zu dem Bedarf des Steuerpflichtigen: dieser Bedarf verändere sich mit der wirtschaftlichen Leistungsfähigkeit, so dass das Bedürfnisbefriedigungsniveau nicht in der Totalperiode mittels Durchschnittswerten erfasst werden könne.[557]

Ebenfalls sei Art. 3 Abs. 1 GG nicht gegenüber anderen Grundrechten als vorrangig anzusehen, so dass auch das Leistungsfähigkeitsprinzip in die Einheit der Verfassung(-sprinzipien) eingebunden sei.[558] Die Abschnittsbesteuerung lasse sich ebenfalls aus dem Gleichheitssatz und den Freiheitsgrundrechten herleiten und

---

550 *Drüen*, Periodengewinn und Totalgewinn, S. 72f., der den Totalgewinnansatz als überflüssig und damit verzichtbar erklärt; *Eckhoff*, in: DStJG Bd. 28, S. 32 bezeichnet die Besteuerung des Lebenseinkommens als unfruchtbare Fiktion.

551 *Drüen*, Periodengewinn und Totalgewinn, S. 79.

552 Zur sog. intersubjektiven Vergleichbarkeit, vgl. *Drüen*, Periodengewinn und Totalgewinn, S. 79.

553 *Giloy*, FR 1979, 133 (136); *Müller-Franken*, StuW 2004, 109 (122); *Schick*, Der Verlustrücktrag, S. 13 f.

554 *Drüen*, Periodengewinn und Totalgewinn, S. 78f. m.w.N. weist zudem auf unberücksichtigte Inflationseffekte hin.

555 *Eckhoff*, in: DStJG Bd. 28, S. 32 f; *Kirchhof*, in: DStJG Bd. 28, S. 88 f. will den Gedanken der Besteuerung des Lebenseinkommens verabschieden, „den ja glücklicherweise niemand ernst“ nehme.

556 *Giloy*, FR 1979, 133 (136).

557 *Giloy*, FR 1979, 133 (136).

558 Siehe Allgemein dazu *Birk*, StuW 2000, 328 (329f.)); *Müller-Franken*, StuW 2004, 109 (122).

sichere die insbesondere durch Art. 3 Abs. 1 GG gebotene Vergleichbarkeit in der Zeit, indem die Steuerpflichtigen in einem für alle gleichen Zeitraum und unter den selben rechtlichen Voraussetzungen der Besteuerung unterworfen werden.[559] Der Grundsatz der Vergleichbarkeit in der Zeit bewirke eine gemeinsame Erfassung derjenigen Steuerpflichtigen, die in einer durch die Umstände der Zeit determinierten Chancen- und Risikogemeinschaft miteinander leben.[560] Im Falle einer einmaligen Besteuerung seien demgegenüber die Freiheitsgrundrechte mit fortschreitender Existenzdauer zunehmend durch die Verpflichtung zur Bildung von Rücklagen für die zu erwartende Steuerschuld eingeschränkt.[561] Schließlich sei die durch Art. 14 Abs. 1 GG geschützte freiheitliche Eigentumsordnung erst durch die endgültige Zuweisung des Eigentums an den Steuerpflichtigen gewahrt, was eine periodisierte Besteuerung voraussetze.[562] Auch dem Rechtsstaatsprinzip sei unabhängig von Praktikabilitätsgesichtspunkten die Vorgabe eines vorhersehbaren und bestimmten steuerlichen Eingriffs zu entnehmen.[563] Dieser sei nur durch eine periodenweise Erfassung des Steuerpflichtigen gegeben.

Das Abschnittsprinzip wird damit durch die Vertreter dieser Auffassung nicht nur aus Praktikabilitätsgesichtspunkten als notwendig angesehen, sondern lässt sich auch steuerdogmatisch und verfassungsrechtlich herleiten. Ausnahmen davon müssen daher gerechtfertigt sein. Eine solche Ausnahme stellt dabei die periodenübergreifende Verlustverrechnung dar, die den Schutz des infolge eigenverantwortlicher Tätigkeit erzielten Ertrags gewährleisten soll. Die interperiodische Verlustverrechnung wird daher als durch Art. 14 Abs. 1 GG gerechtfertigt angesehen.[564]

(c) Rechtsprechung

Auch innerhalb der Rechtsprechung besteht keine Einigkeit hinsichtlich der zeitlichen Dimension der Leistungsfähigkeit.

Der BFH hat bereits in den 1960er Jahren angenommen, dass die Vortragsfähigkeit von Verlusten der Milderung von Verzerrungen und Zufälligkeiten durch die Besteuerung des Wirtschaftsjahres dient.[565] Die periodisierte Gewinnerfassung sei dabei nur ein formaler Ansatz, während steuertheoretisch auf einen organischen Abschnitt im Gesamtleben des Steuerpflichtigen abzustellen sei.[566] Die Frage nach

---

559 *Dürig/Scholz* in: Maunz/Dürig, Art. 3 Abs. 1 GG, Rn. 194ff.; *Kirchhof*, BB 2006, 71 (73); *Lehner*, in: Lehner, Verluste im nationalen und Internationalen Steuerrecht, S. 15; *Schick*, Der Verlustrücktrag, S. 13; *Dötsch*, DStR 2008, 641 (642)); *Müller-Franken*, StuW 2004, 109 (122).

560 *Schick*, Der Verlustrücktrag, S. 13 f.

561 *Kirchhof*, BB 2006, 71 (73).

562 *Müller-Franken*, StuW 2004, 109 (122).

563 *Lehner*, in: Lehner, Verluste im nationalen und Internationalen Steuerrecht, S. 15.

564 *Lehner*, in: Lehner, Verluste im nationalen und Internationalen Steuerrecht, S. 16.

565 BFH v. 28.7.1961, VI 25/61 U, BStBl. III 1961, 436 (436).

566 BFH v. 28.7.1961, VI 25/61 U, BStBl. III 1961, 436 (436); nach BFH v. 29.11.1965, Gr.S. 1/65 S, BStBl. III 1966, 142 (143) tritt die periodengerechte Gewinnermittlung

der zeitlichen Dimension der Leistungsfähigkeit wurde hinsichtlich der umstrittenen Vererblichkeit von Verlustvorträgen wieder aktuell. Als die der Leistungsfähigkeit zugrunde liegende Leitidee bestätigte der 1. Senat des BFH im Jahr 2003 das Totalitätsprinzip, das durch den Verlustvortrag partiell wieder hergestellt werde. Die Abschnittsbesteuerung, obwohl auch materiell begründbar, trete zur Verhinderung von Verstößen gegen das Nettoprinzip dahinter zurück.[567] Demgegenüber sprach sich der 11. Senat für einen Vorrang der Abschnittsbesteuerung zur Gleichbehandlung in der Zeit als materielles Prinzip aus, welches nur durch die Vortragsfähigkeit von Verlusten entsprechend dem abschnittsübergreifenden Nettoprinzip abgemildert werden müsse.[568] Letzterer, für das Periodizitätsprinzip sprechenden Argumentation ist auch der angerufene Große Senat des BFH in seinem Beschluss gefolgt. Dennoch hat auch der Große Senat des BFH eine Lösung des Spannungsverhältnisses zwischen dem Abschnittsprinzip und dem periodenübergreifenden, durch Art. 3 Abs. 1 GG geschützten Nettoprinzip ausdrücklich offen gelassen.[569]

Das Bundesverfassungsgericht hat bereits 1978 das Abschnittsprinzip als verfassungsgemäß beurteilt und keine gesetzgeberische Verpflichtung zur periodenübergreifenden Verlustverrechnung anerkannt.[570] Auch in einem Nichtannahmebeschluss aus dem Jahr 1989 wird das Prinzip der Abschnittsbesteuerung als der Einkommensteuer zugrundeliegend bezeichnet.[571] Eine Änderung dieser Rechtsprechung ist allerdings dem Beschluss vom 22.7.1991 zu entnehmen, in dem erstmals das Spannungsverhältnis zwischen dem Abschnittsprinzip und dem abschnittsübergreifenden Nettoprinzip Erwähnung findet.[572] Sowohl die Abschnittsbesteuerung zur Schaffung von Rechtssicherheit als auch die der materiellen Steuergerechtigkeit dienende periodenübergreifende Besteuerung sind danach Ausflüsse des Rechtsstaatsprinzips, deren Widerstreit der Gesetzgeber mithilfe der gebotenen Abwägung zu entscheiden habe.[573] Nicht nur die erstmalige Erwähnung des mit Verfassungsrang ausgestatteten periodenübergreifenden Ansatzes der Leistungsfähigkeit, sondern auch die Einschätzung, dass dieser durch das Abschnittsprinzip zur Wahrung von Rechtssicherheit begrenzt werden müsse und nicht spiegelverkehrt nur die periodengerechte Besteuerung in Ausnahmefällen erweitert,[574] belegen den Wandel in der bundesverfassungsgerichtlichen Rechtsprechung. Gleichwohl wurden

---

hinter die periodenübergreifende, aber zutreffende Besteuerung eines Geschäftsvorfalls zurück.

567 BFH v. 22.10.2003, I ER S 1/03 (XI R 54/99), BStBl. II 2004, 414 (415).

568 BFH v. 28.7.2004, XI R 54/99, BStBl. II 2005, 262 (265).

569 BFH v. 17.12.2007, GrS 2/04, BStBl. II 2008, 608 (612f.).

570 BVerfG v. 8.3.1978, 1 BvR 117/78, HFR 1978, 293 (294); vgl. schon BVerfG v. 10.7.1970, 1 BvR 434/70, HFR 1970, 454 (454).

571 BVerfG v. 20.12.1989, 1 BvR 1269/89, HFR 1990, 517 (517).

572 BVerfG v. 22.7.1991, 1 BvR 313/88, DStR 1991, 1278 (1278).

573 BVerfG v. 22.7.1991, 1 BvR 313/88, DStR 1991, 1278 (1279); *Berg/Schmich*, DStR 2002, 346 (347).

574 BVerfG v. 22.7.1991, 1 BvR 313/88, DStR 1991, 1278 (1279).

die Bedeutsamkeit einer jährlichen Besteuerung für die staatliche Finanzplanung und Handlungsfähigkeit auch in der Folge immer wieder betont und als durch die Verfassung geboten beurteilt.[575]

(2) Das Prinzip der Folgerichtigkeit

Neben der Besteuerung nach der wirtschaftlichen Leistungsfähigkeit ist der Steuergesetzgeber an das Prinzip der folgerichtigen Besteuerung gebunden. Eine einmal (unter Beachtung des Leistungsfähigkeitsprinzips) getroffene Belastungsentscheidung muss folgerichtig im Sinne der durch Art. 3 Abs. 1 GG gebotenen Belastungsgleichheit und des Rechtsstaatsprinzips[576] umgesetzt werden.[577] Das Prinzip der Folgerichtigkeit baut damit auf dem Leistungsfähigkeitsprinzip auf.[578] Es bindet den Gesetzgeber an seine einmal getroffene und ausgestaltete Entscheidung insofern, als er die ihr zugrundeliegenden Kriterien auch auf Sachverhalte zu übertragen hat, die nach Maßgabe des Art. 3 Abs. 1 GG vergleichbar sind. Dem Gesetzgeber steht zwar weitgehende Gestaltungsfreiheit zu. Hat er sich allerdings für eine bestimmte Zielgröße und bestimmte Maßstäbe entschieden, ist er zu einer realitätsgerechten, abgestimmten und konsequenten Ausformung verpflichtet.[579]

(3) Zwischenergebnis

Zusammenfassend ist festzuhalten, dass hinsichtlich der zeitlichen Dimension der Leistungsfähigkeit mit dem Total- und dem Abschnittsprinzip zwei Ansätze vertreten werden, die sich dem ersten Anschein nach in ihrer Umsetzung gegenseitig ausschließen. Dennoch können sowohl das sich in seiner Argumentation auf materielle

---

575 Vgl. den Beschluss zur Verfassungswidrigkeit des Grundfreibetrags, BVerfG v. 25.9.1992, 2 BvL 5/91, 2 BvL 8/91, 2 BvL 14/91, BVerfGE 87, 153 (179); ebenso v. 10.4.1997, 2 BvL 77/92, BVerfGE 96, 1 (7f.).

576 *Prokisch*, Von der Sach- und Systemgerechtigkeit zum Gebot der Folgerichtigkeit, in FS Vogel (2000), S. 306, sieht einen der wesentlichen Unterschiede zwischen Systemgerechtigkeit und Folgerichtigkeit darin, dass erstere auf Art. 3 GG, letztere auf dem Rechtsstaatsprinzip beruhe; an dieser Unterscheidung kann mit Blick auf die neuere Rspr. des BVerfG nicht festgehalten werden, in der ein Verstoß gegen das Prinzip der Folgerichtigkeit als Ausfluss des allgemeinen Gleichheitssatzes geprüft wird, vgl. BVerfG v. 6.7.2010, 2 BvL 13/09, BVerfGE 126, 268 ff.

577 Ursprünglich auch als Sach- und Systemgerechtigkeit bezeichnet, BVerfG v. 24.1.1962, 1 BvR 845/58, BVerfGE 13, 331 (340); v. 9.2.1982, 2 BvL 6/78, 2 BvL 8/79, BVerfGE 60, 16 (43); v. 27.6.1991, 2 BvR 1493/89, BVerfGE 84, 239 (271); v. 6.7.2010, 2 BvL 13/09, BVerfGE 126, 268 (278).

578 Vgl. *Lampert*, Doppelbesteuerungsrecht und Lastengleichheit, S. 209 f.; *Tipke*, StuW 2007, 201 (207).

579 *Prokisch*, Von der Sach- und Systemgerechtigkeit zum Gebot der Folgerichtigkeit, in FS Vogel (2000), S. 310; *Kirchhof*, StuW 1984, 197 (301 f.) unterscheidet zwischen Sach-, Systemgerechtigkeit (innerhalb der Gesamtrechtsordnung und innerhalb des Vielsteuersystems) sowie Folgerichtigkeit.

Steuergerechtigkeit berufende Totalprinzip als auch das die Gleichheit in der Zeit und Rechtssicherheit herstellende Abschnittsprinzip Verfassungsrang aufweisen.[580] Aufgrund dieser Rechtfertigung ist zu schließen, dass nur eine Regelung, die diese scheinbar konträren Ansätze zusammenführt, den verfassungsrechtlichen Vorgaben entsprechen kann.

Für die Annahme der Totalperiode als zeitlicher Leistungsfähigkeitsmaßstab spricht, dass Steuerpflichtige mit langen Ausbildungszeiten bzw. solche, die in einer kurzen Erwerbsperiode das gesamte Einkommen generieren,[581] bei einer Erfassung im Jahresrhythmus überproportional besteuert werden. Nicht nur unterfallen sie durch den progressiven Einkommensteuertarif einem höheren Steuersatz als es bei gleichmäßiger Verteilung auf ihre Existenz gerechtfertigt wäre; mangels Einkünften können ihre Ausgaben in Ausbildungszeiten auch nicht berücksichtigt werden.[582] Zwar sieht das Körperschaftsteuergesetz keinen progressiven Tarif vor, aber es besteht auch in dessen Anwendungsbereich die Notwendigkeit, dass Ausgaben in der Phase des Unternehmensaufbaus in Zeiten der Wertschöpfung berücksichtigt werden. Dieses kann vor allem am Beispiel von langjährigen Forschungsinvestitionen verdeutlicht werden, deren Amortisation erst in zukünftigen Perioden erfolgt.

Schon allein aus Gründen der Durchführbarkeit ist die Besteuerung der Totalperiode am Ende der unternehmerischen Existenz allerdings einzuschränken. Es ist einleuchtend, dass selbst ehemals ertragsstarke Körperschaftsteuersubjekte zu diesem Zeitpunkt nicht zur Begleichung der Steuerlast in der Lage sind. Eine Regelung, welche den Körperschaften auferlegt, für latente Steuern Rücklagen zu bilden, dürfte ebenfalls nur schwer durchführbar sein. Denn sie würde nicht nur erheblichen bürokratischen Aufwand für die Unternehmen heraufbeschwören, die dieser Rücklage anhand einer abschnittsgetreuen „Quasi-Steuererklärung" Mittel zuführen müssten. Eine solche Regelung würde vielmehr, da die Rücklage noch dem unternehmerischen Zugriff unterliegt, auch der ständigen Gefahr des Missbrauchs unterliegen. Im Übrigen muss auch aus fiskalischen Gründen die Besteuerungsperiode so gewählt sein, dass sie den stetigen Finanzbedarf des Staates decken kann. Denn der Staat kann seine Aufgaben nur erfüllen, wenn ihm dazu ausreichende Mittel zur Verfügung stehen. Dies wäre aber kaum möglich, wenn ihm eine Besteuerung von wirtschaftlich erfolgreichen Unternehmen, womöglich über Jahrzehnte,

---

580 Vgl. BVerfG v. 22.7.1991, 1 BvR 313/88, DStR 1991, 1278 (1278); *Drüen*, Periodengewinn und Totalgewinn, S. 80f. und zur Fragwürdigkeit der Abgrenzung von technischen zu materiellen Prinzipien, S. 87; siehe auch *Seer*, DStR 1993, 307 (308) hinsichtlich der Begriffe Rechtssicherheit und materieller Rechtsrichtigkeit als Bestandteile des Rechtsstaatsprinzips.

581 Akademiker, Profisportler; vgl. *Lang*, Die Bemessungsgrundlage der Einkommensteuer, S. 187; *Giloy*, FR 1979, 133 (133) mit weiteren Bsp. und Arbeitern, Angestellten und Beamten als Gegenbeispiele für ein über längere Zeit gleichmäßig erzieltes zu versteuerndes Einkommen.

582 *Lang*, Die Bemessungsgrundlage der Einkommensteuer, S. 187.

verwehrt bliebe. Fasst man also das Totalprinzip als Grundidee auf, so muss diese zwingend eingeschränkt werden.

Andererseits wird auch die Ist-Leistungsfähigkeit in der aktuellen Besteuerungsperiode durch Erwägungen der Steuergerechtigkeit beeinflusst, nach denen auch in vorangegangenen Perioden erlittene Verluste Berücksichtigung finden müssen. Vergleichbare Erwägungen finden sich sowohl bei den Vertretern der Totalperiode[583] als auch bei den Fürsprechern einer periodengerechten Leistungsfähigkeit[584]. Entweder wird folglich der Grundsatz der Besteuerung nach der Totalperiode durch für das Abschnittsprinzip sprechende Argumente eingeschränkt oder das Postulat einer periodengerechten Besteuerung des Abschnittsprinzips mit Steuergerechtigkeitserwägungen angereichert, die für einen periodenübergreifenden Ansatz sprechen. Das durch die Gerichtsbarkeit aufgeworfene Spannungsverhältnis[585] zwischen beiden Extrempositionen wird somit auch durch die Literatur erkannt und einer Lösung zugeführt.[586]

So bleibt es, ob mit dem Abschnittsprinzip „gegenwartsnah"[587] oder mit dem Totalprinzip „überperiodisch" besteuert wird, nach beiden Ansichten bei der Einschätzung, dass die Nutzung vorgetragener Verluste verfassungsrechtlich geboten ist.[588]

Mit § 10d EStG wird i.V.m. § 8 Abs. 1 S. 1 KStG einfachgesetzlich die Möglichkeit zum Verlustvortrag für Körperschaftsteuersubjekte eingeräumt. Mit dem Prinzip der Folgerichtigkeit muss diese gesetzgeberische Entscheidung konsequent umgesetzt werden. Auch aus diesem Gesichtspunkt besteht hinsichtlich der Unterbindung für Organgesellschaften Rechtfertigungsbedarf. Letzteres gilt unabhängig davon, ob man den Verlustvortrag als Ausnahme zur Abmilderung der Härten des Abschnittsprinzips oder, entsprechend der Besteuerung in der Totalperiode, als Regel ansieht, die durch die Ausnahme des § 15 S. 1 Nr. 1 KStG in ihrem Anwendungsbereich eingeschränkt wird.

---

583 Vgl. *Tipke*, Die Steuerrechtsordnung, S. 755.

584 Vgl. *Kirchhof*, in: DStJG 28, S. 93.

585 BFH v. 17.12.2007, GrS 2/04, BStBl. II 2008, 608 (612 f.); BVerfG v. 22.7.1991, 1 BvR 313/88, DStR 1991, 1278 (1278).

586 Vgl. *Dötsch*, DStR 2008, 641 (642); *Drüen*, Periodengewinn und Totalgewinn, S. 75f.; siehe auch *Röder*, Das System der Verlustverrechnung im deutschen Steuerrecht, S. 235ff. aus der Erkenntnis, dass beide Ansichten mit der „Radikalität ihrer Prämissen (...) nicht zu überzeugen vermögen" mit dem Versuch einer Synthese von Perioden- und Totaleinkommen zur Ermittlung der Besteuerungsgrundlage.

587 *Kirchhof*, in: DStJG 28, S. 93.

588 So auch *Eckhoff*, in: DStJG 28, S. 94; Wendt, in: DStJG 28, S. 94 f., mit Verweis auf Art. 14 GG; ebenso *Englisch*, in: DStJG 28, S. 211; nach *Enno Becker*, Die Grundlagen der Einkommensteuer, S. 75, ist das Gesamteinkommen nur dann richtig erfasst, wenn die einzelnen Zeitabschnitte, die als Glieder einer Kette zu verstehen sind, in gewissen Grenzen aufeinander abgestimmt sind; a.A. *Röder*, S. 232, nach dem jede interperiodische Verlustverrechnung einen vor Art. 3 GG rechtfertigungsbedürftigen Sachverhalt auslöst, der durch den Gesetzgeber als Steuersubvention gewährt wurde, diesen aber nicht für die Zukunft bindet.

bb) Verfassungsmäßigkeit des § 15 S. 1 Nr. 1 KStG

Nach dem deutschen Organschaftsregime wird derzeit an der Trennung der beteiligten Gesellschaften festgehalten. Entsprechend bleibt jede Organgesellschaft zu einer eigenständigen Bilanzierung verpflichtet. Vor diesem Hintergrund muss aber die Frage aufgeworfen werden, ob die Leistungsfähigkeit einer Organgesellschaft dann überhaupt durch Vorgruppenverluste beeinträchtigt wird. Dieses kann zumindest nicht angenommen werden, wenn die Verluste zu einer Zeit aufgelaufen sind, in dem diese Kapitalgesellschaft noch nicht dem Konzern angehörte. In diesem Fall stellen die Verluste lediglich Anschaffungskosten für die durch die Beteiligung repräsentierten Wirtschaftsgüter und Schulden dar.[589] Aber auch in den übrigen Anwendungsfällen gilt nach der Trennungstheorie das Gebot der isolierten Betrachtung jeder einzelnen Organgesellschaft. Mit Eintritt in den Organschaftskreis werden die Verlustvorträge gerade nicht zu „Gruppenverlusten". Demnach besteht kein Unterschied zu den Verlusten einer Einzelgesellschaft, der eine Nichtberücksichtigung dieser Verlustvorträge rechtfertigen könnte. Die Leistungsfähigkeit einer Organgesellschaft wird ebenso wie bei jeder Kapitalgesellschaft durch Verluste aus vorherigen Veranlagungszeiträumen beeinträchtigt. In Hinblick auf das verfassungsrechtlich geschützte objektive Nettoprinzip erscheint eine Rechtfertigung der durch § 15 S. 1 Nr. 1 KStG geschaffenen Unterbindung des Verlustvortrags damit zumindest fraglich.

Gleichermaßen ist das Prinzip der Folgerichtigkeit als verfassungsrechtliche Vorgabe zu beachten. Wenn der Gesetzgeber sich, ungeachtet des Indikators der wirtschaftlichen Leistungsfähigkeit, zur grundsätzlichen Vortragsfähigkeit von Verlusten entschlossen hat, so erwächst daraus die Verpflichtung zu einer folgerichtigen Ausgestaltung.[590] § 15 S. 1 Nr. 1 KStG ist daher als Einschränkung dieses Grundsatzes zu rechtfertigen. Als besondere sachliche Gründe werden zur Rechtfertigung einmal getroffener Entscheidungen des Gesetzgebers von der Rechtsprechung vor allem Förderungs- und Lenkungszwecke sowie Typisierungs- und Vereinfachungsmaßnahmen anerkannt.[591] Der Gesetzgeber hat die mit der erstmaligen Kodifizierung der Organschaft eingeführte Regelung des § 15 S. 1 Nr. 1 KStG nicht begründet.[592] Es könnte sich allerdings um eine Vorschrift zur Verhinderung von missbräuchlichen Gestaltungen handeln. Organschaften könnten durch Eingliederung von Kapitalgesellschaften mit Verlustvorträgen ihre Steuerlast senken. Diesem ist entgegenzuhalten, dass der Verlustabzug bei Beteiligungserwerb an Körperschaften bereits durch die Vorschrift des § 8c KStG reguliert und begrenzt wird.[593] Darüber hinaus stünden

589 *Fußbroich*, DStR 2002, 697 (699).

590 Vgl. *Wendt*, in: DStJG 28, S. 90; *Englisch*, in: DStJG 28, S. 211.

591 BVerfG v. 6.7.2010, 2 BvL 13/09, BVerfGE 126, 268 (278); v. 9.12.2008, 2 BvL 1/07, 2 BvL 2/07, 2 BvL 1/08, 2 BvL 2/08, 122, 210 (231 ff.) m.w.N.

592 Damals noch § 7a Abs. 2 KStG, vgl. BStBl. I 1969, 471.

593 *Suchanek*, in: H/H/R, § 8c KStG Rn. 3, bezeichnet den § 8c KStG als spezialgesetzliche – und auch typisierende – Missbrauchsvorschrift.

die Verlustvorträge infolge der Trennungstheorie lediglich den Organgesellschaften zum Abzug zur Verfügung, die auch zuvor negative Einkünfte erlitten haben. Zur Verhinderung von Missbrauch bedarf es des § 15 S. 1 Nr. 1 KStG demzufolge nicht.

Ein Verstoß gegen das Gebot der Folgerichtigkeit kann nicht schon aufgrund der Tatsache angenommen werden, dass die Organgesellschaften genau wie nicht organschaftlich verbundene Kapitalgesellschaften als eigenständig anzusehen sind. Art. 3 Abs. 1 GG verpflichtet den Steuergesetzgeber nicht dazu, die Besteuerung an die zivilrechtliche Ordnung anzuknüpfen.[594]

Möglicherweise, so *Herzig*, könnte das Verrechnungsgebot des § 15 S. 1 Nr. 1 KStG aber mit der Durchbrechung des Trennungsprinzips durch die Ergebniszurechnung in der laufenden Organschaftsbesteuerung begründet werden: Da der Organträger nur während der Laufzeit der Organschaft, nicht aber zuvor den Verlust der Organgesellschaft wirtschaftlich trägt, könnte eine Verrechnung von vororganschaftlichen Verlusten mit ihrem Einfluss auf das Organschaftsergebnis systemwidrig sein.[595] Diese Argumentation vermag jedoch schon deshalb nicht zu überzeugen, weil ihr Ausgangspunkt in Frage gestellt werden muss. Um eine Organschaft zu einer Tochtergesellschaft zu begründen, muss die Konzernmuttergesellschaft über eine Stimmrechtsmehrheit verfügen. Diese geht einher mit einer signifikanten, wenn auch nicht notwendig mehrheitlichen, Kapitalbeteiligung an der Tochter. Durch diese Beteiligung hat die Muttergesellschaft, auch bevor sie Organträger wurde, bereits am Ergebnis der Tochtergesellschaft partizipiert, es mit anderen Worten wirtschaftlich getragen.

Darüber hinaus hat der Gesetzgeber sich darauf festgelegt, Verluste, also negativen Gewinn,[596] in Tatbestand und Rechtsfolge genauso zu behandeln wie positive Einkünfte.[597] Auch wird vom Gesetzgeber hinsichtlich anderer Kritikpunkte bzgl. des Organschaftsregimes häufig die Eigenständigkeit der einzelnen Organschaftsmitglieder betont; als Grundlage kann hier die Anwendbarkeit der Trennungstheorie für die §§ 14ff. KStG angeführt werden.[598] Wenn das Ergebnis der einzelnen Organgesellschaft gemäß der Zurechnungstheorie zunächst eigenständig ermittelt wird und erst danach eine Verrechnung mit dem Gruppenergebnis bei dem Organträger

594 BVerfGE 13, 331 (339 f.); siehe zum Verhältnis zwischen Steuerrecht und Zivilrecht oben unter D.III.1.b)aa).

595 Unter Hinweis auf die gebotene Prüfung der Stichhaltigkeit dieses Arguments *Herzig*, in: DStJG 28, S. 193.

596 Nach § 4 Abs. 1 S. 1 EStG ist Gewinn der Unterschiedsbetrag zwischen dem Betriebsvermögen am Schluss des Wirtschaftsjahres und dem Betriebsvermögen am Schluss des vorangegangenen Wirtschaftsjahres. Unter diese Definition ist somit auch ein negativer Betrag des Betriebsvermögensvergleiches zu subsumieren.

597 Von *Groll*, in: Lehner, Verluste im nationalen und Internationalen Steuerrecht, S. 133.

598 Ein weiteres Beispiel, bei dem der Gesetzgeber die getrennte Gewinnermittlung zur Begründung heranzieht ist die Berücksichtigung gruppeninterner Rechtsgeschäfte.

erfolgt, so ist es konsequent, auch eine Berücksichtigung der vortragsfähigen vororganschaftlichen Verluste bei der jeweiligen Tochtergesellschaft zuzulassen. Begründungen, nach denen die Nichtberücksichtigung dieser Verluste auf den Eintritt in die Besteuerung als Gruppe zurückzuführen sei,[599] kann die weiterhin bestehende Steuersubjektqualität der Gruppengesellschaften entgegengehalten werden. Durch die Organschaft wird keinesfalls ein neues, die gesamte Gruppe umfassendes Besteuerungssubjekt begründet.[600]

Gerade bei steuerlichen Verschonungstatbeständen sind über eine Willkürprüfung hinaus nach dem Grundsatz der Folgerichtigkeit Überlegungen zur jeweiligen Rechtsgüterbetroffenheit erforderlich, um den Anforderungen an eine wertungskonsistenten Abwägung gerecht zu werden.[601] Die Nichtberücksichtigung vororganschaftlicher Verluste kann angesichts der dargelegten Argumentation[602] ausschließlich mit den angesammelten Verrechnungsvolumina begründet werden, deren Abzugsfähigkeit aus fiskalischen Gründen verhindert werden soll.[603] Rein fiskalische Beweggründe werden allerdings zur Rechtfertigung einer nicht folgerichtigen Umsetzung einer gesetzgeberischen Grundentscheidung nicht als ausreichend erachtet.[604] Insoweit erweist sich die Regelung des § 15 S. 1 Nr. 1 KStG als mit dem verfassungsrechtlichen Gebot der Folgerichtigkeit nicht vereinbar.

b) Ergebnis

Die Behandlung von Vorgruppenverlusten erweist sich somit als Problemstellung, die losgelöst von der Einführung einer Gruppenbesteuerung nach Maßgabe der Einheitstheorie zu ergründen ist. Das zeigt sich zum einen an dem Umstand, dass diese Thematik bereits unter dem aktuellen System der Trennungs- und Zurechnungstheorie kontrovers diskutiert wird. Dazu tritt der Umstand, dass der niederländische Steuergesetzgeber, obwohl er im Übrigen den Einheitsgedanken im Regime der *fiscale eenheid* weitgehend berücksichtigt, die Verrechenbarkeit von Vorgruppenverlusten nur isoliert für jede Gruppengesellschaft betrachtet, was in dogmatischer Hinsicht eigentlich den Vorgaben der Trennungstheorie entspräche. Dies unterstreicht die These, dass es dem Gesetzgeber obliegt, die Behandlung der Vorgruppenverluste ungeachtet der zugrunde liegenden Dogmatik zu regeln. Er ist

599 Mit Hinweis auf die Sichtweise der Finanzverwaltung und § 8 Abs. 8 KStG siehe die Kritik bei *Hey* u.a., Einführung einer modernen Gruppenbesteuerung, S. 60.

600 Siehe dazu oben unter D.III.1.b)bb).

601 *Schön*, in FS Solms, 263 (269); *Englisch*, in: FS Lang, S. 216.

602 Allgemein zu den als fiskale Bedrohung angesehenen Verlustvorträgen vgl. Prüfbericht des BMF: „Verlustverrechnung und Gruppenbesteuerung", vom 10.11.2011, S. 21 ff.

603 Vgl. Stellungnahme des BMF in Hey u.a., Einführung einer modernen Gruppenbesteuerung, S. 91 f.

604 BVerfG v. 6.7.2010, 2 BvL 13/09, BVerfGE 126, 268 (278); v. 9.12.2008, 2 BvL 1/07, 2 BvL 2/07, 2 BvL 1/08, 2 BvL 2/08, 122, 210 (231f.) m.w.N.

also nicht an die theoretische Grundlage der Gruppenbesteuerung gebunden. Sehr wohl unterliegt der Gesetzgeber aber den allgemein gültigen verfassungsrechtlichen Vorgaben an die Besteuerung. Mit dem Gebot der Besteuerung nach der wirtschaftlichen Leistungsfähigkeit sowie dem Prinzip der Folgerichtigkeit ergeben sich aus dem Grundgesetz dabei zwei den Steuergesetzgeber bindende Maßstäbe.

Die durch § 15 S. 1 Nr. 1 KStG statuierte Nichtberücksichtigung vororganschaftlicher Verluste wäre bei einem ausschließlich auf das jeweilige Wirtschaftsjahr bezogenen Leistungsfähigkeitsverständnis geboten. Allerdings hat sich der Gesetzgeber mit der Vorschrift des § 10d EStG, die gemäß § 8 Abs. 1 KStG auch für Körperschaftsteuersubjekte Anwendung findet, einem periodenübergreifenden Leistungsfähigkeitsansatz angeschlossen und den Verlustabzug somit grundsätzlich ermöglicht. Eine Rechtfertigung dafür, dass dieser Grundsatz wegen der besonderen Verhältnisse in der Organschaft zu durchbrechen ist, vermag angesichts der derzeit geltenden Trennungstheorie, die gerade nicht auf die Verbundleistungsfähigkeit der gesamten Organschaftsgruppe abstellt, nicht zu überzeugen. Denn im Organschaftsrecht ist die individuelle wirtschaftliche Leistungsfähigkeit des einzelnen Mitglieds für dessen Gewinnermittlung entscheidend. Die Ermittlung der individuellen Leistungsfähigkeit geht demnach der Zurechnung der Einzelergebnisse bei dem Organträger zeitlich voraus. Die individuelle Leistungsfähigkeit wird aber durch die in den vorangegangenen Zeiträumen erlittenen Verluste beeinflusst. Daher besteht eine aus Leistungsfähigkeitsgesichtspunkten herzuleitende Verpflichtung für den deutschen Steuergesetzgeber, auch die vor dem Eintritt in die Organschaft vortragsfähigen Verluste zum Abzug zuzulassen.

Weiterhin ist der Gesetzgeber nach dem Prinzip der Folgerichtigkeit gehalten, die getroffene Entscheidung für die Vortragsfähigkeit von Verlusten konsequent auszugestalten. Eine Beschränkung dieses Grundsatzes, wie sie durch § 15 S. 1 Nr. 1 KStG erfolgt, müsste durch außerfiskalische Motive gerechtfertigt sein. Die Pflicht zur getrennten Ermittlung der Ergebnisse einzelner Organschaftsmitglieder spricht allerdings gegen eine Rechtfertigung der abweichenden Behandlung von Verlustvorträgen bei Organgesellschaften im Gegensatz zu vortragsberechtigten Kapitalgesellschaften. Der § 15 S. 1 Nr. 1 KStG ist somit nicht nur in Bezug auf das Leistungsfähigkeitsprinzip als fragwürdig zu bezeichnen, sondern verstößt gegen das Prinzip der Folgerichtigkeit.

Daher ist die bisherige Vorschrift durch eine Regelung zu ersetzen, die mit der Behandlung in den Niederlanden vergleichbar ist. In konsequentem Gleichlauf mit der Trennungs- und Zurechnungstheorie oder aber als Ausnahme eines zu etablierenden Einheitsgedankens sollten die Verlustvorträge auch im deutschen Gruppenbesteuerungsrecht isoliert vorgetragen und mit dem Ergebnis der jeweiligen Organgesellschaft verrechnet werden können.

3. Inlandsbetriebsstätten ausländischer Tochtergesellschaften

Gemäß § 14 Abs. 1 Nr. 2 S. 4 KStG können ausländische Unternehmen als Organträger fungieren, solange sie eine inländische Betriebsstätte unterhalten, welcher die

Beteiligung an den Organgesellschaften zuzuordnen ist. Diese Regelung erweitert den Anwendungsbereich der Organschaft auf ausländische Organträger. Gleichwohl bleibt der Besteuerungszugriff in Deutschland gewahrt, da der Organträger mit seiner Betriebsstätte der beschränkten Steuerpflicht gemäß § 2 KStG i.V.m. § 49 Abs. 1 Nr. 2a EStG unterliegt.[605] Auch wenn der Gewinnabführungsvertrag (den Verlustausgleich eingeschlossen) zwischen Organträger und Organgesellschaft durchgeführt wird, hat zumindest die steuerbilanzielle Abbildung der Vertragsabwicklung bei der Betriebsstätte zu erfolgen.[606] Eine grenzüberschreitende Gruppenbesteuerung wird durch § 14 Abs. 1 Nr. 2 S. 4 KStG somit nicht geschaffen.

Während also ausländischen Rechtsträgern mit Inlandsbetriebsstätten die Organträgereignung zugestanden wird, sieht das Körperschaftsteuergesetz für ausländische Tochtergesellschaften mit Inlandsbetriebsstätten keine Berücksichtigung als Organgesellschaften vor. Das erscheint inkonsequent, weil eine ausländische Unternehmung mit einer in Deutschland ansässigen Betriebsstätte auch beschränkt steuerpflichtige Einkünfte erzielt. Ebenso ist auch in Hinblick auf etwaige fiskalische Motive[607] darauf hinzuweisen, dass der Gesetzgeber durch die Einbindung von inländischen Betriebsstätten in den Organkreis ein viel höheres Verrechnungspotenzial geschaffen hat, indem eine Konsolidierung der sonst einzeln veranlagungspflichtigen Konzerntöchter ermöglicht wurde. Die Verrechnung von Ergebnissen der Inlandsbetriebsstätten ausländischer Tochtergesellschaften kann demgegenüber nur ein Weniger sein.

Als Begründung für die bisherige Regelung könnte angeführt werden, dass die Anforderungen an die Rechtsform von Organgesellschaften höher sind als dieses bei Organträgern der Fall ist. Der persönliche Anwendungsbereich des § 14 Abs. 1 S. 1 KStG und des § 17 KStG erfasst nur Kapitalgesellschaften. Eine Ausweitung auf Betriebsstätten könnte zur Folge haben, dass damit auch Personengesellschaften als Organgesellschaften in den Organkreis aufgenommen würden. Allerdings ist zu beachten, dass eine entsprechende Gesetzesänderung darauf beschränkt werden könnte, den Organkreis lediglich auf Betriebsstätten zu erweitern, die von einer im Ausland belegenen Unternehmung betrieben werden. Als Vertragspartner des Organträgers und damit als Organgesellschaft wäre, entsprechend der Regelung des § 14 Abs. 1 Nr. 2 KStG, nicht die inländische Betriebsstätte, sondern die ausländische Konzerntochter anzusehen. Deren beschränkt steuerpflichtige inländische Einkünfte würden der deutschen Obergesellschaft zugerechnet. Eine Einbeziehung von Personengesellschaftsrechtsformen könnte somit dadurch verhindert werden, dass an die ausländische Organgesellschaft dieselben Anforderungen gestellt würden wie an inländische Rechtssubjekte. Mithilfe des Rechtstypenvergleichs ist die Einordnung der im Ausland ansässigen Gesellschaft unter eine deutsche Gesellschaftsrechtsform

605 Siehe dazu oben D.II.2.

606 *Gosch / Neumann*, KStG, § 18 Rn. 41.

607 Siehe zu der offensichtlich fiskalisch motivierten Gesetzgebung schon oben unter D.III.2.a)bb).

möglich. Obschon demnach die Beschränkung auf Auslands-Kapitalgesellschaften praktikabel ist, kann festgestellt werden, dass die Einkünfte der in Frage stehenden Inlandsbetriebsstätten durch § 1 Abs. 4 i.V.m. § 49 Abs. 1 Nr. 2a EStG ohnehin schon heute Steuerobjekt der beschränkten Steuerpflicht sind. Damit unterscheiden sich die Inlandsbetriebsstätten ausländischer Gesellschaften signifikant von den durch inländische Rechtsträger unterhaltenen Betriebsstätten, deren Einkünfte auf Ebene ihrer Betreiber, ggfs. ihrer Mitunternehmer besteuert werden. Die Inlandsbetriebsstätte eines ausländischen Unternehmens ähnelt in der Behandlung ihrer Einkünfte damit einer selbständigen Körperschaft.[608] Umso bemerkenswerter erscheint vor diesem Hintergrund die Nichtberücksichtigung ihrer Einkünfte zur Organschaft. Eine Befähigung der Betriebsstätteneinkünfte zur Verrechnung im Organkreis führte somit nicht zu einer Ausweitung der Organschaft auf bislang unzulässige Rechtsformen von Organgesellschaften.

Ein anderer Grund für die Nichteinbeziehung könnte in der derzeitig bestehenden Voraussetzung des Gewinnabführungsvertrages zu finden sein. Da dieser Vertragstyp außer in Deutschland nur in Österreich, Portugal und Slowenien überhaupt gesellschaftsrechtlich[609] bekannt ist, könnte es an der Anerkennung der Organschaft durch die ausländischen Finanzbehörden mangeln.[610] Allerdings kann dieser Argumentation entgegengehalten werden, dass für die Aufnahme einer ausländischen Tochter mit ihrer Inlandsbetriebsstätte in die Organschaft lediglich die deutsche Sichtweise maßgeblich ist. Analog zu der Einbeziehung ausländischer Organträger nach § 14 Abs. 1 Nr. 2 S. 4 KStG könnte auch ein Gewinnabführungsvertrag zwischen einem deutschen Organträger und einer ausländischen Organgesellschaft hinsichtlich ihrer inländischen Betriebsstättenergebnisse die Akzeptanz der deutschen Finanzbehörden finden. Auch der Gewinnabführungsvertrag als Voraussetzung der deutschen Organschaft steht einer Erweiterung des Organkreises somit nicht entgegen.

Weder aus der Dogmatik und inneren Systematik des Organschaftsregimes noch aus der steuerlichen Behandlung von Inlandsbetriebsstätten lassen sich folglich Argumente gegen die Berücksichtigung der Einkünfte inländischer Betriebsstätten von ausländischen Konzerntöchtern herleiten.

---

608 Diese Annahme wird bestärkt durch die Formulierung des § 1 Abs. 5 S. 2 AStG, nach dem die Inlandsbetriebsstätte eines ausländischen Unternehmens für Fremdvergleichsgrundsätze „wie ein eigenständiges und unabhängiges Unternehmen zu behandeln" ist.

609 Seit der Reform der Konzernbesteuerung in Österreich setzt neben Deutschland nur Slowenien steuerrechtlich den Abschluss eines Gewinnabführungsvertrages voraus.

610 Vgl. zu dieser Annahme *Esterer/Bartelt*, BB Beilage Nr. 1 2010, 2 (7).

a) *Verstoß gegen die Niederlassungsfreiheit*

Allein aus dem zuvor erörterten Umstand, dass der Einbeziehung inländischer Betriebsstätteneinkünfte von ausländischen Tochterkapitalgesellschaften im Organkreis keine durchgreifenden Gründe entgegenzuhalten sind, ergibt sich noch keine gesetzgeberische Verpflichtung zur Erweiterung der Regelungen in den §§ 14ff. KStG auf die fraglichen Einkünfte. Durch die Nichtberücksichtigung ihrer Inlandsbetriebsstätten sind ausländische Konzerntochtergesellschaften jedoch selbst dann von der Möglichkeit eines periodengerechten Ergebnisausgleichs ausgeschlossen, wenn sie in Deutschland beschränkt steuerpflichtige Einkünfte generieren. Deshalb könnte in Hinblick auf die nicht zur Organschaft berechtigten Gesellschaften im EU-Ausland[611] ein Verstoß gegen die Niederlassungsfreiheit gemäß Art. 49ff. AEUV vorliegen. Die ebenfalls in Betracht zu ziehende Kapitalverkehrsfreiheit nach Art. 63ff. AEUV tritt zurück, da die Niederlassungsfreiheit bei hier in Frage stehenden Beziehungen zwischen Konzernmuttergesellschaften und beherrschten ausländischen Tochtergesellschaften vorwiegend betroffen ist.[612]

aa) *Die Rechtsprechung des EuGH zur grenzüberschreitenden Berücksichtigung von Gewinnen und Verlusten in Konzernen*

Der Europäische Gerichtshof (EuGH) hat sich seit der Rechtssache *Marks & Spencer* im Jahr 2005[613] mehrfach mit der Frage auseinandergesetzt, ob und unter welchen Umständen eine steuerliche Nichtberücksichtigung grenzüberschreitender Ergebnisse in Unternehmensgruppen eine Verletzung der Niederlassungsfreiheit darstellt.

(1) Die Rechtssache *Marks & Spencer*

Ausgangspunkt des im Rahmen eines Vorabentscheidungsverfahrens ergangenen Urteils zur Rechtssache *Marks & Spencer* war eine in Großbritannien ansässige Mutterkapitalgesellschaft in der Rechtsform einer *Public limited company (plc)*[614], die im Jahr 2001 ihre Tochtergesellschaft in Frankreich verkauft und deren Tochtergesellschaften in Belgien und Deutschland ihre gewerbliche Tätigkeit eingestellt hatten. Die britische Konzernmuttergesellschaft beantragte unter Berufung auf den

611 Mit dem Begriff „EU-Ausland" wird im Folgenden der Rechtsraum der Mitgliedstaaten der Europäischen Union sowie der Mitgliedstaaten des Europäischen Wirtschaftsraumes EWR mit Ausnahme der Bundesrepublik Deutschland bezeichnet.

612 EuGH v. 12.9.2006, Rs. C-196/04 („Cadbury Schweppes und Cadbury Schweppes Overseas"), Slg. 2006, I-7995, Rn. 33; v. 18.7.2007, Rs. C-231/05 ("Oy AA"), Slg. 2007, I-6373, Rn. 23.

613 EuGH v. 13.12.2005, Rs. C-446/03 („Marks & Spencer"), Slg. 2005, I-10837.

614 Bei der *Public limited company* handelt es sich um eine mit der Aktiengesellschaft vergleichbare Rechtsform.

britischen *group relief* den Abzug[615] der in den Wirtschaftsjahren 1998 bis 2001 angefallenen Verluste dieser EU-ausländischen Tochtergesellschaften von ihrem in Großbritannien steuerpflichtigen Gewinn. Dieses Ersuchen wurde durch die britische Finanzverwaltung mit der Begründung abgelehnt, dass ein Konzernabzug nur dann möglich sei, wenn die Verluste im Inland entstanden sind.[616]

In seiner Entscheidung ging der EuGH davon aus, dass die Begrenzung des britischen *group relief* auf im Inland generierte Verluste geeignet ist, die Gründung von Tochtergesellschaften in anderen Mitgliedstaaten zu verhindern oder weniger attraktiv zu machen und damit eine Beschränkung der Niederlassungsfreiheit darstellt.[617] Allerdings sah das Gericht die Niederlassungsfreiheit nur dann verletzt, wenn die Berücksichtigung der Auslandsverluste durch eine nationale Regelung auch verwehrt werde, obwohl die verlustträchtige Tochtergesellschaft in ihrem Ansässigkeitsstaat die Verlustverrechnungsmöglichkeiten ausgeschöpft habe und dort keine Möglichkeit einer zukünftigen Berücksichtigung mehr für sie bestehe. Eine Beschränkung der Niederlassungsfreiheit durch eine nationale Regelung sei zur Wahrung der Aufteilung der Besteuerungsbefugnis zwischen den Mitgliedstaaten, zur Verhinderung doppelter Verlustberücksichtigung sowie zur Vermeidung von Steuerfluchtgefahr gerechtfertigt.[618] Nach Maßgabe der Erforderlichkeit müsse das nationale Steuerrecht aber die Möglichkeit schaffen, dass nicht mehr im Ansässigkeitsstaat abziehbare Verluste im Inland berücksichtigt werden können.[619] Können diese innerhalb der EU entstandenen endgültigen oder auch finalen Verluste einer Tochtergesellschaft nicht bei der Muttergesellschaft abgezogen werden, verstoße das nationale Recht gegen die Niederlassungsfreiheit.[620]

(2) Die Rechtssache *Oy AA*

Im Gegensatz zu der Rechtssache *Marks & Spencer* ging es bei *Oy AA* nicht um die Zurechnung ausländischer Verluste zur inländischen Konsolidierung mit steuerlichen Gewinnen. Vielmehr beschäftigte sich der EuGH in dieser Rechtssache mit der Frage, ob im Inland erwirtschaftete Gewinne für Zwecke des Verlustausgleichs in das EU-Ausland übertragbar sind. Grundlage war dabei eine Regelung des finnischen Gruppenbesteuerungsregimes. Nach diesem sogenannten *group contribution*

---

615 Sog. Konzernabzug gemäß Anhang 17a Abs. 6 ICTA (Income and Corporate Tax Act 1988).

616 EuGH v. 13.12.2005, Rs. C-446/03 („Marks & Spencer"), Slg. 2005, I-10837, Rn. 16, 24; der Konzernabzug im Rahmen der britischen Gruppenbesteuerung ist seit 2000 auf für Verluste inländischer Zweigniederlassungen von ausländischen Konzerngesellschaften zulässig.

617 EuGH v. 13.12.2005, Rs. C-446/03 („Marks & Spencer"), Slg. 2005, I-10837, Rn. 30ff. mit Hinweis auf die vor dem Inkrafttreten des Vertrags von Lissabon geltenden, aber materiell mit den Art. 49ff. AEUV übereinstimmenden Art. 43, 48 EGV.

618 EuGH v. 13.12.2005, Rs. C-446/03 („Marks & Spencer"), Slg. 2005, I-10837, Rn. 46ff.

619 EuGH v. 13.12.2005, Rs. C-446/03 („Marks & Spencer"), Slg. 2005, I-10837, Rn. 55ff.

620 EuGH v. 13.12.2005, Rs. C-446/03 („Marks & Spencer"), Slg. 2005, I-10837, Rn. 59.

– System leisten verbundene Gesellschaften Konzernbeiträge, die ihre steuerpflichtigen Einkünfte mindern und über die Muttergesellschaft an verlustträchtige Gruppenmitglieder weitergereicht werden können. Die Zahlung von Gruppenbeiträgen ist allerdings nur dann von den steuerpflichtigen Einkünften abzugsfähig, wenn auch die Einnahme beim Beitragsempfänger in Finnland steuerpflichtig ist.[621] Mit dieser Begründung wurde einer in Finnland ansässigen Tochter- der Abzug des an ihre im Vereinigten Königreich belegene Muttergesellschaft gezahlten Gruppenbeitrags versagt.

Der in dem daraufhin angestrengten Verfahren zur Vorabentscheidung angerufene EuGH sah in dem nicht gewährten Abzug von Konzernbeiträgen an EU-ausländische Muttergesellschaften eine Beschränkung der Niederlassungsfreiheit. Er begründete die Beschränkung analog zur Entscheidung *Marks & Spencer* damit, dass die steuerliche Behandlung derartiger Zahlungen an finnische Muttergesellschaften gegenüber grenzüberschreitend gezahlten Beiträgen vorteilhafter sei.[622] Auch hinsichtlich der finnischen Gruppenbesteuerung ist der EuGH auf die im Rahmen der Entscheidung zur Rechtssache *Marks & Spencer* entwickelten Rechtfertigungsgründe eingegangen. Er hat bei einer Erweiterung des finnischen Regimes auf europaweit geleistete Konzernbeiträge die Gefahr gesehen, dass der Ansässigkeitsstaat der leistenden Gesellschaft auf sein Besteuerungsrecht für diese Einkünfte verzichten müsse. Dadurch stehe es im Belieben der Unternehmensgruppen zu entscheiden, in welchem Staat sie ihre Gewinne versteuern. Die auf nur finnische Sachverhalte begrenzte steuerliche Berücksichtigung von Gruppenbeiträgen wurde demnach mit der Aufteilung der Besteuerungsbefugnisse zwischen den Mitgliedstaaten sowie der damit verknüpften Vermeidung von Steuerumgehung als gerechtfertigt angesehen.[623]

(3) Die Rechtssache *Lidl Belgium*

Erstmals zu Verlusten ausländischer Betriebsstätten entschied der EuGH in dem Vorabentscheidungsverfahren *Lidl Belgium*[624]. Negative Einkünfte einer luxemburgischen Betriebsstätte wurden bei der Betreibergesellschaft, einer Kommanditgesellschaft mit Sitz in Deutschland, nicht zum Abzug zugelassen. Begründet wurde diese Versagung mit dem deutsch-luxemburgischen Doppelbesteuerungsabkommen, nach dem die (positiven und negativen) Einkünfte einer in einem Vertragsstaat ansässigen Betriebsstätte in dem anderen Vertragsstaat von der Besteuerung freigestellt sind. Ein weiterer Unterschied zu *Marks & Spencer* bestand darin, dass Gegenstand der Rechtssache *Lidl Belgium* laufende Verluste einer im Ausland belegenen Konzerneinheit waren.

621 EuGH v. 18.7.2007, Rs. C-231/05 („Oy AA“), Slg. 2007, I-6373, Rn. 6ff.
622 EuGH v. 18.7.2007, Rs. C-231/05 („Oy AA“), Slg. 2007, I-6373, Rn. 31ff.
623 EuGH v. 18.7.2007, Rs. C-231/05 („Oy AA“), Slg. 2007, I-6373, Rn. 55ff.
624 EuGH v. 15.5.2008, Rs. C-414/06 („Lidl Belgium“), Slg. 2008, I-3601.

Der EuGH sah auch in diesem Fall eine Beschränkung der Niederlassungsfreiheit gegeben, weil durch die Regelung eine Gesellschaft mit in Deutschland belegener Betriebsstätte steuerlich besser gestellt sei als wenn sie eine Betriebsstätte in einem anderen Mitgliedstaat unterhalte. Damit könne eine deutsche Gesellschaft von der Gründung einer im EU-Ausland belegenen Betriebsstätte abgehalten werden.[625]

Hinsichtlich der Rechtfertigung ging der EuGH insbesondere auf die Wahrung der Aufteilung der Besteuerungsbefugnis zwischen den Mitgliedstaaten ein. Er stellte fest, dass die im Doppelbesteuerungsabkommen getroffene Regelung gerade das Ziel der Aufteilung der Besteuerungsbefugnis zwischen den Vertragsstaaten widerspiegele. Dadurch werde die Symmetrie zwischen dem Recht zur Besteuerung der Gewinne und der Möglichkeit des Abzugs von Verlusten gewahrt. Ohne eine solche Aufteilung der Besteuerungsbefugnis wären die Gesellschaften in der Lage zu wählen, ob sie die erlittenen Verluste im Betriebsstätten- oder im Ansässigkeitsstaat geltend machen. Daneben diene die in Frage stehende Regelung im Doppelbesteuerungsabkommen der Verhinderung doppelter Verlustberücksichtigung.[626]

Der EuGH ging auch auf die Frage ein, ob für die Rechtfertigung einer Beschränkung der Niederlassungsfreiheit sämtliche in der Rechtssache *Marks & Spencer* aufgestellten Gründe kumulativ vorliegen müssen. Dieses könne jedoch angesichts der vielfältigen zu bewertenden Sachverhalte nicht verlangt werden. Eine nationale Regelung sei auch durch das Vorliegen von zwei der dort aufgestellten drei Gründe gerechtfertigt.[627]

Entsprechend zur Beurteilung von Verlusten ausländischer Konzerntochtergesellschaften in *Marks & Spencer* prüfte der EuGH die staatliche Regelung darauf, ob sie nicht über das zur Erreichung des Bezweckten erforderliche Maß hinausgeht. Er stellte fest, dass staatliche Maßnahmen, die eine Berücksichtigung endgültiger, nicht mehr im Betriebsstättenstaat steuerlich nutzbarer Verluste im Stammhausstaat verwehrt, nicht mehr erforderlich seien und damit eine Verletzung der Niederlassungsfreiheit darstellen.[628] Angesichts der Begrenzung des zu prüfenden Sachverhaltes auf laufende Einkünfte von Auslandsbetriebsstätten hatte diese Stellungnahme auf die Entscheidung des Gerichts in der Sache keinen Einfluss.

Der EuGH ist folglich in der Beurteilung von Betriebsstätten im EU-Ausland den zu Auslandstochtergesellschaften entwickelten Grundsätzen gefolgt. Für die Belange der Niederlassungsfreiheit wird somit nicht zwischen einer Gesellschaft mit eigener Rechtspersönlichkeit oder einer Betriebsstätte in einem anderen Mitgliedstaat unterschieden, sofern diesem Mitgliedstaat die Besteuerung der Betriebsstätteneinkünfte zugewiesen ist.

625 EuGH v. 15.5.2008, Rs. C-414/06 („Lidl Belgium"), Slg. 2008, I-3601, Rn. 23.
626 EuGH v. 15.5.2008, Rs. C-414/06 („Lidl Belgium"), Slg. 2008, I-3601, Rn. 31ff.
627 EuGH v. 15.5.2008, Rs. C-414/06 („Lidl Belgium"), Slg. 2008, I-3601, Rn. 39ff.
628 EuGH v. 15.5.2008, Rs. C-414/06 („Lidl Belgium"), Slg. 2008, I-3601, Rn. 44ff.

(4) Die Rechtssache Krankenheim Ruhesitz am Wannsee – Seniorenheimstatt (KR Wannsee)

Auch die Rechtssache *KR Wannsee*[629] behandelte die Berücksichtigung von Verlusten im EU-Ausland belegener Betriebsstätten inländischer unbeschränkt Steuerpflichtiger. In Österreich entstandene Betriebsstättenverluste wurden bei der in Deutschland ansässigen Betreiber-GmbH entsprechend einer nationalen Regelung[630] zum Abzug zugelassen. In späteren Veranlagungszeiträumen – u.a. im Streitjahr 1994 – erzielte Gewinne dieser Betriebsstätte wurden danach allerdings den Einkünften der deutschen GmbH bis zur Höhe des zuvor abgezogenen Betrags wieder hinzugerechnet. In einem Vorabentscheidungsverfahren hatte der EuGH auch diese Regelung im Lichte der Niederlassungsfreiheit zu überprüfen.[631]

Obwohl im Gegensatz zu der Rechtssache *Lidl Belgium* die Verluste österreichischer Betriebsstätten in Deutschland anerkannt wurden, sah das Gericht eine Beschränkung der Grundfreiheit als gegeben an. Begründet wurde diese Sichtweise damit, dass die zunächst vorgenommene Berücksichtigung der Betriebsstättenverluste bei Gewinnen in späteren Veranlagungszeiträumen wieder rückgängig gemacht werde. Da eine solche Nachversteuerung bei Inlandssachverhalten nicht vorgenommen werde, sei die Gesellschaft mit einer Auslandsbetriebsstätte steuerlich benachteiligt und damit in ihrer Niederlassungsfreiheit beschränkt.[632] Ein Eingriff in die Grundfreiheit wurde also aufgrund der Nachversteuerung angenommen, durch die die Auslandsbetriebsstätte in dieselbe Situation wie im Falle der Entscheidung zu *Lidl Belgium* gerät.

Auf der Rechtfertigungsebene ist der EuGH nicht den Gründen, die er in den zuvor behandelten Entscheidungen herangezogen hat, gefolgt. Das Gericht stellte fest, dass die nachträgliche Hinzurechnung der Verluste nicht von der vorangegangenen Berücksichtigung derselben zu trennen sei. Es bestehe ein direkter, persönlicher und sachlicher Zusammenhang zwischen beiden Komponenten der Verlustbehandlung, so dass die Hinzurechnung das „logische Pendant" einer vorherigen Berücksichtigung der Verluste von Auslandsbetriebsstätten darstelle. Die Rechtfertigung der deutschen Regelung ergebe sich somit aus der notwendigen Gewährleistung der Kohärenz im deutschen Steuersystem.[633] Da Betriebsstättengewinne nur bis zur

629 EuGH v. 23.10.2008, Rs. C-157/07 („KR Wannsee"), Slg. 2008, I-8061.

630 § 2 Abs. 1 Auslandsinvestitionsgesetz vom 18.8.1969, im Streitjahr 1994 geregelt in § 2a Abs. 3 EStG; diese Vorschrift war nach Art. 12 b des Protokolls zum deutsch-österreichischen Doppelbesteuerungsabkommen bis 1998 für in Österreich belegene Betriebsstätten deutscher Rechtspersonen anwendbar.

631 Weil Österreich im Jahr 1994 noch kein Mitglied der Europäischen Union war, lag dem Rechtsstreit Art. 31 des EWR-Abkommens zugrunde; diese Vorschrift und die Niederlassungsfreiheit in Art. 43 EGV sind identisch auszulegen, vgl. EuGH v. 23.10.2008, Rs. C-157/07 („KR Wannsee"), Slg. 2008, I-8061, Rn. 24.

632 EuGH v. 23.10.2008, Rs. C-157/07 („KR Wannsee"), Slg. 2008, I-8061, Rn. 32ff.

633 EuGH v. 23.10.2008, Rs. C-157/07 („KR Wannsee"), Slg. 2008, I-8061, Rn. 41ff.

Höhe der zuvor berücksichtigten Verluste hinzugerechnet werden, sei die Vorschrift auch zur Gewährleistung der Kohärenz geeignet und verhältnismäßig.[634]

Bemerkenswert an der Entscheidung des EuGH ist weniger ihr Ergebnis. Der zugrunde liegende Sachverhalt war, insbesondere nach der nachträglichen Verrechnung zuvor berücksichtigter Gewinne, mit dem der Rechtssache *Lidl Belgium* vergleichbar. Vielmehr ist die Heranziehung des Kohärenzgedankens zur Rechtfertigung der deutschen Regelung hervorzuheben. Anstelle der bisher hinsichtlich der grenzüberschreitenden Verlustberücksichtigung einschlägigen Gründe wurde damit ein lange Zeit nicht angewandter[635], „schillernder"[636] Gesichtspunkt herangezogen.

bb) Beschränkung der Niederlassungsfreiheit

Angesichts dieser Rechtsprechungslinie ist die Frage aufzuwerfen, ob es mit dem Europarecht zu vereinbaren ist, dass die Einkünfte inländischer Betriebsstätten ausländischer Tochtergesellschaften nicht wie bei inländischen Organgesellschaften im Organkreis Berücksichtigung finden. Die Niederlassungsfreiheit schützt das Recht von in der Europäischen Union ansässigen Gesellschaften, ihre Tätigkeit in einem anderen Mitgliedstaat durch eine Tochtergesellschaft, Zweigniederlassung oder auch Betriebsstätte auszuüben.[637] Die Art. 49ff. AEUV sollen demnach die Inländergleichbehandlung im Aufnahmestaat sicherstellen.[638] Als Beschränkungen der Niederlassungsfreiheit gilt jede Maßnahme eines Mitgliedstaates, die die Niederlassung verbietet, behindert oder weniger attraktiv macht.[639] Dabei ist ein Vergleich zwischen einem Sachverhalt mit Gemeinschaftsbezug gegenüber einem rein innerstaatlichen Sachverhalt anzustellen.[640]

Hier steht in Frage, ob eine EU-Kapitalgesellschaft dadurch in ihrer Niederlassungsfreiheit beschränkt ist, dass sie als Tochter einer deutschen Konzernmutter nicht mit den Einkünften einer in Deutschland belegenen Betriebsstätte Teil der

634 EuGH v. 23.10.2008, Rs. C-157/07 („KR Wannsee"), Slg. 2008, I-8061, Rn. 44f.

635 Entwickelt wurde die Rechtfertigung aus Gründen der Kohärenz in der Entscheidung „Bachmann" v. 28.1.1992, C-204/90, Slg. 1992, I-249; nach 1992 hatte der EuGH eine Rechtfertigung aus diesem Grund aber stets abgelehnt, vgl. Anmerkung zu der Entscheidung *KR Wannsee*, IStR 2008, 769 (772).

636 So *Thömmes*, Rechtfertigung von Diskriminierungen nach EG-Recht, GS *Knobbe-Keuk*, 795 (826).

637 EuGH v. 21.9.1999, Rs. C-307/97 („Saint-Gobain ZN"), Slg. 1999, I-6161, Rn. 35; v. 14.12.2000, Rs. C-141/99 („AMID"), Slg. 2000, I-11619, Rn. 20; v. 23.2.2006, , C-471/04 („Keller Holding"), Slg. 2006, I-2107, Rn. 29; v. 15.5.2008, Rs. C-414/06 („Lidl Belgium"), Slg. 2008, I-3601, Rn. 20.

638 EuGH v. 23.10.2008, Rs. C-157/07 („KR Wannsee"), Slg. 2008, I-8061, Rn. 29f.; v. 27.11.2008, Rs. C-418/07 („Papillon"), Slg. 2008, I-8947, Rn. 16.

639 EuGH v. 30.11.1995, Rs. C-55/94 („Gebhard"), Slg. 1995, I-4165, Rn. 37; v. 5.10.2004, Rs. C-442/02 („CaixaBank France"), Slg. 2004, I-8961, Rn. 11.

640 EuGH v. 27.11.2008, Rs. C-418/07 („Papillon"), Slg. 2008, I-8947, Rn. 27; v. 18.7.2007, Rs. C-231/05 („Oy AA"), Slg. 2007, I-6373, Rn. 38.

deutschen Konzernbesteuerung werden kann. Im reinen Inlandssachverhalt können Betriebsstätten von Konzerntochtergesellschaften nicht selbst Organgesellschaft sein, da sie keine dafür taugliche Rechtsform aufweisen. Dagegen können aber, bei Erfüllung der Voraussetzungen der §§ 14ff. KStG, die inländischen Konzerntochtergesellschaften in den Organkreis eintreten. Bei der Ermittlung des steuerbilanziellen Ergebnisses dieser Gesellschaften werden auch die durch ihre Betriebsstätten erwirtschafteten Einkünfte berücksichtigt. Über die Zurechnung ihrer Ergebnisse an den Organträger werden mittelbar also auch die Erträge der Betriebsstätten dieser Tochtergesellschaften im Organkreis verrechnet.

Demgegenüber ist eine Verrechnung von Ergebnissen der Inlandsbetriebsstätten ausländischer Konzerngesellschaften im Organkreis nicht, auch nicht mittelbar, möglich. Hinsichtlich der Besteuerung der Einkünfte, die ihren in Deutschland belegenen Betriebsstätten zuzuordnen sind, werden daher im EU-Ausland ansässige gegenüber innerdeutschen Kapitalgesellschaften weniger begünstigt. Durch diese gesetzliche Regelung könnte eine EU-ausländische Kapitalgesellschaft daran gehindert werden, in Deutschland über eine Betriebsstätte tätig zu werden. Damit besteht eine Beschränkung der Niederlassungsfreiheit.

cc) Rechtfertigung

Zur Rechtfertigung der festgestellten Diskriminierung kann nicht allein der Umstand herangezogen werden, dass sich die benachteiligte Tochtergesellschaft in einem anderen Mitgliedstaat befindet und ihre Situation deshalb nicht mit einem auf Deutschland begrenzten Sachverhalt vergleichbar sei. Eine ungleiche Behandlung lediglich aufgrund anderer Gebietsansässigkeit würde der Niederlassungsfreiheit ihres Inhalts berauben, weil sie dadurch in das Belieben der Mitgliedstaaten fallen würde.[641] Aus demselben Grund kann auch der drohende Rückgang von Steuereinnahmen nicht als zwingender Grund zur Beibehaltung einer grundfreiheitseinschränkenden Maßnahme angeführt werden.[642]

Eine Beschränkung der Niederlassungsfreiheit muss durch zwingende Gründe des Allgemeininteresses gerechtfertigt sein[643], zu deren Gewährleistung sie geeignet und erforderlich ist, ohne in ihrer Ausgestaltung über das angemessene Maß hinauszugehen.[644] Fraglich ist folglich, ob sich der deutsche Steuergesetzgeber bei der Nichtberücksichtigung von Inlandsbetriebsstätten zur Organschaft auf einen Rechtfertigungsgrund stützen kann, der vom EuGH anerkannt ist.

Seit der Rechtssache *Marks & Spencer* ist die Wahrung der Aufteilung der Besteuerungsbefugnisse zwischen den Mitgliedstaaten als zwingender Grund des

641 EuGH v. 27.11.2008, Rs. C-418/07 („Papillon"), Slg. 2008, I-8947, Rn. 23ff.

642 EuGH v. 7.9.2004, Rs. C-319/02 („Manninen"), Slg. 2004, I-7477, Rn. 49; v. 13.12.2005, Rs. C-446/03 („Marks & Spencer"), Slg. 2005, I-10837, Rn. 44.

643 Ein Rechtfertigungsgrund aus Art. 52 AEUV ist nicht einschlägig.

644 EuGH v. 13.12.2005, Rs. C-446/03 („Marks & Spencer"), Slg. 2005, I-10837, Rn. 35 m.w.N.

Allgemeininteresses anerkannt.[645] So kann die Beschränkung der Niederlassungsfreiheit durch eine staatliche Normierung gerechtfertigt sein, die verhindert, dass eine Niederlassung in einem Mitgliedstaat ihre Gewinne versteuert, die Verluste aber in einem anderen Mitgliedstaat nutzen kann.[646] Zweitens liegt die Verhinderung der Verlustnutzung in mehreren Mitgliedstaaten als Rechtfertigungsgrund im zwingenden Allgemeininteresse. Diese Gefahr darf grundsätzlich durch eine entsprechende Regelung ausgeschlossen werden.[647] Ein dritter Rechtfertigungsgrund für Einschränkungen der Niederlassungsfreiheit ist die Steuerfluchtgefahr durch Verlustübertragung zwischen Konzerngesellschaften, die in verschiedenen Mitgliedstaaten ansässig sind.[648]

Zunächst ist festzuhalten, dass sämtliche aufgeführten Entscheidungen des EuGH den hier fraglichen Sachverhalt nicht umfänglich erfassen. Die Inlandsbetriebsstätte einer ausländischen Konzerntochtergesellschaft ist in Deutschland mit ihren inländischen Einkünften beschränkt steuerpflichtig, § 1 Abs. 4 i.V.m. § 49 Abs. 1 Nr. 2a EStG. Diese Einkünfte werden – aus Sicht des deutschen Fiskus – somit nicht über die Staatsgrenze transferiert. Vielmehr fallen sie, ähnlich dem Ergebnis einer inländischen Körperschaft,[649] unter den deutschen Steuerzugriff.

Allerdings unterliegen nicht nur Betriebsstättengewinne der deutschen Besteuerung; etwaige Verluste einer Betriebsstätte finden ebenfalls nach Maßgabe des § 10d EStG durch Rück- und Vortrag im Inland Berücksichtigung. Gleichsam kann jedoch ein in Deutschland entstandener Betriebsstättenverlust auch im Ansässigkeitsstaat der die Betriebsstätte unterhaltenden Tochtergesellschaft zur Verrechnung mit deren Einkünften dienen. Das ist dann möglich, wenn zwischen beiden Staaten überhaupt kein oder ein Doppelbesteuerungsabkommen abgeschlossen ist, das die Anrechnungsmethode zur Verhinderung einer Doppelbesteuerung vorsieht und der Ansässigkeitsstaat der Besteuerung nach dem Welteinkommensprinzip folgt. Würde der deutsche Gesetzgeber die inländischen Betriebsstätteneinkünfte in diesem Fall zur Verrechnung in der Organschaft zulassen, käme es zu einer Situation in der diese Verluste innerhalb eines Veranlagungszeitraums sowohl in Deutschland als auch im Ansässigkeitsstaat der Tochtergesellschaft genutzt werden können. Die ausgeschlossene Organgesellschaftsbefähigung einer EU-ausländischen Konzerntochter mit ihren inländischen Betriebsstätteneinkünften könnte somit zwingenden Gründen des Allgemeininteresses dienen, indem sie geeignet ist, eine doppelte Verlustnutzung auszuschließen.

---

645 Siehe oben D.III.3.a)aa)(1).

646 EuGH v. 13.12.2005, Rs. C-446/03 („Marks & Spencer"), Slg. 2005, I-10837, Rn. 45f.

647 EuGH v. 13.12.2005, Rs. C-446/03 („Marks & Spencer"), Slg. 2005, I-10837, Rn. 47f.

648 EuGH v. 13.12.2005, Rs. C-446/03 („Marks & Spencer"), Slg. 2005, I-10837. Rn. 49f.

649 Zu der Formulierung der geplanten Absätze 5 und 6 des Außensteuergesetzes, nach denen für Fremdvergleichsgrundsätze die Inlandsbetriebsstätte eines ausländischen Unternehmens „wie ein eigenständiges und unabhängiges Unternehmen zu behandeln" ist, vgl. den Regierungsentwurf eines Jahressteuergesetzes 2013, Art. 5 (einsehbar unter www.bundesfinanzministerium.de).

Es ist dabei jedoch bereits fraglich, ob der deutsche Steuergesetzgeber durch seine Regelung überhaupt das Ziel der Verhinderung doppelter Verlustnutzung verfolgt. Schließlich können die in Frage stehenden Verluste durch die beschränkt steuerpflichtigen Betriebsstätten zwar nicht im Entstehungsjahr durch Zurechnung im Organkreis genutzt, gleichwohl aber nach Maßgabe des § 10d EStG zurück- und vorgetragen werden.[650] Somit verhindert die Nichtberücksichtigung von Inlandsbetriebsstätteneinkünften im Organkreis nur die intraperiodische, nicht aber die Verlustverrechnung im Inland als solches. Eine Verhinderung doppelter Verlustnutzung scheint somit nicht die leitende Zielsetzung für die Beschränkung gewesen zu sein. Unabhängig von seiner verhältnismäßigen Umsetzung durch den Steuergesetzgeber ist daher schon das tatbestandliche Vorliegen dieses Rechtfertigungsgrundes zu bezweifeln.

Allenfalls könnte somit die Aufteilung der Besteuerungsbefugnisse unter den Mitgliedstaaten als ein zwingender Grund des Allgemeininteresses angeführt werden. Nimmt man an, der unterbundene Zugang ausländischer Konzerntochtergesellschaften mit ihren inländischen Betriebsstätteneinkünften beruhe auf diesem Rechtfertigungsgrund, so ist festzustellen, dass diese Einkünfte in Deutschland der beschränkten Steuerpflicht unterliegen. Die im Ausland ansässige Konzerntochtergesellschaft kann weder Gewinne dieser Betriebsstätte aus Deutschland in ihren Sitzstaat verlagern, noch fremdgenerierte Verluste auf diese Betriebsstätte übertragen. Bei einer Zurechnung dieser Einkünfte an einen deutschen Organträger würden daher nur in Deutschland erwirtschaftete Einkünfte übertragen. Dem deutschen Fiskus droht daher kein Verlust von Besteuerungssubstrat, das Recht eines anderen Mitgliedstaats wäre durch die Beschränktheit der Besteuerungsbefugnis auf Deutschland nicht betroffen. Somit vermag auch dieser anerkannte zwingende Grund des Allgemeininteresses die Beschränkung der Niederlassungsfreiheit nicht zu rechtfertigen.

Auch andere rechtfertigende Umstände wie die Verhinderung von Steuerflucht oder Kohärenzerwägungen erweisen sich nicht als einschlägig. Es ist somit festzuhalten, dass die Nichtberücksichtigung von Konzerntochtergesellschaften im EU-Ausland mit den Einkünften ihrer in Deutschland belegenen Betriebsstätten die Niederlassungsfreiheit aus Art. 49 AEUV in nicht zu rechtfertigender Weise einschränkt.

b) Voraussetzungen zur Einbeziehung ausländischer Tochtergesellschaften mit Inlandsbetriebsstätten – Vorbild Niederlande?

Das niederländische Körperschaftsteuerrecht beinhaltet mit Art. 15 Abs. 4 VPB eine Vorschrift, die den Anwendungsbereich der *fiscale eenheid* auf in den Niederlanden

650 *Blümich/Schlenker*, § 10 d EStG, Rn. 49.

generierte Betriebsstättenergebnisse ausländischer Körperschaften erweitert.[651] Dabei geht der niederländische Steuergesetzgeber differenziert vor: handelt es sich um eine Körperschaft mit Geschäftsleitung in einem EU-Mitgliedstaat, so werden ihre inländischen Betriebsstättenresultate ohne weitere Voraussetzungen zur Verrechnung zugelassen, als handelte es sich bei der Betriebsstätte um eine eigenständige inländische Einheitsgesellschaft.[652] Ist die Konzerntochter außerhalb der Europäischen Union ansässig, wird die Einbeziehung der Betriebsstätteneinkünfte an die Voraussetzung eines Doppelbesteuerungsabkommens mit dem Ansässigkeitsstaat geknüpft, das den Niederlanden das Besteuerungsrecht für diese Einkünfte zuweist, Art. 15 IV lit. a VPB.

Das niederländische Steuerrecht wendet somit auf inländische Betriebsstätteneinkünfte unter bestimmten Voraussetzungen den Einheitsgedanken an, betrachtet die Einkünfte der übrigen Betriebsstätten ausländischer Tochtergesellschaften aber von der Konzerneinheit getrennt. Diese Regelungen zeigen, dass die Frage nach der Einbeziehung von Einkünften inländischer Betriebsstätten unabhängig von der dogmatischen Grundlage des Gruppenbesteuerungsregimes zu diskutieren ist. Wie im Fall der Behandlung von Vorgruppenverlusten kann festgestellt werden, dass es in die Entscheidungsfreiheit des Gesetzgebers fällt, inwieweit er die gewählte Grundlage konsequent auf das Gruppenbesteuerungsregime anwendet und inwieweit es aus bestimmten Gründen sinnvoll sein mag, von dieser Umsetzung abzuweichen.

Es ist jedenfalls, ganz besonders aufgrund der ohnehin als vorzugswürdig erachteten Umsetzung einer modifizierten, abgeschwächten Form des Einheitsgedankens zu prüfen, ob der niederländischen Behandlung dieser Betriebsstätteneinkünfte eine Vorbildfunktion für die deutschen Gruppenbesteuerung zufallen kann.

aa) Innerhalb der EU/des EWR ansässige Tochtergesellschaften

Es stellt sich daher die Frage einer mit Art. 49 AEUV zu vereinbarenden Neuregelung Behandlung der inländischen Betriebsstätteneinkünfte EU-ausländischer Tochtergesellschaften. Auf die Niederlassungsfreiheit können sich nur Ansässige in den EU-Mitgliedstaaten sowie in solchen Staaten berufen, auf die das Abkommen über den Europäischen Wirtschaftsraum und damit die identisch zu interpretierende[653] Niederlassungsfreiheit nach Art. 31 des EWR-Abkommens Anwendung

651 S.o. B.II.1.c).

652 Demgegenüber geht, anders als bei einer *fiscale eenheid* zu einer in den Niederlanden belegenen Tochtergesellschaft, die Steuerbilanz der Tochter- nicht in diejenige der Muttergesellschaft unter Auflösung des Postens „Beteiligung“ auf. Eine Zwischengewinneliminierung erfolgt lediglich in Bezug auf Transaktionen und Schuldverhältnisse mit der niederländischen Betriebsstätte, während die Rechtsgeschäfte zwischen den inländischen Einheitsgesellschaften und der ausländischen Konzerngesellschaft steuerlich erfasst werden, vgl. Art. 34f. Besluit fiscale eenheid 2003; *Bruijsten, Elsweier, Ros,* VPB-gids 2012, S. 195.

653 Vgl. EuGH v. 23.10.2008, Rs. C-157/07 („KR Wannsee“), Slg. 2008, I-8061, Rn. 24.

findet. Der Kreis der als Organgesellschaft zugelassenen Rechtsträger wäre demnach zumindest auf Konzerntochtergesellschaften zu erweitern, die ihre Geschäftsleitung in einem EU-Mitgliedstaat oder im Europäischen Wirtschaftsraum haben. An die ausländische Tochtergesellschaft sind mit Ausnahme ihrer Ansässigkeit dabei die Voraussetzungen zu stellen, die auch inländische Organgesellschaften zu erfüllen haben. Das bedeutet insbesondere, dass sie eine Kapitalgesellschaft sein müsste, die mit den durch §§ 14, 17 KStG normierten zulässigen Rechtsformen für Organgesellschaften übereinstimmt oder mit diesen vergleichbar ist.

bb) Außerhalb der EU/des EWR ansässige Tochtergesellschaften

Die in Frage stehenden Einkünfte von Inlandsbetriebsstätten werden in Deutschland in einer Weise besteuert, die der Erfassung von Kapitalgesellschaftseinkünften nahe kommt. Dies gilt unabhängig vom Belegenheitsort der sie betreibenden Gesellschaft. Daher sollte auch der Steuergesetzgeber bei einer Regelung zur Berücksichtigung von Inlandsbetriebsstätteneinkünften keine Differenzierung aufgrund des Umstandes vornehmen, ob die betreibende Konzerntochter innerhalb oder außerhalb der EU bzw. des Europäischen Wirtschaftsraumes angesiedelt ist. Dafür spricht auch die in § 14 Abs. 1 Nr. 2 S. 4 KStG normierte Befähigung von ausländischen Gesellschaften als Organträger, die ebenfalls keine Unterscheidung anhand des Ansässigkeitsstaates vornimmt.

Indes ist angesichts der von fiskalischen Erwägungen dominierten Steuergesetzgebung[654] nicht voraussehbar, ob eine uneingeschränkte Ausweitung des Anwendungsbereichs über die Grenzen der EU bzw. des EWR hinweg die notwendige politische Zustimmung finden würde. Eine Regelung könnte daher einschränkend voraussetzen, dass der Bundesrepublik das Besteuerungsrecht für die in Deutschland generierten Betriebsstätteneinkünfte zustehen muss. Diese Voraussetzung könnte durch verschiedene Gesetzesformulierungen herbeigeführt werden.

Zum einen könnte eine Norm statuiert werden, die an die Entstrickungsklauseln des Umwandlungssteuerrechts zur Sicherstellung des Besteuerungsrechts der Bundesrepublik Deutschland als Voraussetzung der steuerfreien Übertragung von Wirtschaftsgütern angelehnt ist. Dann würde einer EU-ausländischen Tochterkapitalgesellschaft die intraperiodische Konsolidierung ihrer inländischen Betriebsstätteneinkünfte gewährt „soweit das Recht der Bundesrepublik Deutschland hinsichtlich der Besteuerung des Gewinns der inländischen Betriebsstätte nicht ausgeschlossen oder beschränkt wird".[655] Ein Vorteil und gleichsam ein Nachteil ist in der Offenheit dieser Formulierung zu sehen, die eine nähere Ausgestaltung des Regelungsinhaltes zwingend notwendig macht.[656]

---

654 Als Beispiel sei auf die Reformüberlegungen zur Schaffung eines modernen Gruppenbesteuerungsregimes verwiesen, dazu *Lampert/Grave*, DStZ 2012, 463ff.

655 Vgl. etwa § 3 II 1 Nr. 2 UmwStG.

656 Exemplarisch sei auf die Kommentierung in Dötsch/Patt/Pung/Möhlenbrock, Umwandlungssteuerrecht, § 3 Rn. 37–46, verwiesen.

Zum anderen könnte nach niederländischem Vorbild an das Bestehen eines Doppelbesteuerungsabkommens mit dem Ansässigkeitsstaat der Tochtergesellschaft angeknüpft werden. Ein solches Doppelbesteuerungsabkommen müsste dann durch die Anwendung des Betriebsstättenprinzips nach Vorbild des Art. 7 OECD-MA dem Ansässigkeitsstaat das Besteuerungsrecht für die Betriebsstätteneinkünfte zuweisen.

c) Ergebnis

Die Berücksichtigung von Inlandsbetriebsstätten ausländischer Konzerntochtergesellchaften im Organkreis stellt sich ebenso wie die Behandlung von Vorgruppenverlusten als eine Frage dar, die von der dem Gruppenbesteuerungsregime zugrunde gelegten Dogmatik nicht entscheidend beeinflusst wird. Vielmehr ist diese Problematik aufgrund ihres grenzüberschreitenden Bezuges vornehmlich anhand europarechtlicher Vorschriften zu beurteilen.

Das körperschaftsteuerliche Organschaftsregime beschränkt die Niederlassungsfreiheit aus Art. 49 AEUV, indem es einer ausländischen Konzerntochter die Berücksichtigung ihrer in Deutschland erzielten Betriebsstätteneinkünfte im Organkreis verwehrt. Diese Beschränkung kann weder mit den gesetzlichen Vorgaben noch mithilfe der durch den EuGH entwickelten Gründe gerechtfertigt werden. Somit liegt ein Verstoß gegen die Niederlassungsfreiheit vor, dem der deutsche Steuergesetzgeber mit einer Erweiterung des persönlichen Anwendungsbereiches der Organschaft zu begegnen hat.

Einer im EU/EWR-Ausland belegenen Konzerntochter mit der Rechtsform einer Kapitalgesellschaft müsste daher die Möglichkeit eingeräumt werden, als Organgesellschaft zu fungieren. Die intraperiodische Ergebnisverrechnung sollte allerdings auf die Einkünfte begrenzt werden, die diese Organgesellschaft mit einer innerhalb der Bundesrepublik Deutschland liegenden Betriebsstätte generiert. Als weitere Bedingungen müssten diese Tochtergesellschaften daher eine inländische Betriebsstätte betreiben und eine Rechtsform aufweisen, die der einer Kapitalgesellschaft nach dem deutschen Recht gleicht.

Im Körperschaftsteuergesetz könnte diese Regelung unter dem neu einzuführenden § 18 KStG verortet werden, dessen Anwendungsbereich sich vor der Reform der Organschaft durch das „Gesetz zur Änderung und Vereinfachung der Unternehmensbesteuerung und des steuerlichen Reisekostenrechts“ aus dem Jahr 2013 auf die Organträgerbefähigung von Inlandsbetriebsstätten erstreckte.[657] Der amtliche Titel dieser Vorschrift wäre sinnvollerweise in „Ausländische Rechtsträger“ zu ändern.

In Fortsetzung des insoweit nicht differenzierenden ehemaligen § 18 KStG müsste konsequenterweise Konzerntöchtern außerhalb der EU und des EWR ebenfalls eine gesetzliche Organgesellschaftseigenschaft zugewiesen werden, auch wenn diese sich nicht auf die Niederlassungsfreiheit berufen können. Jedoch könnte, vergleichbar

657 Der Begriff „Zweigniederlassung“ entsprach dabei der Betriebsstätte, siehe oben unter D.II.2.

mit der Behandlung in den Niederlanden, auch eine Vorschrift statuiert werden, die die Berücksichtigung der Inlandsbetriebsstätteneinkünfte in der Organschaft an die weitere Voraussetzung knüpft, dass das Besteuerungsrecht für die Betriebsstätten der Bundesrepublik Deutschland zugewiesen ist. Dabei könnte sich der Gesetzgeber für die Formulierung entweder an den Entstrickungsklauseln des Umwandlungssteuerrechts orientieren oder eine Berücksichtigung im Organkreis davon abhängig machen, dass ein Doppelbesteuerungsabkommen mit dem Ansässigkeitsstaat der Konzerntochter besteht, welches das Betriebsstättenprinzip befolgt und somit Deutschland ein Besteuerungsrecht für die Einkünfte der Betriebsstätte zuordnet.

Folge der Öffnung der Organschaft für inländische Betriebsstätten ausländischer Tochtergesellschaften wäre, dass die bisher beschränkt steuerpflichtigen Betriebsstätteneinkünfte durch die Zurechnung an den inländischen Organträger in unbeschränkt steuerpflichtige Einkünfte umzuqualifizieren wären. Eine spiegelverkehrte Umqualifizierung erfolgt bereits nach derzeitiger Rechtslage durch § 14 Abs. 1 Nr. 2 S. 4 KStG, nach dem die unbeschränkt steuerpflichtigen Organgesellschaftseinkünfte infolge der Zurechnung zu der Organträgerbetriebsstätte als beschränkt steuerpflichtig anzusehen sind.[658] Die Umqualifizierung der beschränkt steuerpflichtigen in unbeschränkt steuerpflichtige Einkünfte ist somit nicht als Hindernis für eine entsprechende Neuregelung anzusehen.

4. Mehrmüttergruppenbesteuerung

Konstruktionen, in denen mehrere Obergesellschaften gemeinschaftlich ein Unternehmen betreiben, sind in der Wirtschaft geläufig. Gemeinschaftsunternehmen fungieren dabei als Dachgesellschaft einer Kooperation zweier sonst nicht in Verbindung stehender Konzerne auf einem bestimmten Tätigkeitsfeld. Die dadurch erzeugten Synergieeffekte können sich für die Träger vorteilhaft auswirken und damit auch volkswirtschaftlich wünschenswert sein. Aus diesem Grund stellt sich die Frage, ob die zusammenwirkenden Konzerne dieses Gemeinschaftsunternehmen unter bestimmten Voraussetzungen auch in ihren Organkreis aufnehmen können.

Eine *fiscale eenheid* besteht in den Niederlanden gemäß Art. 15 Abs. 1 VPB aus einer Mutter- und möglicherweise mehreren Tochtergesellschaften, die für steuerliche Zwecke eine Einheit bilden. Die steuerliche Zugehörigkeit einer Gesellschaft zu mehreren Trägersubjekten ist daher schon deswegen ausgeschlossen, weil dieses dem Begriff der „Einheit“ zuwider läuft.[659] Demgegenüber gab es nach dem deutschen Steuerrecht bis vor wenigen Jahren die Möglichkeit der Mehrmüttergruppenbesteuerung.

---

658 So bereits *Frotscher*, Reformbedarf bei der körperschaftsteuerlichen Organschaft, in FS Solms, S. 170f.

659 *Boer*, IStR 2011, 61 (62); *Herzig*, Beihefter zu DStR 2010, 61 (65); siehe zum in den Niederlanden verfolgten Prinzip des *deel uitmaken* und des *opgaan in* oben unter B.I.: schon aus dessen Begründung ist zu schließen, dass eine Gruppengesellschaft nicht Teil von mehreren Einheitskonzernen sein kann.

a) *Die Mehrmütterorganschaft in Deutschland*

Die Anerkennung der Mehrmütterorganschaft entsprang wie auch die Organschaft als solche der Rechtsprechung und war in Deutschland lange nur gewohnheitsrechtlich anerkannt.[660] Zu ihrer Begründung nahm die Finanzverwaltung ursprünglich die Einrichtung einer Zwischengesellschaft (in der Regel in der Rechtsform einer GbR) durch die verschiedenen Obergesellschafter an.[661] Diese Innen-GbR sollte ohne eigene wirtschaftliche Tätigkeit mit dem alleinigen Zweck der einheitlichen Willensbildung und -durchsetzung durch die Trägergesellschaften gegenüber der gemeinsamen Organgesellschaft bestehen.[662] Weil fingiert wurde, dass die Gewerblichkeit ihrer Gesellschafter auf sie ausstrahlt, musste diese GbR nicht selbst gewerblich tätig sein.[663] Nach Ansicht der Finanzverwaltung wurde das Ergebnis der gemeinsamen Organgesellschaft zunächst an die Innen-GbR übertragen. Zwischen diesen Gesellschaften sollte mithin auch der Gewinnabführungsvertrag bestehen.[664] Mangels Gesamthandsvermögen bei der Zwischengesellschaft musste allerdings das für die Organschaft nötige Beteiligungserfordernis nicht zwischen Innen-GbR und Organgesellschaft, sondern durch die dahinter stehenden Gesellschaftern erfüllt werden.[665] Erst nach der Ergebnisabführung erfolgte die Ergebniszurechnung bei den Gesellschaftern per einheitlicher und gesonderter Feststellung nach § 180 I Nr. 2 lit. a AO.[666] Spiegelbildlich zu der Gewinnabführung war auch ein negatives Ergebnis der gemeinsamen Organgesellschaft – über die Innen-GbR – im selben Veranlagungszeitraum auf die Organträger übertragbar. So eröffnete sich die Möglichkeit der intraperiodischen Verlustnutzung zwischen den Gesellschaften[667] und ein Verlustvortrag nach Maßgabe des § 10d EStG war für das Gemeinschaftsunternehmen nicht erforderlich.[668]

---

660 Vgl. zu der Geschichte der Mehrmütterorganschaft *Erle/Heurung* in Erle/Sauter, KStG, § 14 Rn. 357ff.

661 R 52 VI 1 Nr. 3 KStR 1995.

662 BMF, BStBl. I Sonder-Nr. 1996, 1 (51); BMF, BStBl. I 2005, 1038 (1039); *Rottnauer*, DB 1991, 27 (28); D/J/P/W/*Witt*, § 14 Rn. 107.

663 RFH, RStBl. 1930, 714 (715); *Erle/Heurung* in Erle/Sauter, KStG, § 14 Rn. 354. Eine derartige gewerbliche Prägung war vor Änderung des § 14 Abs. 1 S. 1 Nr. 2 KStG durch das Steuervergünstigungsabbaugesetz (StVergAbG), BGBl. I 2003, 660 (661), noch möglich, vgl. *Orth*, DB 2005, 741 (741).

664 R 52 VI 1 KStR 1995.

665 *Reuß/Bürsing*, BB 2002, 2525 (2525); BFH v. 14.4.1993, I R 128/90, BStBl. II 1994, 124 (127).

666 *Krebs*, BB 2001, 2029; *Kirchhof*, in Herzig: Organschaft, S. 488; *Kirchhof/Raupach*, DB 2001, Beilage Nr. 3, 1 (2); *Erle/Heurung* in Erle/Sauter, KStG, § 14 Rn. 354.

667 *Herzig/Wagner*, DStR 2003, 225 (227) sprechen von der „intersubjektiven Verlustverrechnung".

668 *Jonas*, in Herzig: Organschaft, S. 309.

Dieser Handhabe widersprach der Bundesfinanzhof am 9.6.1999,[669] indem er als Organträger der gemeinsamen Organgesellschaft nicht die zwischengeschaltete GbR, sondern unmittelbar die dahinter stehenden Gesellschafter ansah. Diese Rechtsprechung machte die bis dahin fingierte Gründung einer GbR zur gemeinsamen Willenskoordination für die Anerkennung einer Mehrmütterorganschaft obsolet.[670] Eine unmittelbare Zurechnung des Organgesellschaftsergebnisses bei den Obergesellschaften hätte aber aus Sicht des Gesetzgebers zu nicht gewünschten gewerbesteuerlichen Auswirkungen geführt.[671] Deswegen wurde die Mehrmütterorganschaft in § 14 Abs. 2 KStG kodifiziert und die zwischengeschaltete GbR der beteiligten Muttergesellschaften als Organträger festgelegt.[672] Durch diese Maßnahme war die Rechtslage vor der Rechtsprechungsänderung durch den BFH vom 9.6.1999 wieder hergestellt.[673]

§ 14 Abs. 2 KStG wurde allerdings durch das Steuervergünstigungsabbaugesetz[674] schon für den Veranlagungszeitraum 2003 wieder gestrichen. Seither ist in Deutschland keine Mehrmüttergruppenbesteuerung mehr möglich.

b) Diskussionsstand zur Notwendigkeit einer Mehrmüttergruppenbesteuerung

Die Frage der Notwendigkeit einer Mehrmüttergruppenbesteuerung ist in der Steuerrechtsliteratur äußerst umstritten.

Zunächst ist festzuhalten, dass dem Steuergesetzgeber durch die Verfassung hinsichtlich der Kodifizierung von Steuertatbeständen, insbesondere solchen, deren Rechtsfolgen die Steuerpflichtigen begünstigen, ein weiter Beurteilungsspielraum eingeräumt wird.[675] Die Ermöglichung eines Konsolidierungskreises mit mehreren Muttergesellschaften in der Form der ehemaligen Mehrmütterorganschaft würde in Deutschland somit zumindest nicht verfassungswidrig sein.[676]

---

669 BFH v. 9.6.1999, I R 43/97, BStBl. II 2000, 696ff. hinsichtlich der gewerbesteuerlichen Organschaft; Nichtanwendungserlass dazu in BMF, BStBl. I 2000, 1571.

670 F/M/*Frotscher*, § 14 Rn. 371; *Erle/Heurung* in Erle/Sauter, KStG, § 14 Rn. 356.

671 *Stahl/Fuhrmann*, NZG 2003, 250 (252); *Krebs*, BB 2001, 2029 (2033); *Rödder*, DStR 2002, 1800 (1801).

672 Unternehmenssteuerfortentwicklungsgesetz (UntStFG) vom 20.12.2001, BGBl. I 2001, 3858ff.

673 F/M/*Frotscher*, § 14 Rn. 371; *Schmidt/Müller/Stöcker*, Die Organschaft (6. Auflage 2003), Rn. 335.

674 BGBl. I 2003, 660 (661).

675 Siehe zu den Grenzen durch Art. 3 Abs. 1 GG BVerfG v. 22.6.1995, 2 BvL 37/91, BVerfGE 93, 121 (136); v. 4.12.2002, 2 BvR 400/98, 2 BvR 1735/00, BVerfGE 107, 27 (47); v. 7.11.2006, 1 BvL 10/02, BVerfGE 117, 1 (30); *Heun*, in: Dreier, GG, Art. 3 Rn. 52.

676 D/J/P/W/*Witt*, § 14 Rn. 107 mit Verweis auf BFH 27.11.2008, IV R 72/06, DStR 2009, 849 (850), der die Regeln zur Mehrmütterorganschaft als zulässige Reduktion von § 14 KStG für verfassungsgemäß hält.

Ohne die steuerliche Anerkennung von Mehrmütterkonstruktionen könnte auch der Grundsatz der Belastungsgleichheit von Kapital- und Personengesellschaften zulasten von Kapitalgesellschaften verzerrt werden. Schließlich werden Personengesellschaften für ertragsteuerliche Zwecke als transparent angesehen und sind damit nach Maßgabe des § 15 Abs. 1 Nr. 2 EStG zu einer unmittelbaren Verlustzurechnung an ihre Gesellschafter geeignet.[677] Dies gilt auch dann, wenn an einer Personengesellschaft mehrere Gesellschafter zu gleichen Teilen beteiligt sind.

Allerdings steht die Besteuerung der Konzerne als vertikal verbundene Wirtschaftseinheiten, derzeit legitimiert durch die erforderlichen Beteiligungsverhältnisse von mehr als 50% der Stimmrechte in Deutschland, einer Konstruktion entgegen, in der mehr als ein Unternehmen die Anforderungen an eine Obergesellschaft im Konsolidierungskreis erfüllen könnte.[678] Denn die Mehrmüttergruppe verstieße gegen das Prinzip der vertikalen Konsolidierung, welches voraussetzt, dass für jede Untergesellschaft nur jeweils eine Gesellschaft zur Ergebniszurechnung existiert.[679] Die Durchführung einer Mehrmüttergruppenbesteuerung könnte daher mit steuersystematischen Erwägungen nicht begründet werden.[680] Sie würde gerade von der Systematik der §§ 14ff. KStG abweichen.

Ganz besonders für die Etablierung einer Mehrmüttergruppe im Ertragsteuerrecht sprechen aber wirtschaftspolitische Erwägungen. Denn diese ermöglicht Fallgestaltungen, in denen eine Obergesellschaft die notwendige Beteiligung an einer Kapitalgesellschaft und die andere kooperierende Obergesellschaft die erforderliche Geschäftsidee für ein wirtschaftliches Zusammenarbeiten einbringen kann.[681] Sie ist also geeignet, Finanz- und Innovationskraft zusammen zu führen. Gerade mittelständische Marktteilnehmer mit geringeren finanziellen und personellen Kapazitäten können mithilfe von Kooperationen mit Großunternehmen oder Investoren um Aufträge konkurrieren, die sie allein wirtschaftlich überforderten.[682] Aber

---

677 *Kirchhof/Raupach*, DB 2001, Beilage Nr. 3, 1 (6); *Jonas*, in Herzig: Organschaft, S. 307.

678 F/M/*Frotscher*, § 14 Rn. 370; *EY/ Walter*, § 14 Rn. 244, 246; *Brönner*, Die Besteuerung der Gesellschaften, Rn. E 57; *Sarrazin*, JbFSt. 1987/88, S. 307.

679 So das auf die Mehrmütterorganschaft übertragbare Argument von *Sydow*, IStR 2014, 480 (483), in Hinblick auf einer Konsolidierung zwischen Schwestergesellschaften.

680 *Hey* u.a., Einführung einer modernen Gruppenbesteuerung, S. 54f; ebenso die Stellungnahme des BMF in demselben Werk, S. 91, in der eine Mehrmütterorganschaft als Fremdkörper im deutschen Gruppenbesteuerungssystem angesehen wird.

681 *Esterer/Bartelt*, BB Beilage Nr. 1 2010, 2 (6); *Endres*, FS *Herzig*, 189 (204); *Erle/Heurung* in Erle/Sauter, KStG, § 14 Rn. 370.

682 *Krebs*, BB 2001, 2029 (2033); Arbeitsgruppe „Steuerliche FuE-Förderungen“ der Forschungsunion Wirtschaft-Wissenschaft, DStR 2009, 179 (179); *Krebühl*, DB 1995, 743 (747).

auch Forschungsprojekte[683] von mehreren Konzernen, die zu sog. *Joint-Ventures*[684] zusammengeschlossenen sind, bedingen oftmals erhebliche Anfangsverluste.[685] Diese Verluste könnten bei einer gewöhnlichen Konsolidierungsgruppe von der (das notwendige Beteiligungsverhältnis erfüllenden) Muttergesellschaft zum periodengerechten Ausgleich mit ihrem Ergebnis genutzt werden. Obwohl bei mehreren zusammenwirkenden Konzernen das Forschungsprojekt auf einer breiteren Unterstützungsbasis gründet und damit die Wahrscheinlichkeit der Entwicklung eines marktreifen Produktes nicht geringer, sondern eher größer ist, wird in diesen Konstruktionen den Obergesellschaften die Verrechnung von Verlusten nach geltendem Recht verwehrt. Ohne die Möglichkeit einer intraperiodischen Verlustverrechnung ist es für Unternehmen weniger attraktiv, solche, der Produktentwicklung dienenden *Joint-Ventures* zu gründen. Es kann dadurch zu dem volkswirtschaftlich unerwünschten Effekt kostenintensiver Mehrfachentwicklungen durch mehrere Unternehmen kommen.[686] Als weitere Folge wird auch der nationale Wirtschaftsstandort für *Joint-Ventures* zwischen international agierenden Unternehmen weniger attraktiv.[687] Dabei beweisen Regelungen zur Mehrmüttergruppenbesteuerung in Großbritannien, Irland oder Österreich[688] nicht nur deren Durchführbarkeit in Konzernbesteuerungssystemen. Sie vergegenwärtigen auch die Gefahr fiskalischer Ausfälle als Folge des internationalen Steuerwettbewerbs um die Ansiedlung von Unternehmen.

---

683 Bedarf an Gemeinschaftsunternehmen bestehe bei industriellen Großinvestitionen (z.B. Kraftwerke, Pipelines, gemeinsamen Rechenzentren). Ein weiterer Vorteil von Unternehmenskooperationen liege in deren Projektbezogenheit. Ein *Joint-Venture* stärke die Wirtschaftskraft der beteiligten Unternehmen in einem bestimmten Bereich, bringe jedoch nicht die negativen Folgen eines Konzentrationsprozesses durch Unternehmenszusammenschlüsse im Wettbewerb mit sich. Vgl. dazu mit weiteren Beispielen *Krebühl*, DB 1995, 743 (747); Wöhe, DStR 1990, Beilage zu Heft 7, 1 (20); *Müller*, in: Besteuerung von Unternehmensgruppen, S. 45; *Witt*, Die Konzernbesteuerung, S. 28; *Brezing*, StBpg. 1971, 49 (49); *Jonas*, in Herzig: Organschaft, S. 307.

684 *Grotherr*, in: Gassner/Lang/Wiesner, Besteuerung von Unternehmensgruppen, S. 237 mit Hinweis auf die Risikoaufteilung auf verschiedene „Schultern"; vgl. auch *Müller*, in: Besteuerung von Unternehmensgruppen, S. 45, der als klassische Form den Zusammenschluss von Partnern mit gleicher Beteiligungsquote ansieht.

685 *Erle/Heurung* in Erle/Sauter, KStG, § 14 Rn. 351; *Prinz*, FR 1993, 725 (731).

686 *Frotscher*, Reformbedarf bei der körperschaftsteuerlichen Organschaft, in FS Solms, S. 170.

687 So auch *Hey* u.a., Einführung einer modernen Gruppenbesteuerung, S. 54; Steuerpolitisches Programm der Stiftung Marktwirtschaft, S. 34 (einsehbar unter http://www.stiftung-marktwirtschaft.de); Arbeitsgruppe „Steuerliche FuE-Förderungen" der Forschungsunion Wirtschaft-Wissenschaft, DStR 2009, 179 (179); *Krebühl*, DB 1995, 743 (747).

688 *Endres*, FS *Herzig*, 189 (204).

In der Diskussion um die Einführung einer Mehrmüttergruppe kann aber nicht nur auf die drohenden Steuerausfälle infolge von Abwanderung oder anderweitiger Ansiedlung von Unternehmenseinheiten hingewiesen werden. Es gilt auch die fiskalischen Risiken zu berücksichtigen, die mit der Ermöglichung dieser Konstruktion einhergingen.[689] Ohne die Mehrmüttergruppenbesteuerung werden Verluste durch die *Joint-Venture*-Gesellschaften in die kommenden Veranlagungszeiträume vorgetragen. Im Falle einer späterer Liquidation gehen diese Verlustvorträge nach geltendem Recht ungenutzt verloren. Würde die Mehrmüttergruppenbesteuerung hingegen ermöglicht, würde durch den dann stattfindenden Verlusttransfer das zu versteuernde Ergebnis der Muttergesellschaften unmittelbar zu Lasten des Fiskus verändert. In Deutschland hätte dieses nicht nur ertrag-, sondern auch gewerbesteuerliche Auswirkungen.

c) Stellungnahme

Stellt man die Argumente bezüglich der Einführung einer Mehrmüttergruppenbesteuerung einander gegenüber, so ist zugunsten dieser Konstruktion mit guten Gründen ein volkswirtschaftlicher Nutzen aus Unternehmenszusammenschlüssen wie im Fall von *Joint-Ventures* festzustellen. Dennoch müssen nicht nur die Folgen der Mehrmüttergruppenbesteuerung, sondern auch deren Begründung Beachtung finden.

Bereits nach der jetzigen Bestimmtung in § 14 Abs. 1 S. 1 Nr. 1 KStG, die die Beteiligung des Organträgers an der Mehrheit der Stimmrechte der Organgesellschaft vorschreibt, ist ein zweiter Organträger, der die Mehrheitsvoraussetzung ebenfalls erfüllt, ausgeschlossen. Dieser Umstand würde noch offensichtlicher, wenn im Zuge einer Reform das Beteiligungserfordernis erhöht werden sollte.[690] Ein Konsolidierungskreis mit mehreren Muttergesellschaften führte somit stets zu einer Erweiterung der Gruppenbesteuerung auf solche Unternehmen, die eigentlich an dem normierten Beteiligungserfordernis scheitern würden.[691] So wurde auch schon in Zeiten der Mehrmütterorganschaft in Deutschland angenommen, dass eine Organschaft eigentlich nur im Verhältnis zu einem beherrschenden Unternehmen als Organträger begründbar ist.[692] Als Organträger wurden nicht die Innengesellschaft zum Zweck der koordinierten Willensbildung, sondern deren dahinter stehende

---

689 S. dazu Prüfbericht des BMF: „Verlustverrechnung und Gruppenbesteuerung", vom 10.11.2011, S. 136, in dem neben den fiskalischen Risiken ebenfalls auf die nicht erreichten Mindestbeteiligungsquoten hingewiesen wird.

690 Siehe dazu oben unter **Fehler! Verweisquelle konnte nicht gefunden werden.**

691 Dieser Aspekt wird besonders angesichts von Stellungnahmen deutlich, die eine Erhöhung des Beteiligungserfordernisses auf grundsätzlich 75% vorschlagen, diese Voraussetzung aber für die Beteiligung eines Organträgers an der Mehrmüttergruppe bereits ab 5% als erfüllt ansehen, so zu finden bei *Staringer*, DStJG 25, 73 (98).

692 *Krebühl*, DB 1995, 743 (743).

Gesellschafter angesehen.[693] Die Anerkennung von Mehrmüttergruppen fußte damit schon nach früherem Recht auf einer Fiktion. Auch eine heute eingeführte Mehrmütterorganschaft würde eine solche, über die normierte Systematik der Organschaft hinausgehende Lösung in der Form einer durch Wirtschaftsförderungszwecke motivierten Hilfskonstruktion bedingen.

Diese Tatbestandserweiterung wäre als steuervergünstigende Ausnahme rechtfertigungsbedürftig.[694] Als Rechtfertigungsgrund kommen zunächst praktische Erwägungen des Gemeinwohls und damit Art. 20 Art. 1 GG in Betracht. Schließlich ist die Bildung gemeinsamer Forschungseinrichtungen, Einkaufs- und Verkaufsgemeinschaften oder die Gründung von Unternehmen zur Entwicklung neuer Produkte[695] mit erheblichem volkswirtschaftlichem Nutzen verbunden. Derartige Zusammenschlüsse sind somit wünschenswert, so dass auch eine Förderung durch das Steuerrecht gerechtfertigt sein könnte.

Allerdings soll eine Abweichung vom Leitprinzip sachgerechter Besteuerung nur bei hinreichender Gemeinwohlorientierung legitim sein.[696] Dazu ist auch die ursprüngliche Begründung für die Organschaft als Institut der Konzernbesteuerung heranzuziehen. Die Organschaft gründet – wie auch die *fiscale eenheid* – auf der Erkenntnis, dass in integrierten Unternehmensgruppen eine Möglichkeit der Saldierung der Ergebnisse von beherrschten Gesellschaften bei dem beherrschenden Rechtssubjekt gegeben sein muss.[697] Ausgehend von dieser Beherrschung des untergeordneten Konzernunternehmens als „Organ“ der Obergesellschaft wurden sowohl die Einheits- wie auch die Zurechnungstheorie entwickelt. Demgegenüber mangelt es Mehrmüttergruppen an einer die Beherrschung darstellenden Anteilseignerschaft durch eine Obergesellschaft und somit an einem integrativen Umstand, der den Ergebnistransfer begründbar machte. Eine Muttergesellschaft kann auf die andere Muttergesellschaft nicht in rechtlicher Hinsicht einwirken. Die hier diskutierte Konstruktion fußt demzufolge nicht auf einem dogmatisch-wissenschaftlichen Ansatz. Vielmehr werden zur Begründung wirtschaftliche Zweckmäßigkeiten angeführt.

Wirtschaftspolitische Zwecke sind ein taugliches Motiv für die Etablierung einer steuerlichen Ausnahmeregelung.[698] Es muss daher der Frage nachgegangen werden, ob die Unterstützung von *Joint-Ventures* gerade über die Ermöglichung der Mehrmüttergruppenbesteuerung erfolgen sollte. Wenn die Mehrmütterorganschaft der Förderung von Forschung und Entwicklung dienen soll, dann muss dieses Ziel als steuerlicher Lenkungszweck von einer erkennbaren gesetzgeberischen

693 *Streck/Olbing*, KStG § 14 Rn. 75; *Reuß/Bürsing*, BB 2002, 2525 (2525).
694 Vgl. *Hey*, in: Tipke/Lang, Steuerrecht, § 19 Rn. 2.
695 *EY/Walter*, § 14 Rn. 243; *Krebühl*, DB 1995, 743 (747).
696 Vgl. BVerfGE 93, 121 (147); 117, 1 (31); dazu bereits *Lang*, Systematisierung der Steuervergünstigungen (1974), S. 145.
697 Siehe oben unter C.I.
698 In dieser Hinsicht sei auf die Steuerbefreiung bei Übertragung von Betriebsvermögen nach § 13a ErbStG verwiesen.

Entscheidung getragen und zielgenau ausgestaltet sein.[699] Zwar steht dem Gesetzgeber bei der Entscheidung für eine Förderungsnorm die Befugnis der Vereinfachung und Typisierung zu, um den Umfang der Einzelfälle in einem generalisierten Gesamtbild zu erfassen.[700] Sofern Forschungsprojekte gefördert werden sollen, könnte dieses allerdings gezielter erfolgen als durch die Ermöglichung eines Verlusttransfers in einem Konsolidierungskreis mit mehr als einer Obergesellschaft. Als in diesem Sinne geeigneter sind dabei etwa einzelfallabhängige Zuwendungen im Rahmen von Wirtschaftsförderungsprogrammen in Betracht zu ziehen. Durch die Gewährung einer intraperiodischen Verlustverrechnung würde jedoch gerade nicht gezielt die Forschung und Entwicklung gefördert. Vielmehr unterstützte das Steuerrecht dadurch Unternehmen jeglichen Betätigungsfelds. Unter diesen Unternehmen würden sich auch Zusammenschlüsse von Konzernen zu Forschungszwecken befinden. Daneben würden aber auch Mehrmüttergruppen steuerlich bevorteilt, die etwa der Nutzung von Marktmacht im Bereich des Ein- oder Verkaufs dienen oder als Steuergestaltungsmöglichkeit zur Umgehung von § 15a EStG geschaffen worden sind.[701] Folglich wäre die Ermöglichung einer Mehrmüttergruppenbesteuerung keine Ausformung einer zielgenauen gesetzgeberischen Entscheidung für eine Förderung von Forschung und Entwicklung.

Die Mehrmüttergruppenbesteuerung verringerte überdies das Risiko eines Unternehmens zur Eingehung von *Joint-Ventures*. Die Verluste des Gemeinschaftsprojekts wären schließlich für die Muttergesellschaften nutzbar, auch wenn dieses nicht den gewünschten Erfolg einbringt. Da die Risikoabwägung vor Gründung eines Joint-Venture-Unternehmens aber bei den Konzernen erfolgt, sollten diese auch die Gefahr des Nichterfolgs dieses Unternehmens tragen müssen. Würde jedoch die Verlustübertragung ermöglicht, verfälschte dies die unternehmerische Risikobeurteilung zu Lasten des Fiskus.[702] Dieses Ergebnis kann nicht gewünscht

---

699 BVerfG v. 22.6.1995, 2 BvL 37/91, BVerfGE 93, 121 (147f.); v. 6.3.2002, 2 BvL 17/99, 105, 73 (112); v. 20.4.2004, 1 BvR 1748/99, 1 BvR 905/00, BVerfGE 110, 274 (293); v. 7.11.2006, 1 BvL 10/02, BVerfGE 117, 1 (32).

700 BVerfG v. 28.6.1960, 2 BvL 19/59, BVerfGE 11, 245 (254); v. 20.12.1966, 1 BvR 320/57, 1 BvR 70/63, BVerfGE 21, 12 (27); v. 8.2.1983, 1 BvL 28/79, BVerfGE 63, 119 (128); v. 31.5.1988, 1 BvR 520/83, BVerfGE 78, 214 (226f.); v. 21.6.2006, 2 BvL 2/99, BVerfGE 116, 164 (182f.).

701 Vgl. *Krebühl*, DB 1995, 743 (747); Wöhe, DStR 1990, Beilage zu Heft 7, 1 (20); *Müller*, in: Besteuerung von Unternehmensgruppen, S. 45; *Witt*, Die Konzernbesteuerung, S. 28.

702 Vgl. hierzu *Fellinger*, Steuerliche Förderung von Forschung und Bildung, S. 228 ff., mit der Argumentation, dass staatliche (steuerliche) Eingriffe die Neutralität der Investitionsentscheidung verfälschen und dadurch Fehlallokation bewirken können; ebenso wird die Effektivität von Steuervergünstigungen mit Lenkungscharakter mangels Evaluation und durch Hinweis auf Mitnahmeeffekte von Trittbrettfahrern in Frage gestellt; deswegen wird eine Förderung von Forschung und Entwicklung außerhalb des Steuerrechts als geeigneter angesehen.

sein, da so wirtschaftliche Entscheidungen durch steuerrechtliche Förderungen verzerrt würden.

Auch das Argument, nach dem die steuerliche Nichtanerkennung der Mehrmüttergruppen eine Wettbewerbsverzerrung zu Lasten von Kapitalgesellschaften gegenüber den Personengesellschaften bewirke, kann nicht durchgreifen. Es besteht die Möglichkeit der freien Rechtswahl für Gesellschaftstypen. Die Unternehmen nehmen durch die Entscheidung für einen bestimmten Typ auch dessen Nachteile in Kauf. Unter anderem Blickwinkel sind dazu auch Benachteiligungen der Personen- gegenüber den Kapitalgesellschaften festzustellen, etwa der unterschiedliche Haftungsumfang. Es erscheint fragwürdig, warum durch die Mehrmüttergruppenbesteuerung den beteiligten Rechtssubjekten einerseits die Vorteile der Haftungsabschirmung als Kapitalgesellschaften, andererseits aber auch die intersubjektive Verlustverrechnung zu Teil werden sollten.

Ein Blick auf die anderen Konzernbesteuerungssysteme in Europa zeigt, dass Mehrmüttergruppenstrukturen lediglich in den Steuerrechtsordnungen Großbritanniens, Irlands und Österreichs anerkannt werden.[703] In diesem Zusammenhang ist aber darauf hinzuweisen, dass dem *consortium relief* in Großbritannien und Irland ein System zugrunde liegt, welches jeder Gruppengesellschaft ermöglicht, ihre Verluste auf jede andere Gruppengesellschaft zu übertragen. Die zugehörigen Gesellschaften stehen somit nicht zwingend in einem Beherrschungsverhältnis zueinander, sondern treten wie Vertragspartner auf, die sich gegenseitig und in der Regel gegen Bezahlung Verluste übertragen.[704] Die Existenz der Mehrmüttergruppenbesteuerung in Großbritannien und Irland kann somit auf das dort angewandte Gruppenbesteuerungsregime zurückgeführt werden und eignet sich nicht als Argument für eine Etablierung in Deutschland. Lediglich die Mehrmüttergruppe nach österreichischem Steuerrecht ist somit ausschließlich wirtschaftspolitisch motiviert.[705] Demnach kann auch das Argument, die Versagung einer Mehrmütterorganschaft benachteilige den Wirtschaftsstandort Deutschland im internationalen Vergleich, weithin entkräftet werden. Die fiskalischen Vorteile für den Standort Deutschland durch die Mehrmüttergruppenbesteuerung würden ohnehin durch die zu erwartenden Steuerausfälle infolge des Verlusttransfers auf die Obergesellschaften des Kooperationsunternehmens verwässert.

Nach alldem ist festzuhalten, dass die gegen eine Mehrmüttergruppenbesteuerung sprechenden Argumente überwiegen. Demzufolge sollte dieser Ansatz auch von einer Reform der Gruppenbesteuerung nicht erfasst werden.

---

703 Ausnahmen bilden dabei der *consortium relief* in Großbritannien und Irland, sowie die österreichische Mehrmüttergruppe; *Witt*, Die Konzernbesteuerung, S. 112.

704 *Sydow*, IStR 2014, 480 (483).

705 So auch *Heitzinger/Silber*, IStR 2005, 118 (122).

5. Fazit – Vorbildcharakter der *fiscale eenheid* und Auswirkungen bei Etablierung der Einheitstheorie

Die Reform der ertragsteuerlichen Erfassung von Unternehmensgruppen wird in Deutschland diskutiert, seitdem die Organschaft im Körperschaftsteuergesetz kodifiziert ist. Insbesondere die an dem vermeintlich zu stark ausgeprägten Formalismus ausgeübte Kritik findet sich dabei in nahezu jeder Auseinandersetzung mit dem Organschaftsregime wieder.

Aus diesem Grund ist es nicht überraschend, dass auch der Gesetzgeber mittlerweile reagiert und sich die Reform der Organschaft nicht nur auf seine politische Agenda geschrieben,[706] sondern auch mit dem „Gesetz zur Änderung und Vereinfachung der Unternehmensbesteuerung und des steuerlichen Reisekostenrechts"[707] Änderungen an den §§ 14ff. KStG vorgenommen hat. Diese behandeln Symptome der Organschaft und schwächen negative Auswirkungen ab. Allerdings werden die diese Auswirkungen verursachenden Tatbestände des bisherigen Regimes nicht von der „kleinen Organschaftsreform"[708] aufgegriffen. Eine grundlegende Reform blieb bisher aus, insbesondere unter Verweis auf deren die Haushaltskonsolidierung gefährdende Wirkung.[709]

Die in diesem Kapitel herausgestellten Ergebnisse liefern Anhaltspunkte für eine solche grundlegende Reform. Dabei wird auch nach der hier vertretenen Reformalternative den Vorschriften der Gruppenbesteuerung nicht ihre Bedeutung als Instrument für die Erfüllung der staatlichen Aufgaben[710] aberkannt. Die Generierung der zu diesem Zweck erforderlichen Mittel muss weiterhin in einer dem Gleichheitssatz entsprechenden Weise auch durch die Konzernbesteuerung gewährleistet sein.

Allerdings sollte das Augenmerk der Reform weniger auf der Abschwächung negativer Auswüchse des bestehenden Regimes liegen, sondern vielmehr das System der ertragsteuerlichen Organschaft als Ganzes in den Blick nehmen.

Dazu gehört insbesondere eine kritische Auseinandersetzung mit der dogmatischen Grundlage der deutschen Gruppenbesteuerung. Die Einheitstheorie erweist sich dabei gegenüber dem bisherigen Zusammenspiel von Trennungstheorie und Ergebniszurechnung als theoretisch begründbare und auch umsetzbare Alternative. Diese These lässt sich insbesondere mit der wirtschaftlichen Betrachtungsweise belegen, die auch die ursprüngliche Erkenntnisquelle für die Einführung der Organschaftsregeln am Ende des 19. Jahrhunderts bildete. Der durch die wirtschaftliche Betrachtungsweise vorgegebenen Besteuerung nach den realen wirtschaftlichen Gegebenheiten werden die Trennungs- und Zurechnungstheorie hinsichtlich der in Konzernen integrierten Einzelgesellschaften nicht gerecht.

---

706 Siehe Koalitionsvertrag der CDU, CSU und FDP zur 17. Legislaturperiode, S. 14.
707 Bt-Drucks. 17/10774; die Zustimmung des Bundesrates erfolgte am 1. Februar 2013, BR-Drucks. 34/13.
708 *Wittkowski/Hielscher*, BC 2012, 542 (546).
709 Begründung des Änderungsgesetzes, Bt-Drucks. 17/10774, S. 9.
710 *Tipke*, Die Steuerrechtsordnung, S. 2.

Denn eine Konzerngesellschaft ist, auch wenn sie rechtlich eigenständig ist, ab einem bestimmten Grad ihrer Eingliederung den Direktiven eines fremden Rechtssubjektes, der Konzernobergesellschaft, unterworfen und somit auch in ihrer wirtschaftlichen Leistungsfähigkeit fremdbestimmt. Die tatsächlichen Umstände in den derart verbundenen Unternehmensgruppen lassen daher den Schluss zu, dass die wirtschaftliche Leistungsfähigkeit der gesamten Gruppe zum Besteuerungsobjekt zu erheben ist, anstatt zugerechnete Einzelergebnisse der beteiligten Rechtssubjekte zu besteuern. Der Besteuerung einer gesamten Unternehmensgruppe läge dann nicht mehr das Zusammenwirken von Trennungs- und Zurechnungstheorie, sondern der Einheitsgedanke zugrunde. Insofern könnte die auf dem Einheitsgedanken fußende *fiscale eenheid* als ein taugliches Vorbild für den Steuergesetzgeber dienen. Die nach diesem Regime in den Niederlanden durchgeführte Gruppenbesteuerung zeigt auch, dass trotz des Abstellens auf die Gruppenleistungsfähigkeit die Steuersubjektqualität der einzelnen Gruppengesellschaften per gesetzlicher Fiktion bewahrt werden könnte.

Es stellt sich sodann die Frage, ob und in welcher Weise eine Etablierung der Einheitstheorie Einfluss auf andere Voraussetzungen des bisherigen Organschaftsregimes entfaltet.

Soll die Einheit der Konzerngesellschaften hervorgehoben und dogmatische Grundlage ihrer gemeinsamen Besteuerung werden, so muss dieses eine Erhöhung der derzeitigen Beteiligungsvoraussetzungen im Konzern zur Folge haben. Durch die bisher nach § 14 Abs. 1 S. 1 Nr. 1 KStG erforderliche Mehrheit an den Stimmrechten kann eine Einheit zwischen Mutter- und Tochter-/Untergesellschaft nicht manifestiert werden. Vielmehr bedarf es einer Beteiligung, welche die Fähigkeit der Muttergesellschaft zur Willensdurchsetzung in der eingegliederten Konzerngesellschaft verdeutlicht. Eine so ausgestaltete, die Einheit im Konzern substantiierende Beteiligung würde eine schuldrechtliche Verpflichtung zur Gewinnabführung und Verlustübernahme entbehrlich machen. Statt des bisherigen Gewinnabführungsvertrages reichte dann ein Antrag des Steuerpflichtigen bei Erfüllung der Beteiligungsvoraussetzung aus. Die dadurch vollzogene Loslösung von Vorgaben des Gesellschaftsrechts könnte als Fortsetzung des durch Gesetzgebung[711] und Rechtsprechung[712] vorgegebenen Prozesses der zunehmenden Emanzipation des Steuerrechts von den handels- und gesellschaftsrechtlichen Grundsätzen angesehen werden. Dieses Ergebnis entspricht der Entwicklung der Organschaft von einem Vertragskonzerninstitut zu einem Ansatz, der auf den Grundsätzen des faktischen Konzerns beruht. Würde also der Einheitsgedanken im deutschen Gruppenbesteuerungsrecht etabliert, machte dieses den Gewinnabführungsvertrag als Voraussetzung entbehrlich.

Im Gegensatz zu der niederländischen Gruppenbesteuerung, für die eine Anteils- und Stimmrechtsmehrheit von 95 % erforderlich ist, wird allerdings auch nach

711 Bilanzrechtsmodernisierungsgesetz v. 25.5.2009, BGBl. I 2009, 1102ff.
712 BVerfG v. 12.5.2009, 2 BvL 1/00, BVerfGE 123, 111 (124).

Einführung der Einheitsbesteuerung eine deutlich geringere Beteiligungsquote von 75 % an Stimmrechten und Kapital präferiert. Dieses ist damit zu begründen, dass auch das vorgeschlagene Gruppenbesteuerungsmodell ein Weniger gegenüber der *fiscale eenheid* darstellen soll. So wird eine steuerliche Gleichstellung der Konzerne mit Einheitsunternehmen nicht als wünschenswert angesehen. Dieses kann auch nicht Ergebnis der wirtschaftlichen Betrachtungsweise sein: bei einer unter 100 % liegenden Beteiligung ist der Unterschied der Beziehung zwischen Mutter- und Tochtergesellschaft zu einem aus Stammhaus und Betriebsstätte bestehenden Verhältnis im Einheitsunternehmen bereits aufgrund der Existenz von Minderheitsaktionären bzw. Minderheitsgesellschaftern augenscheinlich. Aber auch wenn sich die Anteile an der Tochterkapitalgesellschaft vollends im Eigentum der Konzernmutter befinden, bestehen Unterschiede zu Einheitsunternehmen.[713] Die Erscheinungsform als Konzern wird demzufolge von einer unternehmerischen Entscheidung getragen sein, die gegen die Gliederung als Einheitsgesellschaft votiert hat. Somit ist auch bei Anwendung der wirtschaftlichen Betrachtungsweise keine vollständige Gleichstellung des aus Kapitalgesellschaften bestehenden Konzerns mit einer Einheitsunternehmung durch das Steuerrecht notwendig.

Daher kann auch am System der Berücksichtigung gruppeninterner Schuld- und Austauschverhältnisse festgehalten werden. Die in den Niederlanden praktizierte Nichtbeachtung gegenseitiger Forderungen und Verbindlichkeiten durch das Aufgehen der Gruppengesellschaften in einer Einheitsbilanz erscheint in Deutschland schon aufgrund der mangelnden historischen Etablierung im Steuersystem nur schwerlich einführbar. Der sogenannten „Zwischengewinneliminierung" stehen aber auch beachtenswerte fiskalische Risiken entgegen.

Die Behandlung der vororganschaftlichen Verluste könnte demgegenüber nach niederländischem Vorbild eingeführt werden. Die bisher angewandte Einfrierung der vor dem Eintritt in die Konzernbesteuerung erlittenen vortragsfähigen Verluste ist gerade vor dem Hintergrund des auf Trennung der Organgesellschaften ausgerichteten aktuellen Organschaftsregimes nicht folgerichtig. Als Alternative könnte sich die Regelung der *fiscale eenheid* erweisen, nach der Vorgruppenverluste nur bei dem Gruppenmitglied Berücksichtigung finden können, welches diese auch erlitten hat. Allerdings zeigt sich anhand dieser Regelung auch, dass der niederländische Gesetzgeber von dem Einheitsgedanken, der eine Nutzung der Vorgruppenverluste durch die gesamte *fiscale eenheid* angezeigt hätte, zugunsten einer Regelung abgewichen ist, die die Gruppengesellschaften getrennt behandelt.

---

713 Die durch Altmeppen für die verbundenen Unternehmen bei Aktiengesellschaften aufgestellten Erwägungen sind ebenso auf Konzerne anwendbar, die aus anderen Gesellschaftsrechtsformen bestehen, vgl. *Altmeppen*/MüKo, Einl. §§ 291ff. AktG, Rn. 22. Danach ist ein Unterschied insbesondere darin zu sehen, dass die selbständigen Konzerngesellschaften auch trotz der gemeinsamen Leitung und Koordination ihren Geschäfts- und Firmenwert behalten, so dass eine spätere Trennung von diesen Gesellschaften leichter ermöglicht wird.

Von einer Reform der deutschen Konzernbesteuerung sollte auch die Behandlung von Inlandsbetriebsstätten ausländischer Konzerntochtergesellschaften erfasst werden. Nach der bisherigen Rechtslage können die Ergebnisse dieser Betriebsstätten nicht der Konsolidierung im Organkreis zugeführt werden. Diese Behandlung beschränkt, zumindest bezogen auf die innerhalb der EU und des EWR ansässigen Konzerntöchter, die Niederlassungsfreiheit in nicht zu rechtfertigender Weise. Daher ist diesen ausländischen Konzernunternehmen mit den Erträgen ihrer inländischen Betriebsstätten der Zugang zu dem Organkreis zu ermöglichen. Im Rahmen einer Reform könnte sich der Gesetzgeber dabei wiederum an der entsprechenden Regelung in den Niederlanden orientieren.

Einer Mehrmüttergruppenbesteuerung stehen unabhängig von der zugrundeliegenden dogmatischen Begründung der Konzernbesteuerung nicht nur unüberbrückbare systematische Erwägungen entgegen. Die Anerkennung dieser Konstruktion würde auch eine nicht zielgerichtete Steuerbegünstigung durch den Gesetzgeber darstellen. Die Wiedereinführung einer Mehrmütterorganschaft ist daher abzulehnen.

Somit kann festgehalten werden, dass die *fiscale eenheid* insbesondere hinsichtlich ihrer theoretischen Grundlage bei der Reform der Organschaft zu einem Gruppenbesteuerungssystem eine Vorbildfunktion einnehmen könnte. Dabei wäre insbesondere aus der Perspektive der betriebswirtschaftlichen Steuerlehre eine Reform das Optimum, die die Einheit einer Unternehmensgruppe möglichst ohne Einschränkungen umsetzen würde. Dieses Ziel kann allerdings bereits deshalb nicht als wünschenswert deklariert werden, weil eine solche Umsetzung zu einer ganz erheblichen Missbrauchsanfälligkeit der Vorschriften führen würde. Ebenso würde eine Gleichstellung von Konzernen und Einheitsunternehmen durch die schrankenlose Umsetzung der Einheitstheorie die unternehmerische Entscheidung für oder gegen eine Unternehmensgliederung in eine Konzernstruktur konterkarieren. Das Einheitskonzept, das zeigen die Regelungen in den Niederlanden, ermöglicht in der Intensität seiner Umsetzung allerdings auch verschiedene Abstufungen, die je nach Reformwillen und abhängig von ihren fiskalischen Auswirkungen umgesetzt werden könnten.

In dieser Hinsicht unterscheidet sich das Einheitskonzept nicht von Gruppenbesteuerungsregimen mit anderen dogmatischen Grundlagen. Denn auch, wenn man an der bisher in den §§ 14ff. KStG zum Ausdruck gebrachten Trennungs- und Zurechnungstheorie festhielte, könnte das Organschaftsregime um Aspekte der Einheitsbetrachtung immer dann erweitert werden, wenn dieses aufgrund der wirtschaftlichen Betrachtungsweise als gerechtfertigt angesehen würde und keine höherrangigen Gründe dagegen sprächen. Das Verhältnis von theoretischer Grundlage und tatsächlicher Umsetzung kann daher mit einem Regel-Ausnahme-Verhältnis verglichen werden: Wird die Einheitstheorie zugrunde gelegt, gebietet die Missbrauchsanfälligkeit Ausnahmen, die die einzelnen Einheitsunternehmen getrennt behandeln. Wird die Trennungstheorie zur Grundlage gemacht, sind aufgrund der besonderen Situation der verbundenen Konzerngesellschaften Ausnahmeregelungen geboten, die auf die Einheit im Konzern abstellen.

Die Einheitstheorie und die Trennungs- und Zurechnungstheorie erweisen sich daher als zwei sich nur dem Grunde nach konträr gegenüberstehende Positionen, die sich ausgehend von ihrem extremen Gegensatz demselben Ziel, einer gerechten Besteuerung von Unternehmensgruppen, nähern. Während im Rahmen der *fiscale eenheid* die einheitliche Betrachtung durch Anti-Missbrauchsgesetzgebung einzuschränken ist, erweitert die Ergebniszurechnung im Organschaftsregime den Grundsatz der getrennten Betrachtung der Konzerngesellschaften. Beide Ansätze berufen sich dabei zur Begründung auf die Anerkennung der wirtschaftlichen Realität in der integrierten Unternehmensgruppe.

Eine Betrachtung der einzelnen Reformaspekte zeigt demnach auch, dass es zumeist nicht die dogmatische Grundlage ist, die die für die Unternehmensgruppen relevanten Besteuerungsfolgen vorgibt. Vielmehr werden diese Auswirkungen durch die Ausgestaltung der Besteuerungsvoraussetzungen herbeigeführt. Wie der Gesetzgeber die integrierte Unternehmensgruppe, nachdem er diese in steuerlicher Hinsicht als anerkennenswert erachtet hat, dann tatsächlich besteuert, kann somit isoliert von der dogmatischen Grundlage erörtert werden. Die Ergebnisse in diesem Kapitel zu den verschiedenen Gesichtspunkten einer Reform der Organschaft gelten somit weitgehend unabhängig von der Frage der zugrunde gelegten Theorie. Auch ohne Umstellung auf eine andere Dogmatik ergibt sich somit erheblicher Reformbedarf für den Gesetzgeber. Denn im Rahmen der Einführung einer Gruppenbesteuerung nach Maßgabe des Einheitsgedankens dürfte nur die Voraussetzung des Gewinnabführungsvertrages zwingend entfallen und einem höheren Beteiligungserfordernis weichen. Es bedarf nämlich keiner Rechtfertigung für die Überwindung der Trennung zwischen Mutter- und Tochtergesellschaft durch den Gewinnabführungsvertrag, wenn man diese mit der Einheitstheorie als Einheit betrachtet. Im Übrigen ist es dem Gesetzgeber überlassen, die weiteren Gesichtspunkte einer Reform zu bestimmen. Er ist insofern weniger an seine Entscheidung hinsichtlich der zugrunde zu legenden Dogmatik der Gruppenbesteuerung, sondern ausschließlich daran gehalten, die verfassungs- und europarechtlichen Vorgaben an die Besteuerung umzusetzen. Somit ist es im Wesentlichen nicht die Umstellung der theoretischen Grundlage, die den Gesetzgeber zu weiteren, sich möglicherweise fiskalisch erheblich auswirkenden Änderungen zwingt. Auch diese Erkenntnis spricht für die Möglichkeit, die dogmatisch überzeugendere Einheitstheorie als Grundlage der Gruppenbesteuerung zu etablieren.

E. Grenzüberschreitende Gruppenbesteuerung

Nach § 14 Abs. 1 S. 1, § 17 S. 1 KStG muss eine Kapitalgesellschaft eine innerhalb von Deutschland liegende Geschäftsleitung aufweisen, um in den Organkreis einbezogen werden zu können.[714] Für Einheitsgesellschaften gilt ebenfalls das Erfordernis der Inlandsansässigkeit, Art. 15 Abs. 3 lit. c VPB, das regelmäßig bei einer Kapitalgesellschaft mit Geschäftsleitung in den Niederlanden angenommen wird.[715] Die im deutschen Körperschaftsteuerrecht verankerte Organschaft verwehrt damit genauso wie das Regime der *fiscale eenheid* in den Niederlanden den im Ausland ansässigen Konzerngesellschaften mit ihren im Ausland generierten Einkünften[716] die Teilnahme an der periodengerechten Ergebnisverrechnung.

Mit Blick auf die Einheitstheorie in den Niederlanden ist diese Rechtsfolge inkonsequent. Wenn die Unternehmensgruppe steuerlich als ein Gesamtes behandelt werden soll, müssen davon grundsätzlich auch ausländische Gruppenbestandteile erfasst werden. Allerdings zeigt sich auch angesichts dieser Regelung, dass es dem Gesetzgeber offensteht, von der Fiktion der Einheitsbetrachtung Ausnahmen vorzunehmen.

Dennoch kann hinsichtlich der hier entwickelten Vorgaben für eine realitätsgerechte Besteuerung des Konzerns unter Beachtung der wirtschaftlichen Betrachtungsweise[717] die Begrenzung auf nationale Sachverhalte nicht überzeugen. Eine nachvollziehbare Besteuerung des Konzerns sollte die Bemessungsgrundlage anhand der Gruppenleistungsfähigkeit bemessen. Dabei kann dem Grunde nach keine Unterscheidung zwischen inländischen und ausländischen Konzerngesellschaften vorgenommen werden. Zur Ermittlung der Gesamtleistungsfähigkeit des Konzerns müssten notwendigerweise auch die Ergebnisse im Ausland ansässiger Tochtergesellschaften Berücksichtigung finden, sofern sich diese hinsichtlich der übrigen Voraussetzungen des Gruppenbesteuerungsregimes als tauglich herausstellen.

Auf dieses Ergebnis kann jedoch nur dann geschlossen werden, wenn fiskalische Auswirkungen außer Acht gelassen werden. Ein Staat, der auf die Finanzierung seiner Ausgaben auch durch die Körperschaftsbesteuerung angewiesen ist, muss durch eine Ausweitung der zulässigen Gruppengesellschaften auf im Ausland ansässige Unternehmen Einnahmeausfälle befürchten. Es besteht für den Fiskus die Gefahr, dass im Inland durch Konzerngesellschaften generierte Gewinne durch Verluste gemindert werden, die von im Ausland belegenen Konzerngesellschaften erlitten

714 Siehe zur Aufgabe des sog. doppelten Inlandsbezugs, der Sitz und Geschäftsleitung im Inland erforderlich machte, oben D.II.1.

715 Siehe oben B.II.1.c).

716 Zu der Frage, ob die inländischen Betriebsstätteneinkünfte einer ausländischen Konzerntochtergesellschaft im Rahmen der Organschaft berücksichtigt werden sollten, vgl. die Ausführungen unter D.III.3.

717 Siehe dazu die Ausführungen unter D.III.1.a)bb).

wurden.[718] Dieses Argument kann einer über die Staatsgrenzen hinausgehenden Besteuerung von Konzernen stets entgegen gehalten werden und ist daher auch in Überlegungen zu einer umsetzbaren Reform der Gruppenbesteuerung als ein Regulativ einzubeziehen.

Eine auf die Landesgrenze beschränkte Regelung unterbindet als gegenüberliegendes Extrem diese Ergebnisverrechnung hingegen vollständig, so dass von der Limitierung auch Tochtergesellschaften betroffen sind, die in Mitgliedstaaten der Europäischen Union oder des Europäischen Wirtschaftsraumes ansässig sind. Die Frage der Konformität mit Europarecht bzw. den Zielen der Europäischen Union ist damit augenscheinlich. Der Europäische Gerichtshof hat sich seit der Rechtssache *Marks & Spencer* im Jahr 2005[719] vielfach mit der Verlustberücksichtigung von EU/EWR-ausländischen Gruppengesellschaften beschäftigt, deren steuerliche Berücksichtigung im Ansässigkeitsstaat der Obergesellschaft für die Konzerne von bedeutendem Interesse ist.[720] Als Ergebnis dieser Rechtsprechung ist festzuhalten, dass die Nichtberücksichtigung der Gewinne und Verluste von im EU/EWR-Ausland ansässigen Konzerngesellschaften keinen Verstoß gegen die Grundfreiheiten des AEUV darstellt, sofern es sich um Ergebnisse der laufenden Besteuerung handelt.[721]

Somit agiert der Gesetzgeber bei der nicht gewährleisteten Ergebnisverrechnung zwar im Rahmen des Europäischen Rechts. Es stellt sich dennoch die Frage, ob dadurch nicht den Zielen der Europäischen Union zuwider gehandelt wird. Nach der Präambel des Vertrages über die Arbeitsweise der Europäischen Union (AEUV) soll die EU „durch eine gemeinsame Handelspolitik zur fortschreitenden Beseitigung der Beschränkungen im zwischenstaatlichen Wirtschaftsverkehr bei(zu)tragen"[722]. Als Beschränkungen im europäischen grenzüberschreitenden Wirtschaftsverkehr fungieren im deutschen Steuerrecht bezogen auf Unternehmensgruppen jedoch weiterhin die Verpflichtung zur Berücksichtigung von Verrechnungspreisen bei

---

718 Auch wenn ebenso der andere Fall, die Erhöhung des Konzerngewinns durch die Ergebnisse ausländischer Tochtergesellschaften, eintreten könnte, scheint dieses Szenario bei den gegen eine grenzüberschreitende Organschaft vorgebrachten Bedenken zumindest in Deutschland leitend zu sein; mit Hinweis auf die hohen fiskalischen Risiken der österreichischen, grenzüberschreitenden Gruppenbesteuerung *Pache/Englert*, IStR 2007, 47 (48). Aus diesem Grund soll hier die in Österreich praktizierte Gruppenbesteuerung außer Betracht bleiben, bei der auf Antrag die Ergebnisse aller (ggfs. weltweit ansässigen) Konzerntöchter in den Konsolidierungskreis aufgenommen werden können; Ausführlich zu § 9 KStG-Ö siehe *Urtz*, in Achatz/Kirchmayr, KStG.

719 EuGH v. 13.12.2005, Rs. C-446/03 („Marks & Spencer"), Slg. 2005, I-10837; siehe dazu oben D.III.3.a)aa)(1).

720 Eine detaillierte Auseinandersetzung mit der Rechtsprechung des EuGH zu der Berücksichtigung von EU-Auslandsverlusten im Ansässigkeitsstaat der Muttergesellschaft befindet sich oben unter D.III.3.a)aa).

721 EuGH v. 25.2.2010, Rs. C-337/08 („X Holding"), Slg. 2010, I-1215.

722 Präambel des Vertrag über die Arbeitsweise der Europäischen Union; Änderungen durch den Verfasser gekennzeichnet.

grenzüberschreitenden Übertragungen zwischen Gruppengesellschaften, die weitgehend praktizierte Verwehrung einer grenzüberschreitenden Ergebnisverrechnung oder die Behinderung konzerninterner grenzüberschreitender Umstrukturierungen.[723] Diese Hindernisse beruhen auf dem Umstand, dass innerhalb der Europäischen Union kein gemeinsames Regime für eine Gruppenbesteuerung besteht. Die Mitgliedstaaten halten nicht nur an ihren individuellen Regelungen fest, sondern es mangelt auch an gegenseitiger Anerkennung für das im jeweiligen Sachverhalt betroffene andere Gruppenbesteuerungssystem. Im Folgenden soll daher eine Bewertung von Ansätzen diskutiert werden, durch die die bestehende Diversifikation der Gruppenbesteuerungsregime innerhalb der Europäischen Union überwunden werden könnte.

I. Unilaterale Ansätze

Die Mitgliedstaaten der Europäischen Union sind verpflichtet, ihre Steuerrechtsordnungen im Bereich der indirekten Steuern wie z.B. der Umsatzsteuer zu harmonisieren.[724] Direkte Steuern wie die Körperschaftsteuer sind dagegen in ihrer Ausgestaltung dem Souverän der Mitgliedstaaten überlassen, die ihre Befugnisse lediglich unter Wahrung des Gemeinschaftsrechts auszuüben haben.[725] Die 27 Mitgliedstaaten der Europäischen Union haben somit 27 Körperschaftsteuerordnungen, die jeweils nicht gegen europäisches Recht verstoßen, aber nicht aufeinander abgestimmt sind.

Folge dieses Umstands ist, dass sich ein multinationaler Konzern, dessen Muttergesellschaft in einem Mitgliedstaat ansässig ist, auf bis zu 26 andere Steuerregime einzustellen hat. Die Unterschiede beziehen sich dabei nicht nur auf die körperschaftsteuerliche Bemessungsgrundlage und den Steuersatz, sondern auch auf das steuerliche Verfahrensrecht. Unweigerlich resultieren daraus für die Konzerne hohe Steuerbefolgungskosten sowie erhebliche Hürden selbst bei notwendigen grenzüberschreitenden Umstrukturierungen. Insbesondere für kleine und mittelständische Unternehmungen dürften die erhöhten Steuerbefolgungskosten sogar einem grenzüberschreitenden Engagement entgegenstehen.[726] Diese laufen wiederum dem Gedanken der Europäischen Union zuwider, die auf die Schaffung eines

723 Vgl. Studie der Europäischen Kommission „Company Taxation in the Internal Market“, Sec(2001) 1681, S. 8.

724 EuGH v. 15.1.2002, Rs. C-55/00 („Gottardo“), Slg. 2002, I-413; Art 113 AEUV (ehem. Art. 93, 94 EGV, ehem. Art. 99 Abs. 1, 100 EWGV) ermächtigt den Rat der Europäischen Union zum Erlass von Harmonisierungsmaßnahmen auf dem Gebiet der indirekten Steuern.

725 EuGH v. 8.3.2001, Rs. C-397/98 und C-410/98 („Metallgesellschaft u.a.“), Slg. 2001, I-1727, Rn. 37; v. 13.12.2005, Rs. C-446/03 („Marks & Spencer“), Slg. 2005, I-10837, Rn. 29.

726 *Aujean*, in Lang/Pistone/Schuch/Staringer, Common Consolidated Corporate Tax Base, S. 23f.

gemeinsamen Marktes ohne Hindernisse abzielt.[727] Es wurden aus diesem Grund mehrere Ansätze entwickelt, die nach Auffassung der Europäischen Kommission die Überwindung der Hemmnisse zu gewährleisten in der Lage sind.

1. EU Company Income Tax

Ein sich nach den Grundsätzen der Logik aufdrängender Vorschlag ist dabei die Einführung einer Körperschaftsbesteuerung, die sich in Bemessungsgrundlage und Steuersatz nicht von den bisherigen nationalen Regelungen unterscheidet, aber diese auf die gesamte Europäische Union einheitlich anwendet.

a) Ausgestaltung

Eine solche *European Union Company Income Tax* würde damit die nationalen Regime durch ein europaweit geltendes, gemeinsames Körperschaftsteuergesetz ersetzen.[728] Die Körperschaften sollen nach dem Vorschlag ihre Ergebnisse nach Maßgabe einer einheitlichen steuerlichen Bemessungsgrundlage ermitteln, die dann einem einheitlichen Steuersatz unterliegen.[729] Allerdings soll die Steuer nur dann Anwendung finden, wenn die in ihren Anwendungsbereich fallenden Unternehmen dazu optieren.[730] Die *EU Company Income Tax* soll grundsätzlich durch eine europäische Behörde administriert werden.[731] Die Erträge sollen zur Finanzierung der Institutionen der EU genutzt werden.[732]

b) Auswirkungen und Würdigung

Aus Sicht der grenzüberschreitend tätigen Unternehmensgruppen würde sich durch die Einführung einer einheitlichen Körperschaftsordnung die bisherige Problematik der Steuerbefolgungskosten aufgrund verschiedener Körperschaftsteuerregime innerhalb der EU auflösen. Auch die technische Durchführung der Besteuerung durch eine zentrale Behörde erscheint möglich. Die *EU Company Income Tax* entzöge

---

727 Studie der Europäischen Kommission „Company Taxation in the Internal Market", Sec(2001) 1681, Einführung Rn. 1.

728 Studie der Europäischen Kommission „Company Taxation in the Internal Market", Sec(2001) 1681, S. 377.

729 *Spengel/Frebel*, StuB 2003, 786 (788).

730 Studie der Europäischen Kommission „Company Taxation in the Internal Market", Sec(2001) 1681, Box 59.

731 Als Alternative zu der bevorzugten Administration durch die EU wird eine dezentrale Verwaltung durch die Mitgliedstaaten, vergleichbar mit der Praxis der Umsatzbesteuerung, in Aussicht gestellt, Studie der Europäischen Kommission „Company Taxation in the Internal Market", Sec(2001) 1681, S. 377.

732 Ein etwaiger Überschuss soll nach Maßgabe eines festgelegten Schlüssels auf die Mitgliedstaaten ausgekehrt werden; Studie der Europäischen Kommission „Company Taxation in the Internal Market", Sec(2001) 1681, S. 377.

allerdings den Mitgliedstaaten bezüglich der optierenden Körperschaften das Besteuerungsrecht und würde dieses – einem föderalen System ähnlich – der EU übertragen. Diese Abtretung der fiskalen Souveränität würde auf dem Gebiet der direkten Steuern eine Neuerung darstellen und wäre gegenüber den Mitgliedstaaten schwer durchzusetzen.[733] Insbesondere die notwendige Übertragung hoheitlicher Befugnisse spricht damit gegen die politische Durchführbarkeit einer europäischen Körperschaftsteuer. Daneben birgt das Wahlrecht der Unternehmen Komplikationen. Wenn durch die Steuererträge aus der *EU Company Income Tax* die europäischen Institutionen direkt, also ohne Zwischenschaltung der Mitgliedstaaten als Zahlungserbringer, finanziert werden sollen, könnte durch die Freiwilligkeit das bestehende System der Kostenaufteilung zwischen den Mitgliedstaaten untergraben werden. Ein Mitgliedstaat, in dem eine relativ geringe Anzahl von Unternehmen zu der *EU Company Income Tax* optiert, würde möglicherweise weniger Steuersubstrat an die EU übertragen als ein anderer Mitgliedstaat mit einer relativ hohen Anzahl optierender Körperschaften. Da mithilfe der Besteuerung der Unternehmensgruppen die Ausgaben der EU finanziert werden sollen, würde sich in diesem Fall mittelbar das Verhältnis der Kostentragung zulasten des letztgenannten Mitgliedstaates verändern. Unternehmen, die ausschließlich innerhalb der Landesgrenzen aktiv sind, werden von der neuen Steuer in geringerem Ausmaß profitieren als grenzüberschreitend tätige Akteure. Es ist daher zu vermuten, dass die dargestellte Verschiebung sich grundsätzlich zu Ungunsten flächenmäßig kleinerer Mitgliedstaaten, in denen Allgemein im Vergleich zu den größeren Mitgliedstaaten relativ mehr Unternehmen grenzüberschreitend tätig sind, vollzieht.

Aufgrund der Souveränitätseinschränkung für die Mitgliedstaaten sowie der nicht abzusehenden Schwierigkeiten verursacht durch die Ertragshoheit der EU erscheint eine *EU Company Income Tax* daher kaum durchsetzbar.[734]

2. Single Compulsory Harmonised Tax Base

Die hohen Steuerbefolgungskosten könnten auch durch den Ansatz einer *Single Compulsory Harmonised Tax Base* verhindert werden, der darauf abzielt, dass sich die Mitgliedstaaten auf ein harmonisiertes Regelwerk zur Ermittlung der steuerlichen Bemessungsgrundlage einigen, das für alle in der EU ansässigen Unternehmen gilt. Die Harmonisierung soll sich im Gegensatz zu dem Vorschlag einer *EU Company Income Tax* nicht auf einen EU-weit einheitlichen Steuersatz erstrecken,

733 Studie der Europäischen Kommission „Company Taxation in the Internal Market", Sec(2001) 1681, S. 377; so lehnt auch die Bundesregierung die Einführung einer EU-Steuerkompetenz zur Finanzierung des EU-Haushalts ab, BT-Drucks. 17/5748, S. 6.

734 So auch die Schlussfolgerung durch die „Europäische Konferenz zur Unternehmensbesteuerung" in Brüssel am 30.4.2002, Europäische Kommission, Memo/02/84.

sondern dessen Festlegung den Mitgliedstaaten zuweisen.[735] Das hätte zur Folge, dass die Veranlagung sowie die Steuererhebung weiterhin in den mitgliedstaatlichen Kompetenzbereich fiele. Als Rechtsgrundlage würde europaweit jedoch anstatt der nationalen Regime das einheitliche Instrument angewendet.[736] Trotz des hohen Harmonisierungsgrades würde damit eine zentrale Administration durch eine neu einzurichtende Behörde und damit verbundene öffentliche Kosten vermieden. Die nach dem Vorschlag der *Single Compulsory Harmonised Tax Base* einzuführende harmonisierte steuerliche Gewinnermittlung soll für sämtliche Unternehmen verpflichtend sein. Dies verhindert einerseits die Anwendbarkeit zweier unterschiedlicher Gewinnermittlungsregimen in einem Mitgliedstaat. Für kleine und mittelständische Unternehmen führt die obligatorische Umstellung aber auch temporär zu einer Kostenerhöhung. Gravierender als für die Unternehmen dürfte sich die Umstellung auf eine *Single Compulsory Harmonised Tax Base* allerdings noch für die Finanzbehörden in den Mitgliedstaaten auswirken. Daneben werden erneut Widerstände gegen die – wenn auch gegenüber der *EU Company Income Tax* weniger weitreichende – Übertragung von Hoheitsrechten durch die Mitgliedstaaten zu erwarten sein, welche sich ihrer bisherigen Bemessungsvorschriften entledigen müssten. Aus diesem Grund muss auch dieser Vorschlag als unter den derzeitigen politischen Gegebenheiten nicht realisierbar betrachtet werden.[737]

3. Common Consolidated Corporate Tax Base

Der seit seinem Entstehen im Jahr 2001 am intensivsten diskutierte unilaterale Vorschlag zur Verminderung der Steuerbefolgungskosten für grenzüberschreitende Unternehmensgruppen ist der der Schaffung einer *Common Consolidated Corporate Tax Base (CCCTB)*[738]. Ziel der Bestrebungen ist es, mit der *CCCTB* ein Regime zu schaffen, mit dessen Hilfe das zusammengefasste Ergebnis aller innerhalb der EU ansässigen Gesellschaften eines Konzerns ermittelt werden kann.[739]

---

735 Studie der Europäischen Kommission „Company Taxation in the Internal Market", Sec(2001) 1681, S. 379.

736 Studie der Europäischen Kommission „Company Taxation in the Internal Market", Sec(2001) 1681, S. 377.

737 „Europäische Konferenz zur Unternehmensbesteuerung" in Brüssel am 30.4.2002, Europäische Kommission, Memo/02/84.

738 Im weiteren Verlauf wird die gebräuchliche Abkürzung CCCTB verwendet; die im deutschen Sprachraum teilweise genutzte Übersetzung dieses Begriffs (Gemeinsame konsolidierte körperschaftsteuerliche Bemessungsgrundlage (GKKB)) wird nicht verwendet.

739 Studie der Europäischen Kommission „Company Taxation in the Internal Market", Sec(2001) 1681, S. 377.

a) Entwicklung der CCCTB

Die Ursprünge der *CCCTB* gehen auf eine Konferenz des Europäischen Rates in Wien im Jahr 1998 zurück,[740] bei der sich die Regierungschefs der Mitgliedstaaten einem Vorschlag des Rates für Wirtschaft und Finanzen (ECOFIN) anschlossen und die Europäische Kommission mit der Erstellung einer Studie zur Unternehmensbesteuerung beauftragten, die Maßnahmen zur Reduzierung von steuerlichen Hindernissen für Unternehmen im gemeinsamen Wirtschaftsraum eruieren sollte.[741] Nach dem Auftrag an die Kommission sollte weiterhin ein innereuropäischer Steuerwettbewerb bestehen, jedoch sollten dessen schädliche Auswüchse bekämpft und durch eine Kooperation in der Steuerpolitik der Mitgliedstaaten dem Verlust von Steuersubstrat entgegengewirkt und ein freundlicheres Beschäftigungsklima geschaffen werden.[742]

Ebenso wie durch das Auftragsmandat wurde die Arbeit zu dieser Studie in der Europäischen Kommission durch die Zielformulierung des Europäischen Rates aus dem Jahr 2000 beeinflusst, nach der sich die Europäische Union in der kommenden Dekade zum wettbewerbsfähigsten und dynamischsten wissensgestützten Wirtschaftsraum der Welt entwickeln sollte.[743] Im Gegensatz zu der Formulierung im Auftrag aus dem Jahr 1998, die keine europaweite Angleichung der Unternehmensbesteuerungsregime als notwendig erachtete und lediglich schädlichem Steuerwettbewerb zwischen den Mitgliedstaaten entgegenzuwirken trachtete,[744] sollten von nun an auch steuerliche Maßnahmen zur Steigerung der Wettbewerbsfähigkeit der Unternehmen in der EU und damit zu wirtschaftlichen Wohlstand beitragen.[745] Auf diese Entwicklung ist zurückzuführen, dass die im Jahr 2001 von der Europäischen

740 Vor 1998 gab es mehrere Versuche der Europäischen Kommission zur Angleichung der Vorschriften auf dem Gebiet der Unternehmensbesteuerung. So wurde bereits im Jahr 1975 ein Vorschlag einer Richtlinie zur Harmonisierung der Körperschaftsteuersysteme unterbreitet (Vorschlag einer Richtlinie v. 18.8.1975, ABlEG Nr. C 253, S. 2), der aber mangels politischer Durchsetzbarkeit (Kommission, Bericht über die Aussichten für eine Angleichung der Steuersysteme in der Gemeinschaft v. 26.3.1980, S. 65) wieder verworfen wurde (Mitteilung der Kommission v. 20.4.1990, SEK (1990) 601, Rn. 30). Ein Vorentwurf aus dem Jahr 1988, die eine Harmonisierung der steuerlichen Gewinnermittlungsvorschriften vorsah (Kreile, DB 1988, Beilage zu Heft 45), wurde seitens der Europäischen Kommission nicht als Richtlinie veröffentlicht.

741 Vienna European Council, 11.-12.12.1998, Presidency Conclusions, Nr. 21f. (einsehbar unter: http://www.consilium.europa.eu/uedocs/cms_data/docs/pressdata/en/ec/00300-R1.EN8.htm).

742 Vienna European Council, 11.-12.12.1998, Presidency Conclusions, Nr. 21.

743 Lisbon European Council, 23.-24.3.2000, Presidency Conclusions, Nr. 5 (einsehbar unter: http://www.europarl.europa.eu/summits/lis1_en.htm).

744 Vienna European Council, 11.-12.12.1998, Presidency Conclusions, Nr. 21.

745 *Aujean*, in Lang/Pistone/Schuch/Staringer, Common Consolidated Corporate Tax Base, S. 22.

Kommission veröffentlichten Ergebnisse der Studie[746] Vorschläge enthalten, die entgegen dem ursprünglichen Auftrag auf eine Harmonisierung der Körperschaftsteuersysteme in der EU abzielen.

Auf einer im November 2003 in Brüssel abgehaltenen Konferenz wurden zur Überwindung der identifizierten Hindernisse mit der *CCCTB* sowie dem Ansatz der *Home State Taxation*[747] zwei unterschiedliche Instrumente als geeignet angesehen und für die weitere Diskussion vorgestellt.[748] Für die Entwicklung des *CCCTB*-Ansatzes von einer Idee zu einem technisch durchführbaren Instrument wurde durch die Kommission eine Arbeitsgruppe ins Leben gerufen, die ab November 2004 ihre Arbeit aufnahm.[749] Die in verschiedenen Untergruppen herausgearbeiteten Ergebnisse stellte die Arbeitsgruppe in den folgenden Jahren mehrfach in der Öffentlichkeit vor und gab damit den Mitgliedstaaten, der Wissenschaft sowie der Wirtschaft insbesondere der betroffenen Unternehmen die Gelegenheit zur Stellungnahme.[750] Im Oktober 2010 fand ein Workshop in Brüssel statt, bei dem bestimmte Gesichtsunkte zur Durchführung und Anwendungsbereich erörtert wurden,[751] ehe die Europäische Kommission am 16. März 2011 einen Richtlinienentwurf zur Einführung einer *CCCTB* vorgestellt hat.[752]

b) Ausgestaltung der CCCTB nach dem Richtlinienentwurf

Der Richtlinienentwurf zielt nach seiner Begründung auf den Abbau steuerlicher Wachstumshemmnisse im europäischen Binnenmarkt ab, als deren Ursache auf dem Gebiet der Unternehmensbesteuerung das Nebeneinander der 27 nationalen Besteuerungsregime mit unterschiedlichen Wechselwirkungen herausgestellt

---

746 Studie der Europäischen Kommission „Company Taxation in the Internal Market", Sec(2001) 1681.

747 Dazu siehe ausführlich unten E.II.1.

748 Europäische Kommission „An Internal Market without company tax obstacles, achievements, ongoing initiatives and remaining challenges", Com(2003) 726, S. 12.

749 Angeregt durch die Europäische Kommission wurde daneben diskutiert, ob die Applikation der International Accounting Standards (IAS) ab dem Jahr 2005 für die Einführung einer EU-einheitlichen Steuerbemessungsgrundlage für multinational tätige Unternehmen genutzt werden könnte; siehe die zusammengefassten Ergebnisse dieser Diskussion (7. Juli 2003) unter: http://ec.europa.eu/taxation_customs/resources/documents/ias_summary_de.pdf.

750 *Aujean*, in Lang/Pistone/Schuch/Staringer, Common Consolidated Corporate Tax Base, S. 32f.; hervorzuheben ist dabei das Arbeitspapier „CCCTB: possible elements of a technical outline", CCCTB/WP057 vom 26. Juli 2007, in dem die Erkenntnisse der verschiedenen Untergruppen der Arbeitsgruppe erstmals zusammengefasst wurden.

751 Europäische Kommission, CCCTB/20101020 summary.

752 Europäische Kommission, Kom(2011) 121; der Richtlinienentwurf wurde mit wenigen sprachlichen Änderungen in den Anhänge am 7.10.2011 erneut veröffentlicht.

werden.[753] Folge dieser Wechselwirkung könne für die Unternehmen eine angesichts ihrer Leistungsfähigkeit überhöhte Besteuerung oder sogar eine Doppelbesteuerung sein. Außerdem, so die Begründung im Richtlinienentwurf, entstehen erheblicher Verwaltungsaufwand und Steuerbefolgungskosten, die Investitionen weniger attraktiv machen und somit der Vollendung des Binnenmarktes entgegenstehen.[754]

Der Ursache dieser Hemmnisse will die Europäische Kommission mit einem gemeinsamen, in allen Mitgliedstaaten anwendbaren Regelungswerk zur Bemessung der Besteuerungsgrundlage auf dem Gebiet der Körperschaftsteuern begegnen.[755] Dieses soll die periodengerechte Konsolidierung sämtlicher Gewinne und Verluste, die durch EU-ansässige Gruppengesellschaften generiert werden, auf Ebene der Obergesellschaft ermöglichen.[756] Die nationalen Vorschriften zur Körperschaftsbesteuerung sollen weiter fortbestehen und werden nach dem Richtlinienentwurf nicht verändert. Bei der *CCCTB* handelt es sich somit um ein 28. Rechtsregime zur Ermittlung der steuerlichen Bemessungsgrundlage innerhalb der EU, das allerdings für alle qualifizierten Gesellschaften eines Konzerns anstatt der verschiedenen nationalen Regelungen Anwendung finden soll.

Nach dem Richtlinienentwurf soll der persönliche Anwendungsbereich der *CCCTB* solchen Körperschaften eröffnet sein, die eine in Anhang I des Richtlinienentwurfs aufgeführte Rechtsform aufweisen sowie einer der in Anhang II aufgeführten Körperschaftsteuern eines Mitgliedstaates unterliegen.[757] Es muss sich folglich grundsätzlich um Körperschaften mit einer Gesellschaftsrechtsform eines Mitgliedstaates handeln, die dazu in einem Mitgliedstaat Körperschaftsteuersubjekt sind. In Drittstaaten gegründeten Unternehmen wird der Zugang gewährt, sofern ihre Rechtsform nach einem Typenvergleich einer der anerkannten Rechtsformen aus den Mitgliedstaaten ähnlich ist und sie Körperschaftsteuersubjekt in einem Mitgliedstaat sind.[758] Gebietsfremde Körperschaften können hinsichtlich ihrer innerhalb der EU ansässigen Betriebsstätten ebenfalls Teil der gemeinsamen Bemessungsgrundlage werden.[759] Damit erfasst der persönliche Anwendungsbereich der *CCCTB* nur Körperschaften oder wie solche besteuerte Betriebsstätten. Auf Personengesellschaften sowie natürliche Personen findet das Konzept keine Anwendung.[760] Ist ein Gruppenmitglied Gesellschafter in einer für steuerliche Zwecke transparenten Gesellschaft, so werden ihm die Gewinnanteile aus dieser Beteiligung nach *CCCTB*-Prinzipien zugerechnet.[761]

---

753 Europäische Kommission, Kom(2011) 121, S. 4.
754 Europäische Kommission, Kom(2011) 121, S. 4.
755 Europäische Kommission, Kom(2011) 121, S. 4.
756 *Müller-Gatermann/Möhlenbrock/Fehling*, ISR 2012, 17 (19).
757 Europäische Kommission, Kom(2011) 121, Art. 2 Abs. 1 CCCTB-Richtlinienentwurf.
758 Art. 2 Abs. 2 CCCTB-Richtlinienentwurf.
759 Art. 6 Abs. 2, Art. 5 CCCTB-Richtlinienentwurf.
760 *Lenz/Rautenstrauch*, DB 2011, 726 (726).
761 Art. 84 CCCTB-Richtlinienentwurf.

Der sachliche Anwendungsbereich für die Anerkennung einer Gruppe erfordert von der Obergesellschaft das Recht, mehr als 50 % der Stimmrechte bei der Untergesellschaft ausüben zu können. Daneben muss die Obergesellschaft entweder Eigentümerin von mehr als 75 % des Gesellschafterkapitals oder hinsichtlich der Gewinnbeteiligung der Untergesellschaft zu mehr als 75 % anspruchsberechtigt sein.[762] Mittelbare Beteiligungen sind zugelassen und werden per Durchrechnungsmethode ermittelt.[763]

Bei der *CCCTB* soll es sich um ein fakultatives System handeln. Die Unternehmensgruppen können also die Bemessung ihres steuerlichen Ergebnisses nach deren Grundsätzen wählen.[764] Dazu ist eine sog. Opt-in-Mitteilung erforderlich, in der die Absicht erklärt wird, zu dem *CCCTB*-System zu optieren.[765] Ohne eine solche Mitteilung an die zuständige Behörde werden die verbundenen Unternehmen wie zuvor nach den jeweiligen nationalen Vorschriften körperschaftsteuerlich erfasst. Eine Vereinbarung zwischen den Gruppenunternehmen zur Ergebnisübertragung ist nicht notwendig. Die Wahrnehmung der Option bindet die Unternehmensgruppe zunächst für 5 Jahre.[766] In dieser Laufzeit fallen sämtliche qualifizierten Gruppenmitglieder unter die Vorschriften der *CCCTB* (sog. *all in-all out*).[767]

Die gemeinsame Steuerbemessungsgrundlage nach *CCCTB* wird aus den Erträgen und Aufwendungen der Unternehmen ermittelt.[768] Die Besteuerung erfolgt somit nicht auf Grundlage eines durch Betriebsvermögensvergleich ermittelten Ergebnisses. Vielmehr basiert die *CCCTB* auf einer Gewinnermittlung, die sich an den Grundsätzen einer Gewinn- und Verlustrechnung (GuV) orientiert.[769] Es bedarf somit weder der Erstellung einer Handels- noch einer Steuerbilanz zur Gewinnermittlung nach den *CCCTB*-Grundsätzen.[770]

---

762 Art. 54 Abs. 1 CCCTB-Richtlinienentwurf.

763 Art. 54 Abs. 2 CCCTB-Richtlinienentwurf; siehe zur Durchrechnungsmethode oben unter C; hinsichtlich des Stimmrechtserfordernisses wird bei mittelbaren Beteiligungen die Additionsmethode angewendet, d.h. diese werden in voller Höhe zugerechnet, sobald der Muttergesellschaft die Stimmrechte an der vermittelnden Körperschaft zu mehr als 50 % zustehen.

764 Art. 6 CCCTB-Richtlinienentwurf.

765 Art. 104 CCCTB-Richtlinienentwurf; im Fall einer Gruppe ist die Mitteilung durch den sog. Hauptsteuerpflichtigen einzureichen, der in Art. 4 Abs. 6 CCCTB-Richtlinienentwurf als das Gruppenmitglied definiert ist, dass das Beteiligungserfordernis erfüllt; die Einreichungsbehörde in dessen Mitgliedstaat übermittelt diese an alle Mitgliedstaaten weiter, in denen Konzernmitglieder ansässig sind.

766 Sofern die CCCTB-Anwendung nicht fristgerecht gekündigt wird, verlängert sich dieser Zeitraum jeweils um weitere 3 Jahre, Art. 105 CCCTB-Richtlinienentwurf.

767 Art. 104 Abs. 2 CCCTB-Richtlinienentwurf.

768 Art. 10ff. CCCTB-Richtlinienentwurf; siehe ausführlich zu den Auswirkungen der im Richtlinienentwurf vorgesehenen Vorschriften zur Ermittlung der Steuerbemessungsgrundlage *Scheffler/Krebs*, DStR-Beihefter 2011, 13 (14ff.).

769 *Scheffler/Krebs*, DStR-Beihefter 2011, 13 (14).

770 *Förster/Krauß*, IStR 2011, 607 (608).

In Übereinstimmung mit dem Ziel der europaweiten Konsolidierung innerhalb verbundener Unternehmen sollen nach dem Richtlinienentwurf Gewinne und Verluste aus Transaktionen zwischen Gruppenmitgliedern bei der Berechnung der Steuerbemessungsgrundlage außer Acht gelassen werden.[771] Auf gruppeninterne Transaktionen innerhalb der EU soll keine Quellensteuer erhoben werden.[772] Die Abzugsfähigkeit von Zinsaufwand ist nicht per se eingeschränkt. Vielmehr werden Zinsabzüge nur dann nicht anerkannt, wenn eine Verlagerung von Besteuerungssubstrat an verbundene Unternehmen in Drittstaaten droht.[773]

Der nach erfolgter Konsolidierung festgestellte Verlust kann ohne zeitliche Begrenzung und in voller Höhe mit Gewinnen in zukünftigen Veranlagungszeiträumen verrechnet werden.[774] Ein Verlustrücktrag oder eine Mindestgewinnbesteuerung sind nicht vorgesehen. Verluste bei Gruppeneintritt können durch das sie einbringende Mitglied vorgetragen werden.[775] Erfolgt bei bestehenden Verlustvorträgen eine Umstrukturierung im Konzern, so werden die nicht ausgeglichenen Verluste entsprechend der Vorschriften zur Aufteilung der Bemessungsgrundlage nach dem Richtlinienentwurf auf die betroffenen Gruppenteile übertragen und können weitere 5 Jahre von diesen zum Abzug genutzt werden.[776] Ein Untergang der Verluste entsprechend der Regelung des § 8c KStG bei schädlichen Beteiligungserwerben ist nicht vorgesehen.[777] Bei Auflösung der Gruppe werden vortragsfähige Gruppenverluste nach den *CCCTB*-Aufteilungsfaktoren auf die verschiedenen Mitgliedsunternehmen verteilt.[778]

Ein Grundsatz der *CCCTB* ist die Befolgung des Realisationsprinzips, nach dem Gewinne und Verluste bei der Ermittlung der Steuerbemessungsgrundlage erst im Zeitpunkt ihrer Marktrealisierung erfasst werden.[779] Bei der Übertragung von Wirtschaftsgütern innerhalb der Gruppe mangelt es an dieser Realisierung. Somit ist die auch grenzüberschreitende gruppeninterne Übertragung von Wirtschaftsgütern zu

771 Art. 59 CCCTB-Richtlinienentwurf; die gruppeninternen Transaktionen sind in einer gesonderten Aufzeichnung zu dokumentieren.

772 Art. 60 CCCTB-Richtlinienentwurf.

773 Art. 81 CCCTB-Richtlinienentwurf bestimmt für die Abziehbarkeit von Zinszahlungen an ein verbundenes Unternehmen in einem Drittstaat Voraussetzungen wie ein bestehendes Abkommen über den Informationsaustausch, einen Mindestkörperschaftsteuersatz und eine Besteuerung des verbundenen Unternehmens nach Maßgabe dieses Steuersatzes in dem Drittstaat; zum Zweck der Vorschrift vgl. *Müller-Gatermann/Möhlenbrock/Fehling*, ISR 2012, 17 (19).

774 Art. 43 CCCTB-Richtlinienentwurf; die Verlustverrechnung darf danach in späteren Veranlagungszeiträumen nicht zu einem negativen Betrag führen.

775 Art. 48, 64 CCCTB-Richtlinienentwurf; der Verlustabzug kann dabei entweder nach den vor Gruppeneintritt maßgeblichen nationalen Vorschriften oder nach den CCCTB-Vorschriften erfolgen.

776 Art. 71 CCCTB-Richtlinienentwurf.

777 *Müller-Gatermann/Möhlenbrock/Fehling*, ISR 2012, 17 (18f.).

778 Art. 65 CCCTB-Richtlinienentwurf.

779 Art. 9 Nr. 1 CCCTB-Richtlinienentwurf.

Buchwerten nicht nur möglich, sondern auch gewollter Bestandteil der Konsolidierung. Um dabei missbräuchlichen Gestaltungen zur Übertragung stiller Reserven vorzubeugen, werden Wirtschaftsgüter nachträglich nach Drittvergleichspreisen erfasst, wenn ihre Übertragung im laufenden oder dem vorangegangenen Wirtschaftsjahr vor dem Ausscheiden der Empfängergesellschaft aus dem Kreis der unter die *CCCTB* fallenden Konzerngesellschaften ausscheidet.[780] Dieser Antimissbrauchsvorschrift kann nur durch den Beweis entgangen werden, dass die „gruppeninternen Transaktionen aus stichhaltigen wirtschaftlichen Gründen erfolgt sind"[781].

Die Ergebnisse aller Gruppenmitglieder werden auf der Ebene der obersten in der Europäischen Union ansässigen Gruppengesellschaft, dem sog. Hauptsteuerpflichtigen[782] konsolidiert. Danach wird die so festgestellte Steuerbemessungsgrundlage, sofern sie positiv ist, anhand eines Aufteilungsschlüssels auf die verschiedenen Gruppenmitglieder verteilt. Dieser Schlüssel berücksichtigt die Faktoren Umsatz, Arbeit und Vermögenswerte bei der Ergebniszuteilung an die einzelnen Gesellschaften in gleicher Weise.[783] Nach der Verteilung auf die Gruppengesellschaften erfolgt deren Besteuerung nach dem jeweiligen Körperschaftsteuersatz in ihrem Ansässigkeitsstaat.

Für die Durchführung sieht das *CCCTB*-Konzept die Einrichtung einer einzigen zuständigen Behörde in jedem Mitgliedstaat vor, welche sämtliche zu dem Konzept optierenden Unternehmen steuerlich erfasst.[784] Die im Einzelfall zuständige sog. Hauptsteuerbehörde befindet sich im Falle einer Gruppe im Ansässigkeitsstaat des Hauptsteuerpflichtigen.[785] Die Hauptsteuerbehörde ist für die Administration der Konsolidierung und der Aufteilung der Steuerbemessungsgrundlage mit Wirkung für alle weiteren Gruppenmitglieder in den verschiedenen Mitgliedstaaten zuständig.[786] Das Verwaltungsverfahren erfolgt damit nach einem *One-Stop-Shop* – Prinzip.[787]

c) Auswirkungen und Würdigung

Die Einführung einer gemeinsamen konsolidierten körperschaftsteuerlichen Bemessungsgrundlage soll steuerliche Wachstumshemmnisse im Binnenmarkt beseitigen, die durch Wechselwirkungen in den 27 divergierenden mitgliedstaatlichen

780 Art. 75 CCCTB-Richtlinienentwurf.
781 Art. 75 CCCTB-Richtlinienentwurf.
782 Art. 4 Abs. 6 CCCTB-Richtlinienentwurf.
783 Art. 86 CCCTB-Richtlinienentwurf; nach der Formel bemisst sich der Anteil eines Gruppenmitglieds an der konsolidierten Steuerbemessungsgrundlage nach dessen verhältnismäßiger Beteiligung an Gruppenumsatz (Gewichtung 1/3), -lohnsumme (1/6), -beschäftigten (1/6) sowie –vermögenswerten (1/3).
784 Art. 4 Abs. 21 CCCTB-Richtlinienentwurf.
785 Art. 4 Abs. 22 CCCTB-Richtlinienentwurf.
786 Art. 4 Abs. 22 CCCTB-Richtlinienentwurf.
787 *Müller-Gatermann/Möhlenbrock/Fehling*, ISR 2012, 17 (19).

Unternehmensbesteuerungsregimen auftreten.[788] Nach dem Richtlinienentwurf sieht die Europäische Kommission dabei die *CCCTB* als optionales Regelungswerk an. Es ersetzt die nationalen Vorschriften nicht, sondern ergänzt diese um eine Möglichkeit zur Ermittlung der körperschaftsteuerlichen Bemessungsgrundlage. Damit gelingt es durch Umsetzung der Richtlinie nicht, das Nebeneinander der nationalen Gewinnermittlungsmethoden zu beseitigen. Bei grenzüberschreitend tätigen Unternehmen und Unternehmensgruppen könnten auch weiterhin die von der Europäischen Kommission identifizierten Friktionen auftreten, sofern diese ihren steuerlichen Gewinn nach der bisherigen Methode ermitteln. Darüber hinaus ist auch nicht mit einem geringeren Administrationsaufwand für die Mitgliedstaaten zu rechnen, die neben ihren nationalen Gewinnermittlungsregimen die Aufgabe der Hauptsteuerbehörde nach Maßgabe der *CCCTB* zugewiesen bekommen.[789] Allerdings werden sämtliche einschlägigen nationalen Vorschriften durch dieses 28. Regime ersetzt, wenn die in dessen Anwendungsbereich fallenden Rechtsträger dazu optieren. Die Probleme in der steuerlichen Behandlung grenzüberschreitender Tätigkeit wären damit in Zukunft nicht mehr die Folge auferlegten Rechts, sondern Ausfluss einer unternehmerischen Entscheidung für oder gegen die Ermittlung nach *CCCTB*.

Leitendes Motiv bei dieser Entscheidung dürfte dabei der Grad unternehmerischer Aktivität im EU-Ausland sein. Unternehmen mit Tochterkapitalgesellschaften oder Betriebsstätten in einem anderen Mitgliedstaat würden nach der Option für die *CCCTB*-Vorschriften ihre steuerliche Bemessungsgrundlage lediglich nach einem Regelungswerk ermitteln müssen.[790] Ebenso profitierten sie von der Zentralisierung der Administration in einer für sie zuständigen Verwaltungsbehörde. Gruppeninterne Transaktionen würden auch bei grenzüberschreitenden Sachverhalten

---

788 Europäische Kommission, Kom(2011) 121, S. 4.

789 Daher kritisch gegenüber einem Unternehmenswahlrecht die Stellungnahme des Bundesrates v. 17.6.2011, BR-Drucks. 155/11 (Beschluss)(2), S. 1; in der Diskussion über den CCCTB-Richtlinienentwurf haben neun Mitgliedstaaten (Bulgarien, Großbritannien, Irland, Malta, Niederlande (Zweite Kammer), Polen, Schweden, Slowakei, Rumänien) dessen Unvereinbarkeit mit dem Subsidiaritätsprinzip nach Maßgabe des Art. 5 Abs. 3 EUV i.V.m. Art. 6 des Protokolls Nr. 2 über die Anwendung der Grundsätze der Subsidiarität und der Verhältnismäßigkeit gerügt, vgl. die Stellungnahmen der Mitgliedstaaten in Kom(2011)121 – C7-0092/2011–2011/0058(CNS); eine Zusammenfassung findet sich bei *v.Brocke/Rottenmoser*, IWB 2011, 620 (621f.).

790 Die Einbeziehung von Personengesellschaften wird zwar nicht direkt ermöglicht; durch die Zurechnung nach Art. 84 CCCTB-Richtlinienentwurf ist eine indirekte Berücksichtigung der Erträge aus Personengesellschaften jedoch gewährleistet, *Prinz*, StuW 2011, 461 (463); außerdem könnte Deutschland den Anwendungsbereich der CCCTB auf Personengesellschaften als Hauptsteuerpflichtige erweitern, da deren Besteuerung nur in Deutschland erfolgt; die Einbeziehung von Personengesellschaften ist auch politischer Wille, vgl. Stellungnahme des Bundesrates v. 17.6.2011, BR-Drucks. 155/11 (Beschluss)(2), S. 1.

grundsätzlich keine Besteuerung oder die Notwendigkeit der Bildung von Verrechnungspreisen auslösen. Somit würden EU-weit tätige Unternehmen und Unternehmensgruppen von der *CCCTB* – nach einer mit kurzfristigem Aufwand verbundenen Einführung – in Form von geringeren Steuerbefolgungskosten profitieren. Rein national agierende Körperschaften könnten diesen Vorteil nicht erreichen. Ihnen verbleibt die Möglichkeit der Gewinnermittlung nach nationalem Recht, sofern sich die mit der *CCCTB* eingeführten Grundsätze nicht aus anderen Gesichtspunkten im Einzelfall als vorzugswürdig erweisen.[791]

Der Richtlinienvorschlag sieht im Falle von optierenden Konzernen eine Erfassung nach dem Grundsatz *all in-all out* vor. Sämtliche Kapitalgesellschaften, die in einem EU-Mitgliedstaat ansässig sind und an denen die Konzernobergesellschaft für *CCCTB*-Zwecke qualifiziert beteiligt ist sowie die im EU-Ausland belegenen Betriebsstätten werden danach Teilnehmer des Konsolidierungskreises. Steuerliche Gestaltungen, die durch ein Wahlrecht hinsichtlich der Einbeziehung von Tochtergesellschaften gewährt würden,[792] werden unterbunden. Es stellt sich in diesem Zusammenhang die Frage, wie das *CCCTB*-Konzept vor dem Hintergrund des Einheitsgedankens als dogmatische Grundlage einer Konzernbesteuerung zu bewerten ist. Das Prinzip des *all in-all out*, das alle Gruppenunternehmen der einheitlichen *CCCTB*-Steuerbemessungsgrundlage unterwirft, entspricht dabei den Grundsätzen der steuerlichen Einheit des Konzerns. Nach der Begründung im Richtlinienentwurf soll daneben das Beteiligungs- und Stimmrechtserfordernis ein hohes Maß wirtschaftlicher Integration gewährleisten.[793] Auch die vorgesehene Konsolidierung innerhalb des Konzerns, die nicht nur die periodengerechte Ergebnisverrechnung, sondern auch die Übertragung von Wirtschaftsgütern zwischen Konzernunternehmen ohne die Pflicht zur Aufstellung von Verrechnungspreisen ermöglicht, spricht für eine weitgehende Umsetzung einheitstheoretischer Gesichtspunkte. Die Gewinnermittlung soll für die gesamte Unternehmensgruppe auf Ebene des Hauptsteuerpflichtigen und damit einheitlich erfolgen. Dieser GuV-orientierte Konzernabschluss ist jedoch lediglich der letzte Schritt der Feststellung der körperschaftsteuerlichen Bemessungsgrundlage. Zunächst ist erforderlich, dass jede untergliederte Gruppengesellschaft getrennt ihre Einkünfte nach den *CCCTB*-Grundsätzen ermittelt. Diese Zwischenberechnung setzt auch die Einbeziehung der gruppeninternen Rechtsverhältnisse unter Verwendung von Verrechnungspreisen voraus. Erst auf Ebene der Obergesellschaft werden bei der Zusammenfassung der festgestellten Einzelergebnisse diese gruppeninternen Vorgänge herausgerechnet.[794] Somit handelt es sich bei der Behandlung nach der *CCCTB* um ein System, das dem Wortsinn

791 Z.B. aufgrund der unternehmensfreundlicheren Ausgestaltung der Abziehbarkeit von Zinsaufwendungen oder dem Wegfall der Mindestgewinnbesteuerung bei Verlustvorträgen, vgl. oben unter E.I.3.b).

792 Siehe zum sog. *cherry picking* und dadurch eröffneter Gestaltungsspielräume oben unter B.III.

793 CCCTB-Richtlinienentwurf, Begründung, Gliederungspunkt 16.

794 *Scheffler/Schöpfel/Köstler/Binder*, StuW 2013, 28 (28).

des Begriffs "Zwischengewinneliminierung" entspricht. Gerade diese nachträgliche "Eliminierung" der Zwischengewinne bei konzerninternen Rechtsgeschäften ist im Rahmen eines konsequent umgesetzten Einheitskonzeptes hingegen obsolet, da Zwischengewinne nicht auftreten können.[795] Verlustvorträge, deren Entstehen auf einen Zeitpunkt vor dem optieren zum System der gemeinsamen Bemessungsgrundlage nach *CCCTB* zurückzuführen sind, können auf Ebene der sie verantwortenden Gesellschaft verrechnet werden. Die Verlustberücksichtigung erfolgt damit auf der ersten Stufe der Gewinnermittlung im Rahmen der Einzelfeststellung der Untergesellschaft. Ebenso erweist sich die Übertragbarkeit vortragsfähiger Gruppenverluste auf Untergesellschaften infolge Umstrukturierung zwischen zwei Konzernen oder im Falle der Gruppenauflösung als nicht vereinbar mit der Einheitstheorie. Nach strikter Auslegung dieses Prinzips müssten vortragsfähige Verluste bei Eintritt in der Gruppe aufgehen, im Falle des Austritts bei der Unternehmensgruppe verbleiben und im Falle der Gruppenauflösung untergehen.[796] Diese Verrechnungsmöglichkeiten weichen somit von einer konsequenten Gruppenbesteuerung nach dem Einheitskonzept ab. Gleichwohl zeigt sich an dieser Stelle, ebenso wie bezüglich der Behandlung von Zwischengewinnen, dass das Konzept der *CCCTB* auch nicht auf eine Umsetzung des Einheitskonzeptes in seiner Reinform abzielt. Vielmehr sind Ausformungen dieses Gedankens in dem Richtlinienentwurf zu finden, ohne dass in der Begründung oder aus der Formulierung des Entwurfs auf die Einheitstheorie eingegangen wird. Gleichwohl wird anhand des auf Pragmatismus und Vereinfachung für die zu besteuernden Rechtsträger angelegte Konzept der *CCCTB* ersichtlich, dass der Gedanke der Einheit im steuerlichen Konzern auch nur partiell umgesetzt werden kann.

Die Einführung der *CCCTB* durch Umsetzung des Richtlinienvorschlages hätte diverse Implikationen auf dem Gebiet der Unternehmensbesteuerung zur Folge. Insbesondere die an einer Gewinn- und Verlustrechnung orientierte Ergebnisermittlung für Körperschaften statt dem bisher angewandten Betriebsvermögensvergleich durch Bilanzierung ist dabei bemerkenswert.[797] Allerdings handelt es sich bei Analyse des *CCCTB*-Richtlinienentwurfs eher um eine Umstellung, die technischer Natur ist und als solche materiell keine unterschiedliche Besteuerung mit sich bringt.[798] Immanent wäre der Abschaffung der bilanzorientierten Gewinnermittlung die Aufgabe des Grundsatzes der Maßgeblichkeit der Handels- für die Steuerbilanz. Dessen Bedeutung hat jedoch bereits in den vergangenen Jahren infolge der zunehmenden

---

795 Siehe zu der vor dem Hintergrund des Einheitsgrundsatzes konsequenten Behandlung gruppeninterner Transaktionen und Schuldverhältnisse im niederländischen Konzernbesteuerungsregime oben unter B.V.

796 *Elsweier/Grave*, IStR 2013, 91 (95f.).

797 *Herzig*, DB 2011, Heft 15 M1; *Lenz/Rautenstrauch*, DB 2011, 726 (726); *Prinz*, StuB 2011, 461 (463).

798 *Scheffler/Krebs*, DStR-Beihefter 2011, 13 (15) weisen auf die Notwendigkeit erheblicher Änderungen bei der technischen Durchführung der Ergebnisübermittlung hin (bisher: E-Bilanz, § 5b EStG), wenn das CCCTB-Modell umgesetzt würde.

Lösung des Steuerrechts von den handels- und gesellschaftsrechtlichen Grundsätzen abgenommen.[799] Daneben bestehen weitere offene bzw. nicht abschließend geregelter Fragestellungen. Der Richtlinienentwurf beschäftigt sich nicht mit der Behandlung außenstehender Minderheitsgesellschafter der optierenden Kapitalgesellschaften.[800] Angesichts der im deutschen materiellen Steuerrecht vielschichtigen Beschäftigung mit der Problematik der verdeckten Gewinnausschüttung, fällt die Regelung des Richtlinienentwurfs zu den durch das Gesellschaftsverhältnis veranlassten Ausschüttungen auffallend kurz aus.[801]

Nach Ergebnisermittlung durch jede einzelne Gruppengesellschaft, anschließender Zusammenfassung und Konsolidierung auf Ebene des Hauptsteuerpflichtigen wird die festgestellte körperschaftsteuerliche Bemessungsgrundlage unter Verwendung einer Formel auf die verschiedenen Mitgliedstaaten, in denen Gruppenteile belegen sind, aufgeteilt. Sinn dieses Verfahrens ist es, diejenigen Mitgliedstaaten Anteil haben zu lassen, in denen Gruppenmitglieder durch den Einsatz ihrer Arbeitnehmer oder ihres Kapitals oder durch die Ermöglichung des Marktzugangs (Umsatz) zu dem Gesamtergebnis des Konzerns beigetragen haben.[802] Immaterielle Wirtschaftsgüter finden dabei keine Berücksichtigung. Dieser Umstand dürfte auch auf Schwierigkeiten in Zusammenhang mit deren Bewertbarkeit und der Gestaltungsanfälligkeit durch die Überführbarkeit dieser nicht greifbaren Wirtschaftsgüter zurückzuführen sein.[803] Es ist dennoch festzustellen, dass durch den Aufteilungsschlüssel die Anteile von z.B. Forschung und Entwicklung an den späteren Umsätzen nicht ausreichend wiedergegeben wird.[804] Die Ausgestaltung des Aufteilungsschlüssels steht damit

---

799 Zu verweisen ist dabei insbesondere auf das „Gesetz zur Modernisierung des Bilanzrechts" (BilMoG v. 25.5.2009, BGBl. I 2009, 1102 ff.; in diesem Kontext auch der Beschluss des Bundesverfassungsgerichtes zur Passivierung von Jubiläumsrückstellungen, BVerfG v. 12.5.2009, 2 BvL 1/00, BVerfGE 123, 111ff.

800 Art. 14 Nr. 1 lit. a) CCCTB-Richtlinienentwurf setzt lediglich fest, dass Gewinnausschüttungen nicht von der Bemessungsgrundlage abgezogen werden können. Es mangelt allerdings an Bestimmungen, nach welchem Prinzip die Gewinnausschüttungen vorzunehmen sind. Es ist anzunehmen, dass sich die Beteiligung der Minderheitsgesellschafter am Gewinn einer Konzerntochtergesellschaft nach fortgeltenden handelsrechtlichen Vorschriften bestimmt.

801 *Prinz*, StuB 2011, 461 (463) spricht von einer in „Anbetracht der höchst nuancenreichen vGA-Dogmatik in Deutschland (...) äußerst knapp und schlicht" gestalteten Regelung in Art. 15 CCCTB-Richtlinienentwurf.

802 *Lenz/Rautenstrauch*, DB 2011, 726 (727).

803 *Rautenstrauch*, EWS 2011, 161 (165) begründet die Ausklammerung immaterieller Wirtschaftsgüter mit deren einfacher Übertragbarkeit, die steuerliche Gestaltungen provozieren würde.

804 *Prinz*, StuB 2011, 461 (461); die Bundesregierung steht der nicht vorgesehenen Einbeziehung immaterieller Wirtschaftsgüter in den Aufteilungsmechanismus kritisch gegenüber, BT-Drucks. 17/5748, S. 2; ebenso Stellungnahme des Bundesrates v. 17.6.2011, BR-Drucks. 155/11 (Beschluss)(2), S. 3; auch aus Sicht des Finanzministeriums der Niederlande führt der Verteilungsschlüssel zu einer Benachteiligung

auch im Widerspruch zu der sog. Lissabon-Strategie aus dem Jahr 2001, nach der sich die Europäische Union zu dem dynamischsten wissensgestützten Wirtschaftsraum der Welt entwickeln sollte.[805]

Die Vorschriften zur Konsolidierung im Konzern machen die gruppeninterne Übertragung von Wirtschaftsgütern zu Buchwerten innerhalb des Binnenmarktes möglich. Auch den Wirtschaftsgütern anhaftende stille Reserven werden damit übertragbar, ohne einen Besteuerungssachverhalt auszulösen. Dieser Regelung wohnt die Gefahr inne, dass Wirtschaftsgüter mit unbesteuerten stillen Reserven innerhalb des Konzerns nicht nur aus ökonomischen Motiven, sondern auch oder ausschließlich aufgrund steuerlicher Motive in einen anderen Mitgliedstaat überführt werden. Die auch gegen Geschäftsvorgänge aus dieser Motivation geschaffene Missbrauchsverhinderungsnorm des Richtlinienentwurfs[806] ist allgemein formuliert und bedarf weiterer Auslegung. Auch, weil die Übergangsfristen für Gruppenein- und -austritt nach internen grenzüberschreitenden Transaktionen im Richtlinienentwurf nur weniger als zwei Jahre betragen,[807] droht eine „Europäisierung stiller Reserven“[808]. Der dadurch zu befürchtende Einnahmeausfall wird für die Mitgliedstaaten noch durch die vorgesehenen Verwaltungsregelungen verschärft, nach der die Besteuerung der europaweit tätigen Unternehmensgruppe über die sog. Hauptsteuerbehörde im Ansässigkeitsstaat der Muttergesellschaft administriert wird. Mitgliedstaaten, in denen eine verhältnismäßig hohe Anzahl an Konzernobergesellschaften ansässig sind würden dadurch eine Steigerung administrativen Aufwands tragen, während Teile des ermittelten besteuerungsfähigen Einkommens der Gruppe über den Verteilungsmechanismus wieder an andere Mitgliedstaaten zu übertragen sind. Unabhängig von dieser Problematik stellt sich die Frage, ob durch eine Richtlinienumsetzung ein europaweit in materiellem Inhalt und Anwendung vergleichbares Regelungswerk geschaffen werden kann. Es entstehen im Falle einer Umsetzung nach Maßgabe des Richtlinienentwurfs verschiedene nicht hinreichend geklärte Problembereiche.[809] Diese Detailfragen würden der Auslegung durch die zuständigen Hauptsteuerbehörden in den Mitgliedstaaten unterliegen. Eine zentrale

---

von Mitgliedstaaten mit innovationsbasierter Unternehmensstruktur, vgl. Ministerie van Financien v. 4.7.2011, AFP/2011/300 U.

805 Lisbon European Council, 23.-24.3.2000, Presidency Conclusions, Nr. 5 (einsehbar unter: http://www.europarl.europa.eu/summits/lis1_en.htm); siehe auch oben E.I.3.a); ebenso äußert sich das niederländische Finanzministerium mit Verweis auf die Lissabon-Strategie zu dem avisierten Aufteilungsschlüssel, vgl. Ministerie van Financien v. 4.7.2011, AFP/2011/300 U.

806 Art. 80 CCCTB-Richtlinienentwurf.

807 Art. 75 CCCTB-Richtlinienentwurf.

808 *Prinz*, StuB 2011, 461 (462).

809 Siehe zu der undetailliert geregelten Problematik der verdeckten Gewinnausschüttung sowie der Behandlung von Minderheitsgesellschaften oben in diesem Kapitel; ferner auch *Lenz/Rautenstrauch*, DB 2011, 726 (730f.) zu verschiedenen fehlenden Einzelfallregelungen im CCCTB-Richtlinienentwurf.

europäische Instanz zur Schaffung einer einheitlichen Auslegung für Fragen der *CCCTB* ist nicht vorgesehen.[810] Es besteht dadurch die Gefahr, dass sich die *CCCTB*-Vorschriften trotz ihrer einheitlichen formalen Umsetzung im Laufe der Zeit bzgl. der Anwendung in den Mitgliedstaaten unterschiedlich auswirken.

Eine Umsetzung des Richtlinienentwurfs hätte für in Deutschland ansässige Gruppenmitglieder auch Einfluss auf ihre Gewerbesteuerschuld. Diese Steuer greift bisher auf die Gewinnermittlung nach dem Körperschaftsteuergesetz zurück und unterwirft den nach bestimmten Hinzurechnungen und Kürzungen festgestellten Gewerbeertrag einer Besteuerung.[811] Durch die Einführung der *CCCTB* wird das Ziel verfolgt, die Steuerbefolgungskosten für die Kapitalgesellschaften zu senken. Dieses Ziel würde in Deutschland konterkariert, wenn Unternehmen eine gewerbesteuerliche Gewinnermittlung auf Grundlage des Körperschaftsteuergesetzes auferlegt würde, obwohl sie für die *CCCTB*-Grundsätze optiert hätten. Aus diesem Grund ist es notwendig, durch eine Gesetzesänderung das Gewerbesteuergesetz für die nach *CCCTB* ermittelte Ausgangsgröße zu öffnen.[812] Gewerbesteuerliche Hinzurechnungen und Kürzungen sollten nur vorgenommen werden, sofern sie Sachverhalte im Inland betreffen.[813] Demzufolge sind diese Rechenschritte erst nach Feststellung des auf Tochterunternehmen und Betriebsstätten der Gruppe in Deutschland entfallenden Anteils an der gemeinsamen konsolidierten körperschaftsteuerlichen Bemessungsgrundlage vorzunehmen.[814] Um eine weitere tiefgreifende Rechtsänderung zu vermeiden, sollte an der Aufteilung des in Deutschland zu versteuernden Gewerbeertrags nach den bisherigen gewerbesteuerlichen Grundsätzen festgehalten werden.[815] Da sich die Gewerbeertrag-Aufteilung zeitlich nach der *CCCTB*-Aufschlüsselung und damit nur innerhalb Deutschlands vollzieht, wäre dadurch auch das Konzept des Richtlinienentwurfs nicht betroffen. Die deutsche Besonderheit „Gewerbesteuer" steht der Umsetzung somit nicht entgegen; es ist jedoch eine Anpassung der Gewinnermittlungsvorschriften notwendig.[816]

Trotz einiger Detailfragen, deren Behandlung der Auslegung in den Mitgliedstaaten offensteht, gewährleistet das *CCCTB*-Konzept die Bildung einer Bemessungsgrundlage, die nach EU-weit einheitlichen Methoden ermittelt wird. Im

---

810 *Lenz/Rautenstrauch*, DB 2011, 726 (730) halten es nicht für realistisch, dass alle Auslegungsfragen im Bereich der CCCTB dem EuGH vorgelegt werden und regen deshalb einen speziellen europäischen Gerichtshof an; *Herzig/Kuhr*, DB 2011, 2053 (2058) sehen diesen „Steuer-Gerichtshof" nicht als durch die EU anvisiert.

811 §§ 7ff. GewStG.

812 *Lenz/Rautenstrauch*, DB 2011, 726 (730); *Scheffler/Schöpfel/Köstler/Binder*, StuW 2013, 28 (38).

813 Nach *Prinz*, StuB 2011, 461 (463) sind die gewerbesteuerlichen Fragen durch den deutschen Steuergesetzgeber, nicht „über Europa" lösbar; *Scheffler/Schöpfel/Köstler/Binder*, StuW 2013, 28 (30f.).

814 *Scheffler/Schöpfel/Köstler/Binder*, StuW 2013, 28 (30f.).

815 *Scheffler/Schöpfel/Köstler/Binder*, StuW 2013, 28 (38).

816 *Prinz*, StuB 2011, 461 (463); *Scheffler/Schöpfel/Köstler/Binder*, StuW 2013, 28 (38).

Idealszenario werden somit vergleichbare Sachverhalte in jedem Mitgliedstaat einer vergleichbaren steuerlichen Bewertung zugeführt. Zur Ansiedlung von Unternehmen können Mitgliedstaaten somit fortan durch eine attraktive Körperschaftsteuergesetzgebung keine Anreize bieten. Aus Sicht der deutschen Bundesregierung stellt die Einschränkung steuerlicher „Wettbewerbsverzerrungen" durch steuerliche Sonderregelungen daher auch einen vorteilhaften Effekt der *CCCTB* dar.[817] Lediglich die Festsetzung des Körperschaftsteuersatzes nach Aufteilung der Bemessungsgrundlage obliegt weiterhin der mitgliedstaatlichen Kompetenz. Es ist also zu erwarten, dass sich der Steuerwettbewerb – ob schädlich oder unschädlich – auf das Feld der Körperschaftsteuersätze verlagert. Methoden zur Verhinderung eines drohenden *race to the bottom*, wie z.B. ein verbindlicher Mindeststeuersatz[818] sind im Richtlinienentwurf nicht vorgesehen.

d) Ausblick

Die Ausführungen zu den Auswirkungen der Etablierung der *CCCTB* nach dem Richtlinienentwurf machen zahlreiche noch ungelöste Problemfelder dieses Ansatzes offenbar. Der Umsetzung der Richtlinie steht dabei nicht nur die bisherige Souveränität der Mitgliedstaaten auf dem Gebiet der direkten Steuern entgegen.[819]

Insbesondere setzt die Einführung ein hohes Maß an Abstimmung unter den Mitgliedstaaten voraus. Insbesondere auf dem Gebiet des Informationsaustausches zwischen den Finanzbehörden sind jedoch noch erhebliche Defizite zu sehen, deren Abbau der Einführung einer *CCCTB* vorausgehen müsste.[820] Schon aufgrund der Komplexität dieser und weiterer noch nicht zufriedenstellend geregelten Detailfragen ist eine Umsetzung des Richtlinienentwurfs in naher Zukunft nicht zu erwarten. Insgesamt wird die europaweite konzerninterne Überführbarkeit von Wirtschaftsgütern kritisch betrachtet, die optierenden Unternehmen grundsätzlich die Verlagerung von stillen Reserven in andere Mitgliedstaaten ermöglicht. Aufgrund der Unsicherheit bei der Begrenzung gruppeninterner Transaktionen, wird die „große Lösung" einer konsolidierten gemeinsamen körperschaftsteuerlichen Bemessungsgrundlage vielfach als nicht realistisch umsetzbar angesehen.[821]

---

817 BT-Drucks. 17/5748, S. 1.

818 *Lenz/Rautenstrauch*, DB 2011, 726 (730f.) schlagen mit Verweis auf die Regelung des Richtlinienentwurfs zu Gruppenbezügen aus Drittstaaten einen Mindeststeuersatz von 10 % vor.

819 *Prinz*, StuB 2011, 461 (461); *Lenz/Rautenstrauch*, DB 2011, 726 (727) verweisen in diesem Zusammenhang auf die ablehnende Meinungskundgabe der irischen Regierung, in FTD v. 14.2.'11, S. 9.

820 *Lenz/Rautenstrauch*, DB 2011, 726 (727).

821 Die Bundesregierung verweist insbesondere auf die durch Konsolidierung und Ergebnisverlagerungen angenommenen fiskalischen Mindereinnahmen, BT-Drucks. 17/5748, S. 2. Dennoch soll die CCCTB-Initiative auch nach dem Koalititonsvertrag 2013 zwischen der CDU, CSU und SPD Ausgangspunkt „für eine bessere

Aus diesem Grund wird erwogen, die Vorschriften zur EU-weiten Konsolidierung der Steuerbemessungsgrundlage in einem ersten Schritt nicht Bestandteil einer Richtlinie werden zu lassen.[822] Diese „kleine Lösung“ würde aber gewichtige Vorteile des *CCCTB*-Konzeptes entfallen lassen: weiterhin würden in allen Mitgliedstaaten einheitliche Vorschriften zur Gewinnermittlung bei Körperschaften eingeführt, der grenzüberschreitende Aspekt des Ansatzes wäre aber aufgegeben. Aus Sicht der Unternehmensgruppen verbliebe als Vorteil, dass sie zu einem System der steuerlichen Gewinnermittlung optieren könnten, das in den verschiedenen Mitgliedstaaten durch die Behörden zugelassen werden müsste. Eine Senkung der Steuerbefolgungskosten würde daher auch trotz nur eingeschränkter Umsetzung erreicht. Auch aus Sicht der Mitgliedstaaten wird die gesteigerte Vergleichbarkeit der ermittelten Steuerbemessungsgrundlagen nach der CCTB wünschenswert sein.[823] Jedoch würde ein Wechsel zu dem CCTB-Konzept für Unternehmen nur dann vollzogen werden, wenn sich dieser Schritt als vorteilhaft erweist. Das ist nur dann der Fall, wenn die Anwendung der CCTB-Vorschriften gegenüber dem bestehenden nationalen Gewinnermittlungsregime bei den Unternehmen zu einer Verringerung der Steuerlast führte. Steuermindereinnahmen durch attraktivitätsfördernde Änderungen der CCTB werden aus Sicht der Mitgliedstaaten nicht wünschenswert sein.[824] Diese Eigenschaft kann mit dem bisherigen Richtlinienentwurf, gerade ohne Ermöglichung einer grenzüberschreitenden Konsolidierung nicht verbunden werden. Es ist insbesondere darauf hinzuweisen, dass die Umsetzung nach der Begründung des Richtlinienentwurfs zu einer Verbreiterung der körperschaftsteuerlichen Bemessungsgrundlage führen sollte, um die fiskalen Nachteile infolge der grenzüberschreitenden Konsolidierung auszugleichen.[825] Damit wird sich eine unternehmerische Entscheidung zugunsten des CCTB-Konzeptes nur dann in der Breite durchzusetzen

---

Abstimmung des Unternehmenssteuerrchts in der EU“ sein (Koalitionsvertrag, einsehbar unter https://www.cdu.de/sites/default/files/media/dokumente/koalitio nsvertrag.pdf). Auch die Bundessteuerberaterkammer sieht durch die Konsolidier ungsvorschriften des Richtlinienentwurfes die Gefahr eines „Verlustshoppings“, siehe Stellungnahme vom 28.1.2011 (einsehbar unter: www.bstbk.de); zu der Kritik der Mitgliedstaaten Schweden, Bulgarien, Niederlande, Großbritannien, Malta, Polen, Irland, Rumänien, Slowakei vgl. v.*Brocke*/*Rottenmoser*, IWB 2011, 620 (623ff.).

822 *Lenz*/*Rautenstrauch*, DB 2011, 726 (727); Conclusions of the heads of state or government of the Euro area of 11 March 2011, S. 11.

823 So auch die Bundesregierung, BT-Drucks. 17/5748, S. 10.

824 Vgl. Conclusions of the heads of state or government of the Euro area of 11 March 2011, S. 11.

825 Europäische Kommission, Kom(2011) 121, S. 9; nach *Spengel*/*Ortmann-Babel*/*Zinn*/*Matenaer*, DB 2013, Beilage 2, 1 (15f.) führte die Einführung der CCCTB allerdings gegenüber den geltenden nationalen Steuersystemen nicht zu einer Verbreiterung der körperschaftsteuerlichen Bemessungsgrundlage.

vermögen, wenn die spätere Umstellung auf eine Gewinnermittlung inklusive einer grenzüberschreitenden Konsolidierungsvariante in Aussicht gestellt würde.[826]

Somit ist derzeit die Verabschiedung einer Richtlinie, die sich an dem Entwurf der Europäischen Kommission vom 16. März 2011 orientiert, nicht zu erwarten.

4. Zwischenergebnis

Im Jahr 2001 sind von der Europäischen Kommission in einer Studie drei verschiedene Modelle vorgestellt worden, die jeweils eine grenzüberschreitende Besteuerung von Unternehmensgruppen innerhalb der gesamten EU gewährleisten können. Dabei hat sich der Ansatz einer *Common Consolidated Corporate Tax Base* (*CCCTB*) als der unilaterale Ansatz erwiesen, der gegenüber den Bestrebungen zu einer europäischen Körperschaftsteuer (*EU Company Income Tax* (*EUCIT*)) oder einer obligatorischen körperschaftsteuerlichen Bemessungsgrundlage (*Single Compulsory Harmonised Tax Base*) den geringsten Eingriff in die mitgliedstaatlichen Gruppenbesteuerungsregelungen darstellt. Der *CCCTB* kann deswegen auch aufgrund des 2011 veröffentlichten Richtlinienentwurfs die höchste Umsetzungswahrscheinlichkeit unter den möglichen unilateralen Konzepten beigemessen werden. Dennoch ist auch trotz der Bemühungen der Kommission die Verabschiedung einer *CCCTB*-Richtlinie nicht zu erwarten. Aus Sicht der Mitgliedstaaten steht dabei insbesondere die Regelung der grenzüberschreitenden Konsolidierung und die damit verbundenen Gestaltungsmöglichkeiten für Unternehmensgruppen einer Befürwortung entgegen.

Eines der gewichtigsten Argumente gegen eine Richtlinie zur grenzüberschreitenden Gruppenbesteuerung ist aus der Sicht der Mitgliedstaaten, dass durch deren Umsetzung erstmals auf dem Gebiet der direkten Steuern hoheitliche Erhebungssouveränität auf die EU[827] oder einen anderen Mitgliedstaat übertragen werden muss. In den Stellungnahmen mehrerer Mitgliedstaaten wurde mit Hinweis auf den fakultativen Charakter der *CCCTB* sowie den Eingriff in die nationale Steuerhoheit auf dem Gebiet der direkten Steuern durch dem Richtlinienentwurf eine Verletzung des Subsidiaritätsprinzips nach Art. 5 Abs. 3 EUV angenommen.[828]

Es ist überdies anzunehmen, dass aus deutscher Sicht auch das für eine grenzüberschreitende Zusammenarbeit notwendige Vertrauen in die Finanzverwaltung verschiedener Mitgliedstaaten nicht gegeben ist.[829]

Vor dem Hintergrund der bisher unternommenen Anstrengungen liegt der Vorschlag zur Einführung des Konzeptes unter Aussparung der Konsolidierung nahe.

---

826 Stellungnahme des Bundesrates v. 17.6.2011, BR-Drucks. 155/11 (Beschluss)(2), S. 2f.

827 Im Falle der EU Company Income Tax sowie der Single Compulsory Harmonised Tax Base ist die Einführung von Steuerbehörden auf Ebene der EU geplant.

828 Siehe oben E.I.3.c) sowie v.*Brocke*/*Rottenmoser*, IWB 2011, 620 (621f.).

829 So die These von *Kahle*/*Schulz*, FR 2013, 49 (50, Fn. 10); *Herzig* in Handelsblatt, Steuerboard vom 13.5.2011.

Ohne eine solche Komponente würde allerdings das als fakultatives System geplante Gewinnermittlungsregime für Unternehmensgruppen weniger attraktiv. Daneben stellt sich die Frage, ob die Einführung einer EU-weiten formal gleichen Gewinnermittlung ohne eine grenzüberschreitende Ergebnisverrechnung überhaupt noch als wünschenswert zu bezeichnen ist oder sie dem Ziel der Förderung des Binnenmarktes gerecht werden kann.[830]

II. Bilateraler Ansatz

Unilaterale Bestrebungen zur Gewährleistung einer grenzüberschreitenden Gruppenbesteuerung erweisen sich in der Europäischen Union also deshalb in absehbarer Zeit nicht als durchsetzbar, weil die Mitgliedstaaten in einem EU-weiten Modell wie der *CCCTB* jeweils ausgehend von ihrem Standpunkt Nachteile sehen. Staaten, deren Wirtschaft einen hohen Entwicklungsstand aufweist, sind fiskalisch abhängig von der Besteuerung der Produkte aus technischer Entwicklung und Innovationskraft der Unternehmen. Diese Mitgliedstaaten befürchten, dass mit der Einführung einer gemeinsamen Gruppenbesteuerung ohne nationale Grenzen ein Verlust von Steuersubstrat einhergeht. Es wird dabei auf die geschaffene Möglichkeit der Verlagerung von Wirtschaftsgütern mit stillen Reserven, deren wirtschaftlicher Ursprung wiederum auf die staatliche Bereitstellung von Infrastruktur für die Unternehmen zurückgehe, verwiesen.[831] Ihre ablehnende Haltung stützen diese Mitgliedstaaten daneben auf die Ausgestaltung des Aufteilungsschlüssels im *CCCTB*-Richtlinienentwurf, der immaterielle Wirtschaftsgüter und damit den Faktor Innovation nicht einbeziehe.[832] Mitgliedstaaten mit einer weniger entwickelten Wirtschaftsstruktur sehen in der gemeinsamen Bemessungsgrundlage demgegenüber eine europaweite Festigung der bestehenden Verhältnisse.[833] Die konkrete Ausgestaltung verwehre ihnen die Chance, sich durch Steuerregelungen für Unternehmensansiedlungen als attraktiv darzustellen und verhindere damit den Aufholprozess gegenüber anderen Mitgliedstaaten.[834]

Dennoch sind die Vorteile einer grenzüberschreitenden Konzernbesteuerung evident. Die Etablierung unilateraler Ansätze erweist sich jedoch, selbst bei geringer Souveränitätsbeschränkung, als derzeit nicht durchsetzbar. Da wie festgestellt die Argumentation zur Kritik bei den Mitgliedstaaten auf ihrem jeweiligen

---

830 Stellungnahme des Bundesrates v. 17.6.2011, BR-Drucks. 155/11 (Beschluss)(2), S. 2f.

831 Vgl. die Erklärung der Bundesregierung, BT-Drucks. 17/5748, S. 2.

832 So der Staatssekretär im niederländischen Finanzministerium, Ministerie van Financien v. 4.7.2011, AFP/2011/300 U; siehe auch oben E.I.3.c).

833 Stellungnahme Bulgariens in Kom(2011)121 – C7-0092/2011–2011/0058(CNS).

834 Stellungnahme Bulgariens; Rumänien und Polen verweisen in ihrer ablehnenden Stellungnahme auf Verletzungen des Subsidiaritätsprinzips, vgl. Kom(2011)121 – C7-0092/2011 – 2011/0058(CNS); auf diese unterschiedlichen Perspektiven auch *Glaser*, DStR 2011, 1217 (2323).

Entwicklungsstand fußt und bei strukturell ähnlichen Mitgliedstaaten deckungsgleich ist, erscheint es zweckmäßig, solche grenzüberschreitenden Lösungen anzustreben, die Mitgliedstaaten mit vergleichbaren wirtschaftlichen Gegebenheiten erfassen.

Dazu könnte sich eine Durchführung im „Verfahren der Verstärkten Zusammenarbeit" nach Art. 20 EUV i.V.m. Art. 326ff. AEUV anbieten. Diese Vorgehensweise wird allerdings schon bezüglich der *CCCTB* nicht für sinnvoll erachtet.[835] Die strengen Voraussetzungen des Art. 20 Abs. 2 EUV, insbesondere die Prüfung und Zustimmung durch den Europäischen Rat sowie die notwendige Beteiligung von neun Mitgliedstaaten an der Verstärkten Zusammenarbeit, dürften aus der Sicht der Mitgliedstaaten gegen dieses Verfahren sprechen. Mit Blick auf eine Lösung, die nicht alle Mitgliedstaaten erfassen soll, ist ohnehin fraglich, ob überhaupt neun Mitgliedstaaten die Bereitschaft zu einer Verstärkten Zusammenarbeit nach Maßgabe des Art. 20 EUV erklären würden.

Eine für die Umsetzung vielversprechendere Möglichkeit könnte demgegenüber eine bilaterale grenzüberschreitende Zusammenarbeit auf dem Gebiet der Gruppenbesteuerung darstellen.

1. Home State Taxation

Seit 1993 sind Steuerrechtler aus verschiedenen Staaten regelmäßig zu Treffen zusammengekommen, bei denen nationale, europäische und internationale Fragestellungen des Körperschaftsteuerrechts diskutiert wurden.[836] Im Jahr 2001 wurde aufbauend auf eine Idee des Briten Malcolm Gammie durch diese *Stockholm Group*, insbesondere unter Mitwirkung des schwedischen Steuerrechtlers Sven-Olof Lodin, eine Studie veröffentlicht. Darin wurde die *Home State Taxation*[837] als ein System zur Überwindung der auf die Landesgrenzen beschränkten europäischen Körperschaftsteuerregime vorgestellt. Die Europäische Kommission, die das Konzept der *Home State Taxation* im Jahr 2001 aufgegriffen und den weiteren – unilateralen – Ansätzen gegenübergestellt hat, hat insbesondere deren Nutzen für kleine und mittelständische Unternehmen (KMU) mit Tochtergesellschaften in nur einem

835 Erklärung der Bundesregierung, BT-Drucks. 17/5748, S. 11; ablehnend in dieser Hinsicht auch die Stellungnahme des Bundesrates v. 17.6.2011, BR-Drucks. 155/11 (Beschluss)(2), S. 2.

836 Zu der sog. Stockholm Group gehörten Sven-Olof Lodin (Schweden), Albert Rädler (Deutschland), Robert Baconnier (Frankreich), Ad der Kinderen (Niederlande), Malcolm Gammie (Vereinigtes Königreich), Jim Hausman (Kanada), Hugh Ault und David Tillinghast (beide USA).

837 In Veröffentlichungen der Europäischen Kommission wird für die Home State Taxation die Bezeichnung „Sitzlandbesteuerung" verwendet, vgl. Europäische Kommission, Versuchsweise Anwendung der „Sitzlandbesteuerung" auf KMU, 24. Juni 2004, Doc (04) 1410.

weiteren Mitgliedstaat herausgestellt.[838] Im November 2003 sind Eckpunkte zur Initiierung einer versuchsweisen Anwendung der Home State Taxation auf KMU festgelegt worden,[839] die durch ein Papier der Kommission im Juni 2004 weiter präzisiert wurden.[840]

a) Ausgestaltung

Das Modell der *Home State Taxation* basiert auf einem System der gegenseitigen Anerkennung der jeweils anderen körperschaftsteuerlichen Vorschriften durch die Vertragsstaaten.[841] Jeder teilnehmende Mitgliedstaat erkennt danach an, dass die Regeln zur Ermittlung der körperschaftsteuerlichen Gewinnermittlung im anderen teilnehmenden Mitgliedstaat zufriedenstellend sind,[842] d.h. für die Besteuerung grundsätzlich als geeignet angesehen werden. Diese gegenseitige Akzeptanz führt für Unternehmensgruppen zu der möglichen Konsequenz, dass sich die steuerliche Bewertung der wirtschaftlichen Betätigung in verschiedenen über das *Home State Taxation*-System verbundenen Staaten ausschließlich nach dem Regime im Ansässigkeitsstaat der Muttergesellschaft richtet.[843] EU-ausländische Betriebsstätten und Tochtergesellschaften, die ihren Sitz in einem teilnehmenden Staat haben, wird das Recht gewährt, ihren steuerlichen Gewinn nach den Methoden des Ansässigkeitsstaates der Konzernmutter berechnen zu können. Die nach diesem Regime ermittelte körperschaftsteuerliche Bemessungsgrundlage wird anschließend nach einem festgelegten Aufteilungsschlüssel auf die verschiedenen teilnehmenden Staaten verteilt.[844] Danach erfolgt die Besteuerung dieses Gewinnanteils nach Maßgabe des jeweiligen nationalen Körperschaftsteuersatzes. Der Muttergesellschaft fällt die Aufgabe zu, mit den Steuerbehörden in ihrem Sitzstaat im Namen aller in teilnehmenden Mitgliedstaaten liegenden Konzerneinheiten zusammenzuarbeiten. Diese Obliegenheit umfasst die Bereitstellung sämtlicher benötigter Informationen sowie die Verantwortlichkeit für die Steuerzahlung durch die Tochtergesellschaften in deren Ansässigkeitsstaaten.[845]

Da sich die Besteuerung nach dem Regime des Muttersitzstaates richtet, können nach dem *Home State Taxation*-Konzept auch im teilnehmenden EU-Ausland

---

838 Studie der Europäischen Kommission „Company Taxation in the Internal Market“, Sec (2001) 1681, S. 373ff, insbesondere S. 390.

839 Europäische Kommission, „An Internal Market without company tax obstacles achievements, ongoing initiatives and remaining challenges“, Com (2003) 726, S. 14.

840 Europäische Kommission, Versuchsweise Anwendung der „Sitzlandbesteuerung“ auf KMU, 24. Juni 2004, Doc (04) 1410.

841 *Lodin/Gammie*, Home State Taxation, S. 14.

842 *Lodin/Gammie*, Home State Taxation, S. 22.

843 *Lodin/Gammie*, Home State Taxation, S. 22.

844 *Lodin/Gammie*, Home State Taxation, S. 23.

845 *Lodin/Gammie*, Home State Taxation, S. 26f.

erlittene Verluste einer Konzernunternehmung nach der Methode des maßgebenden Körperschaftsteuergesetzes berücksichtigt werden.[846] Ebenso soll die Behandlung gruppeninterner Rechtsgeschäfte abhängig von der Regelung im Muttersitzstaat erfolgen.[847]

Die Entscheidung für die Anwendung des *Home State Taxation*-Konzeptes soll den Mitgliedstaaten freigestellt sein. Ihnen obliegt auch die Entscheidung, mit welchen anderen Mitgliedstaaten sie in ein System der gegenseitigen Anerkennung eintreten. Ebenso ist nach der Konzeption die Anwendung der *Home State Taxation* für die dann in Frage kommenden Unternehmen optional.[848]

Die Administration eines *Home State Taxation*-Konzerns erfolgt durch die Steuerbehörden des Sitzstaates der Muttergesellschaft, in deren Zuständigkeitsbereich auch die Durchführung von Betriebsprüfungen bei Konzerneinheiten in teilnehmenden anderen Mitgliedstaaten fällt.[849]

b) Würdigung und Ausblick

Gegenüber den erörterten unilateralen Modellen zur Entwicklung einer grenzüberschreitenden Gruppenbesteuerung in der Europäischen Union stellt der Ansatz der *Home State Taxation* einen Gegenentwurf dar. Den teilnehmenden Staaten wird kein Modell zur Gewinnermittlung von außen aufgezwungen. Sie haben lediglich die Gewinnermittlung des anderen Vertragsstaates bei inländischen Konzerntochtergesellschaften anzuerkennen und sind im Übrigen nur an die Vorgaben des bisherigen Besteuerungsregimes gebunden. Damit läuft das *Home State Taxation*-Konzept im Gegensatz zu dem *CCCTB*-Entwurf nicht Gefahr, gegen das im EUV verankerten Subsidiaritätsprinzip[850] zu verstoßen. Mehr als eine „grundlegenden Vertrautheit“[851] mit den Steuervorschriften des anderen teilnehmenden Mitgliedstaates wird den

846 *Lodin/Gammie*, Home State Taxation, S. 32f.

847 *Lodin/Gammie*, Home State Taxation, S. 33f.

848 *Lodin/Gammie*, Home State Taxation, S. 23f.

849 *Lodin/Gammie*, Home State Taxation, S. 27f. schlagen eine Zusammenarbeit zwischen den Steuerbehörden in den beteiligten Mitgliedstaaten vor; so sollen die Steuererklärungen der Unternehmensgruppe nicht nur im Ansässigkeitsstaat der Konzernmutter, sondern auch in den anderen fallrelevanten Staaten den Behörden zur Verfügung gestellt werden. Auftretende Fragestellungen sollen dabei durch die Behörden im Sitzstaat der Muttergesellschaft beantwortet werden. Ebenso können für die Administration benötigte weitere Informationen durch die Steuerbehörden im teilnehmenden Sitzstaat der Konzerneinheit bereitgestellt bzw. ermittelt werden. Nach Auffassung der Autoren sei durch dieses Verfahren eine zunehmende Vertrautheit der Behörden mit dem System der Home State Taxation gewährleistet, *Lodin/Gammie*, Home State Taxation, S. 28.

850 Insbesondere die Mitgliedstaaten Polen und Rumänien sehen in dem Ansatz der CCCTB einen Verstoß gegen das Subsidiaritätsprinzip, vgl. Kom(2011)121 – C7-0092/2011–2011/0058(CNS).

851 *Lodin/Gammie*, Home State Taxation, S. 29.

Steuerbehörden nicht abverlangt.[852] Ebenso gering ist die Umstellung aus Unternehmensperspektive: Eine Unternehmensgruppe, die in mehreren teilnehmenden Mitgliedstaaten über Tochtergesellschaften oder Betriebsstätten wirtschaftlich aktiv ist, hat seinen Gewinn lediglich nach den Vorgaben eines nationalen Regimes zu ermitteln. In diesem Fall ist somit langfristig[853] von einer Senkung der Steuerbefolgungskosten für die Unternehmensgruppen auszugehen, dem ein nur geringfügig gesteigerter Administrationsaufwand gegenübersteht.

Die Umsetzung des Konzeptes durch zwei Mitgliedstaaten würde dazu führen, dass zwischen diesen ein einheitlicher Körperschaftsbesteuerungsraum entstünde.[854] Voraussetzung für die Teilnahme muss also der Entschluss auf Seiten der Staaten sein, mit dem jeweils anderen Vertragspartner ein solches System einzuführen, dessen körperschaftsteuerliche Gewinnermittlung anzuerkennen und daran zu partizipieren.[855] Das *Home State Taxation*-Konzept ist nicht nur geeignet, die Akzeptanz zwischen den Mitgliedstaaten in Bezug auf die Körperschaftsteuer zu verbessern. Es ist auch zu erwarten, dass sich die Regime der Vertragsstaaten durch die gesteigerte Zusammenarbeit und Kenntniserlangung angleichen, sofern sie nicht vor Vertragsschluss bereits konvergent waren.

Unternehmensgruppen innerhalb des *Home State Taxation*-Raumes, die in beiden Vertragsstaaten aktiv sind, würden von diesem System profitieren, z.B. durch die Möglichkeiten der grenzüberschreitenden konzerninternen Verlustverrechnung oder durch die vereinfachte Übertragbarkeit von Wirtschaftsgütern zwischen Konzernunternehmungen. Gleichsam steigern die Vertragsstaaten mit der Einführung des Konzeptes ihre Anziehungswirkung für bisher nicht in ihnen ansässige Unternehmensgruppen. Mit den Vertragsstaaten im Wettbewerb um die Attraktivität für Unternehmensansiedlungen stehende Mitgliedstaaten werden daher ebenfalls danach streben, Teil des entstehenden *Home State Taxation*-Raumes zu werden.

---

852 Siehe zur beabsichtigten Zusammenarbeit der Steuerbehörden im Ermittlungsverfahren oben Fn. 849.

853 Bevor die Erträge von Gruppengesellschaften in anderen teilnehmenden Mitgliedstaaten in die Gewinnermittlung nach dem Körperschaftsteuergesetz des Muttersitzstaates einbezogen werden können, werden systematische Umstellungen notwendig, die die Bereitstellung der dafür benötigten Unternehmensdaten sicherstellen. Möglicherweise kommt es infolge der Einführung der Home State Taxation auch zu einer Verlagerung von Unternehmenssteuerabteilungen aus den Sitzstaat der Tochtergesellschaften in den Mutteransässigkeitsstaat. Aus diesem Grund ist kurzfristig eine Erhöhung der Steuerbefolgungskosten zu erwarten, vgl. *Lodin/Gammie*, Home State Taxation, S. 26.

854 Stellte man auf die Anwendbarkeit der unterschiedlichen Gruppenbesteuerungsregime ab, würden sogar zwei sich überschneidende Körperschaftsbesteuerungsräume entstehen. Denn in einem teilnehmenden Staat wäre nicht nur das eigene Gruppenbesteuerungsrecht, sondern auch das im anderen Staat praktizierte Recht unter den Voraussetzungen der *Home State Taxation* anwendbar.

855 *Lodin/Gammie*, Home State Taxation, S. 17.

Um ebenfalls Vertragsstaaten zu werden könnten außenstehende Mitgliedstaaten ihre Körperschaftsteuerregime an die der Vertragsstaaten angleichen. Das Konzept der *Home State Taxation* wird somit mittelbar zu einer Assimilation der Körperschaftsbesteuerung in den EU-Mitgliedstaaten beitragen können, obwohl es auf dem Grundsatz der Anerkennung der nationalen Eigenheiten beruht.

Gegen die *Home State Taxation* könnte jedoch die dadurch eingeräumte Möglichkeit grenzüberschreitender Verlustverrechnung sprechen. Diese richtet sich ebenso wie die sonstige Besteuerung in dem Konzept nach dem Ansässigkeitsstaat der Konzernmuttergesellschaft. Mit Einführung der *Home State Taxation* könnte daher auch eine Reduzierung des Besteuerungssubstrates für die teilnehmenden Staaten einhergehen. Ob dieser fiskale Nachteil durch eventuelle Vorzüge ausgeglichen werden kann, etwa hervorgerufen durch die gesteigerte Attraktivität für Ansiedlungen international operierender Unternehmensgruppen, ist nicht abzusehen. Die steuerliche Behandlung gruppeninterner Rechtsgeschäfte soll nach Maßgabe des Systems im Ansässigkeitsstaat der Muttergesellschaft erfolgen. Nimmt am *Home State Taxation*-System ein Mitgliedstaat teil, in dessen Gruppenbesteuerungsregime gruppeninterne Transaktionen nicht unter Drittvergleichsmaßstäben zu erfolgen haben, so würde dieses fortan auch für Rechtsgeschäfte mit Beteiligung von Konzerngesellschaften und –betriebsstätten gelten, die in einem anderen teilnehmenden Mitgliedstaat ansässig sind. Eine Konzernmutter mit Sitz in den Niederlanden, in dessen System der *fiscale eenheid* Zwischengewinne nicht auftreten,[856] könnte daher auch die Rechtsgeschäfte mit ausländischen Tochtergesellschaften in teilnehmenden Mitgliedstaaten unter anderen als den Fremdvergleichspreisen vollziehen. Da die im Konzept vorgesehene Aufteilungsformel auf den Umsatz der verschiedenen Gruppeneinheiten abstellen soll,[857] könnten die Unternehmensgruppen durch die Höhe der gewählten Verrechnungspreise das auf den einzelnen Teilnehmerstaat entfallene zu versteuernde Einkommen beeinflussen. Einer solchen Gestaltungsmöglichkeit müssten in einer möglichen Umsetzung der *Home State Taxation* Regelungen entgegengesetzt werden.

Auch die Ausgestaltung einer Formel zur Verteilung des Gesamtergebnisses auf die Ansässigkeitsstaaten der verschiedenen Konzernunternehmen wird wie im Falle der *CCCTB* Schwierigkeiten hervorrufen. Vorteilhaft könnte sich gegenüber einer unilateralen Lösung jedoch der Umstand erweisen, dass die Ausgestaltung im Fall der *Home State Taxation* grundsätzlich nur zwischen zwei Mitgliedstaaten zu erfolgen hat. Es ist vorstellbar, dass eine bilaterale Lösung zunächst von Mitgliedstaaten angestrebt wird, die sich in technologischem Fortschritt und Wirtschaftskraft als vergleichbar ansehen. Aus diesem Grund werden der Ausgestaltung eines für beide Mitgliedstaaten vertretbaren Aufteilungsmechanismus möglicherweise weniger

856 Siehe dazu oben B.V.
857 *Lodin/Gammie*, Home State Taxation, S. 35.

Argumente entgegengebracht als im Falle einer EU-weiten Lösung[858]. Durch einen Aufteilungsmechanismus, der im Minimalfall nur die Interessen zweier Staaten befriedigen muss, könnten auch andere Einwände gegen eine grenzüberschreitende Gruppenbesteuerung relativiert werden. Stellte die Formel neben dem generierten Umsatz auch auf andere weniger „mobile" Faktoren wie die Lohnsumme oder die Beschäftigtenzahl in der jeweiligen Konzernunternehmung als Aufteilungsmaßstab ab, so wäre die Verteilung über die Formel in höherem Maße standortgebunden und weniger leicht durch Gestaltungen beeinflussbar. Somit drängte sich die Notwendigkeit einer Missbrauchsregelung zur Fremdkapitalfinanzierung oder der Fremdvergleichspreisgestaltung innerhalb des Konzerns weniger auf.[859] Nichtsdestotrotz kann auch am System der *Home State Taxation* der Kritikpunkt der Anfälligkeit für Gestaltungen zur Verschiebungen des Steuersubstrats festgemacht werden.[860] Aufbauend auf dem Grundsatz der gegenseitigen Anerkennung könnten die Widerstände gegen eine Öffnung der Gruppenbesteuerung allerdings durch eine effiziente Zusammenarbeit auf Verwaltungsebene abgebaut werden.

Das *Home State Taxation*-Konzept kann auch zwischen nur zwei Staaten etabliert werden. In diesem Falle wäre multinational aktiven Konzernen nicht wesentlich geholfen, deren Steuerbefolgungskosten kaum sinken würden. Demgegenüber würde eine Übereinkunft zwischen wenigen oder lediglich zwei Staaten für solche Unternehmen vorteilhaft, die ihren Betätigungsschwerpunkt gerade in den Vertragsstaaten haben. Insbesondere für kleine und mittelgroße Unternehmen[861] könnte ein Konzept nach Maßgabe des Entwurfs daher attraktiv wirken.

Dieser Effekt der *Home State Taxation* wurde auch durch die Europäische Kommission aufgenommen,[862] die das Konzept vereinfacht in der Form eines Pilotprojektes auf seine Praxistauglichkeit zu testen beabsichtigte.[863] Insbesondere wurde

---

858 Siehe zu der Kritik an dem im CCCTB-Richtlinienentwurf vorgesehenen Aufteilungsschlüssel unter E.I.3.c).

859 *Lodin/Gammie*, Home State Taxation, S. 34f.

860 Innerhalb der teilnehmenden Mitgliedstaaten soll auch die Übertragung von Wirtschaftsgütern grenzüberschreitend grundsätzlich nach Vorgabe der Regelung des Muttersitzstaates erfolgen. Dadurch könnten auch stille Reserven innerhalb dieses Staatenverbundes transferiert werden, ohne dass eine Besteuerung ausgelöst würde. Gegen eine eventuelle fiskalische Benachteiligung soll ein Mitgliedstaat einen Teilhabeanspruch für den Fall behalten, dass die zuvor übertragenen stillen Reserven mit Wirkung für die Steuer aufgedeckt werden, *Lodin/Gammie*, Home State Taxation, S. 36. Die genaue Ausgestaltung eines solchen Mechanismus wird von den Autoren allerdings nicht erläutert.

861 Die Anwendung der Begriffe kleine und mittlere Unternehmen erfolgt entsprechend der Empfehlung der Kommission vom 6. Mai 2003 (2003/361/EG).

862 Siehe bereits Studie der Europäischen Kommission „Company Taxation in the Internal Market", Sec(2001) 1681, S. 381.

863 Europäische Kommission, „An Internal Market without company tax obstacles achievements, ongoing initiatives and remaining challenges", Com (2003) 726, S. 12ff.

seitens der Europäischen Kommission eine breite Unterstützung eines solchen Pilotprojektes durch die interessierten Parteien erwartet.[864] Die endgültige und detaillierte Fassung der Skizzierung eines möglichen Pilotprojektes wurde im Dezember 2005 veröffentlicht.[865]

2. Umsetzbarkeit einer binationalen Gruppenbesteuerung

Die Umsetzung einer bilateralen grenzüberschreitenden, binationalen Gruppenbesteuerung nach dem Vorbild der *Home State Taxation* – Initiative wirft vielschichtige Fragestellungen auf. Zunächst bedarf ein solcher Ansatz der politischen Initiative, die insbesondere vor dem Hintergrund des abzusehenden Scheiterns der *CCCTB*-Bestrebungen zu bewerten ist. Daneben muss sich die relative grenzüberschreitende Gruppenbesteuerung in das Netzwerk der Doppelbesteuerungsabkommen und das nationale Steuerrecht einfügen. An dieser Stelle ist auch auf diverse Einzelfragen und ihre Relevanz im Falle einer Umsetzung des Konzeptes einzugehen. Diese Gesichtspunkte werden am Beispiel der Gruppenbesteuerung in Deutschland und den Niederlanden erörtert und konkretisiert.

a) Das Grünbuch der Deutsch-Französischen Zusammenarbeit als politischer Impuls für einen binationalen Ansatz

Die nur bilateralen Beziehungen der Bundesrepublik Deutschland zu Mitgliedstaaten der Europäischen Union beschränken sich auf dem Gebiet der direkten Steuern auf die untereinander geschlossenen Doppelbesteuerungsabkommen, die sich am Vertragstext des OECD-Musterabkommens[866] orientieren und durch ein Protokoll ergänzt werden.[867] Darüber hinausgehende, das materielle Steuerrecht betreffende, bilaterale Übereinkommen mit EU-Mitgliedstaaten bestehen nicht. Für die Umsetzbarkeit einer binationalen Gruppenbesteuerung ist aber die politische

---

864 Europäische Kommission, „An Internal Market without company tax obstacles achievements, ongoing initiatives and remaining challenges“, Com (2003) 726, S. 13.

865 Europäische Kommission, Kom(2005) 702, S. 15ff.; allerdings ist ein Pilotprojekt bisher nicht durchgeführt worden; *Aujean*, in Lang/Pistone/Schuch/Staringer, Common Consolidated Corporate Tax Base, S. 32 (Fn. 17) erkennt kein Interesse der Mitgliedstaaten an der Durchführung eines Pilotprojektes zur Home State Taxation; auch eine Diskussion über ein im Juli 2004 durch die Kommission vorgelegtes Non-Paper zu dem Pilotprojekt fand im Rat „Wirtschaft und Finanzen“ nicht statt, vgl. Europäische Kommission, einsehbar unter http://ec.europa.eu/taxation_customs/taxation/company_tax/home_state_taxation/index_de.htm, S. 3.

866 OECD-Musterabkommen zur Vermeidung der Doppelbesteuerung auf dem Gebiet der Steuern vom Einkommen und vom Vermögen (OECD-MA), Stand: Oktober 2010.

867 *Lüdicke*, Beihefter zu IStR 2013, Heft 10, 25 (26); zur deutschen DBA-Verhandlungsgrundlage siehe BMF, Beihefter zu IStR 2013, Heft 10, 46ff.

Bereitschaft zu einer solchen Maßnahme, die in jeder Form mit der Übertragung von Hoheitsrechten auf den anderen teilnehmenden Mitgliedstaat einhergehen wird, unabdingbare Voraussetzung.

Dass eine auf Zusammenarbeit gerichtete Initiative bei Vorliegen eines darauf gerichteten politischen Handlungswillens auch zwischen den zwei Mitgliedstaaten Deutschland und den Niederlanden durchgeführt werden kann, offenbart sich anhand der seit mehreren Jahren erfolgenden Annäherung auf dem Gebiet des Steuerrechts zwischen Deutschland und Frankreich. Die deutsch-französische Zusammenarbeit bei der Unternehmensbesteuerung könnte vor diesem Hintergrund als Impuls für eine Zunahme zwischenstaatlicher Zusammenarbeit in der EU wirken. Seit Herbst 2010 analysierte eine gemeinsame Arbeitsgruppe beider Regierungen die Unternehmensbesteuerungssysteme Deutschlands und Frankreichs und verständigte sich auf Kernthemen, in denen Konvergenz auf dem Gebiet der Unternehmensbesteuerung hergestellt werden sollte.[868] Die Untersuchungsergebnisse der Arbeitsgruppe wurden in einem Grünbuch zusammengefasst und im Februar 2012 veröffentlicht.[869] Das Grünbuch sollte nach den Verfassern als Diskussionsgrundlage dienen und setzt weitere Konsultationen durch die Parlamente Deutschlands und Frankreichs unter Beteiligung betroffener Unternehmen. Außerdem soll eine weitere Detailarbeit hinsichtlich einzelner Vorschläge der Arbeitsgruppe provoziert werden.[870] Als „Herz und Motor der Eurozone und der Europäischen Union" wollten Deutschland und Frankreich durch die Zusammenarbeit die wirtschaftliche Integration aller Mitgliedstaaten stärken und sehen sich als Unterstützer der *CCCTB*-Initiative der Europäischen Kommission.[871]

Trotz dieses Bekenntnisses für EU-weite Maßnahmen bezogen sich die ausgearbeiteten Konvergenzpunkte zunächst lediglich auf die (Unternehmens) Steuervorschriften Deutschlands und Frankreichs. Sollte eine Angleichung der Unternehmensbesteuerung in der gesamten Europäischen Union nicht gelingen, verbliebe beiden Mitgliedstaaten die Möglichkeit zur gegenseitigen Harmonisierung ihrer Vorschriften. Durch eine auf der Basis gegenseitiger Akzeptanz und Konformitätsbestrebungen vorangetriebene Unternehmenssteuerreform wollten Deutschland und Frankreich ihrem Verständnis und Anspruch ebenfalls gerecht werden und als Impulsgeber und Vorreiter für andere Mitgliedstaaten auftreten.

Die im Grünbuch getroffenen Feststellungen zeugen somit davon, dass eine gleichlaufende Ertragsbesteuerung im gesamten Binnenmarkt als Ideal an-

---

868 Grünbuch der Deutsch-Französischen Zusammenarbeit, Konvergenzpunkte bei der Unternehmensbesteuerung (einsehbar unter: www.bundesfinanzministerium.de), S. 3f.

869 Grünbuch der Deutsch-Französischen Zusammenarbeit, Konvergenzpunkte bei der Unternehmensbesteuerung.

870 Grünbuch der Deutsch-Französischen Zusammenarbeit, Konvergenzpunkte bei der Unternehmensbesteuerung, S. 4.

871 Grünbuch der Deutsch-Französischen Zusammenarbeit, Konvergenzpunkte bei der Unternehmensbesteuerung, S. 3.

gestrebt wird, auf Seiten einzelner Mitgliedstaaten aber auch impulsgebende Zwischenschritte ins Auge gefasst werden. Als ein solcher wird auch die Zusammenarbeit lediglich zweier Mitgliedstaaten als minimal mögliches Stadium für die erstrebte grenzüberschreitende Gleichbehandlung auf dem Gebiet des Ertragssteuerrechts in Kauf genommen. Auch diese politische Aussage könnte der Deutsch-Französischen Zusammenarbeit auf dem Gebiet des Unternehmenssteuerrechts entnommen werden.[872]

Über die durch das Grünbuch intendierte Annäherung zu Frankreich hinaus könnten durch die Bundesregierung aus derselben Motivationslage vergleichbare Bestrebungen im Verhältnis zu weiteren Mitgliedstaaten, wie etwa den Niederlanden, angetrieben werden.

b) Notwendige Änderungen in Doppelbesteuerungsabkommen und im nationalen Recht der Organschaft

aa) Recht der Doppelbesteuerungsabkommen

Die binationale Gruppenbesteuerung würde sich sowohl im nationalen Normgefüge beider Vertragsstaaten als auch im Recht der Doppelbesteuerungsabkommen auswirken. Dabei ist zwischen der Relevanz einerseits für das gemeinsame Doppelbesteuerungsabkommen der Vertragsstaaten sowie solchen Fragestellungen zu unterscheiden, die die Einführung andererseits hinsichtlich der Doppelbesteuerungsabkommen der Vertagsstaaten mit Drittländern möglicherweise aufwirft.

Das Doppelbesteuerungsabkommen Niederlande (DBA Niederlande)[873] behandelt verbundene Unternehmen in Art. 9 Abs. 1. Dieser weist dem Ansässigkeitsstaat eines Unternehmens das Recht der Zurechnung und Besteuerung von solchen Gewinnen zu, die das Unternehmen nur deswegen nicht gemacht hat, weil es mit einem Unternehmen im anderen Vertragsstaat verbunden und aus diesem Grund auf bestimmte gewinnmindernde Bedingungen eingegangen ist.[874] Mit der Einführung einer binationalen Gruppenbesteuerung müsste diese Gewinnzurechnungs- und Besteuerungsbefugnis für solche Fälle abbedungen werden, in denen verbundene Unternehmen für die Anwendung dieses Konzeptes optiert haben. Diese Regelung könnte mit den dazu notwendigen Qualifikations- und Durchführungsvorausset-

---

872 *Lampert*, EuZW 2013, 493 (497).

873 Grundlage dieser Erörterung ist das Abkommen vom 12. April 2012 zwischen der Bundesrepublik Deutschland und dem Königreich der Niederlande zur Vermeidung der Doppelbesteuerung und zur Verhinderung der Steuerverkürzung auf dem Gebiet der Steuern vom Einkommen (einsehbar unter www.bundesfinanzministerium.de).

874 Art. 9 Abs. 2 DBA Niederlande regelt die Änderung der Besteuerung des Unternehmens im anderen Vertragsstaat, dessen Gewinn sich infolge der nach Art. 9 Abs. 1 DBA Niederlande erfolgten Zurechnung verringert hat.

zungen als Ausnahme von Art. 9 DBA Niederlande im Protokoll des Abkommens aufgenommen werden.

Das Konzept der binationalen Besteuerung erstreckt sich in seinem Anwendungsbereich nur auf die qualifizierten Unternehmen in den zwei Vertragsstaaten. Diese Gruppenunternehmen verlieren allerdings auch bei Anwendung des Konzeptes nicht ihren abkommensrechtlichen Sitz[875] und bleiben in ihrem Ansässigkeitsstaat steuerpflichtig. Sie unterliegen bezüglich ihrer Beziehungen zu Drittstaaten damit unverändert den jeweiligen Doppelbesteuerungsabkommen ihres Sitzstaates, allerdings unter Zugrundelegung des nach Maßgabe des Regimes im Ansässigkeitsstaat der Muttergesellschaft festgestellten und per Aufteilungsschlüssel zugewiesenen Gewinns. Eine Änderung der Doppelbesteuerungsabkommen mit Drittstaaten wird durch die Einführung einer binationalen Gruppenbesteuerung somit nicht notwendig.[876]

bb) Nationales Recht

Neben der bilateralen Übereinkunft im Doppelbesteuerungsabkommen bedarf es auch der Änderung im deutschen Körperschaftsteuerrecht. Diese sollte darauf angelegt sein, ausländische Gruppengesellschaften im Rahmen der deutschen Organschaft in sämtlichen Sachverhalten zu berücksichtigen, in denen die Bundesrepublik Deutschland mit dem jeweiligen Ansässigkeitsstaat eine entsprechende Vereinbarung in einem Doppelbesteuerungsabkommen getroffen hat. Der Anwendungsbereich der körperschaftsteuerlichen Organschaft muss also auf die im Vertragsstaat ansässigen, qualifizierten Gruppengesellschaften erweitert werden. Nach der derzeitigen Formulierung der §§ 14 Abs. 1 S. 1, 17 KStG muss eine Kapitalgesellschaft ihre Geschäftsleitung in Deutschland haben, um Organgesellschaft werden zu können. Dieser Anwendungsbereich könnte durch einen neu einzuführenden § 18 KStG[877] auf Kapitalgesellschaften mit Geschäftsleitung in einem anderen (Mitglieds-)Staat erweitert werden, der die Beteiligung am Organkreis davon abhängig macht, dass im Doppelbesteuerungsabkommen mit diesem Staat die Befugnis zur Gewinnermittlung dem Ansässigkeitsstaat des Organträgers zugewiesen ist und durch die verbundenen Gesellschaften ein entsprechender Antrag gestellt worden ist.

Einer Erörterung bedarf dabei insbesondere die Voraussetzung des Gewinnabführungsvertrages, der auch nach der Reform der Organschaft durch das „Gesetz zur Änderung und Vereinfachung der Unternehmensbesteuerung und des steuerlichen Reisekostenrechts“[878] weiterhin zwischen Organträger und –

875 Art. 4 DBA Niederlande, der sich an Art. 4 OECD MA orientiert.

876 Europäische Kommission, Kom(2005) 702, S. 22f.

877 Nach der hier vertretenen Auffassung soll unter den neu einzuführenden § 18 KStG auch die Erfassung inländischer Betriebsstätteneinkünfte von ausländischen Konzerntochterkapitalgesellschaften unter bestimmten Voraussetzungen ermöglicht werden, vgl. dazu die Ausführungen unter D.III.3.c).

878 Siehe dazu oben unter D.II.

gesellschaft geschlossen sein und zu seiner Wirksamkeit durchgeführt werden muss. Der Gewinnabführungsvertrag ist ein Unternehmensvertrag des deutschen Gesellschaftsrechts.[879] Hinsichtlich der Wirksamkeit eines solchen Vertrages zwischen einer deutschen Muttergesellschaft und einer ausländischen Tochtergesellschaft ist auf den Ansässigkeitsstaat der Tochtergesellschaft abzustellen.[880] Beinhaltet dessen Gesellschaftsstatut, wie im Falle der Niederlande, den Gewinnabführungsvertrag als Vertragsart nicht,[881] so kann auch dieser Vertrag auch nicht für deutsche Besteuerungszwecke wirksam abgeschlossen werden.[882] Auch wenn der deutsche Gesetzgeber weiterhin an dieser Voraussetzung der Organschaft festhält, kann der Gewinnabführungsvertrag im Falle einer in die deutsche Gruppenbesteuerung eingegliederten niederländischen Tochtergesellschaft durch eine schuldrechtliche Abrede substituiert werden. Schon aus Gründen des Gläubigerschutzes sollte eine solche Abrede eine Verlustübernahmeverpflichtung der deutschen Muttergesellschaft enthalten.[883] In Ansehung der gegenseitigen Anerkennung der jeweiligen Gruppenbesteuerungsregime durch die Vertragsstaaten erscheint daneben die Gewinnabführung im Rahmen eines dem Gewinnabführungsvertrag nachempfundenen Vertrages[884] als Voraussetzung ebenfalls durchsetzbar.[885]

c) Rechtmäßigkeit einer binationalen Gruppenbesteuerung

Die Einführung einer binationalen Gruppenbesteuerung wirft Fragen der Vereinbarkeit sowohl hinsichtlich des Europarechts als auch mit den Vorgaben des allgemeinen Gleichheitssatzes auf.

---

879 § 291 Abs. 1 AktG.

880 *Scheunemann*, IStR 2006, 145 (146); *Hoene*, IStR 2012, 462 (463); D/J/P/W/*Dötsch*, § 14 Rn. 164; diesen Gedanken voraussetzend auch BGH v. 15.6.1992, II ZR 18/91, BGHZ 119, 1 sowie v. 3.4.1998, II ZB 5/97, BGHZ 138, 136.

881 Der Gewinnabführungsvertrag ist nur in den Mitgliedstaaten Deutschland, Österreich, Portugal und Slowenien ein gesellschaftsrechtlicher Vertragstyp, vgl. *Witt*, FR 2009, 1045 (1048).

882 FG Niedersachsen v. 11.2.2010, 6 K 406/08, IStR 2010, 260 (262). Das FG Niedersachsen sieht in dem Erfordernis des Gewinnabführungsvertrages eine EU-rechtswidrige versteckte Diskriminierung grenzüberschreitender Sachverhalte (FG Niedersachsen, a.a.O. m.w.N.). Ebenso Englisch, IStR 2006, 22 (23); *Linn/Reichl/Wittkowski*, BB 2006, 630 (631); *Herzig/Wagner*, DStR 2009, 1 (9); a.A. BFH v. 9.11.2010, I R 16/10, IStR 2010, 110 (110f.).

883 FG Niedersachsen v. 11.2.2010, 6 K 406/08, IStR 2010, 260 (263).

884 So die Formulierung bei *Schönfeld*, IStR 2012, 368 (370).

885 Zu der ebenfalls als notwendig erachteten Regelung für Minderheitsgesellschafter von im Vertragsstaat ansässigen Organgesellschaften siehe unten unter E.II.2.d) cc).

aa) Vereinbarkeit mit Europarecht

Eine bilaterale grenzüberschreitende Gruppenbesteuerung nach der hier vorgeschlagenen Ausgestaltung würde auf den nationalen Vorschriften beruhen und keine Rechtsaktsetzung der Europäischen Union erforderlich machen. Eine Verletzung des Subsidiaritätsprinzips nach Art. 5 Abs. 3 EUV ist deshalb nicht gegeben.[886]

Jedoch könnte ein solches Konzept anderen im EUV und AEUV niedergelegten Vorschriften und Zielsetzungen zuwiderlaufen. Die Steuergewalt ist auf dem Gebiet der direkten Steuern zwar der mitgliedstaatlichen Souveränität zugewiesen.[887] Die Europäischen Verträge, insbesondere die Vorschriften der Art. 110ff. AEUV und die Grundfreiheiten, begrenzen diese Souveränität allerdings insoweit, als diese Hindernisse für ein System des freien Wettbewerbs oder einen Verstoß gegen die europäischen Grundfreiheiten darstellen.[888]

(1) Schädlicher Steuerwettbewerb (Harmful Tax Competition)

Für Muttergesellschaften, die auch an Kapitalgesellschaften in den Vertragsstaaten qualifiziert beteiligt sind, erhöht sich die Attraktivität einer Ansiedlung in einem dieser Staaten aus steuerlichen Gesichtspunkten. Insofern würde der Steuerwettbewerb zwischen den Mitgliedstaaten durch ein bilaterales grenzüberschreitendes Gruppenbesteuerungskonzept verschärft.[889] Es stellt sich die Frage, ob diese Maßnahmen als schädlicher Steuerwettbewerb angesehen werden können. Was als unfaire bzw. als schädliche Steuerpraktik eines Mitgliedstaates zu bewerten ist, wurde durch den ECOFIN-Rat am 1.12.1997 im *Code of conduct for business taxation*[890] näher festgelegt.[891] Zwar findet sich keine Definition für den Begriff der „Schädlichkeit“ und der Kodex ist rechtlich unverbindlich,[892] die Mitgliedstaaten haben sich aber verpflichtet, keine neuen schädlichen Steuermaßnahmen zu erlassen

---

886 Zu der von einigen Mitgliedstaaten gerügten Verletzung des Subsidiaritätsprinzips durch die CCCTB vgl. oben unter E.I.3.d) sowie Fn. 789.

887 EuGH v. 14.2.1995, Rs. C-279/93 („Schumacker“), Slg. 1995, I-225, Rn. 21; v. 11.8.1995, Rs. C-80/94 („Wielockx“), Slg. 1995, I-2493, Rn. 16; v. 15.5.1997, Rs. C-250/95 („Futura Participations“), Slg. 1997, I-2471, Rn. 19; v. 13.12.2005, Rs. C-446/03 („Marks & Spencer“), Slg. 2005, I-10837, Rn. 29; v. 16.7.2009, Rs. C-128/08 (“Damseaux”), Slg. 2009, I-6823, Rn. 24; v. 19.11.2009, Rs. 540/07 („Kommission/Italien“), Slg. 2009, I-10983, Rn. 28.

888 *Oppermann/Classen/Nettesheim*, Europarecht, § 35 Rn. 5;.

889 So auch die Vermutung von *Lodin/Gammie*, Home State Taxation, S. 17, die annehmen, dass die nicht teilnehmenden Mitgliedstaaten ihr Körperschaftsteuersystem langfristig an das der teilnehmenden Mitgliedstaaten angleichen werden, um auch in die Gruppe der teilnehmenden Staaten aufgenommen zu werden.

890 Anlage 1 zur Mitteilung des ECOFIN-Rates v. 1.12.1997, Abl. EG Nr. C 2 v. 6.1.1998, S. 2ff.

891 Europäische Kommission v. 28.4.2009, Com (2009) 201 final, S. 6.

892 *Wernsmann*, in: Schulze/Zuleeg/Kadelbach, Europarecht, Handbuch für die deutsche Rechtspraxis, § 30 Rn. 150.

und bestehende Maßnahmen auf ihre Schädlichkeit zu prüfen.[893] Im *Code of conduct* werden Indizien aufgeführt, an denen die Schädlichkeit einer Regelung für den Steuerwettbewerb zwischen den Mitgliedstaaten festgemacht werden kann. So wird eine Maßnahme als potenziell schädlich eingestuft, wenn sie, im Verhältnis zu dem sonstigen Besteuerungslevel in dem Mitgliedstaat, zu einer signifikant niedrigeren Effektivbesteuerung oder einer Nullbesteuerung führt.[894] Entscheidendes Kriterium ist dabei die Selektivität der Maßnahme: sie muss ausländische Unternehmen gegenüber einheimischen begünstigen und die gewährten Vorteile müssen von der inländischen Wirtschaft isoliert sein (sog. *ring fencing*).[895]

Durch die Umsetzung der binationalen Gruppenbesteuerung können im ausländischen (Vertrags-)Staat ansässige Gruppengesellschaften nach den für die Gruppenobergesellschaft geltenden Vorschriften steuerlich veranlagt werden. Dieses Vorgehen würde eine Auseinandersetzung mit dem Regime im Vertragsstaat für die optierenden Konzerne entbehrlich machen und somit deren Steuerbefolgungsaufwendungen reduzieren.[896] Dadurch erhöht sich die Attraktivität der Gruppenbesteuerungsregime in den Vertragsstaaten für Unternehmensgruppen. Allerdings werden diese Gruppen nicht gegenüber bereits ansässigen Unternehmen begünstigt. Das Konzept der binationalen Gruppenbesteuerung versetzt ausländische Konzerngesellschaften lediglich in die Lage, für eine Besteuerung nach den Vorschriften zu optieren, die auch für die im Muttersitzstaat ansässigen Unternehmen Anwendung finden. Daher werden ausländische Unternehmen nicht besser, sondern genauso wie heimische Unternehmen behandelt. Das Konzept bewirkt also keine Selektivität in der Form eines *ring fencing*. Es handelt sich nicht um schädlichen Steuerwettbewerb im Sinne des Europarechts.[897]

893 *Blumenberg/Kring*, Europäisches Beihilferecht und Besteuerung, IFSt-Schrift Nr. 473, S. 72.

894 Code of conduct for business taxation, Anlage 1 zur Mitteilung des ECOFIN-Rates v. 1.12.1997, Abl. EG Nr. C 2 v. 6.1.1998, S. 3; zu den Indizien vgl. *Seer*, IWB 2006, Fach 11, Gruppe 2, S. 725 (728).

895 *Seer*, IWB 2006, Fach 11, Gruppe 2, S. 725 (730).

896 Siehe oben unter E.II.1.b).

897 Der *Code of conduct for business taxation* stellt keine verbindlich geltende Rechtshandlung der EU dar. Es wird allerdings angenommen, dass er mithilfe des EU-Beihilfenrechts aus Art. 107ff. AEUV durchgesetzt werden kann, vgl. *Seer*, IWB 2006, Fach 11, Gruppe 2, S. 725 (729). Differenzierter zum Verhältnis von Kodex und Beihilfenrecht argumentieren Blumenberg/Kring, Europäisches Beihilferecht und Besteuerung, IFSt-Schrift Nr. 473, S. 74f., die annehmen, dass der Kodex seine Wirkung auf moralischer Ebene entfaltet.

(2) Verstoß gegen Grundfreiheiten

Zu diskutieren ist ferner ein Verstoß gegen die europäischen Grundfreiheiten, insbesondere die Niederlassungsfreiheit aus Art. 49ff. AEUV.[898] Die Niederlassungsfreiheit gebietet die Inländergleichbehandlung im Aufnahmemitgliedstaat, verbietet aber auch die Behinderung der Niederlassung in anderen Mitgliedstaaten durch den Ansässigkeitsstaat.[899] Eine Beschränkung dieser Grundfreiheit wird dann angenommen, wenn eine steuerliche Vergünstigung des Ansässigkeitsstaates einer in einem anderen Mitgliedstaat ansässigen Tochtergesellschaft nicht gewährt wird und die Niederlassung dadurch unterbunden, behindert oder weniger attraktiv gemacht wird.[900]

In einem Konzept der binationalen Gruppenbesteuerung werden die steuerlichen Vergünstigungen, die die Anwendung des nationalen Gruppenbesteuerungsregimes bewirkt, auch den im Vertragsstaat ansässigen qualifizierten Tochtergesellschaften zuteil. Somit erweitert sich der Kreis der potenziell Begünstigten – innerhalb der EU ansässigen – Kapitalgesellschaften. Jedoch wird die steuerliche Besserstellung, im Regime der Organschaft etwa bewirkt durch die Möglichkeit der intersubjektiven Verlustverrechnung innerhalb eines Wirtschaftsjahres, nur den Konzerngesellschaften möglich, die im Ansässigkeitsstaat der Konzernmutter oder im anderen Vertragsstaat ansässig sind. Den EU-Tochtergesellschaften, die nicht innerhalb dieses räumlichen Anwendungsbereichs liegen, werden die Vergünstigungen des Gruppenbesteuerungsregimes vorenthalten. Insofern schränkt die bilaterale grenzüberschreitende Gruppenbesteuerung die Niederlassungsfreiheit ein.

Der EuGH hat die gesetzlichen Beschränkungen des Verlustabzuges auf die nationalen Staatsgrenzen in seiner Rechtsprechung stets als grundsätzlich gerechtfertigt angesehen.[901] Das hier in Frage stehende Konzept erstreckt sich nicht allein auf nationale Sachverhalte, sondern ergänzt diese um diejenigen im Vertragsstaat. Es handelt sich somit um ein „Mehr“ gegenüber den bereits durch den EuGH

---

898 Die möglicherweise ebenfalls einschlägige Kapitalverkehrsfreiheit nach Art. 63ff. AEUV tritt zurück, vgl. EuGH v. 15.5.2008, Rs. C-414/06 („Lidl Belgium“), Slg. 2008, I-3601, Rn. 16, sowie Fn. 612 m.w.N.

899 EuGH v. 23.10.2008, Rs. C-157/07 („Krankenheim Wannsee“), Slg. 2008, I-8061, Rn. 29; v. 6.12.2007, Rs. C-298/05 („Columbus Container Services“), Slg. 2007, I-10451, Rn. 33; v. 13.12.2005, Rs. C-446/03 („Marks & Spencer“), Slg. 2005, I-10837, Rn. 31; v. 16.7.1998, Rs. C-264/96 („ICI“), Slg. I-4695, Rn. 21.

900 EuGH v. 17.7.2008, Rs. C-389/05 („Kommission/Frankreich“), Slg. 2008, I-5337, Rn. 52; v. 13.12.2007, Rs. 465/05 („Kommission/Italien“), Slg. 2007, I-11091, v. 13.12.2005, Rs. C-446/03 („Marks & Spencer“), Slg. 2005, I-10837, Rn. 33; v. 5.10.2004, Rs. C-442/02 („CaixaBank France“), Slg. 2004, I-8961, Rn. 11; v. 17.10.2002, Rs. C-79/01 („Payroll Data“), Slg. 2002, I-8923, Rn. 26.

901 Die mitgliedstaatlichen Vorschriften wurden als gerechtfertigt angesehen, soweit sie eine Ausnahme für im ausländischen Mitgliedstaat entstandene und dort nicht mehr berücksichtigungsfähige Verluste enthielten. Siehe zu der Rechtsprechung des EuGH zur Verlustberücksichtigung oben unter D.III.3.a)aa).

beschiedenen nationalen Regimen. In konsequenter Fortsetzung der Rechtsprechungslinie des EuGH muss folglich ein Gruppenbesteuerungskonzept, welches auch auf Konzerngesellschaften in mindestens einem weiteren Mitgliedstaat Anwendung findet, erst Recht vor dem Hintergrund eines Verstoßes gegen die Niederlassungsfreiheit zu rechtfertigen sein.

Ein Verstoß gegen die Grundfreiheiten liegt nicht vor. Die binationale Gruppenbesteuerung ist somit mit den Vorgaben des Europarechts vereinbar.

bb) Vereinbarkeit mit dem allgemeinen Gleichheitssatz

Eine in Deutschland ansässige Tochterkapitalgesellschaft, deren Konzernmutter ihren Sitz in einem qualifizierten Staat hat, könnte nach Maßgabe des Gruppenbesteuerungsregimes dieses Staates besteuert werden. Demgegenüber würde sich die Besteuerung anderer Tochterkapitalgesellschaften in Deutschland unabhängig von der Ansässigkeit ihrer Muttergesellschaft weiterhin nach den §§ 14ff. KStG sowie den deutschen Gewinnermittlungsvorschriften[902] richten. Eine bilaterale grenzüberschreitende Gruppenbesteuerung nach dem Vorbild der *Home State Taxation* würde demnach bewirken, dass Tochterunternehmen verschiedener Konzerne unterschiedlichen Gewinnermittlungsregimen unterworfen sind, obwohl sie in demselben Mitgliedstaat ansässig sind.[903] Diese Folge wirft die Frage auf, ob das Konzept einer binationalen Gruppenbesteuerung mit den Vorgaben des allgemeinen Gleichheitssatzes aus Art. 3 Abs. 1 GG zu vereinbaren ist.

(1) Anwendungsbereich des Art. 3 Abs. 1 GG

(a) Persönlicher Anwendungsbereich

Inlandsansässige juristische Personen können sich nach Maßgabe des Art. 19 Abs. 3 GG dann auf den allgemeinen Gleichheitssatz aus Art. 3 Abs. 1 GG berufen, wenn dieses Grundrecht seinem „Wesen nach auf diese anwendbar" ist. Dies setzt voraus, dass die vom jeweiligen Grundrecht geschützten Interessen bei juristischen Personen wie bei natürlichen Personen berührt sind.[904] Bei Art. 3 Abs. 1 GG ist dieses grundsätzlich erfüllt.[905] Die im Inland ansässigen Tochterkapitalgesellschaften unterliegen somit in persönlicher Hinsicht dem Anwendungsbereich des allgemeinen Gleichheitssatzes.

---

902 § 8 KStG verweist auf die Gewinnermittlungsvorschriften der §§ 4ff. EStG.

903 *Lodin/Gammie*, Home State Taxation, S. 30.

904 *Sachs*, in: Sachs, GG, Art. 19 Rn. 67.

905 BVerfG v. 8.4.1997, 1 BvR 48/94, BVerfGE 95, 267 (317); v. 2.3.1999, 1 BvL 2/91, BVerfGE 99, 367 (389); *Starck*, in: v.Mangoldt/Klein/Starck, GG, Art. 3 Rn. 239.

(b) Sachlicher Anwendungsbereich

Art. 3 Abs. 1 GG ist Ausfluss des Gerechtigkeitsgedankens und nur mit diesem im Zusammenhang zu verstehen.[906] Bezogen auf die Einflüsse auf das Steuerrecht bedeutet dieses, dass der allgemeine Gleichheitssatz dazu dienen soll, zu dem verfassungsimmanenten Prinzip – dem Idealbild der Gerechtigkeit – beizutragen.[907] Die Gleichheit ist somit nicht Synonym der Gerechtigkeit, sondern kann als grundlegendes Element zu deren Erreichung angesehen werden.[908]

Dabei enthält der in Art. 3 Abs. 1 GG normierte Grundsatz durch den Bezug auf „alle Menschen“ eine das Individuum und dessen Lebensverhältnisse berücksichtigende Komponente.[909] Personen, erfasst sind auch juristische Personen, unterscheiden sich stets in gewissen Aspekten.[910] Sie sind nie gleich in einem absoluten Sinn. Will man allerdings alle Rechtssubjekte gleich behandeln, impliziert dieses gerade die Berücksichtigung der Individualität eines Jeden. Der allgemeine Gleichheitssatz ist somit darauf angelegt, bei betroffenen Subjekten nur Gleiches auch gleich zu behandeln. Er zielt auf die Gleichbehandlung von Grundrechtsträgern hinsichtlich bestimmter, bei ihnen vorliegender gleicher Gesichtspunkte ab.[911] Das dadurch festgelegte Gebot der Gleichbehandlung erstreckt sich sowohl auf Rechtsanwendung wie auch auf die Rechtsetzung.[912] Adressat dieses Gebotes aus Art. 3 Abs. 1 GG ist demnach vornehmlich der Staat in seiner Rolle als Rechtsanwender und Gesetzgeber. Im Umkehrschluss zu der Gleichbehandlung von Gleichem verbietet der Gleichheitssatz als Ausfluss des Gerechtigkeitsprinzips dem Rechtsanwender und -setzer die Gleichbehandlung von eindeutig Ungleichem.[913] Gleichbehandlung ist

---

906 BVerfG v. 17.12.1953, 1 BvR 147/52, BVerfGE 3, 58 (135f.); Canaris, Systemdenken und Systembegriff in der Jurisprudenz, S. 17; *Pietzcker*, in: HGR V, § 125 Rn. 1.

907 BVerfG v. 17.12.1953, 1 BvR 147/52, BVerfGE 3, 58 (135); *Rüfner*, in: Bonner Kommentar, Art. 3 Rn. 2, siehe dazu auch unter D.III.1.a)bb).

908 *Tipke*, Die Steuerrechtsordnung, S. 313.

909 *Lampert*, Doppelbesteuerungsrecht und Lastengleichheit, S. 170.

910 BVerfG v. 29.11.1961, 1 BvR 148/57, BVerfGE 13, 225 (228); v. 10.12.1985, 2 BvL 18/83, BVerfGE 71, 255 (271); v. 8.10.1991, 1 BvL 50/86, BVerfGE 84, 348 (359).

911 *Lampert*, Doppelbesteuerungsrecht und Lastengleichheit, S. 170.

912 BVerfG v. 26.1.1993, 1 BvL 38/92, 1 BvL 40/92, 1 BvL 43/92, BVerfGE 88, 87 (96); *Pietzcker*, in: HGR V, § 125 Rn. 72; zu der gesetzgeberischen Bindung im Rahmen der Steuergesetzgebung durch die Postulate der Leistungsfähigkeit und Folgerichtigkeit siehe die Ausführungen unter D.III.2.a)aa).

913 Ob aus dem Gleichheitssatz auch die Verpflichtung folgt, Ungleiches auch ungleich zu behandeln, ist umstritten. Auf diesen Ansatz könnte mit Berücksichtigung der Formel – Gleichbehandlung des wesentlich Gleichen, Ungleichbehandlung des wesentlich verschiedenen – geschlossen werden, vgl. *Pietzcker*, in: HGR V, § 125 Rn. 16. In dieser Hinsicht erscheinen die Formulierungen des Bundesverfassungsgerichts als nicht eindeutig. Für eine Verpflichtung spricht die Formulierung in BVerfG v. 27.6.1961, 1 BvR 486/59, BVerfGE 13, 46 (53); v. 24.4.1991, 1 BvR 1341/90, BVerfGE 84, 133 (158), dagegen v. 24.4.1953, 1 BvR 102/51, BVerfGE 2, 264 (275); für die Verpflichtung bei wesentlich Ungleichem *Jarass*, in: Jarass/Pieroth, GG, Art. 3

somit relativ, als Gleichbehandlung im Hinblick auf einen gleichen Gesichtspunkt zu verstehen.[914]

Diesen Ausführungen liegt zugrunde, dass sich bestimmte, durch Grundrechtsträger ausgelöste Sachverhalte in gewissen Aspekten gleichen, aber auch immer voneinander unterscheiden. Darum muss ein abstrakter Bewertungsmaßstab ausgestaltet werden, der bestimmt, unter welchen Umständen zwei Sachverhalte bzw. Vergleichsgruppen trotz der ihnen immanenten Ungleichheit derart gleich sind, dass das Gleichbehandlungspostulat des Art. 3 Abs. 1 GG Anwendung finden kann. Es muss also geprüft werden, ob die Gleichheit so relevant ist, dass sie Anlass zu einer Gleichbehandlung der Sachverhalte gibt.[915]

Diese Bewertung wird mithilfe des Begriffs der „Wesentlichkeit" vorgenommen. Demnach erfolgt bereits auf Ebene des Anwendungsbereichs eine Prüfung, die die Beurteilung der Wesentlichkeit danach vornimmt, ob die Gleich- oder die Verschiedenheit der Vergleichsgruppenmerkmale so erheblich ist, dass sie für Zwecke des Art. 3 Abs. 1 GG zu beachten ist.[916]

(2) Ergebnis

Damit der Anwendungsbereich des allgemeinen Gleichheitssatzes eröffnet ist, müssen infolge der Umsetzung der binationalen Gruppenbesteuerung demnach entweder zwei wesentlich gleiche Sachverhalte ungleich oder zwei wesentlich ungleiche Sachverhalte gleich behandelt werden. Mit Einführung der binationalen Gruppenbesteuerung würden zwei in Deutschland ansässige Kapitalgesellschaften unter Umständen zwei unterschiedlichen Gewinnermittlungsregimen unterliegen. Da somit eine Ungleichbehandlung entstehen kann, stellt sich für den Anwendungsbereich von Art. 3 Abs. 1 GG die Frage, ob es sich hier um zwei wesentlich gleiche Sachverhalte handelt.

Es ist dabei das „tertium comparationis", also das den Sachverhalten gemeinsame Element, herauszustellen.[917] Gemeinsam ist beiden in Frage stehenden Sachverhalten, dass sie jeweils inlandsansässige Kapitalgesellschaften betreffen, die in eine Unternehmensgruppe als Untergesellschaft eingegliedert sind. Ob dieses zu der Feststellung wesentlicher Gleichheit führt, kann nur unter Berücksichtigung

Rn. 8. Dessen Standpunkt wird von der Gegenauffassung mit dem Hinweis darauf bestritten, dass der Gleichheitssatz die Gleichbehandlung von Ungleichem schon daher in Kauf nimmt, weil völlige Gleichheit zweier Sachverhalte nicht bestehe. Vgl. *Rüfner*, in: Bonner Kommentar, Art. 3 Rn. 6.

914 *Lampert*, Doppelbesteuerungsrecht und Lastengleichheit, S. 170.

915 *Pietzcker*, in: HGR V, § 125 Rn. 3.

916 BVerfG v. 23.10.1951, 2 BvG 1/51, BVerfGE 1, 14 (52); v. 22.1.1959, 1 BvR 154/55, BVerfGE 9, 124 (129f.); v. 14.4.1964, 2 BvR 69/62, BVerfGE 17, 319 (330); v. 19.12.1967, 2 BvL 4/65, BVerfGE 23, 12 (24f.); v. 9.8.1978, 2 BvR 831/76, BVerfGE 49, 148 (165); v. 21.6.2006, 2 BvL 2/99, BVerfGE 116, 164 (180); *Wendt*, NVwZ 1988, 778 (779); *Rüfner*, in: Bonner Kommentar, Art. 3 Rn. 6.

917 *Nef*, Gleichheit und Gerechtigkeit, S. 8.

der beide Sachverhalte unterscheidenden Gesichtspunkte beurteilt werden. Das Vergleichspaar unterscheidet sich hier in dem Ansässigkeitsstaat der Konzernobergesellschaft. Die inländische Kapitalgesellschaft mit inländischer Konzernmutter löst einen rein innerstaatlichen Sachverhalt aus, während es sich im Falle der inländischen Kapitalgesellschaft mit im ausländischen Vertragsstaat ansässiger Konzernmutter um einen grenzüberschreitenden Sachverhalt handelt. Dass trotz dieses Unterscheidungsmerkmals noch von wesentlich gleichen Sachverhalten gesprochen werden kann, darf schon aus sich heraus in Zweifel gezogen werden.

Dem Steuergesetzgeber wird ein weitreichender Beurteilungsspielraum bezüglich der Frage der rechtlichen Vergleichbarkeit verschiedener Sachverhalte nach Art. 3 Abs. 1 GG gewährt.[918] Bei dem hier zu bewertenden Vergleichspaar ist die gesetzgeberische Entscheidung bereits getroffen. Die Organschaft ist noch heute dergestalt auf inländische Sachverhalte begrenzt, dass eine grenzüberschreitende steuerliche Gewinnzurechnung ausgeschlossen ist.[919] Die §§ 14ff. KStG stehen somit der Übertragung von Gewinnen einer inländischen Kapitalgesellschaft an ihre im Ausland belegene Konzernmutter entgegen,[920] während sie diese Möglichkeit einer inländischen Kapitalgesellschaft von einer inländischen Konzernmutter eröffnen. Diese auch durch die jüngste Reform des Organschaftsrechts nicht geänderte Regelung bringt die gesetzgeberische Grundentscheidung zum Ausdruck, dass es sich bei dem hier in Rede stehenden Vergleichspaar nicht um wesentlich Gleiches handelt.[921] Das Kriterium des Ansässigkeitsortes der Konzernmutter wird somit durch den Gesetzgeber als so erheblich bewertet, dass sie die für die Eröffnung des sachlichen Anwendungsbereichs notwendige Wesentlichkeit der dem Vergleichspaar inhärenten Gemeinsamkeiten aufhebt.

Dieses mag anders sein, wenn das für Art. 3 Abs. 1 GG relevante Vergleichspaar zwischen zwei inländischen Kapitalgesellschaften gebildet wird, deren Muttergesellschaften nur in einem der beiden Sachverhalte in einem Staat ansässig ist, zwischen dem und der Bundesrepublik Deutschland eine Regelung zur binationalen Gruppenbesteuerung vereinbart und umgesetzt worden ist. Das *tertium comparationis* wird gegenüber dem oben geschilderten Sachverhalten in diesem Fall noch um den Umstand erweitert, dass die Vergleichsgruppen jeweils auch einen grenzüberschreitenden Kontext auslösen. Dann läge die Ungleichbehandlung darin, dass der inländischen Tochtergesellschaft mit Konzernmutter im qualifizierten Ausland die grenzüberschreitende Ergebniskonsolidierung ermöglicht würde, während dieses einer inländischen Tochtergesellschaft mit Konzernmutter im übrigen Ausland nicht

---

918 BVerfG v. 22.6.1995, 2 BvL 37/91, BVerfGE 93, 121 (136); v. 4.12.2002, 2 BvR 400/98, 2 BvR 1735/00, BVerfGE 107, 27 (47); v. 7.11.2006, 1 BvL 10/02, BVerfGE 117, 1 (30); *Heun*, in: Dreier, GG, Art. 3 Rn. 52.

919 Siehe dazu oben die Ausführungen unter E.

920 Zu der Möglichkeit der Gewinnzurechnung zu einer Inlandsbetriebsstätte der ausländischen Muttergesellschaft unter den Voraussetzungen des § 14 Abs. 1 Nr. 2 KStG siehe oben unter D.II.2.

921 BFH v. 4.2.1987, I R 252/83, RIW 1987, 407 (408).

offenstände. Fraglich ist indes erneut, ob es sich bei diesem Vergleichspaar um wesentlich Gleiches i.S.d. allgemeinen Gleichheitssatzes handelt. Dagegen könnte wiederum bereits die als wesentliches Unterscheidungskriterium angesehene Ansässigkeit (in diesem Fall der Ansässigkeit der Muttergesellschaft in unterschiedlichen Mitgliedstaaten) sprechen. Die Möglichkeit der grenzüberschreitenden Ergebnisverrechnung wird durch die Vertragsstaaten auf der Grundlage bilateraler Übereinkunft geschaffen. Diesem Vertrag liegt eine einzelfallbezogene Berücksichtigung der jeweiligen staatlichen und zwischenstaatlichen Besonderheiten zugrunde. Insbesondere gehen die Verhandlungsführer auf die Gegebenheiten und Vorstellungen des anderen Vertragsstaates ein. Die in den Doppelbesteuerungsabkommen festgelegten Bestimmungen können sich dabei für die erfassten Rechtssubjekte und konkreten Sachverhalte als im Verhältnis zu den Regelungen in anderen Doppelbesteuerungsabkommen begünstigend wie auch als einschränkend darstellen. Sie sind aber stets auf die Regelung der Steuersachverhalte beschränkt, die im Verhältnis zu dem Vertragsstaat ausgelöst werden. Bezüglich der Sachverhalte, die die Anwendung eines Doppelbesteuerungsabkommens mit einem anderen Staat auslösen, sind wiederum andere Spezifika zugrunde gelegt worden. Aufgrund dieser Abhängigkeit von nur hinsichtlich zwischenstaatlicher Sachverhalte wirkenden Vereinbarungen können von Regelungen unterschiedlicher Doppelbesteuerungsabkommen betroffene Kapitalgesellschaften nicht als wesentlich gleich i.S.d. allgemeinen Gleichheitssatzes angesehen werden, so dass schon dessen sachlicher Anwendungsbereich nicht eröffnet ist.

Die Einführung einer binationalen Gruppenbesteuerung ist mit den Vorgaben des allgemeinen Gleichheitssatzes aus Art. 3 Abs. 1 GG vereinbar.

d) Einzelfragen bei einer Einführung in Deutschland und den Niederlanden

Bei der *Home State Taxation* handelt es sich um ein binationales Konzept, das auf der Anerkennung des Gruppenbesteuerungssystems des jeweils anderen Vertragsstaates basiert. Zur Gewährung der Praktikabilität und Vermeidung einer Vielzahl von Ausnahmetatbeständen sollte dieser Grundsatz weitgehend Anwendung finden. Es erscheint jedoch sinnvoll, dass im Falle einer Umsetzung bestimmte Sachverhalte in allen teilnehmenden Staaten einer einheitlichen Behandlung zugeführt werden. So sollte der Zugang zu dem Modell für Unternehmensgruppen einheitlichen Voraussetzungen unterliegen. Die Beteiligungserfordernisse für die grenzüberschreitende steuerliche Anerkennung sollten daher in den teilnehmenden Staaten gleich sein.[922] Eine Vereinheitlichung kann durch Aufnahme von Anforderungen an die Kapital- und Stimmrechtsbeteiligung im entsprechenden bilateralen Vertrag gelingen. Die Höhe der erforderlichen Beteiligung sollte dabei so gewählt werden, dass die Qualifizierung einer Gesellschaft für zwei unterschiedliche Unternehmensgruppen

922 *Lodin/Gammie*, Home State Taxation, S. 42.

ausgeschlossen ist. Daher ist zumindest eine über 50 % liegende Kapitalbeteiligung als Voraussetzung sinnvoll.[923]

Notwendig sind Regelungen, die die Umstellung einer Konzerntochter auf das steuerliche Gewinnermittlungsregime der im anderen Vertragsstaat ansässigen Muttergesellschaft gewährleisten. Diese Vorschriften müssten so ausgestaltet sein, dass sie einerseits missbräuchliche Gestaltungen möglichst verhindern, andererseits die Umstellung aber auch nicht durch die Auslösung einer höheren Besteuerung unattraktiv machen.[924]

Durch Normen festgelegt werden müsste auch, welcher Staat als der Ansässigkeitsstaat der Muttergesellschaft anzusehen ist. Aus Sicht des Steuerpflichtigen könnte es aufgrund der durch die Einheitsbilanz erleichterten Übertragung von Wirtschaftsgütern und der steuerlichen Unbeachtlichkeit gruppeninterner Transaktionen attraktiv erscheinen, unter das niederländische Regime der *fiscale eenheid* zu fallen. Für die Anwendbarkeit der deutschen Organschaftsregeln könnte die Vortragsfähigkeit von Verlusten sprechen, die im Gegensatz zu den Niederlanden[925] zeitlich unbeschränkt gewährt wird. Um späteren Gestaltungen durch Standortwechsel entgegen zu wirken, sollte mit Eintritt einer Unternehmensgruppe in die bilaterale grenzüberschreitende Gruppenbesteuerung deren Ansässigkeitsstaat determiniert werden. Spätere Veränderungen sollten steuerneutral nur unter bestimmten Voraussetzungen, wie etwa der Übernahme der Gruppe durch ein ausländisches Unternehmen, gewährt werden.[926]

Ist die Frage der Ansässigkeit der Konzernmuttergesellschaft geklärt, so stellt sich die Frage, wie auch der andere Staat, in dem Konzerngesellschaften ansässig sind, an dem Konzernergebnis partizipiert. Als geeignet ist dabei nur eine Aufteilung des Gewinns nach bestimmten Faktoren anzusehen, anhand derer der Verursachungsgrad der im anderen Staat belegenen Konzerngesellschaften für das Konzernergebnis abzulesen ist. Dabei könnten die Faktoren „Arbeit“, „Vermögen“ und „Umsatz“ herangezogen werden, die auch bereits die Aufteilungsformel im Rahmen der *CCCTB*-Initiative festgelegt haben.[927] Die Ermittlung dieser Faktoren könnte für die Unternehmen bereits durch die verstärkten Dokumentationspflichten bei der Frage der Angemessenheit von Verrechnungspreisen, die im Zuge des *country-by-country-reporting* diskutiert

923 Europäische Kommission, Versuchsweise Anwendung der „Sitzlandbesteuerung“ auf KMU, 24. Juni 2004, Doc (04) 1410, S. 6.

924 *Lodin/Gammie*, Home State Taxation, S. 59ff.

925 Art. 20 Abs. 2 VPB gewährt einen der Höhe nach unbeschränkten Verlustrücktrag für ein Wirtschaftsjahr sowie die Vortragsfähigkeit von Verlusten über 9 Jahre, siehe oben unter B.VI.

926 *Lodin/Gammie*, Home State Taxation, S. 43ff.; die Autoren sehen in ihrem Konzept vor, Tochtergesellschaften die Wahl eines Sitzstaates für Zwecke der Home State Taxation zu verwehren, wenn auch deren Muttergesellschaften in einem der Vertragsstaaten ansässig ist, *Lodin/Gammie*, Home State Taxation, S. 44.

927 Siehe dort unter E.I.3.b).

werden, notwendig werden.[928] Insbesondere durch die Einbeziehung des Faktors „Arbeit“ wird die Ergebnisverlagerung zur Steuergestaltung verhindert.

Ein grenzüberschreitendes Gruppenbesteuerungskonzept birgt stets die Möglichkeit in sich, dass es durch Unternehmensgruppen als Instrument für die Verrechnung der im Ausland angehäuften und vorgetragenen Verluste genutzt wird.[929] Es kann dabei dahinstehen, ob diese Möglichkeit in großem Umfang zu Steuergestaltungen genutzt wird oder ein grenzüberschreitender innerperiodischer Verlustabzug im Gegenteil sogar aus volkswirtschaftlichen Gründen als wünschenswert zu bewerten ist. Ein Konzept bilateraler grenzüberschreitender Gruppenbesteuerung umfasst den grenzüberschreitenden Verlustabzug. Es basiert allerdings auch auf der gegenseitigen Anerkennung unter den Vertragsstaaten. Daher sollte auch die Möglichkeit Akzeptanz finden, dass zumindest die laufenden und nach den Muttersitzstaatsvorschriften festgestellten Verluste einer Gruppengesellschaft das steuerliche Ergebnis des Konzerns innerperiodisch senken können, selbst wenn die Gruppengesellschaft im anderen Vertragsstaat ansässig ist. Der fiskalische Ausfall dürfte auch wegen der auf den bzw. die Vertragsstaaten begrenzten Reichweite des Konzeptes tragbar sein. Um missbräuchlichen Gestaltungen zu verhindern und Steuermindereinnahmen zu kompensieren, könnten die beantragenden Unternehmensgruppen auch verpflichtet werden, sämtliche unter den persönlichen und sachlichen Anwendungsbereich der binationalen Gruppenbesteuerung subsumierbaren Gruppengesellschaften in den steuerlichen Konsolidierungskreis einzubeziehen. Die Unternehmensgruppen würden die Anwendbarkeit der binationalen Gruppenbesteuerung dann mit der Unterwerfung unter den Grundsatz des *all in-all out*[930] „erkaufen“.

Es bestehen daneben noch weitere Einzelfragen, die insbesondere aus Perspektive Deutschlands als Vertragsstaat in einem binationalen Konzept der Gruppenbesteuerung von Belang sind. Im Folgenden wird erörtert, ob und unter welchen Prämissen die Einführung eines solchen Konzeptes zwischen Deutschland und den Niederlanden möglich ist.

aa) Einbeziehung von Personengesellschaften und natürlichen Personen

Durch § 14 Abs. 1 Nr. 2 KStG ist die Frage nach der Eignung als Organträger rechtsformunabhängig ausgestaltet, so dass auch natürliche Personen sowie

928 Die Dokumentationspflichten werden für Kreditinstitute bereits durch die Richtlinie 2013/36/EU v. 26.6.2013 über den Zugang zur Tätigkeit von Kreditinstituten und die Beaufsichtigung von Kreditinstituten und Wertpapierfirmen verschärft. Vgl. dazu *Krauß*, IStR 2014, 204 (206f.).

929 Durch § 15 S. 1 Nr. 1 KStG wird in Deutschland der Abzug von Verlustvorträgen der Organgesellschaft verhindert, die ihren Ursprung in vororganschaftlicher Zeit haben. Siehe zu der Verfassungsmäßigkeit dieser Vorschrift oben unter D.III.2.a) bb). In den Niederlanden können vorgetragene Vorgruppenverluste durch die Gruppengesellschaft abgezogen werden, die diese erlitten hat, vgl. B.VI.

930 Siehe dazu oben unter E.I.3.c).

Personengesellschaften[931] als Ergebniszurechnungsobjekte in der Organschaft auftreten können. Die *fiscale eenheid* in den Niederlanden ist demgegenüber Kapitalgesellschaften sowie inländischen Betriebstätten ausländischer Kapitalgesellschaften vorbehalten.[932]

In Deutschland kommt der Personengesellschaft als Konzernobergesellschaft eine erhebliche Bedeutung zu. Es stellt sich daher die Frage, ob auch in einem System der binationalen Gruppenbesteuerung an der Einbeziehung von Personengesellschaften und natürlichen Personen festgehalten werden kann. Da die bilaterale grenzüberschreitende Gruppenbesteuerung auf den nationalen Vorschriften aufbaut, muss die Anerkennung von Personengesellschaften als Gruppenträger in Deutschland grundsätzlich weiter möglich sein, sofern nicht wesentliche Gründe dagegen sprechen. Diese Einwände müssten mit der Öffnung der Gruppenbesteuerung für transnationale Sachverhalte in einem kausalen Zusammenhang stehen.

Als Argument gegen die Einbeziehung von Personengesellschaften könnte deren unterschiedliche Bewertung in den teilnehmenden Staaten sprechen. Insbesondere im Falle gesellschaftsrechtlicher Mischformen wie der Rechtsform der GmbH & Co. KG in Deutschland können Qualifikationskonflikte dadurch auftreten, dass eine Gesellschaft in einem Staat als transparent, in einem anderen Staat aber als intransparent eingeordnet wird.[933] Ursachen für die unterschiedliche Einordnung einer ursprünglichen Personengesellschaft können sich aus den Möglichkeiten zur Übertragung von Gesellschaftsanteilen oder der eingeschränkten Gesellschaftshaftung ergeben.

Auch im Rahmen eines deutsch-niederländischen Sachverhaltes könnte ein solcher Qualifikationskonflikt auftreten. Die *commanditaire vennootschap (CV)* ist eine niederländische Rechtsform, die mit einer deutschen Kommanditgesellschaft nach den §§ 161ff. HGB vergleichbar ist. Sofern die Gesellschaftsanteile an einer *CV* übertragbar sind, ohne dass dazu nach dem Gesellschaftsvertrag sämtliche anderen Gesellschafter ihre Zustimmung erteilen müssen, wird die Gesellschaft als *open CV* bezeichnet und für steuerliche Zwecke als intransparent behandelt.[934] Zwar ist die *open CV* durch das Protokoll zum Doppelbesteuerungsabkommen Deutschland-Niederlande für abkommensberechtigt erklärt worden.[935] Für die

931 Siehe zu der Voraussetzung der Gewerblichkeit bei Organträger-Personengesellschaften oben C.II.1.a).

932 Siehe oben unter B.II.1.

933 Europäische Kommission, Kom(2005) 702, S. 18; eine Liste von Personengesellschaftsrechtsformen, die gegenüber der deutschen Einordnung in ihren jeweiligen Staaten und hinsichtlich ihrer Abkommensberechtigung in Doppelbesteuerungsabkommen Besonderheiten aufweisen, findet sich unter BMF, BStBl. I 2010, S. 365ff.

934 Siehe dazu oben unter B.II.1.c).

935 Protokoll zum Abkommen vom 12. April 2012 zwischen der Bundesrepublik Deutschland und dem Königreich der Niederlande zur Vermeidung der Doppelbesteuerung und zur Verhinderung der Steuerverkürzung auf dem Gebiet der

Beurteilung einer Gesellschaft in Deutschland wird jedoch weiterhin das Instrument des Typenvergleichs herangezogen.[936] Nach diesem ist eine Kommanditgesellschaft unabhängig von den Möglichkeiten zur Übertragung ihrer Anteile im deutschen Rechtsraum als transparente Personengesellschaft aufzufassen. Die divergierende Einordnung der *open CV* in Deutschland und den Niederlanden kann sich auswirken, wenn ein grenzüberschreitender Sachverhalt unter Mitwirkung einer Gesellschaft mit dieser Rechtsform steuerlich zu erfassen ist. Er kann im Recht der Doppelbesteuerungsabkommen unter weiteren hinzutretenden Prämissen zu einer Unter- wie auch zu einer Überbesteuerung führen.[937] Aus diesem Grund erscheint es sinnvoll, im Falle der Einbeziehung von Personengesellschaften in eine grenzüberschreitende Gruppenbesteuerung die Behandlung Qualifikationskonflikte auslösender Rechtsformen durch zwischenstaatliche Vereinbarung festzulegen. Die Regelung zur Behandlung der *open CV* im Protokoll zum Doppelbesteuerungsabkommen Niederlande[938] kann dabei als Vorbild wie auch als Beweis der Umsetzbarkeit einer solchen Vereinbarung angeführt werden.

Steuern vom Einkommen (einsehbar unter www.bundesfinanzministerium.de); das Protokoll ist Bestandteil des neu ausgehandelten Doppelbesteuerungsabkommens zwischen der Bundesrepublik Deutschland und dem Königreich der Niederlande, vgl. dazu *Schröder*, IStR-LB 2012, 49ff.

936 BFH v. 23.6.1992, IX R 182/87, BStBl. II 1992, 972; v. 20.8.2008, I R 34/08, BStBl. II 2009, 263; BMF, BStBl. I 2010, 354 (355); *Kempermann*, in: Wassermeyer u.a., Personengesellschaften im internationalen Steuerrecht, Rn. 3.7.

937 *Lampert*, Doppelbesteuerungsrecht und Lastengleichheit, S. 149ff., veranschaulicht den möglichen Qualifikationskonflikt anhand einer in den Vertragsstaaten unterschiedlich eingeordneten vermögensverwaltenden Personengesellschaft, die im anderen Vertragsstaat ansässig ist, Dividendenzahlungen einer deutschen Kapitalgesellschaft bezieht und durch in Deutschland ansässige Gesellschafter gehalten wird. Soweit man eine solche Personengesellschaft nicht als „Unternehmen“ im abkommensrechtlichen Sinne beurteile (so Lampert, a.a.O., Fn. 710 mit Verweis auf Schaumburg, Internationales Steuerrecht, Rn. 16.230; *Wassermeyer*, in: Debatin/Wassermeyer, Doppelbesteuerung, Bd. 1, Art. 7 MA Rn. 16a; a.A. BMF v. 24.9.1999, IV D 3 – S 1301 Ung – 5/99, FR 2000, 238 (239)), hinge die Besteuerung von der Auslegung der Subjektqualifikation ab. Folge man der Beurteilung im Sitzstaat der vermögensverwaltenden Personengesellschaft, nach der es sich um ein Steuersubjekt handelt, müsste diesem Sitzstaat das Besteuerungsrecht der Dividende unter Berücksichtigung der Quellensteuer in Deutschland abkommensrechtlich zustehen. Folge man der deutschen Beurteilung, läge ein nur innerdeutscher Sachverhalt vor, da es sich bei der ausländischen vermögensverwaltenden Personengesellschaft um eine transparente Einheit handele, die mangels Unternehmenseigenschaft nicht als Betriebsstätte aufzufassen sei.

938 Protokoll zum Abkommen vom 12. April 2012 zwischen der Bundesrepublik Deutschland und dem Königreich der Niederlande zur Vermeidung der Doppelbesteuerung und zur Verhinderung der Steuerverkürzung auf dem Gebiet der Steuern vom Einkommen (einsehbar unter www.bundesfinanzministerium.de).

Unabhängig von den zu überwindenden Bewertungsunterschieden stellt sich die Frage, ob gegen die Einbeziehung von Personengesellschaften weitere Umstände sprechen. Als bedeutender Vorteil der binationalen Gruppenbesteuerung ist hervorzuheben, dass die bisher geltenden Grundsätze jedes teilnehmenden Staates fortgelten. Die nationalen Finanzverwaltungen müssten kein neues Gruppenbesteuerungskonzept übernehmen, sondern das bekannte System wird lediglich in seinem persönlichen Umfang erweitert, indem auch im Vertragsstaat ansässige Unternehmen einbezogen werden, sofern sie dazu in sachlicher Hinsicht geeignet sind. Für eine Unternehmensgruppe mit Standorten in Deutschland und den Niederlanden bedeutet dieses, dass sich das für sie maßgebliche Besteuerungsregime nach dem Ansässigkeitsstaat ihrer Muttereinheit richtet. Ist diese in Deutschland ansässig, sind die deutschen Regeln für die Gruppenbesteuerung maßgeblich, nach denen es sich bei dem Zurechnungsobjekt auch um eine natürliche Person oder Personengesellschaft handeln kann. Als untergeordnete Gruppengesellschaften kommen nach deutschem und niederländischem Recht ausschließlich Kapitalgesellschaftsrechtsformen in Betracht. Deren Ergebnisse werden wie nach dem derzeitigen System der Organschaft z.B. auf Ebene der in Deutschland ansässigen Personengesellschaft oder natürlichen Person konsolidiert. Auch nach den aktuellen Vorschriften können im Ausland ansässige Gesellschafter über eine deutsche Personengesellschaft, die die Beteiligung an den Organgesellschaften führt, an dem Organkreis teilhaben. Die Einkünfte dieser Gesellschafter unterliegen der deutschen beschränkten Steuerpflicht.[939] Diese Beurteilung gilt unabhängig davon, ob der als Organträger fungierenden Personengesellschaft dieser ausländischen Gesellschafter die Ergebnisse von inländischen oder ausländischen Kapitalgesellschaften zugerechnet werden.

Davon losgelöst treten bei Personengesellschaften mit ausländischen Gesellschaftern oder bei ausländischen Personengesellschaften mit inländischen Gesellschaftern Probleme auf, die insbesondere bei hybriden Rechtsformen noch verschärft werden. Diese Gesellschaftsstrukturen sind Gegenstand internationaler Steuergestaltungen und werden durch das Recht der Doppelbesteuerungsabkommen erfasst.[940] Damit handelt es sich bei den Gestaltungsmöglichkeiten durch Personengesellschaften nicht um eine Sachlage, die durch eine Ausweitung der deutschen Gruppenbesteuerungsvorschriften auf Kapitalgesellschaften in den Niederlanden hervorgerufen wird.[941] Die Probleme bei der Einbeziehung von Personengesellschaften in eine bilaterale grenzüberschreitende Gruppenbesteuerung divergieren nicht von den Friktionen, die bereits im derzeitigen, auf den nationalen Sachverhalt begrenzten System auftreten.

---

939 D/J/P/W/*Dötsch*, § 14 Rn. 70b.

940 Siehe dazu das Schreiben des BMF vom 16.4.2010 zur Anwendung der Doppelbesteuerungsabkommen (DBA) auf Personengesellschaften, BStBl. I 2010, 354; *Partnership-Report* der OECD, Issues in international Taxation (1999).

941 So jedoch Europäische Kommission, Kom(2005) 702, S. 18f., nach der offensichtlich Qualifikationskonflikte einer Einbeziehung von Personengesellschaften entgegenstehen.

Sofern die Vertragsstaaten hinsichtlich der Qualifikation der Kapital- und Personengesellschaftsformen übereinkommen, sprechen somit keine wesentlichen Gesichtspunkte gegen die Einbeziehung von Personengesellschaften und natürlichen Personen als taugliche Zurechnungsobjekte bei Anwendbarkeit der deutschen Organschaftsregeln.

bb) Berücksichtigung der Gewerbesteuer und der gewerbesteuerlichen Organschaft

Die Einführung einer binationalen Gruppenbesteuerung berührt auch gewerbesteuerrechtliche Sachverhalte. Die an den Gewerbeertrag anknüpfende und dem lokalen Steueraufkommen dienende Gewerbesteuer erweist sich in zwei Konstellationen als relevant. Zum einen ist die gewerbesteuerliche Behandlung eines inländischen Gewerbebetriebes zu erörtern, welcher mit einer im anderen Vertragsstaat liegenden Gruppenobergesellschaft verbunden ist. Ebenso klärungsbedürftig ist der gewerbesteuerliche Sachverhalt, den ein ausländischer Gewerbebetrieb eines in Deutschland ansässigen Gruppenträgers auslöst.

(1) Inländischer Gewerbebetrieb einer ausländischen Gruppenobergesellschaft

Die Festsetzung der Gewerbesteuer erfolgt auf Grundlage des Gewerbeertrages, auf den Steuermesszahl[942] und der gemeindliche Hebesatz[943] angewendet werden. Der Gewerbeertrag ergibt sich aus dem durch Hinzurechnungen und Kürzungen korrigierten steuerlichen Gewinn des Gewerbebetriebes, der abhängig von dessen Rechtsform nach den Vorschriften des Einkommensteuergesetzes oder des Körperschaftsteuergesetzes ermittelt wurde, § 7 GewStG.

Im Falle der Einführung einer binationalen Gruppenbesteuerung ist es aber möglich, dass die Ergebnisse in Deutschland ansässiger Kapitalgesellschaften, Gewerbebetriebe qua Rechtsform,[944] nach den Vorschriften eines anderen Teilnehmerstaates berechnet werden. Diese Sachverhalte würden von der jetzigen Formulierung des Gewerbesteuergesetzes nicht erfasst.

Bei einer Ausgestaltung nach Vorbild des *Home State Taxation*-Konzeptes würde das Ergebnis eines deutschen Gewerbebetriebes nach den Regeln im Muttersitzstaat ermittelt und in den konsolidierten Gruppenertrag einfließen. Anhand eines festzulegenden Aufteilungsschlüssels wird dieser dann den einzelnen Gruppengesellschaften zugeordnet.[945] Zwar handelt es sich, sofern die Konzernmutter nicht in Deutschland ansässig ist, bei dem zugeordneten Ergebnisanteil nicht um den nach deutschen Gewinnermittlungsvorschriften festgestellten Gewinn, wie es § 7 GewStG in seiner derzeitigen Version voraussetzt. Allerdings wäre eine Umstellung dieser

942 Gemäß § 11 Abs. 2 GewStG beträgt die Steuermesszahl für den Gewerbeertrag 3,5 %.
943 § 16 GewStG; die hebeberechtigte Gemeinde ist in § 4 GewStG definiert.
944 § 2 Abs. 2 S. 1 GewStG; BFH v. 8.12.1971, I R 3/69, BStBl. II 1972, 289.
945 Siehe oben E.II.1.a).

Vorschrift auf nach ausländischen Vorschriften ermittelte und nach einem Aufteilungsschlüssel zugeordnete Erträge für diese Sachverhalte durchführbar. Es bedarf somit mit Einführung des Gruppenbesteuerungskonzeptes einer diesen Vorgaben entsprechenden Änderung von § 7 GewStG.

(2) Ausländischer Gewerbebetrieb einer inländischen Gruppenobergesellschaft

Da ein im Ausland ansässiger Gewerbebetrieb augenscheinlich nicht dem Zweck der Gewerbesteuer als kommunale Steuer zur Finanzierung des Gemeindeaufkommens[946] dienen kann, ist zunächst anzunehmen, dass ein ausländischer Gewerbebetrieb grundsätzlich keine Gewerbesteuerpflicht in Deutschland auslösen kann.

Ein Sachverhalt mit ausländischem Gewerbebetrieb einer inländischen Gruppenobergesellschaft wirft allerdings aufgrund der Konzernbeziehung Fragen der gewerbesteuerlichen Organschaft auf. Nach Maßgabe des § 2 Abs. 2 S. 2 GewStG sind für deren Zwecke grundsätzlich die Vorschriften der körperschaftsteuerlichen Organschaft anwendbar. Die Tatbestandsmerkmale der gewerbesteuerlichen Organschaft stimmen somit mit den körperschaftsteuerlichen Voraussetzungen überein.[947] Die Organgesellschaft gilt nach § 2 Abs. 2 S. 2 GewStG als Betriebsstätte des Organträgers. Folglich ist sie nicht persönlich gewerbesteuerpflichtig. Steuersubjekt ist der Organträger.[948] Allerdings bleibt die Organgesellschaft sachlich steuerpflichtig und hat ihren Gewerbeertrag getrennt von dem Organträger zu ermitteln.[949] Danach erfolgt die Konsolidierung der Gewerbeerträge auf Ebene des Organträgers, in deren Folge es zu einem Ausgleich zwischen positiven und negativen Ergebnissen der Gruppengesellschaften kommen kann.[950] Der auf Grundlage dieses Ergebnisses gegenüber dem Organträger[951] festgesetzte Gewerbesteuermessbetrag wird nach § 28 GewStG anhand eines Aufteilungsschlüssels auf die Betriebsstättengemeinden der Unternehmensgruppe zerlegt.

Die Einbeziehung der gewerbesteuerlichen Organschaft in ein Konzept bilateraler grenzüberschreitender Gruppenbesteuerung erweist sich deshalb als problematisch, weil das Gewerbesteueraufkommen gemäß Art. 106 Abs. 6 GG den Gemeinden zusteht. Steuererträge aus im Ausland ansässigen Organgesellschaften, die Teil der gewerbesteuerlichen Organschaft wären, müssten danach ihren Ansässigkeitsgemeinden zufließen. Da die ausländischen Betriebsstättengemeinden die

---

946 *Blümich/Hofmeister*, § 1 GewStG Rn. 2.

947 R 2.3 Abs. 1 GewStR 2009.

948 RFH v. 12.12.1939, 205/38, RStBl. 1940, 29; BFH v. 6.10.1953, I 29/53 U, BStBl. III 1953, 329; *Müller/Stöcker*, Die Organschaft, Rn. 964.

949 R 2.3 Abs. 1 GewStR 2009.

950 BFH v. 18.9.1996, I R 44/95, BStBl. II 1997, 181.

951 Die Festsetzung des Gewerbesteuermessbetrages erfolgt durch Gewerbesteuermessbescheid gegenüber dem Organträger; die Organgesellschaften haften für die Gewerbesteuern des Organträgers, § 73 AO.

Gewerbesteuer nicht erheben,[952] würde die Besteuerung ins Leere laufen. Da die Erträge von Kapitalgesellschaften im Vertragsstaat jedoch nach dem hier vertretenen Ansatz der binationalen Gruppenbesteuerung nur dem Steuersatz in ihrem Ansässigkeitsstaat unterliegen, können die Regelungen zur gewerbesteuerlichen Organschaft nicht als Instrument für Steuergestaltungen herhalten.

Es bestehen demnach bei der Einführung eines binationalen Gruppenbesteuerungskonzeptes zwei Möglichkeiten zur Behandlung der gewerbesteuerlichen Organschaft. Entweder könnte für Unternehmensgruppen mit Obergesellschaft in Deutschland, die für dieses Konzept optieren, die gewerbesteuerliche Organschaft nicht anwendbar sein. In diesem Falle würden die inländischen Gruppengesellschaften jeweils mit den ihnen zuzurechnenden körpersteuerlichen Erträgen, variiert um gewerbesteuerliche Hinzurechnungen und Kürzungen, der Gewerbesteuer in ihren Ansässigkeitsgemeinden unterliegen. Eine andere Möglichkeit wäre die Fortführung des bisherigen Systems der gewerbesteuerlichen Organschaft auch für diese Unternehmensgruppen. Dann müsste der Wortlaut des § 2 Abs. 2 S. 2 GewStG dahingehend geändert werden, dass Unternehmensgruppen, die für das Konzept optieren, nur mit den inländischen Gewerbebetrieben eine gewerbesteuerliche Organschaft formen.[953] In zweitgenanntem Fall müsste die „Inlands-Organschaft" allerdings eine separate Konsolidierung für gewerbesteuerliche Zwecke vornehmen, die von der körperschaftsteuerlichen Ergebnisermittlung der Organschaft abwiche. Aufgrund der dadurch steigenden Steuerbefolgungskosten erscheint daher in diesen Fällen die Nichtanwendbarkeit der gewerbesteuerlichen Organschaft und Einzelerfassung der in Deutschland ansässigen Gruppengesellschaften vorzugswürdig. Durch die getrennte gewerbesteuerliche Erfassung jeder Gruppengesellschaft im Falle einer Optierung für die binationale Gruppenbesteuerung wäre auch eine Gleichbehandlung zu den inländischen Gewerbebetrieben von im Vertragsstaat belegenen Muttergesellschaften hergestellt.

cc) Behandlung gruppeninterner Transaktionen

Die Behandlung gruppeninterner Rechtsgeschäfte ist als ein signifikanter Unterschied zwischen der Besteuerung von Unternehmensgruppen in Deutschland und den Niederlanden herausgestellt worden. Während diese Transaktionen nach dem Organschaftsregime in das konsolidierte Konzernergebnis einfließen, als hätten sie unter Dritten stattgefunden, werden sie nach den Regeln der *fiscale eenheid* nicht

952 Gemäß Art. 22 VPB wird zu versteuerndes Einkommen bis zu einer Höhe von 200.000 € mit 20 %, darüber hinaus mit einem Tarif von 25 % der Körperschaftsteuer unterworfen.

953 Eine Neufassung von § 2 Abs. 2 S. 2 GewStG könnte folgenden Wortlaut haben: „Ist eine Kapitalgesellschaft mit Geschäftsleitung im Inland Organgesellschaft im Sinne der §§ 14, 17 oder 18 des Körperschaftsteuergesetzes, so gilt sie als Betriebsstätte des Organträgers."

erfasst. Diese unterschiedliche Behandlung kann Einfluss auf den steuerlichen Konzerngewinn haben.

Es stellt sich daher die Frage, wie im Falle einer binationalen Gruppenbesteuerung die sog. „Zwischengewinne" Berücksichtigung finden müssen. Da das Konzept auf gegenseitige Akzeptanz ausgerichtet ist, erscheint es sinnvoll, die Ergebnisse konzerninterner Rechtsgeschäfte zwischen Gesellschaften, die in Deutschland ansässig sind, weiterhin steuerlich zu erfassen. Aus diesem Prinzip folgt auch, dass eine in den Niederlanden belegene Konzerntochtergesellschaft einer deutschen Konzernmutter diese Gewinne entsprechend der für sie anwendbaren deutschen Regelung auszuweisen hat.

Zu diskutieren ist hingegen die Behandlung der konzerninternen Transaktionen im Falle einer niederländischen Konzernmutter. In den Niederlanden ausgelöste „Zwischengewinne" sollten dabei – entsprechend der Lösung auf dem Gebiet der Bundesrepublik – nach den Maßgaben der *fiscale eenheid* nicht erfasst werden. Konsequent und mit dem Grundsatz der gegenseitigen Anerkennung begründbar wäre es dann auch, die Nichtbeachtung der gruppeninternen Rechtsgeschäfte auch in dieser Variante einer grenzüberschreitenden Transaktion unberücksichtigt zu lassen.

Als Alternative Lösung könnte es sich aber auch anbieten, die im binationalen Besteuerungsraum ausgelösten grenzüberschreitenden Rechtsgeschäfte immer unter Fremdvergleichsmaßstäben zu erfassen. Die dadurch gewährleistete Verhinderung von Gestaltungsmissbrauch und Sicherung von im Inland generierten Besteuerungssubstrats könnte dabei als ein leitendes Motiv für die Vertragsstaaten wirken. Es ist zu erwarten, dass mit Rücksicht auf diese Gesichtspunkte ein Abweichen von dem Grundsatz der Einheitsbesteuerung aus Sicht der Niederlande hinnehmbar wäre. Auch vor dem Hintergrund der auf Bewahrung von Steuersubstrat im Inland ausgerichteten Konzernbesteuerung sowohl in Deutschland als auch in den Niederlanden ist daher zu erwarten, dass die Erfassung grenzüberschreitender Rechtsgeschäfte unter Fremdvergleichsmaßstäben bei einer gesetzgeberischen Abwägung Unterstützung finden wird.

dd) Auswirkungen für die Minderheitsgesellschafter

Die Minderheitsgesellschafter einer Organgesellschaft werden nach Maßgabe des § 304 AktG durch eine Ausgleichszahlung dafür entschädigt, dass die Organgesellschaft aufgrund der Ergebnisabführung keinen ausschüttungsfähigen Gewinn mehr aufweist.[954] Diese Behandlung kann auch mit der Einführung einer binationalen Gruppenbesteuerung fortgesetzt werden, sofern es sich um einen Sachverhalt handelt, in dem das deutsche Gesellschaftsrecht anwendbar ist. Für ausgleichsbeanspruchende Minderheitsgesellschafter einer deutschen Organgesellschaft führt die binationale Gruppenbesteuerung somit zu keinen Änderungen.

---

954 Siehe dazu unter B.VII.

Anders stellt sich die Situation für Minderheitsanteilseigner niederländischer Organgesellschaften dar, die aufgrund der neuen Rechtslage in den Organkreis aufgenommen würden. Gemäß § 304 Abs. 1 AktG wird der Ausgleich für außenstehende Gesellschafter durch den Gewinnabführungsvertrag festgelegt. Weil der Gewinnabführungsvertrag allerdings im Verhältnis zu einer niederländischen Tochtergesellschaft keine Wirkung hat,[955] ist auch § 304 AktG nicht anwendbar. Man könnte zur Überwindung dieses Problems verschiedene Wege beschreiten. So könnte erwogen werden, die Beteiligung der niederländischen Kapitalgesellschaft an der Organschaft davon abhängig zu machen, dass sie zu 100 % im Kapitaleigentum der deutschen Obergesellschaft stehen. Dadurch würden Regelungen hinsichtlich der Minderheitseigentümer entbehrlich. Allerdings würde sich diese Lösung nur schwerlich in das Konzept der Organschaft einfügen, das auf dem Zusammenspiel von Trennungs- und Zurechnungstheorie besteht und damit auch die Existenz von Minderheitsgesellschaftern der getrennt betrachteten Organgesellschaften beinhaltet.

In einem neu einzuführenden § 18 KStG könnte als andere Variante auch die Rolle der Minderheitsgesellschafter im Vertragsstaat ansässiger Organgesellschaften geregelt werden. Diese müssten in eine Position versetzt werden, die mit dem Inlandssachverhalt vergleichbar ist. Dazu könnte den außenstehenden Gesellschaftern ein Wahlrecht zwischen einer jährlich wiederkehrenden Ausgleichszahlung (entsprechend § 304 AktG) oder eine einmalige Abfindungsleistung (entsprechend § 305 AktG) gewährt werden.[956]

ee) Zwischenergebnis: Kombination aus CCCTB *und bilateralem Ansatz*

Die Erörterung ergibt zusammenfassend, dass die als besonders diskussionsbedürftig herausgestellten Gesichtspunkte einer grenzüberschreitenden Gruppenbesteuerung nicht entgegenstehen würden. Insbesondere den Bedenken gegen die Einbeziehung von Personengesellschaften in ein binationales Gruppenbesteuerungssystem kann mit den oben getroffenen Feststellungen[957] entgegengehalten werden, dass die

---

955 Siehe oben E.II.2.b)bb).

956 So die Behandlung des Inlandssachverhaltes bei einer AG-, KGaA-, SE- oder SCE-Organgesellschaft; diskussionsbedürftig ist die Rechtsfolge im Inland, wenn die Organgesellschaft in einer anderen Kapitalgesellschaftsrechtsform (z.B. GmbH) auftritt. § 17 KStG verpflichtet zwar in diesem Fall zu einer den aktienrechtlichen Vorgaben entsprechenden Gewinnabführung und Verlustübernahme, enthält aber keine Bestimmungen zu außenstehenden Gesellschaftern. Das wird dann als zutreffend gesehen, wenn man für den Eintritt der GmbH in den Organkreis einen Einstimmigkeitsbeschluss der Gesellschafter für erforderlich hält. Sieht man dagegen einen qualifizierten Mehrheitsbeschluss als ausreichend an, wird zum Schutz der außenstehenden Gesellschafter eine analoge Anwendung der §§ 304f. AktG für angebracht gehalten. Vgl. hierzu oben unter C.VII. sowie *Emmerich*, in Scholz, GmbHG, Anh. § 13 Rn. 159; *Mühl/Wagenseil*, NZG 2009, 1253 (1254); *Simon/Leuering*, NJW-Spezial 2006, 363 (363).

957 Siehe unter E.II.2.d)aa).

dadurch befürchteten Steuergestaltungen bereits nach aktueller Rechtslage möglich sind. Hinsichtlich der gewerbesteuerlichen Organschaft bedarf es gesetzlicher Änderungen sowohl bei der Behandlung inländischer Gewerbebetriebe einer ausländischen Konzernmutter als auch bezüglich ausländischer Gewerbebetriebe mit Zurechnungsobjekt im Inland. Auch die Behandlung von Minderheitsanteilseignern einer niederländischen Gruppengesellschaft müsste durch den deutschen Gesetzgeber geregelt werden.

Die hier in den Vordergrund gestellten Einzelfragen und ihre Analyse zeigen neben den notwendigen Änderungen aber auch, dass einem zwischenstaatlich vereinbarten grenzüberschreitenden Gruppenbesteuerungssystem keine Umstände entgegenstehen, die dessen Einführung unmöglich machten.

Stellt sich somit die Etablierung eines nationalen Gruppenbesteuerungsregimes als durchführbar dar, so bleibt dennoch die Frage nach dem Gleichlauf mit den Vorschriften im Vertragsstaat. Es liegt auf der Hand, dass bei unterschiedlichen nationalen Regimen Friktionen auftreten, die entweder der Akzeptanz der binationalen Gruppenbesteuerung bei den als Anwender in Frage kommenden Unternehmen entgegen wirken oder – im diametralen Extremfall – zu fiskalischen Ausfällen führen können. Daher wäre es aus Sicht der Rechtsanwender begrüßenswert, wenn die Vorschriften in den beiden Vertragsstaaten in maßgeblichen Punkten übereinstimmten bzw. wenigstens vergleichbar sind. Dazu gehören insbesondere die Zugangsvoraussetzungen zu der Gruppenbesteuerung sowie die Vorschriften zur Ermittlung des Gewinns der Gruppengesellschaften.

Aus diesem Grund könnte erwogen werden, die Einführung einer binationalen Gruppenbesteuerung mit der Verpflichtung einheitlicher Gewinnermittlungsvorschriften für die Unternehmensgruppen zu verbinden. Diese Gewinnermittlung könnte nach den Grundsätzen der *CCCTB*-Initiative erfolgen.[958] Damit würde ein Idealzustand erreicht: da die Unternehmensgruppen und ihre Gesellschaften in den Vertragsstaaten ihre Besteuerungsgrundlage nach gleichen Vorgaben ermittelten, würden Qualifikationskonflikte zwischen unterschiedlichen Regimen ausbleiben. Dazu würde auch die Neuheit der Gewinnermittlung nach *CCCTB* für die Rechtsanwendung beitragen, die eine gleichlaufende Behandlung von Zweifelsfragen und Auslegung etwaiger unbestimmter Rechtsbegriffe in beiden Staaten möglich machte. Infolge der gleichen Standards würde eine grenzüberschreitende Berücksichtigung der Gruppenergebnisse vereinfacht.

Allerdings ist nicht zu erwarten, dass sich die grundlegend ablehnende Haltung der Mitgliedstaaten zu der Einführung der *CCCTB*[959] in der kommenden Zeit revidiert. Dieser Idealzustand für die Etablierung einer binationalen Gruppenbesteuerung kann auch trotz der vorgebrachten Argumente demnach vorerst nicht erreicht werden.

958 Siehe zu der sog. „kleinen Lösung" für die Umsetzung der CCCTB oben E.I.3.d).
959 Zu den von den Mitgliedstaaten befürchteten Auswirkungen siehe E.I.3.d).

Jedoch ist festzuhalten, dass eine zwischenstaatlich vereinbarte grenzüberschreitende Gruppenbesteuerung nach dem hier dargestellten Modell auch ohne eine gleichlaufende Besteuerungsgrundlage in den teilnehmenden Staaten ein- und durchführbar ist. Dazu trägt insbesondere der Umstand bei, dass die binationale Gruppenbesteuerung auf einer vertraglichen Vereinbarung und der gegenseitigen Akzeptanz zwischen den Vertragsstaaten beruht. Mit fortlaufender Durchführung ist ferner eine gesteigerte Vertrautheit mit dem jeweils ausländischen Gruppenbesteuerungsregime zu erwarten. Ebenfalls kann erwartet werden, dass erst mit der Einführung einer grenzüberschreitenden Gruppenbesteuerung in den Vertragsstaaten die Erkenntnis wächst, dass damit einhergehende Problemstellungen durch einen Gleichlauf der Systeme in beiden Staaten vermieden werden können. Somit könnte sich zumindest eine Assimilation der Regime in entscheidenden Gesichtspunkten einstellen.

3. Entwicklung der bilateralen zu einer multilateralen grenzüberschreitenden Gruppenbesteuerung

Nach einer Einführung und Etablierung zwischen Deutschland und den Niederlanden wäre das Konzept der binationalen Gruppenbesteuerung auf andere Rechtsräume erweiterbar. Insbesondere ist anzunehmen, dass eine erfolgreiche Etablierung zu einer Anziehungswirkung für grenzüberschreitend agierende Konzerne führen wird. Mit Blick auf den Wettbewerb der Steuersysteme könnten weitere Mitgliedstaaten der Europäischen Union daher ebenfalls danach streben, in den räumlichen Anwendungsbereich der grenzüberschreitenden Gruppenbesteuerung einzutreten. Das Konzept wird sich besonders für solche Mitgliedstaaten als attraktiv erweisen, deren Unternehmensgruppen ein gewichtiges Betätigungsfeld in Deutschland und den Niederlanden aufweisen und deren wirtschaftliche Voraussetzungen mit denen in den Vertragsstaaten vergleichbar sind.[960]

Diese Entwicklung kann aus Sicht der Vertragsstaaten nur wünschenswert sein. Sie könnten durch Einbeziehung weiterer Mitgliedstaaten das bislang zweistaatliche Konzept für die Ansiedlung von Unternehmensgruppen noch attraktiver machen. Davon profitierten gleichfalls die Steuerpflichtigen wie auch die öffentlichen Kassen der Vertragsstaaten. Ebenso würde sich die Anziehungswirkung der nun multinationalen Gruppenbesteuerung für weitere Mitgliedstaaten noch verstärken. Ein weiterer Vorteil für die Vertragsstaaten Deutschland und die Niederlande ist darin zu sehen, dass sie über die Einbeziehung weiterer Staaten disponieren könnten. Dazu könnten sie Voraussetzungen vereinbaren, die sie als erforderlich für die Integration eines Mitgliedstaates in das System grenzüberschreitender Gruppenbesteuerung erachten. Zu beachten sind dabei Bestimmungen zu (Mindest-)Beteiligungsgraden, qualifizierte

960 Die unterschiedlichen wirtschaftlichen Entwicklungsgrade in den Mitgliedstaaten wurden als eine Ursache für das Scheitern von Gruppenbesteuerungskonzepten mit EU-weitem Anwendungsbereich herausgestellt, siehe E.II.

Gesellschaftsformen, Gruppenverträge, aber auch an Voraussetzungen an die Organisation der Finanzverwaltung des Kandidatenstaates zur Gewährung des gegenseitigen Informationsaustausches. Deutschland und den Niederlanden fällt in dieser Hinsicht das Recht zu, über die Aufnahmevoraussetzungen zu entscheiden. Somit kann gewährleistet werden, dass eine Integration weiterer Mitgliedstaaten nur erfolgt, sofern die aufzunehmenden Staaten ihre Gruppenbesteuerungsregime und deren fiskale Durchsetzung den Gegebenheiten in Deutschland und den Niederlanden angleichen.

Insgesamt kann dieser Entwicklung zugute gehalten werden, dass sie sich aus der gegenseitigen Zusammenarbeit zweier Mitgliedstaaten ergeben würde. Im Gegensatz zu anderen Initiativen, wie z.B. der *CCCTB*, gilt sie nicht für die gesamte Europäische Union und ist auch nicht durch eine höhere Rechtsetzungsinstanz aufgegeben. Die aus dem Ursprung einer bilateralen Übereinkunft entstandene multilaterale grenzüberschreitende Gruppenbesteuerung wäre somit ein Produkt der gegenseitigen Akzeptanz und Zusammenarbeit der dazu geneigten Mitgliedstaaten.

III. Ergebnis

Die zeitgleiche Einführung einer EU-weiten grenzüberschreitenden Gruppenbesteuerung wäre nur über eine Richtlinie denkbar, die durch den Europäischen Rat verabschiedet und in den Mitgliedstaaten umgesetzt werden müsste. Art. 115 AEUV setzt für den Erlass einer Richtlinie Einstimmigkeit im Rat der Europäischen Union voraus. Das bedeutet, dass alle Mitgliedstaaten, durch ihre Vertreter,[961] zu einem gemeinsamen Ergebnis kommen müssen. Schon die unterschiedlichen Ausgangssituationen in den einzelnen EU-Staaten lässt Zweifel an einem Konsens in der Frage der Gruppenbesteuerung aufkommen. Insbesondere zeigt aber die Erfahrung mit der Initiative der *CCCTB*, die nur den Status einer Diskussionsgrundlage in der Form eines Richtlinienentwurfs erlangt hat, dass eine grenzüberschreitende Gruppenbesteuerung, deren Anwendungsbereich sich über die gesamte Europäische Union erstreckt, derzeit nicht umsetzbar erscheint.[962] Auch das Verfahren der Verstärkten Zusammenarbeit, welches nach Art. 20 EUV i.V.m. Art. 326ff. AEUV ein Zusammenwirken von neun Mitgliedstaaten voraussetzt, wird als nicht aussichtsreich für die Angleichung der Unternehmensbesteuerung angesehen.[963] Somit verbleiben aus Sicht des deutschen Gesetzgebers für die Schaffung einer grenzüberschreitenden Gruppenbesteuerung nur zwei Möglichkeiten.

Es könnte nach dem Vorbild Österreichs einerseits erörtert werden, den Anwendungsbereich der deutschen Organschaft unabhängig von dem Zusammenwirken mit anderen Staaten für grenzüberschreitende Sachverhalte zu öffnen. Das könnte dadurch geschehen, dass die Definition der Organgesellschaft i.S.v. § 14 Abs. 1 KStG auch solche

961 Zur Zusammensetzung des Rates aus Vertretern jedes Mitgliedsstaates auf Ministerebene Art. 16 Abs. 2 EUV.

962 Siehe auch oben E.I.3.d).

963 Erklärung der Bundesregierung, BT-Drucks. 17/5748, S. 11; Stellungnahme des Bundesrates v. 17.6.2011, BR-Drucks. 155/11 (Beschluss)(2), S. 2; siehe oben E.II.

Kapitalgesellschaften erfasst, die ihre Geschäftsleitung nicht im Inland haben. Möglich wäre dabei auch, den Anwendungsbereich auf die Mitgliedstaaten der Europäischen Union zu begrenzen. Multinational tätige Unternehmensgruppen mit Obergesellschaft in Deutschland könnten von einer solchen Regelung erheblich profitieren, was die Bundesrepublik als Holdingstandort noch attraktiver machte. Insbesondere würde auf diese Weise eine grenzüberschreitende Verlustverrechnung zwischen Konzerngesellschaften ermöglicht. Allerdings erweist sich ein solches Modell aus diesem Grund auch als offensichtlich missbrauchsanfällig. Die grenzüberschreitende Verlustverrechnung würde auch angesichts der kaum zu ermittelnden Verlustvorträge von Tochtergesellschaften deutscher Konzerne im Ausland zu einem nicht abschätzbaren Risiko für den Fiskus führen.[964] Da eine Reform der Organschaft in Deutschland unter der Vorgabe der Fiskalneutralität steht,[965] ist die globale oder EU-weite Öffnung der deutschen Gruppenbesteuerung derzeit als eine sehr unwahrscheinliche Option einzustufen.

Eine zweite verbleibende Möglichkeit ist es, den Anwendungsbereich einer grenzüberschreitenden Gruppenbesteuerung nur auf solche Staaten auszuweiten, mit denen man sich auf gemeinsame Bestimmungen zur Gruppenbesteuerung und deren Administration einigt. Dann würde aus Sicht des Gesetzgebers kein System von einer anderen Gewalt aufgezwungen, sondern die Ausgestaltung der einzelnen Voraussetzungen und deren Durchsetzung obliegt den Vertragsstaaten. Aufgrund der gegenseitigen Akzeptanz der Systeme und der Zusammenarbeit der Finanzbehörden verringerte dieser Ansatz die Missbrauchsgefahr erheblich. Ein weiterer erheblicher Vorteil der binationalen Gruppenbesteuerung liegt darin, dass sich der räumliche Anwendungsbereich der Organschaft im Gegensatz zu anderen Konzepten zunächst lediglich um einen weiteren Ansässigkeitsstaat vergrößert. Dieses vermindert nicht nur die Gefahr fiskaler Ausfälle. Es macht das Konzept auch aus Sicht der Steuerbehörden handhabbar, die nur eine grundlegende Vertrautheit mit einem weiteren nationalen Gruppenbesteuerungsregime aufweisen müssen, aber weiterhin nach den bekannten Vorschriften arbeiten. Die hier dargestellten Ergebnisse zeigen auf, dass eine solche Lösung zwischen Deutschland und den Niederlanden rechtlich und tatsächlich umsetzbar und auch praktikabel wäre.

Gleichwohl bietet das Konzept die Möglichkeit, dass es variabel auch auf weitere Staaten erweitert werden kann. So könnte sich aus dem ursprünglichen zweistaatlichen Anwendungsbereich und aufgrund dessen Anziehungs- und dessen Vorbildwirkung ein Raum der multilateralen grenzüberschreitenden Gruppenbesteuerung entwickeln.

---

964 Siehe dazu Prüfbericht „Verlustverrechnung und Gruppenbesteuerung" vom 10.11.2011, (einsehbar unter www.bundesfinanzministerium.de), S. 118.

965 Prüfbericht „Verlustverrechnung und Gruppenbesteuerung" vom 10.11.2011 (einsehbar unter www.bundesfinanzministerium.de), S. 142.

F. Zusammenfassung

In den Niederlanden können eine Mutter- und Tochterkapitalgesellschaft auf Antrag bei einer Stimmrechts- und Kapitalbeteiligung von über 95 % eine *fiscale eenheid* bilden. Nach Maßgabe der dem Regime der *fiscale eenheid* zugrunde liegenden Einheitstheorie wird eine Tochtergesellschaft dann so behandelt, als sei sie in der Muttergesellschaft aufgegangen und somit Teil der Muttergesellschaft. Körperschaftsteuerlich werden die an der *fiscale eenheid* beteiligten Kapitalgesellschaften grundsätzlich so erfasst, als handelte es sich um ein Einheitsunternehmen. Das schließt auch mit ein, dass Mutter- und Tochtergesellschaften für steuerliche Zwecke eine Einheitsbilanz aufzustellen haben, in der die Wirtschaftsgüter aller (Einheits-)gesellschaften aufgeführt sind. Konsequente Folge der Zusammenfassung in der Einheitsbilanz ist die steuerliche Nichtberücksichtigung von Rechtsgeschäften zwischen den beteiligten Gruppengesellschaften.

In ihrer Rechtswirkung ist die *fiscale eenheid* allerdings auf das Gebiet des Steuerrechts begrenzt. Die steuerliche Erfassung der einzelnen Gruppengesellschaften als Einheit hat keinen Einfluss auf deren Rechtsverhältnisse zu außenstehenden Rechtsträgern. Die Einheit ist somit als reine Fiktion für Zwecke der Besteuerung aufzufassen. Insbesondere wird per Gesetz klargestellt, dass die beteiligten Gesellschaften auch trotz ihrer Zusammenfassung zur *fiscale eenheid* die Qualität als einzelne Steuerrechtssubjekte beibehalten.

An der *fiscale eenheid* können lediglich Kapitalgesellschaften in solchen Rechtsformen beteiligt werden, die durch das niederländische Zivilrecht definiert oder mit diesen Rechtsformen vergleichbar sind. Eine Ausnahme dieses Grundsatzes besteht für in den Niederlanden belegene Betriebsstätten ausländischer Kapitalgesellschaften. Sofern den Niederlanden das Besteuerungsrecht für die Einkünfte dieser Betriebsstätten zugewiesen ist, können sie Teil der *fiscale eenheid* werden, ohne Kapitalgesellschaft zu sein. Eine Inlandsbetriebsstätte kann unter diesen Voraussetzungen auch als Obergesellschaft des Konsolidierungskreises fungieren, wenn sie die Anteile an den Einheitsgesellschaften in ihrem Betriebsvermögen führt.

Die vorausgesetzte hohe Kapitalbeteiligungsquote von 95 % rechtfertigt es, die Tochter- als ein Teil der Muttergesellschaft anzusehen. Ebenso stellt sie sicher, dass die Konzernmutter auch ohne tatsächlichen Mittelfluss an dem Ergebnis der Tochtergesellschaft partizipiert bzw. dieses Ergebnis trägt. Mit der hohen Beteiligungsvoraussetzung, die eine signifikante Beteiligung außerhalb der *fiscale eenheid* stehender Anteilsinhaber von Gruppengesellschaften ausschließt, lässt sich auch erklären, dass die Behandlung dieser sogenannten Minderheitsaktionäre gänzlich ungeregelt ist.

Die vor Eintritt in die *ficale eenheid* entstandenen vortragsfähigen Verluste können durch jede Einheitsgesellschaft mit dem ihr zurechenbaren Anteil am Gewinn der *fiscale eenheid* verrechnet werden. Diese Regelung soll verhindern, dass vortragsfähige Verluste einer Gruppengesellschaft auf das zu besteuernde Ergebnis der *fiscale eenheid* Einfluss haben, ohne dass diese Gruppengesellschaft dazu mehr als gerade ihre vorgetragenen Verluste beigetragen hat. Gruppengesellschaften, die vortragsfähige Verluste führen, müssen danach eine isolierte Gewinnermittlung vornehmen, um den ihnen zurechenbaren Anteil am Gewinn der *fiscale eenheid* festzustellen. Diese Gewinnermittlung erfolgt dann auch unter Berücksichtigung gruppeninterner Rechtsgeschäfte. Die Vorschriften des Regimes der *fiscale eenheid* betreffend die Behandlung von Vorgruppenverlusten sind somit in zweierlei Hinsicht beachtenswert. Zunächst stellt die Beschränkung des möglichen Verlustausgleichs auf den der einzelnen Gruppengesellschaft zuzurechnenden Gewinnanteil eine Ausnahme zu der sonst in der *fiscale eenheid* umgesetzten Einheitstheorie dar. Da dieser Gewinnanteil auch die Zwischengewinne aus gruppeninternen Rechtsgeschäften umfasst, sind die Einheitsunternehmen darüber hinaus aufgrund der Behandlung der Vorgruppenverluste gezwungen, ihren steuerlichen Gewinn isoliert und unter Berücksichtigung der Zwischengewinne nachzuhalten, sobald sie einen Verlustvortrag führen.

Die niederländische Gruppenbesteuerung ist auf Sachverhalte begrenzt, die in den Niederlanden ausgelöst oder zu besteuern sind. Sofern auch im Ausland ansässige Kapitalgesellschaften beteiligt werden, betrifft dieses lediglich deren niederländischen Betriebsstätteneinkünfte. Der Abfluss in den Niederlanden generierten Steuersubstrates in das Ausland wird somit unterbunden. Dennoch bietet auch die Umsetzung der Einheitstheorie durch die *fiscale eenheid* für die Anwender ein erhebliches Steuergestaltungspotential. Insbesondere ist in diesem Zusammenhang auf die durch die Einheitsbilanz geschaffene Möglichkeit der gruppeninternen Überführung von Wirtschaftsgütern ohne Auslösung eines Besteuerungstatbestandes hinzuweisen. Der niederländische Steuergesetzgeber begegnet der Gefahr des Missbrauchs mit einer umfassenden Anti-Missbrauchsgesetzgebung. Diese knüpft insbesondere an die Momente des Ein- und Austritts der Einheitsgesellschaften in bzw. aus der *fiscale eenheid* an und schreibt bestimmte steuerrelevante Bewertungen von Wirtschaftsgütern oder die rückwirkende Besteuerung von Übertragungsvorgängen vor. Diese Vorschriften erhöhen nochmals die Komplexität der niederländischen Gruppenbesteuerung. Diese wird auch dadurch offenbar, dass es für die *fiscale eenheid* eines umfassenden Regelungswerks bedarf, welches sich über das niederländische Körperschaftsteuergesetz sowie im untergesetzlichen Rang über eine eigene Verwaltungsrichtlinie und zusammengefassten Ausführungsregelungen erstreckt.

Im Unterschied zu der *fiscale eenheid* wird die durch das Zivilrecht vorgenommene Trennung der einzelnen Konzerngesellschaften in Deutschland auch auf dem Gebiet des Körperschaftsteuerrechts fortgeführt. Im Rahmen der Regelungen zur Organschaft erfolgt erst auf der zweiten Stufe, also nach der Ermittlung des Gewinns einer jeden Gruppengesellschaft die Durchbrechung der getrennten Behandlung, indem dieser Gewinn der Konzernmuttergesellschaft zugerechnet und mit den Ergebnissen der anderen an der Organschaft beteiligten Rechtsträger konsolidiert wird. Die Vorschriften zur Organschaft beruhen somit im Vergleich zur *fiscale eenheid* auf einem umgekehrten Regel-Ausnahme-Verhältnis: Das Regime der *fiscale eenheid* setzt die steuerliche Einheit des Konzerns voraus und die getrennte Behandlung von Gruppenunternehmen als rechtfertigungsbedürftige Ausnahme fest. Die Organschaftsregeln in §§ 14ff. KStG basieren dagegen auf der Trennung der Gruppenunternehmen und stellen an die zusammengefasste steuerliche Betrachtung als Ausnahme der Trennung bestimmte Rechtfertigungsvoraussetzungen. Als rechtfertigendes Element muss die Muttergesellschaft, der Organträger, an der Tochtergesellschaft, der Organgesellschaft, zunächst die Mehrheit der Stimmrechte besitzen. Insbesondere ist aber ein Gewinnabführungsvertrag zwischen beiden Rechtssubjekten erforderlich. Dieser durch das Aktienrecht ausgestaltete Vertragstyp muss zwischen Mutter- und Tochtergesellschaft auch tatsächlich durchgeführt werden. Das heißt, dass die Organgesellschaft ihren Gewinn zur Anerkennung der Organschaft auch tatsächlich an den Organträger abführen muss. Gleichfalls ist der Organträger verpflichtet, einen Verlust der Organgesellschaft tatsächlich auszugleichen. Diese gegenseitigen Verpflichtungen sind als Folgen der Trennungstheorie, aber insbesondere auch des geringen Beteiligungserfordernisses zu verstehen. Gerade dieses Beteiligungserfordernis steht einer Sichtweise entgegen, nach welcher der Organträger das Ergebnis der Organgesellschaft ohnehin über die Beteiligung wirtschaftlich trägt und daher nicht tatsächlich auszugleichen hat. Die geringe Beteiligungsvoraussetzung erklärt auch die detailliert ausgestaltete Behandlung von Minderheitsgesellschaftern im Regime der Organschaft.

Somit ist festzustellen, dass sich die Besteuerung von Konzernen in Deutschland und den Niederlanden wesentlich unterscheidet. Dieser Gegensatz ist umso bemerkenswerter, als dass die *fiscale eenheid* im Jahr 1940 während deutscher Besatzungszeit in den Niederlanden etabliert worden ist. Zu dieser Zeit war die Organschaft in Deutschland ausschließlich als Richterrecht ausgeformt. Die Kodifikation der körperschaftsteuerlichen Organschaft erfolgte erst im Jahr 1969. Aber auch danach waren die Regeln der Organschaft einer stetigen Diskussion und Veränderungen ausgesetzt. Die aktuelle, sogenannte „Kleine Organschaftsreform“ durch das „Gesetz zur Änderung und Vereinfachung der Unternehmensbesteuerung und des steuerlichen Reisekostenrechts“ stammt aus dem Jahr 2013. Sie zielte darauf ab, die Gründung und Durchführung der Organschaft für die Anwender zu erleichtern und somit Rechtssicherheit unter Wahrung von Kontinuität zu schaffen. Eine Analyse des Reformgesetzes ergibt, dass die vorgenommenen Änderungen negative Symptome der bisherigen Organschaftsregelungen behandelt und somit zu erheblichen Erleichterungen in der Anwendungspraxis geführt haben. Ebenso wurde mit den Änderungen, die drohende (EU-/DBA-)Rechtsverstöße abwenden und das deutsche Besteuerungsrecht für die Einkünfte der Organgesellschaften sichern, aber auch die bisherige Struktur der Organschaft für die Zukunft als „überlebensfähig“ ausgestaltet.

Gleichwohl sieht der Gesetzgeber eine grundlegende Reform der körperschaftsteuerlichen Organschaft weiterhin auf der Agenda. Im Rahmen einer solchen Reform muss auch – das folgt bereits aus der Bedeutung des Wortes „grundlegend“ – das dogmatische Fundament der Konzernbesteuerung erörtert werden. Die *fiscale eenheid* in den Niederlanden eignet sich dabei besonders, um Vor- und Nachteile der Umsetzung eines einheitstheoretischen Ansatzes für die Konzernbesteuerung zu beleuchten.

Ein solcher ließe sich grundsätzlich auch in Deutschland theoretisch begründen. Diese These fußt zunächst auf dem Grundsatz der wirtschaftlichen Betrachtungsweise, nach dem Steuersachverhalte grundsätzlich trotz entgegenstehender formaljuristischer Umstände entsprechend ihres tatsächlichen wirtschaftlichen Ergebnisses auszulegen sind. Sofern der Organträger in der Organgesellschaft seinen Willen durchsetzen kann, diese also beherrscht, wäre es aus tatsächlichen Gründen nachvollziehbar, die wirtschaftliche Leistungsfähigkeit des Konzerns nicht wie bisher nach der durch Zurechnung zusammengefassten Leistungsfähigkeit der einzelnen Konzerngesellschaften zu bemessen, sondern der Besteuerung die Leistungsfähigkeit der gesamten Gruppe zugrunde zu legen. Denn die getrennte Gewinnermittlung führt gerade vor dem Hintergrund der wirtschaftlichen Leistungsfähigkeit nicht immer zu realitätsgerechten Ergebnissen. Dies wird insbesondere am Beispiel einer Kapitalgesellschaft, die ausschließlich konzerninterne Funktionen wahrnimmt und keine Rechtsgeschäfte zu Rechtsträgern außerhalb der Unternehmensgruppe unterhält, deutlich. Denn ihr wird nach Maßgabe der Trennungstheorie ein Gewinn zugewiesen, obwohl sich ihre Leistungsfähigkeit ausschließlich aus ihrer Zugehörigkeit zu dem Konzern ergibt. Unter tatsächlichen, der wirtschaftlichen Betrachtungsweise entsprechenden Gesichtspunkten könnte es sich daher als geeigneter erweisen, wenn die Besteuerung anstatt auf die getrennte und zugerechnete Leistungsfähigkeit jeder Konzerngesellschaft auf die Leistungsfähigkeit des Gesamtkonzerns abstellte.

Dieses Ergebnis wird auch durch die Optimalsteuertheorie gestützt. Aus ökonomischen Gesichtspunkten wird die Schaffung unternehmerischer Entscheidungsneutralität als Idealbild hervorgehoben. Das Steuerrecht soll danach gewährleisten, dass der Unternehmer nicht aus steuerlichen Gründen in seiner Entscheidung beeinflusst wird. Eine solche Beeinflussung kann darin gesehen werden, dass das bisherige Organschaftsregime die Besteuerung von strukturell untergliederten Konzernen gegenüber unter einer Kapitalgesellschaft agierenden Einheitsunternehmen steuerlich anders behandelt.

Während sich das Organschaftsregime momentan nach der durch das Zivilrecht vorgegebenen Gesellschaftsstruktur im Konzern richtet, würde ein einheitstheoretischer Ansatz diese Bindung aufheben und die Existenz getrennter Rechtssubjekte im Konzern für seine Zwecke negieren. Beide Rechtsgebiete stehen zwar hierarchisch auf einer Stufe. Jedoch bestimmt das Zivilrecht die Wirtschaftsvorgänge, an die das Steuerrecht dann nachgelagert eine Besteuerung knüpft. Daher hat sich das Steuerrecht grundsätzlich an den Vorgaben des Zivilrechts zu orientieren. Eine Abweichung ist nur aus den unterschiedlichen Zwecksetzungen beider Rechtsgebiete geboten. Wenn somit die Behandlung des Konzerns durch das Zivilrecht davon geleitet ist, die gegenseitigen Rechtsverhältnisse der Konzerngesellschaften voneinander abzugrenzen, so steht es grundsätzlich einer steuerrechtlichen Sichtweise nicht entgegen, die zu dem Ergebnis kommt, dass die wirtschaftliche Leistungsfähigkeit der Konzerngesellschaften für die Besteuerung zusammenzufassen ist.

Der Grundsatz der Individualbesteuerung wird durch die Organschaft in den §§ 14ff. KStG trotz der durch die Zurechnung erfolgenden Einschränkung noch dadurch wiedergegeben, dass die subjektive Steuerpflicht der Organgesellschaft trotz einer regelmäßigen Körperschaftsteuerschuld von 0 € aufrecht erhalten bleibt. Demgegenüber wäre bei einer Umsetzung der Einheitstheorie eine Körperschaftsteuerschuld der Gruppengesellschaften ausgeschlossen. Die Steuersubjektqualität der Gruppengesellschaften ließe sich aber, wie in den Niederlanden, per gesetzlicher Fiktion festlegen.

Die in dieser Arbeit vorgenommenen Erörterungen zeigen somit, dass eine auf der Einheitstheorie fußende Gruppenbesteuerung in Deutschland nicht nur theoretisch begründbar, sondern auch grundsätzlich umsetzbar wäre.

Es stellt sich indes die Frage, ob und inwieweit eine Einführung der Einheitstheorie auch sinnvoll wäre und welchen Einfluss die Umstellung der Dogmatik auf die bisher geltenden Voraussetzungen der §§ 14ff. KStG entfalten würde.

Die Einheitsbetrachtung stellt einen Ansatz dar, der die Realität in den Konzernen wiedergibt. Sie entspricht damit den Vorgaben des Grundsatzes der wirtschaftlichen Betrachtungsweise. Aber die uneingeschränkte Gleichbehandlung von Einheitsunternehmen und Konzernen, die die konsequente Umsetzung der Einheitstheorie bewirken würde, kann nicht das Ziel der Konzernbesteuerung sein. Denn das Steuerrecht darf sich zwar über die Vorgaben des Zivilrechts hinwegsetzen. Es muss aber auch die Grundentscheidung des Unternehmers berücksichtigen, der eine gegliederte Konzernstruktur gegenüber einem zusammengefassten Einheitsunternehmen vorgezogen hat. Die unternehmerische Grundentscheidung für eine Konzernstruktur kann den Vertretern der Optimalsteuertheorie entgegengehalten werden. Denn neben der Besteuerung beeinflussen erhebliche weitere Unterschiede die wirtschaftliche Unternehmerentscheidung zwischen der Aufstellung seines Unternehmens in der Form einer Konzernstruktur und der eines Einheitsunternehmens. Diese entscheidungsrelevanten Unterschiede sind auch geeignet, eine differenzierte steuerliche Behandlung zu rechtfertigen.

Hinsichtlich der Frage ihrer Umsetzung erweist sich die Einheitstheorie, auch das zeigt die Analyse der *fiscale eenheid*, für Gestaltungsmissbrauch gegenüber der getrennten Behandlung der Konzerngesellschaften in Deutschland als erheblich anfälliger. Die dadurch erforderlichen Gegenreaktionen des niederländischen Gesetzgebers sind vielfältig. Ihnen lässt sich jedoch eine Grundtendenz entnehmen: Um eine mögliche Steuergestaltung zu unterbinden weicht der Gesetzgeber von der Einheitsbetrachtung des Konzernsachverhaltes ab und stellt stattdessen auf die einzelne betroffene Konzerngesellschaft ab. Diese gesetzgeberische Reaktion wäre auch in Deutschland schon aufgrund der fehlenden Vertrautheit der Anwender mit dem System der Einheitstheorie zu erwarten. Jede durch die Anti-Missbrauchsgesetzgebung betroffene Gruppengesellschaft würde faktisch zu einer getrennten steuerlichen Gewinnermittlung genötigt, obwohl sie eigentlich Element der Einheit ist. Ein signifikanter Rückgang der Steuerbefolgungskosten wäre somit durch die Einführung einer Einheitsgruppenbesteuerung nicht zu erwarten.

Vice versa zu dem „Rückgriff“ auf die Trennung der (Einheits-)Konzerngesellschaften in den Niederlanden könnte aber in Deutschland ein Konzernbesteuerungsregime etabliert werden, welches die Einheit im Konzern zumindest verstärkt hervorhebt, ohne umfassend von der Trennung Abstand zu nehmen. Ein auf diesem Gedanken beruhendes Konzernbesteuerungsregime in Deutschland könnte sich dadurch auszeichnen, dass es den Gedanken der wirtschaftlichen Einheit im Konzern immer dann berücksichtigt, wenn dieses nicht aus gewichtigeren Gründen abzulehnen ist. Danach würden die tatsächlichen Umstände im Konzern für die Frage der Besteuerung verstärkt Berücksichtigung finden und auch als deren Voraussetzung in den Vordergrund gestellt werden. Ein aktienrechtlicher Vertragstypus wie der Gewinnabführungsvertrag zur Rechtfertigung der Überwindung der Trennung wäre dann nicht mehr erforderlich. Denn die Ergebniszurechnung würde durch tatsächliche Umstände gerechtfertigt. Um diese tatsächlichen Umstände zur Rechtfertigung heranziehen zu können, wäre die notwendige Beteiligung zur Begründung der Organschaft auf eine Quote zu erhöhen, welche die wirtschaftliche Eingliederung der Konzerngesellschaft in die Muttergesellschaft auch ohne Gewinnabführungsvertrag rechtfertigte. Als dazu geeignet wird hier eine Kapitalbeteiligung von 75 % angesehen, da sie die Willensdurchsetzung der Konzernmutter in der untergeordneten Kapitalgesellschaft gewährleistet. Wenn dann steuerliche „Ergebniszurechnung“ im faktischen Konzern so verstanden wird, dass die Obergesellschaft schon aufgrund dieser Kapitalbeteiligung am Ergebnis der Untergesellschaft Anteil hat, wäre ein vertraglich vorgeschriebener Mittelfluss zwischen den Gesellschaften durch den Gewinnabführungsvertrag nicht mehr erforderlich. Diese Änderungen würden eine hier als sinnvoll herausgestellte Loslösung des Konzernbesteuerungsrechts von den Vorgaben des Zivilrechts bewirken.

Eine solche Umsetzung verstünde die Einheitsbetrachtung als Regel, ließe begründete Ausnahmen davon aber zu. Dieses Verständnis hätte zur Folge, dass die weiteren Gesichtspunkte einer Reform der Organschaftsregeln nicht unmittelbar durch die Wahl der theoretischen Grundlage festgelegt würden. Die Analysen in dieser Arbeit zeigen demnach, dass die Umstellung auf den Einheitsgedanken nur eine Erhöhung der Beteiligungsvoraussetzung und, damit verbunden, die Abschaffung des Gewinnabführungsvertrages als notwendig vorgibt. Die weiteren Aspekte einer Reform sind losgelöst von der jeweiligen dogmatischen Grundlage zu beurteilen. Dem Gesetzgeber steht es somit weitgehend frei, Ausnahmeregelungen von der Einheitsbetrachtung zu etablieren. Er ist dabei weniger durch die gewählte dogmatische Grundlage, sondern beinahe ausschließlich durch die verfassungsrechtlichen Vorgaben an die Besteuerung gebunden.

So entwickelt die Einheitstheorie – wie auch das Vorbild der niederländischen Regelung zeigt – keinen bindenden Einfluss auf die Behandlung von vororganschaftlich entstandenen und vorgetragenen Verlusten einer Konzerngesellschaft. Wenn der Gesetzgeber allerdings an der Trennung der einzelnen Organgesellschaften vom Organträger festhalten sollte, dann ist es aufgrund dieser getrennten Behandlung erst Recht geboten, auch den Verlustabzug getrennt für jede Organgesellschaft zuzulassen. Statt die vortragsfähigen Verluste aus vororganschaftlichen

Wirtschaftsjahren entsprechend der bislang geltenden Regelung „einzufrieren", müssten diese Verluste bei Gewinnen der betroffenen Organgesellschaft auch trotz ihrer Zugehörigkeit zur Organschaft Berücksichtigung finden. Dieses Ergebnis gilt aber auch im Falle der Änderung der dogmatischen Grundlage. Denn es ergibt sich bereits aus dem objektiven Nettoprinzip und wird durch das Gebot der Folgerichtigkeit einer gesetzgeberischen Entscheidung gestützt. Insbesondere eine Verletzung des Folgerichtigkeitsgebotes kann nach der Rechtsprechung des Bundesverfassungsgerichtes nicht nur mit fiskalischen Motiven, in diesem Fall der befürchteten Verrechnung von Verlustvorträgen der Organgesellschaften, gerechtfertigt werden. Die Verhinderung von Steuermissbrauch durch Aufnahme verlustträchtiger Gruppengesellschaften wird bereits durch die Vorschrift des § 8c KStG gewährleistet und kann somit ebenfalls nicht als Rechtfertigung angeführt werden. Somit sollte mit Blick auf das verfassungsrechtliche Folgerichtigkeitsgebot für jede Organgesellschaft die isolierte Verrechnung ihres Gewinnes mit Verlustvorträgen aus vororganschaftlicher Zeit ermöglicht werden.

Auch die Berücksichtigung von Inlandsbetriebsstätten ausländischer Konzerntochterkapitalgesellschaften ist nicht durch eine dogmatische Grundlage der Gruppenbesteuerung vorgegeben, sondern richtet sich nach den höherrangigen rechtlichen Vorgaben für die Gesetzgebung. Die Ergebnisse dieser Inlandsbetriebsstätten können nach aktuellem Recht nicht an der organschaftlichen Konsolidierung teilnehmen. Dies gilt, obwohl Inlandsbetriebsstätten ausländischer Konzernmütter als Organträger auftreten können, § 14 Abs. 1 S. 1 Nr. 2 KStG. Ebenfalls fließen die Ergebnisse inländischer Betriebsstätten von inländischen Organgesellschaften über die Organgesellschaften und damit mittelbar in das Einkommen der Organschaft ein. Diese unterschiedliche Berücksichtigung der Betriebsstättenergebnisse macht die Betätigung über eine Betriebsstätte für eine EU/EWR-ausländische Kapitalgesellschaft in Deutschland weniger attraktiv und schränkt somit die Niederlassungsfreiheit nach Art. 49ff. AEUV ein. Ein zwingender Grund des Allgemeininteresses, der diese Beschränkung rechtfertigen könnte, ist nicht ersichtlich. Insbesondere werden diese Inlandsbetriebsstätten ohnehin isoliert von den Einkünften ihrer EU-ausländischen Betreibergesellschaften der deutschen beschränkten Steuerpflicht unterworfen, so dass ihre Ergebnisse wie bei inländischen Kapitalgesellschaften einem Organträger zurechenbar wären. Daher ist eine Ausweitung des Anwendungsbereiches der Organschaft zumindest auf EU- und EWR-ausländische Tochterkapitalgesellschaften hinsichtlich ihrer inländischen Betriebsstätteneinkünfte geboten, sofern diese Einkünfte dem deutschen Steuerzugriff unterliegen. Nicht aus der europäischen Niederlassungsfreiheit verpflichtend ist dagegen eine Ausweitung dieser Regelung auf Inlandsbetriebsstätten von Tochterkapitalgesellschaften, die in Staaten außerhalb der EU bzw. des EWR-Raumes ansässig sind. Entsprechend der niederländischen Regelung in Art. 15 Abs. 4 VPB könnten aber auch Letztere hinsichtlich ihrer Inlandsbetriebsstätten in den Kreis der tauglichen Organgesellschaften einbezogen werden, wenn das deutsche Besteuerungsrecht durch eine Regelung in dem entsprechenden Doppelbesteuerungsabkommen gewährleistet ist.

Die steuerliche Anerkennung eines Konsolidierungskreises mit mehreren Obergesellschaften, die sogenannte Mehrmüttergruppenbesteuerung, wäre aus wirtschaftlichen Gesichtspunkten wünschenswert. Schließlich förderte eine solche Regelung die Forschung und Innovationsbildung am Wirtschaftsstandort Deutschland auch steuerlich. Jedoch sprechen gegen eine Mehrmüttergruppenbesteuerung auch gewichtige Argumente. Zunächst ist darauf zu verweisen, dass eine solche Regelung aufgrund des gewährleisteten und zu erwartenden Verlusttransfers des mit Forschung und Entwicklung betrauten Tochterunternehmens zu einer Verringerung der Besteuerungsgrundlage bei den Muttergesellschaften führte. Die Ermöglichung einer Besteuerungsgruppe mit zwei Obergesellschaften liefe darüber hinaus auch der Systematik des bisherigen Organschaftsrechtes zuwider. Denn eine finanzielle Eingliederung der Tochter- in die Muttergesellschaft ist gerade nicht möglich, wenn zwei Muttergesellschaften bestehen. Noch weniger begründbar wäre eine Mehrmüttergruppenbesteuerung vor dem Hintergrund des hier vertretenen Wandels von dem bisherigen Vertragskonzernansatz zu einem Einheitskonzept mit höheren Beteiligungserfordernissen. Dass die Trennung der Konzerngesellschaften schon durch eine Beteiligung von 50 % überwunden wird und eine Ergebniszurechnung an zwei Muttergesellschaften erfolgt, wäre mit der auf tatsächliche Umstände zurückgreifenden wirtschaftlichen Betrachtungsweise nicht zu rechtfertigen. Zusammenfassend überwiegen somit die entgegen stehenden steuersystematischen Erwägungen die Vorteile einer solchen Regelung wesentlich.

Die Organschaft soll nach den hier getroffenen Schlussfolgerungen durch eine Gruppenbesteuerung ersetzt werden, die für Besteuerungszwecke nicht die Leistungsfähigkeit jeder einzelnen Konzerngesellschaft, sondern die Leistungsfähigkeit der Unternehmensgruppe als Ganzes zugrunde legt. Die Gesamt-Leistungsfähigkeit der Unternehmensgruppe wird aber vielfach auch durch solche Gruppenteile beeinflusst, die außerhalb Deutschlands ansässig sind. Es stellt sich somit die Frage, ob auch die im Ausland belegenen Konzerngesellschaften in den Konsolidierungskreis einbezogen werden sollten.

Die grenzüberschreitende Öffnung der Konzernbesteuerung kann dabei durch drei unterschiedliche Wege beschritten werden. Zum einen könnte bei Vorliegen der Beteiligungsvoraussetzungen im Rahmen einer Konzernbesteuerung das Ergebnis jeder Kapitalgesellschaft unabhängig von ihrem Ansässigkeitsstaat Berücksichtigung finden. Eine solche Regelung wäre Ausdruck des Welteinkommensprinzips, das der deutschen Ertragsbesteuerung zugrunde liegt.

Eine andere Möglichkeit zur Überwindung der Beschränkung der Konzernbesteuerungsvorschriften auf nationale Sachverhalte wäre es, die Vorschriften europaweit zu harmonisieren und ihren Anwendungsbereich auf die Mitgliedstaaten der EU zu erweitern. Auf Ebene der Europäischen Union ist jeder Mitgliedstaat dazu verpflichtet, sein Steuerregime EU-rechtskonform auszugestalten. Im Gegensatz zu der indirekten Besteuerung besteht aber hinsichtlich der direkten Steuern keine Harmonisierungspflicht für die Mitgliedstaaten. Die darauf zurückführbare Koexistenz von derzeit über 20 voneinander unterscheidbaren Regimen zur Konzernbesteuerung innerhalb der EU offenbart aber gerade die Problematik der Steuerbefolgung und ihrer Kosten für europaweit tätige Konzerne. Aus diesem Grund muss es Ziel sein, diese unterschiedlichen Systeme untereinander harmonisieren und eine grenzüberschreitende Gruppenbesteuerung zu gewährleisten.

Insbesondere zur EU-weiten Konsolidierung in Konzernsachverhalten wurden unterschiedliche Ansätze entwickelt. Als der am weitesten entwickelte Vorschlag stellt sich dabei die *Common Consolidated Corporate Tax Base (CCCTB)* dar. Die *CCCTB* soll die nationalen Konzernbesteuerungsregime ergänzen und die periodengerechte Ergebniskonsolidierung aller in der EU ansässigen Körperschaften eines Konzerns gewährleisten. Die Umsetzung der *CCCTB* verharrt aber im Stadium eines Richtlinienentwurfes, da der europaweiten Konsolidierung erhebliche Widerstände entgegengebracht werden. In ihren Stellungnahmen zu diesem Entwurf äußern die Mitgliedstaaten Zweifel an der vergleichbaren Durchsetzung der *CCCTB*-Gewinnermittlungsmethode durch und in allen 27 EU-Staaten. Kritik wird auch an dem Aufteilungsschlüssel festgemacht, nach dem das konsolidierte Gruppenergebnis den Ansässigkeitsstaaten der Konzerngesellschaften zur Besteuerung zugeordnet werden soll. Dieser berücksichtigt zwar die Faktoren Arbeit, Umsatz und Kapital, nicht aber immaterielle Wirtschaftsgüter. Ferner ermöglicht der Aufteilungsschlüssel, so dessen Kritiker, eine grenzüberschreitende Verschiebung von Wirtschaftsgütern mit stillen Reserven und damit eine Verlagerung von Besteuerungssubstrat. Die zur Verhinderung von derartigen Gestaltungen vorgesehenen Regelungen werden demgegenüber als zu unbestimmt und damit wirkungslos bewertet. Ganz besonders wird gegen die *CCCTB*-Initiative vorgebracht, dass sie die Mitgliedstaaten zur Aufgabe ihrer nationalen Souveränität auf dem Gebiet der direkten Steuern veranlasse. Dabei ist die hinter diesen Bedenken stehende Argumentation unterschiedlich: Mitgliedstaaten mit einem hohen Grad wirtschaftlicher Entwicklung sehen durch die Umsetzung die Gefahr von Steuerausfällen durch Abwanderung, während wirtschaftlich weniger entwickelte Mitgliedstaaten mit dem Richtlinienentwurf die Festigung der bestehenden Verhältnisse und die Ausbremsung ihres Aufholprozesses verbinden. Darüber hinaus sieht der Richtlinienentwurf zwar eine einheitliche körperschaftsteuerliche Bemessungsgrundlage, aber keinen einheitlichen Körperschaftsteuersatz vor. Daher wird befürchtet, dass sich bei Umsetzung der *CCCTB* unter den Mitgliedstaaten der EU ein Steuersatz-Wettbewerb im Sinne eines *race to the bottom* entwickelt.

Insgesamt lässt sich daher konstatieren, dass die aufgezeigten Argumente gegen eine Umsetzung der *CCCTB*-Initiative durch die Mitgliedstaaten sprechen. Wenn aber schon eine auf EU-Sachverhalte erweiterte Konsolidierung im Konzern nicht durchführbar ist, erscheint der Gedanke an eine weltweite Ausweitung der deutschen Regelungen zur Konzernbesteuerung utopisch.

Dessen ungeachtet ist auch weiterhin eine grenzüberschreitende Konzernbesteuerung als erstrebenswertes Ziel anzusehen. Es bedarf daher konzeptionelle Überlegungen zu einer Einbeziehung von Konzernsachverhalten, die aus den genannten Gründen gegenüber der welt- bzw. EU-weiten Konsolidierung ein „Weniger“ darstellen, aber den bisherigen räumlichen Anwendungsbereich der Organschaft erweitern.

Ein entsprechendes Konzept könnte die Argumente gegen die *CCCTB*-Initiative als Ausgangspunkt aufnehmen. Die Souveränität auf dem Gebiet der direkten Steuern sollte daher, so die Lehre aus der Kritik zu der *CCCTB*, nur an solche Mitgliedstaaten übertragen werden, denen der übertragende Mitgliedstaat in Hinblick auf die Durchführung der Besteuerung Vertrauen entgegenbringt. Dies bedingt einen kleineren, dafür aber auch variableren Kreis teilnehmender Mitgliedstaaten. Die Übertragung von (Erhebungs-)Souveränität erscheint dann leichter vermittelbar. Daneben gewährleistet die Beteiligung nur weniger Mitgliedstaaten gegenüber einem europaweiten Ansatz für den einzelnen Staat die Flexibilität, die Übertragung der Souveränität nach einem „Testlauf"-Zeitraum wieder aufzuheben. Da die Kritik an der *CCCTB* in ihrer Argumentation auch mit dem wirtschaftlichen Entwicklungsstand der jeweiligen Mitgliedstaaten verbunden wird, kommen für diesen Kreis nur Mitgliedstaaten mit vergleichbarer Wirtschaftskraft in Frage.

Die aus der Kritik an der *CCCTB* entwickelten Vorgaben durch die mitgliedstaatliche Souveränität, das zwischenstaatliche Vertrauen und die Flexibilität können dabei im Sinne eines kleinsten gemeinsamen Nenners durch ein Konzept eingehalten werden, das auf einer bilateralen Übereinkunft nur zweier Mitgliedstaaten beruht und dementsprechend den räumlichen Anwendungsbereich der Konzernbesteuerung nur auf einen anderen Mitgliedstaat erweitert.

Ein solches bilateral grenzüberschreitendes (binationales) System der Gruppenbesteuerung kann auf das Konzept der *Home State Taxation* aufbauen, das ebenfalls im Zuge der Überlegungen zu einer Besteuerung grenzüberschreitender Körperschaftsteuersachverhalte in der EU entwickelt, gegenüber der *CCCTB*-Initiative aber als nicht ausreichend angesehen wurde. Gerade vor dem Hintergrund des Scheiterns der *CCCTB* ist aber festzustellen, dass ein binationales Gruppenbesteuerungskonzept die mit der *CCCTB* verbundenen Nachteile auf das kleinstmögliche Ausmaß begrenzt. Die bilaterale Übereinkunft zwischen den teilnehmenden Mitgliedstaaten würde schließlich die gegenseitige Anerkennung der jeweiligen Konzernbesteuerung manifestieren und die Übertragung der Erhebungssouveränität für die betroffenen Konzernsachverhalte auf den anderen Vertragsstaat rechtfertigen. Auch könnte die Formel zur Aufteilung des Besteuerungssubstrats im zwischenstaatlichen Wege an die Besonderheiten und unter Berücksichtigung des wirtschaftlichen Entwicklungsstandes in beiden Mitgliedstaaten angepasst werden. Diese teilweise Öffnung der Konzernbesteuerung würde die Vertragsstaaten für die Ansiedlung von Kapitalgesellschaften attraktiver machen. In gleichem Umfang steigerte sich die Sogwirkung des geschaffenen Besteuerungsraumes für außenstehende Mitgliedstaaten, so dass in dieser Hinsicht Assimilationstendenzen zu erwarten wären. Im Zuge der Etablierung könnten sodann weitere Staaten über entsprechende bilaterale Verträge mit den Vertragsstaaten in den räumlichen Anwendungsbereich aufgenommen werden. Die Vertragsstaaten würden somit zu einem Motor der Entwicklung innerhalb der EU und müssten nicht auf eine solche Entwicklung reagieren. Für eine binationale Gruppenbesteuerung spricht ferner der Aspekt, dass diese den Mitgliedstaaten nicht durch die EU auferlegt, sondern jeweils zwischenstaatlich frei gestaltbar ist. Sie verstößt damit auch nicht gegen das Subsidiaritätsprinzip innerhalb der EU. Dass es sich bei der binationalen Gruppenbesteuerung nicht um einen realitätsfernen Ansatz handelt, unterstreichen derweil die Konvergenzbestrebungen der Mitgliedstaaten Deutschland und Frankreich auf dem Gebiet der Unternehmensbesteuerung.

Die binationale Gruppenbesteuerung würde dazu führen, dass eine im anderen Vertragsstaat ansässige Konzerntochtergesellschaft nach dem für die Muttergesellschaft maßgeblichen Gewinnermittlungsregime veranlagt wird. Dies bedingt die gegenseitige Anerkennung der Gewinnermittlungsmethode zwischen den Vertragsstaaten, die als Basis für die Souveränitätsübertragung bezeichnet werden kann. Nach der Feststellung des Gewinns der Gruppe nach den Vorgaben im Ansässigkeitsstaat der Mutter würde der Konzerngewinn entsprechend eines Aufteilungsschlüssels, der die Faktoren Arbeit, Vermögen und Umsatz berücksichtigt, auf die Vertragsstaaten übertragen. Den so übermittelten Gewinnanteil der Gruppengesellschaft würde jeder Vertragsstaat nach seinem nationalen Satz besteuern.

Zur Umsetzung einer binationalen Gruppenbesteuerung müsste nach dem hier vertretenen Vorschlag das Doppelbesteuerungsabkommen mit dem betreffenden Staat um ein Zusatzprotokoll als Ausnahme zu den abkommensrechtlichen Gewinnzurechnungsvorschriften bei Gruppengesellschaften (im DBA Niederlande Art. 9 Abs. 1) ergänzt werden. Der Anwendungsbereich der Vorschriften zur Konzernbesteuerung in den Vertragsstaaten ist auf Sachverhalte zu erweitern, die von einer solchen Ausnahmeregelung in einem Doppelbesteuerungsabkommen erfasst sind.

Der binationalen Gruppenbesteuerung nach diesem Vorschlag stehen keine europarechtlichen oder nationalen Vorschriften entgegen. Sie stellt keinen schädlichen Steuerwettbewerb zwischen den Mitgliedstaaten dar, da sie nicht als selektive Maßnahme für ausländische Unternehmen anzusehen ist. Die Begrenzung des Verlustabzuges auf nationale Staatsgrenzen wird durch den EuGH hinsichtlich der europäischen Grundfreiheiten als gerechtfertigt angesehen, sofern bestimmte Aspekte (insbesondere die noch nicht geklärte Behandlung der finalen Verluste) Berücksichtigung finden. Da also diese Beschränkung der Grundfreiheiten schon gerechtfertigt ist, kann erst Recht eine Erweiterung der Verlustabzugsmöglichkeit auf Sachverhalte in einem anderen Mitgliedstaat nicht zu einem Verstoß gegen die Grundfreiheiten führen. Die binationale Gruppenbesteuerung verstößt auch nicht gegen den allgemeinen Gleichheitssatz. In das Konzept einbezogene Konzerngesellschaften sind gegenüber anderen inländischen Rechtsträgern in diesem Sinne nicht als taugliche Vergleichsgruppe i.S.d. Wesentlichkeit anzusehen.

Die Analyse verschiedener Gesichtspunkte zeigt auch, dass trotz teilweise gegensätzlicher Regelungen und der unterschiedlichen Dogmatik der Gruppenbesteuerungsvorschriften ein System der binationalen Gruppenbesteuerung auch zwischen Deutschland und den Niederlanden etabliert werden könnte. So könnte in einer entsprechenden bilateralen Übereinkunft zwischen beiden Staaten auch die Aufteilungsformal nach der *CCCTB* übernommen werden. Denn im Gegensatz zu einer europaweiten Gruppenbesteuerung besteht aufgrund der vergleichbaren wirtschaftlichen Situation und der Durchführung der Besteuerung in beiden Staaten nicht die Gefahr der Abwanderung von Steuersubstrat aus Gründen der

Steuervermeidung. Da der sachliche Anwendungsbereich der Gruppenbesteuerung nur auf einen zweiten Staat erweitert wird, stellten sich auch die Auswirkungen durch den grenzüberschreitenden Verlustabzug für den Fiskus als überschaubar dar. Dieses änderte sich nur, wenn in dem Vertragsstaat bereits nach nationalen Recht eine grenzüberschreitende Gruppenbesteuerung praktiziert würde. Um nicht mittelbar die global grenzüberschreitende Organschaft zu ermöglichen, macht daher eine binationale Gruppenbesteuerung aus deutscher Sicht nur zu solchen Mitgliedstaaten einen Sinn, deren Gruppenbesteuerungsregime bisher ebenso auf nationale Sachverhalte beschränkt ist. Die problematische Behandlung der in einem anderen Staat ansässigen Gesellschafter von Personengesellschaften wird durch ein binationales Gruppenbesteuerungskonzept nicht berührt. Insofern wäre es vor dem Hintergrund der gegenseitigen Anerkennung der Besteuerungsvorschriften konsequent, im Falle einer Umsetzung auch die Rechtsformunabhängigkeit der Obergesellschaft nach dem deutschen Organschaftsregime als Voraussetzung aufrecht zu erhalten. Die Minderheitsgesellschafter der im anderen Vertragsstaat ansässigen Tochter(Kapital-)gesellschaften sind derweil rechtlich in die Lage zu versetzen, die auch Minderheitsgesellschaftern deutscher Gruppengesellschaften zukommt und daher ein Wahlrecht zwischen einem Anspruch auf wiederkehrende Ausgleichszahlung oder auf einmalige Abfindungsleistung haben.

Bei Anwendung der binationalen Gruppenbesteuerung sollte jede in Deutschland ansässige Gruppengesellschaft für Zwecke der Gewerbesteuer getrennt nach dem ihr zuzuweisenden Gewerbeertrag besteuert werden, um eine Gleichbehandlung zu gewährleisten und die Steuerbefolgungskosten möglichst gering zu halten. Dazu bedarf es Änderungen im Gewerbesteuergesetz. § 7 GewStG ist dahingehend umzustellen, dass er auch – für inländische Gewerbebetriebe einer im Vertragsstaat ansässigen Konzernmutter – die Gewinnermittlung nach der Methode des Vertragsstaates zulässt.

Grundsätzlich wäre es auch konsequent, die in den Niederlanden praktizierte Nichtberücksichtigung gruppeninterner Transaktionen auch auf in Deutschland verwirklichte Konzernsachverhalte auszuweiten. Dem ist aber nicht nur die Missbrauchsanfälligkeit dieser Regelung gerade im grenzüberschreitenden Kontext sowie die Zielsetzung der binationalen Gruppenbesteuerung entgegenzuhalten, die durch jede Gruppengesellschaft erwirtschafteten Gewinne in ihrem Ansässigkeitsstaat der Besteuerung zuzuordnen. Dieses macht eine Gewinnermittlung für die im anderen Vertragsstaat ansässige Tochtergesellschaft unter Berücksichtigung der Auswirkungen gruppeninterner Rechtsverhältnisse notwendig. Aus vergleichbarer Interessenlage werden schon nach geltendem Recht der *fiscale eenheid* in den Niederlanden die Ergebnisse der Einheitsgesellschaften für Belange des Verlustabzuges getrennt ermittelt.

Da nicht alle in Frage kommenden Gesichtspunkte zwischen den Vertragsstaaten vor der Ein- und Durchführung absehbar sind, sind Institutionen zu etablieren, die eine zwischenstaatliche Verständigung bezüglich auftretender Konflikte ermöglichen. Nichtsdestotrotz wäre es ideal, wenn beide Vertragsstaaten gleiche

Gewinnermittlungsmethoden, etwa unter Orientierung an den Grundsätzen der *CCCTB* anwendeten.

Die binationale Gruppenbesteuerung, das zeigen die Analysen dieser Arbeit, ist allerdings auch ohne Etablierung neuer Gewinnermittlungsmethoden ein- und durchführbar. Der räumliche Anwendungsbereich der Organschaft würde sich durch die binationale Gruppenbesteuerung zunächst auf einen weiteren Mitgliedstaat vergrößern. Im Zuge der Etablierung des Systems und aufgrund dessen Anziehungswirkung könnte der Anwendungsbereich durch entsprechende bilaterale Vereinbarungen mit anderen Mitgliedstaaten flexibel und nach übereinstimmender Entscheidung der bisherigen Vertragsstaaten erweitert werden.

Literaturverzeichnis

Achatz, Markus/Kirchmayr, Sabine: Körperschaftsteuergesetz, Kommentar, Wien 2011 (zitiert: Bearbeiter, in Achatz/Kirchmayer, KStG).

Bauer, Klaus: Die Besteuerung deutscher Konzerne, Wirtschaftliche Einheit und Konzernsteuerrecht, Regensburg 1987.

Baumbach, Adolf/Hueck, Alfred/Fastrich, Lorenz/Haas, Ulrich/Hueck, Götz/Noack, Ulrich/Zöllner, Wolfgang: GmbHG, 19. Auflage, München 2010 (zitiert: Bearbeiter, in: Baumbach/Hueck, GmbHG, § Rn.).

Baumbach, Adolf/Hopt, Klaus J./Merkt, Hanno: Kommentar zum Handelsgesetzbuch mit GmbH & Co., Handelsklauseln, Bank- und Börsenrecht, Transportrecht (ohne Seerecht), 34. Auflage, München 2010.

Becker, Enno: Die Grundlagen der Einkommensteuer, Reprintausgabe München und Berlin 1940, Herne, Berlin 1982.

Beiser, Reinhold: Steuern, Ein systematischer Grundriss, 7. Auflage, Wien 2009.

Berg, Hans-Georg/Schmich, Rolf: Die Beschränkung des Verlustabzuges im Karlsruher Entwurf zum Einkommensteuergesetz, in DStR 2002, S. 346–348.

Birk, Dieter: Das Leistungsfähigkeitsprinzip in der Unternehmenssteuerreform, StuW 2000, S. 328–336.

Birk, Dieter: Zum Stand der Theoriediskussion in der Steuerrechtswissenschaft, StuW 1983, S. 293–299.

Birk, Dieter: Das Leistungsfähigkeitsprinzip als Maßstab der Steuernormen; Ein Beitrag zu den Grundfragen des Verhältnisses Steuerrecht und Verfassungsrecht, zugl. Habil. München 1981, Köln 1983.

Birk, Dieter: Verfassungsfragen im Steuerrecht – Eine Zwischenbilanz nach den jüngsten Entscheidungen des BFH und des BVerfG, DStR 2009, S. 877–882.

Blumenberg, Jens/Kring, Wulf: Europäisches Beihilferecht und Besteuerung, IFSt-Schrift Nr. 473, Berlin 2011.

Blümich, Walter/Heuermann, Bernd (Hrsg.)/Brandis, Peter (Hrsg.): Einkommensteuergesetz, Körperschaftsteuergesetz, Gewerbesteuergesetz, Kommentar, Loseblatts., München, Stand: Oktober 2013 (zitiert: Blümich/Bearbeiter, § .., Rn. ..).

Boer, Martin: Die niederländische fiskale Einheit in der Körperschaftsteuer, IStR 2011, 61–67.

Böhm, Steffen: Der Konzerngewinn als Grundlage für Dividendenausschüttung und Steuerbemesssung – Ein Vorschlag für eine Neuregelung, Dissertation (Universität Göttingen 1979), Göttingen 1979.

Breier, Ulrich: Mehr- und Minderabführungen in der Organschaft – Teil 1/2 – , Der Konzern 2011, S. 11–25.

Breier, Ulrich: Mehr- und Minderabführungen in der Organschaft – Teil 2/2 – , Der Konzern 2011, S. 84–98.

Brezing, Klaus: Die Mehrmütterorganschaft, StBpg. 1971, S. 49–52.

Brocke, Klaus von/Rottenmoser, Georg: Harmonisierung direkter Steuern? – Die GKKB im Lichte der Rechtsetzungskompetenzen der EU, IWB 2011, S. 620–626.

Brönner, Herbert/Bareis, Peter: Die Besteuerung der Gesellschaften, des Gesellschafterwechsels und der Umwandlungen, 17. Auflage, Stuttgart 1999 (zitiert: Brönner, Die Besteuerung der Gesellschaften, Rn.).

Bruijsten, C./Elsweier, Frank/Ros, E.W.: VPB-gids 2012, Deventer 2012.

Brusch, Friedrich: Reformbedarf bei der steuerlichen Organschaft – Hessische Überlegungen zum Gruppenbeitragsmodell, DB 2011 Standpunkte, S. 45–46.

Bühner, Rolf: Das Management-Wert-Konzept: Strategien zur Schaffung von mehr Wert in Unternehmen, Stuttgart 1990.

Bundesfinanzministerium: Prüfbericht: „Verlustverrechnung und Gruppenbesteuerung", vom 10.11.2011 http://www.bundesfinanzministerium.de/DE/Wirtschaft__und__Verwaltung/Steuern/Veroeffentlichungen__zu__Steuerarten/Koerperschaftssteuer__Umwandlungssteuerrecht/001__a,templateId=raw,property=publicationFile.pdf (21.11.11).

Bundesfinanzministerium: Grünbuch der Deutsch-Französischen Zusammenarbeit – Konvergenzpunkte der Unternehmensbesteuerung, Stand: Februar 2012 http://www.bundesfinanzministerium.de/Content/DE/Standardartikel/Themen/Steuern/gruenbuch-deutsch-franzoesische-zusammenarbeit-unternehmensbesteuerung-anlage.pdf?__blob=publicationFile&v=4.

Bundesfinanzministerium: Gutachten der Steuerreformkommission, Bonn 1971.

Crezelius, Georg: Steuerrechtliche Rechtsanwendung und allgemeine Rechtsordnung: Grundlagen für eine liberale Besteuerungspraxis, Habil. Univ. Bielefeld 1982, Herne/Berlin 1983.

Crezelius, Georg: Besteuerung aus Drittverhalten? – Überlegungen zu sog. Behaltefristen –, FR 2002, S. 805–811.

Da Silva, Bruno: From Marks & Spencer to X Holding: The Future of Cross-Border Group Taxation in the European Union, Intertax Volume 39 (2011), S. 257–265.

Danelsing, Walter: Reform der inländischen Organschaftsbesteuerung – Die österreichische Gruppenbesteuerung als ein mögliches Modell, DStR 2005, 1342 (1346).

Debatin, Helmut/Wassermeyer, Franz/Korn, Rudolf/Dietz, Georg: Doppelbesteuerung: Kommentar zu allen Doppelbesteuerungsabkommen. Band 4: Länderteil von Liechtenstein bis Österreich, München, Loseblattsammlung, Stand: Oktober 2013 (zitiert: Bearbeiter, in: Debatin/Wassermeyer, DBA Staat, Art. Rn.).

Deutsches Anwaltsinstitut: Jahrbuch der Fachanwälte für Steuerrecht: aktuelle steuerrechtliche Beiträge, Referate und Diskussionen der Steuerrechtlichen Jahresarbeitstagung 1987/88, Herne/Berlin 1988 (zitiert: Autor, JbFSt. 1987/88, S.).

Dörr, Ingmar: Abschaffung oder Erweiterung der Organschaft?! Zu den möglichen Konsequenzen der Rechtssache „Marks and Spencer plc“, IStR 2004, S. 265–272.

Dötsch, Ewald: Begründung einer Organschaft bei vororganschaftlichen Verlustvorträgen, Der Konzern 2010, S. 99–101.

Dötsch, Ewald/Patt, Joachim/Pung, Alexandra/Möhlenbrock, Rolf: Umwandlungssteuerrecht, 7. Auflage, Stuttgart 2012.

Dötsch, Ewald/Jost, Werner F./Pung, Alexandra/Witt, Georg: Kommentar zum Körperschaftsteuergesetz, Umwandlungssteuergesetz und zu den einkommensteuerrechtlichen Vorschriften der Anteilseignerbesteuerung, Stuttgart, Loseblatts., Stand: Dezember 2013.

Band 1: §§ 1–8 Abs. 2 KStG.

Band 3: §§ 9–33 KStG.

(zitiert: D/J/P/W/Bearbeiter, § .. Rn. ..).

Dötsch, Franz: Zur (Nicht-)Vererblichkeit des Verlustabzugs nach § 10d EStG – Anmerkungen zum Beschluss des Großen Senats des BFH vom 17.12.2007, GrS 2/04, DStR 2008, S. 641–646.

Dreier, Horst (Hrsg.): Grundgesetz Kommentar, Band 1: Präambel, Artikel 1–19, 3. Auflage, Tübingen 2013 (zitiert: Bearbeiter, in: Dreier, GG, Art. .. Rn. ..).

Drüen, Klaus-Dieter: Rechtsformneutralität der Unternehmensbesteuerung als verfassungsrechtlicher Imperativ?, GmbHRundschau 2008, S. 393–403.

Drüen, Klaus-Dieter: Periodengewinn und Totalgewinn: zum Einfluss des Totalgewinngedankens auf die steuerrechtliche Gewinnermittlung, Diss. Universität Bochum 1998, Berlin 1999.

Ebling, Iris: Besteuerung von Einkommen, 25. Jahrestagung der Deutschen Steuerjuristischen Gesellschaft, Band 24, Köln 2001 (zitiert: Bearbeiter, DStJG 24, S.).

Eibelshäuser, Manfred: Wirtschaftliche Betrachtungsweise im Steuerrecht – Herkunft und Bedeutung, DStR 2002, S. 1426–1432.

Elschen, Rainer: Entscheidungsneutralität, Allokationseffizienz und Besteuerung nach der Leistungsfähigkeit – Gibt es ein gemeinsames Fundament der Steuerwissenschaften?, StuW 1991, S. 99–115.

Elsweier, Frank/Grave, Johannes: Die niederländische Einheitstheorie im Praxistest – Eine Alternative für die Organschaft in Deutschland?, IStR 2013, S. 91–96.

Endres, Dieter: The Concept of Group Taxation: A Global Overview, Intertax Volume 31 (2003), S. 349–352.

Engels, Wolfram/Stützel, Wolfgang: Teilhabersteuer, Ein Beitrag zur Vermögenspolitik zur Verbesserung der Kapitalstruktur und zur Vereinfachung des Steuerrechts, 2. Auflage, Frankfurt am Main 1968.

Englisch, Joachim: Verfassungsrechtliche Grundlagen und Grenzen des objektiven Nettoprinzips, DStR 2009, Beihefter zu Heft 34, S. 92–100.

Englisch, Joachim: Anmerkung zu EuGH, Urteil vom 13.12.2005 – C 446/03 (Marks & Spencer), IStR 2006, S. 22–23.

Erle, Bernd/Sauter, Thomas: Körperschaftsteuergesetz, Die Besteuerung der Kapitalgesellschaft und ihrer Anteilseigner, 3. Auflage, Heidelberg 2010 (zitiert: Bearbeiter in Erle/Sauter, KStG, § Rn.).

Ernst & Young: Körperschaftsteuergesetz, Kommentar, Loseblatts., Stand: 04/2011 (zitiert: EY/Bearbeiter, § Rn.).

Essers, Peter: Belast verleden, Het Nederlandse belastingrecht onder nationaalsocialistisch regime, Margraten 2012.

Esterer, Fritz/Bartelt, Martin: Modernes Gruppenbesteuerungssystem für Deutschland – Kritische Analyse der Organschaft und mögliche Reformansätze – , BB Beilage Nr. 1 2010, 2–8.

Europäische Kommission: Company Taxation in the Internal Market, Sec(2001) 1681, Brüssel, 23.10.2001 (einsehbar unter: http://ec.europa.eu/taxation_customs/resources/documents/company_tax_study_en.pdf).

Fellinger, Antje/Welling, Berthold: Auslegungsfragen zur kleinen Organschaftsreform – Positives Ziel nicht aus den Augen verlieren, DStR 2013, S. 1718–1720.

Fellinger, Michaela: Steuerliche Förderung von Forschung und Bildung, (Dissertation Alpen-Adria-Universität Klagenfurt 2009), Wien/Graz 2009.

Fleischer, Holger/Goette, Wulf: Münchener Kommentar zum Gesetz betreffend die Gesellschaften mit beschränkter Haftung – GmbHG, Band 3 (§§ 53–85), München 2011 (zitiert: MünchKommGmbHG/Bearbeiter, § Rn.).

Förster, Guido/Krauß, Sebastian: Der Richtlinienvorschlag der Europäischen Kommission zur Gemeinsamen konsolidierten Körperschaftsteuer-Bemessungsgrundlage (GKKB) vom 16.3.2011, IStR 2011, S. 607–615.

Frey, Johannes/Sälzer, Marc: Die deutsche Konzernbesteuerung im Umbruch – Gelingt die Befreiung aus den Schlingen des Gewinnabführungsvertrags?, BB 2012, S. 294–298.

Frotscher, Gerrit/Maas, Ernst/Herrmann, Hans-Joachim: Körperschaftsteuer, Gewerbesteuer, Umwandlungssteuer Band 2: §§ 8b bis 40 KStG, Loseblatts., Freiburg im Breisgau, Stand Januar 2014 (zitiert: F/M/Bearbeiter, § Rn.).

Fußbroich, Pinkas: Verlustverrechnung und Verlustverwertung im nationalen Kapitalgesellschaftskonzern, DStR 2002, S. 697–705.

Gassner, Wolfgang/Lang, Michael/Wiesner, Werner: Besteuerung von Unternehmensgruppen – Bestandsaufnahme und Vorschläge zur Reform der Organschaft im Körperschaftsteuerrecht, Wien 1998 (zitiert: Bearbeiter, in: Gassner/Lang/Wiesner, Besteuerung von Unternehmensgruppen, S.).

Geiger, Uli: Die Ertragsbesteuerung der Konzernunternehmung in den Niederlanden nach dem Konzept der fiskalen Einheit, IWB 2002, Fach 5 Gruppe 2, 361–364.

Giloy, Jörg: Zur Periodizität der Einkommensteuer, FR 1979, S. 133–137.

Glanegger, Peter/Güroff, Georg/Kirnberger, Christian/Kusterer, Stefan/Peuker, Monika/Ruß, Werner/Selder, Johannes: Heidelberger Kommentar zum Handelsgesetzbuch, Handelsrecht, Bilanzrecht, Steuerrech, Kommentar zum Handelsgesetzbuch mit den Rechnungslegungsvorschriften nach dem Bilanzrichtlinien-Gesetz und den Steuern der kaufmännischen Personenunternehmen, 7. Auflage, Heidelberg 2007.

Glaser, Andreas: Auf dem Weg zu einer sachgerechten Konzernbesteuerung – die GKKB als Leitbild?, DStR 2011, S. 2317–2325.

Gosch, Dietmar: Körperschaftsteuergesetz, Kommentar, 2. Auflage, München 2009.

Grewer, Christoph: Rückwirkung von Ergebnisabführungsverträgen, DStR 1997, S. 745–747.

Grieser, Utho/Wirges, Julia: Anforderungen an die Verlustübernahmeverpflichtung bei ertragsteuerlichen Organschaften im GmbH-Konzern – BFH-Beschlüsse vom 28.7.2010 und 15.9.2010, I B 27/10, DStR 2010, 2288–2290.

Groll, Rüdiger von: Verluste im Steuerrecht, 29. Jahrestagung der Deutschen Steuerjuristischen Gesellschaft e.V., Mainz, 27. und 29. September 2004, Köln 2005 (zitiert: Bearbeiter, in: DStJG 28, S.).

Grotherr, Siegfried: Übertragung von Konzernrechnungslegungsgrundsätzen ins Konzernsteuerrecht?, WPg 1995, S. 81–97.

Grotherr, Siegfried: Die unterschiedlichen Konzernbesteuerungssysteme in den Mitgliedstaaten der Europäischen Union – Eine steuersystematische Analyse im Hinblick auf Reformüberlegungen beim steuerlichen Organschaftskonzept, StuW 1996, S. 356–378.

Haase, Florian: Die grenzüberschreitende Organschaft – eine Bestandsaufnahme, BB 2009, 980–987.

Hackmann, Johannes: Die Besteuerung des Lebenseinkommens, Ein Vergleich von Besteuerungsverfahren, Habilitationsschrift Freie Universität Berlin 1976, Tübingen 1979.

Hackmann, Johannes: Ein Gesetzesvorschlag für einen generellen interperiodischen Progessionsausgleich, StuW 1982, S. 173–191.

Halm, Dirk: Aktuelle Zweifelsfragen bei der Begründung und Beendigung von Beherrschungsverträgen mit der GmbH als Untergesellschaft, NZG 2001, S. 728–738.

Heithuis, Edwin/J.W. Van den Dool, R.P.: Compendium vennootschapsbelasting, 9. Auflage, Deventer 2010.

Heitzinger, Franz/Silber, Günther: Die steuerliche Begünstigung von Forschung und Entwicklung in Österreich, IStR 2005, S. 118–122.

Herkenroth, Klaus/Hein, Oliver/Labermeier, Alexander/Pache, Sven/Striegel, Andreas/Wiedenfels, Matthias: Konzernsteuerrecht, 1. Auflage, Wiesbaden 2008.

Herlinghaus, Andreas: StSenkG: Änderung der Eingliederungsvoraussetzungen bei Organschaften (§ 14 KStG und § 2 Abs. 2 S. 2 GewStG), FR 2000, 1105–1114.

Herrmann, Carl/Heuer, Gerhard/Raupach, Arndt: Einkommensteuer- und Körperschaftsteuergesetz, Kommentar, Loseblatts., Köln, Stand: Juli 2013 (zitiert: Bearbeiter, in: H/H/R, § .. Rn. ..).

Herzig, Norbert: Organschaft, zugleich Festschrift für Thiel, Stuttgart 2003 (zitiert: Autor, in: Herzig, Organschaft, S.).

Herzig, Norbert: Die Organschaft im Umbruch, Beihefter zu DStR 2010, S. 61–67.

Herzig, Norbert/Wagner, Thomas: Einschränkung der Verlustberücksichtigung bei Kapitalgesellschaften, DStR 2003, S. 225–233.

Heurung, Rainer/Engel, Benjamin/Schröder, Sebastian: BB-Rechtsprechungsreport ertragsteuerliche Organschaft 2010, BB 2011, 599–606.

Heurung, Rainer/Klübenspies, Marco: Ertragsteuerliche Organschaften im Lichte des BMF-Schreibens vom 26.8.2003, BB 2003, 2483–2495.

Hey, Johanna/Nickel, Paul/Schreiber, Christoph: Einführung einer modernen Gruppenbesteuerung – Ein Reformvorschlag –, IFSt-Arbeitsgruppe, Schrift Nr. 471, Berlin 2011 (zitiert: Hey u.a., IFSt-Schrift Nr. 471, S.).

Hey, Johanna: Harmonisierung der Unternehmensbesteuerung in Europa: ein Vorschlag unter Auswertung des Ruding-Berichts und der US-amerikanischen „integration debate", Dissertation, Univ. Köln 1996, Köln 1997.

Hoene, Philipp: Der grenzüberschreitende Gewinnabführungsvertrag, IStR 2012, S. 462–464.

Hohage, Uwe/Willkommen, Christa: Der Gewinnabführungsvertrag und die ertragsteuerliche Organschaft im GmbH-Konzern, BB 2011, 224–227.

Holtmann, Michael: Der Konzern als Holding-Organisation, DStR 1998, S. 1278–1280.

Hübl, Leo: Die Organtheorien im Körperschaftsteuerrecht, DStZ A 1965, S. 17–25.

Isensee, Josef/Kirchhof, Paul: Handbuch des Staatsrechts der Bundesrepublik Deutschland, Band V: Rechtsquellen, Organisation, Finanzen, 3. Auflage, Heidelberg 2007 (zitiert: Bearbeiter, in: Isensee/Kirchhof, HBStR, Bd. V, § Rn.).

Jacobs, Otto H./Spengel, Christoph: Ertragsbesteuerung von Konzernen in Deutschland und Frankreich – Eine vergleichende Analyse unter besonderer Berücksichtigung der Behandlung konzerninterner Transaktionen (Teil I), IStR 1994, S. 100–104.

Jacobs, Otto H./Spengel, Christoph: Ertragsbesteuerung von Konzernen in Deutschland und Frankreich – Eine vergleichende Analyse unter besonderer Berücksichtigung der Behandlung konzerninterner Transaktionen (Teil II), IStR 1994, S. 146–151.

Jakobs, Horst Heinrich/Knobbe-Keuk, Brigitte/Picker, Eduard/Wilhelm, Jan: Festschrift für Werner Flume zum 70. Geburtstag: 12. September 1978, Band 2, Köln 1978 (zitiert: Bearbeiter, in: FS Flume, Bd. 2, S.).

Jebens, Carsten Thomas: Müssen die Gesamtplan-Tatbestandsmerkmale wegen divergierender Auffassungen im BFH gesetzlich fixiert werden?, BB 2010, S. 2025–2027.

Jochum, Heike: Organschaft versus Gruppenbesteuerung: Ist der Ergebnisabführungsvertrag als Organschaftsvoraussetzung bei der Körperschaftsteuer verzichtbar?, FR 2005, S. 577–585.

Jochum, Heike: Grundfragen des Steuerrechts; Eine verfassungsrechtliche und methodische Einführung für Lehre und Praxis, Tübingen 2012.

Jungnitz, Susanne: „Fiscale eenheid" in den Niederlanden – Vorbild für eine Reform der Gruppenbesteuerung in Deutschland? – , IStR 2006, 266–272.

Jurkat, Werner: Die Organschaft im Körperschaftsteuerrecht, Heidelberg 1975 (zitiert: Jurkat, Die Organschaft, Rn.).

Kaeser, Christian: Der Gewinnabführungsvertrag als formale Hürde der Organschaft, Beihefter zu DStR 30 2010, S. 56–61.

Kahl, Wolfgang (Hrsg.)/Waldhoff, Christian (Hrsg.)/Walter, Christian (Hrsg.)/Dolzer, Rudolf/Graßhoff, Karin: Bonner Kommentar zum Grundgesetz, Loseblatts., Stand: 07/2013, Heidelberg (zitiert: Bearbeiter, in: Bonner Kommentar, Art. .. Rn. ..).

Kahle, Holger/Schulz, Sebastian: Sachstand und Lösungsansätze zur Entwicklung einer G(K)KB, FR 2013, S. 49–57.

Kahlert, Günter: Beendigung der ertragsteuerlichen Organschaft mit dem vorläufigen Insolvenzverfahren, DStR 2014, S. 73–77.

Karrenbrock, Holger: Wider die Aushöhlung des Leistungsfähigkeitsprinzips durch die Mindestbesteuerung – Stellungnahme zu den BFH-Beschlüssen vom 6.3.2003 und zur Neuregelung der Mindestbesteuerung durch das ProtErklG – , DB 2004, S. 559–564.

Karsten, Klaus: Die körperschaftsteuerliche Organschaft, DStR 1991, 893–898.

Kessler, Wolfgang: Gruppenbesteuerungssysteme im internationalen Vergleich, in Unternehmenssteuerrecht und internationales Steuerrecht, Gedächtnisschrift für Dirk Krüger 2006, 235–253.

Kessler, Wolfgang/Förster, Guido/Watrin, Christoph: Unternehmensbesteuerung: Festschrift für Norbert Herzig zum 65. Geburtstag (zitiert: Autor, FS Herzig, S.).

Kessler, Wolfgang/Kröner, Michael/Köhler, Stefan: Konzernsteuerrecht, National – International, 2. Auflage, München 2008 (zitiert: Bearbeiter, in: Kessler/Kröner/Köhler, Konzernsteuerrecht, S.).

Kessler, Wolfgang: Plädoyer für eine konsistente Orientierung an der wirtschaftlichen Leistungsfähigkeit der Konzernunternehmung, in: DB 2011, Standpunkte Nr. 10 – Perspektiven der Verlustverrechnung im Konzern, S. 73–74.

Kirchhof, Paul: Die Besteuerung des Einkommens in einem einfachen, maßvollen und gleichmäßigen Belastungssystem, BB 2006, S. 71–75.

Kirchhof, Paul: Einkommensteuergesetz, Kommentar, 10. Auflage, Köln 2011 (zitiert: Bearbeiter in Kirchof, EStG, §.. Rn. ..).

Kirchhof, Paul: Rechtsmaßstäbe finanzstaatlichen Handelns, Das Besteuerun, Das Horten und Zuteilen von Finanzvermögen, JZ 1979, S. 153–159.

Kirchhof, Paul: Steuergleichheit, StuW 1984, S. 297–314.

Kirchhof, Paul/Raupach, Arndt: Die Unzulässigkeit einer rückwirkenden gesetzlichen Änderung der Mehrmütterorganschaft, DB 2001, Beilage Nr. 3, S. 1–18.

Kirchhof, Paul/Lehner, Moris/Raupach, Arndt/Rodi, Michael: Staaten und Steuern: Festschrift für Klaus Vogel zum 70. Geburtstag, Heidelberg 2000.

Kirchhof, Paul/Lambsdorff, Otto Graf/Pinkwart, Andreas: Perspektiven eines modernen Steuerrechts, Festschrift für Hermann Otto Solms, Berlin 2005.

Klingelhöffer, Hans: Die Bedeutung des Steuerrechts bei der Auslegung und Anwendung zivilrechtlicher Normen, DStR 1997, S. 544–546.

Knobbe-Keuk, Brigitte: Das Steuerrecht – eine unerwünschte Rechtsquelle des Gesellschaftsrechts?, Köln 1986.

Koch, Alexander: Die steuerliche Einheit *(fiscale eenheid)* im Rahmen von Gruppenbesteuerungsmodellen unter besonderer Berücksichtigung der Marks & Spencer Entscheidung des EuGH, Osnabrück 2006 (zitiert: Koch, Die steuerliche Einheit, S.).

Kok, Q.W.J.C.H./De Vries, R.J.: Het nieuwe beleidsbesluit fiscale eenheid: Belangrijke stappen vooruit en gemiste kansen, WFR 2011/262, S. 1–16.

Kollruss, Thomas: Die neuen Organschaftsregeln in den Niederlanden und Double-Dip-Strukturen für deutsche Outbound-Investitionen, IStR 2004, 5–10.

Kraft, Cornelia/Kraft, Gerhard: Grundlagen der Unternehmensbesteuerung, Die wichtigsten Steuerarten und ihr Zusammenwirken, 1. Auflage, Wiesbaden 2004.

Krause, Rüdiger/Veelken, Winfried/Vieweg, Klaus: Recht der Wirtschaft und der Arbeit in Europa, Gedächtnisschrift für Wolfgang Blomeyer, Berlin 2004.

Krauß, Sebastian: Country-by-country-reporting: Ein Weg zu einer formelhaften Gewinnaufteilung?, IStR 2014, S. 204–207.

Krebs, Hans-Joachim: Die ertragsteuerliche Organschaft – Überlegungen vor dem Hintergrund des Berichts der Bundesregierung zur Fortentwicklung des Unternehmenssteuerrechts, BB 2001, 2029–2036.

Krebühl, Hans-Herbert: Reform der körperschaftsteuerlichen und gewerbesteuerlichen Organschaft, DB 1995, S. 743–748.

Krebühl, Hans-Herbert: Zur Reform und Reformnotwendigkeit der deutschen Konzernbesteuerung, DStR 2001, S. 1730–1741.

Krebühl, Hans-Herbert: Besteuerung der Organschaft im neuen Unternehmenssteuerrecht, DStR 2002, S. 1241–1250.

Kreile, Reinhold: Zum Vorentwurf einer EG-Richtlinie über die Harmonisierung der steuerrechtlichen Gewinnermittlungsvorschriften, DB 1988, Beilage Nr. 18/88 zu Heft Nr. 45.

Kühn, Wolfgang: Probleme mit Minderheitsaktionären in der Aktiengesellschaft, BB 1992, S. 291–299.

Küster, Utz/Köhler, Hansjoachim: Zur Nutzung körperschaftsteuerlicher Verlustvorträge in Organschaftsfällen, BB 1998, 2401–2404.

Küting, Karlheinz: Ein erneutes Plädoyer für eine Einheitsbesteuerung – Fortschrittliches Konzernrechnungswesen als Grundlage einheitlicher Besteuerung –, DB 1990, S. 489–497.

Küting, Karlheinz/Grau, Philipp/Seel, Christoph: Grundlagen der Konzernrechnungslegung, Eine Einführungsvorlesung, Beihefter zu DStR 2010, S. 33–52.

Lampert, Steffen: Doppelbesteuerungsrecht und Lastengleichheit: Qualifikations- und Zurechnungskonflikte bei der Besteuerung von Personengesellschaften, Diss. Universität Saarbrücken 2009, Baden-Baden 2010.

Lampert, Steffen: Perspektiven der Rechtsangleichung auf dem Gebiet der direkten Steuern in der Europäischen Union, Zur Bedeutung der binationalen Zusammenarbeit als Instrument der Angleichung der Unternehmensbesteuerungssysteme, EuZW 2013, S. 493–498.

Lampert, Steffen/Grave, Johannes: Die Einführung eines Gruppenbeitragsmodells, Vorbote der Angleichung europäischer Gruppenbesteuerungssysteme?, DStZ 2012, S. 463–468.

Lang, Joachim: Die Bemessungsgrundlage der Einkommensteuer, Rechtssystematische Grundlagen steuerlicher Leistungsfähigkeit im deutschen Einkommensteuerrecht, Habilitationsschrift Universität Köln 1981, Köln 1988.

Lang, Joachim: Systematisierung der Steuervergünstigungen: ein Beitrag zur Lehre vom Steuertatbestand, Berlin 1974.

Lang, Michael/Pistone, Pasquale/Schuch, Josef/Staringer, Claus: Common Consolidated Corporate Tax Base, Series on International Tax Law, Volume 53, Wien 2008 (zitiert: Bearbeiter, in Lang/Pistone/Schuch/Staringer, Common Consolidated Corporate Tax Base, S.).

Lehner, Moris: Verluste im nationalen und Internationalen Steuerrecht, Münchener Schriften zum Internationalen Steuerrecht mit Diskussionsbeiträgen eines Münchener Symposions (Heft 24), München 2004.

Lenz, Martin/Seroin, Patrick/Handwerker, Eva: Die französische Gruppenbesteuerung – ein Modell für Deutschland?, in DB 2012, S. 365–372.

Lenz, Martin/Adrian, Gerrit/Handwerker, Eva: Geplante Neuregelung der ertragsteuerlichen Organschaft, Erläuterung und erste Anmerkungen zum Gesetz zur Änderung und Vereinfachung der Unternehmensbesteuerung und des steuerlichen Reisekostenrechts, BB 2012, S. 2851–2859.

Lenz, Martin/Rautenstrauch, Gabriele: Der Richtlinienentwurf zur Gemeinsamen konsolidierten KSt-Bemessungsgrundlage (GKKB), DB 2011, S. 726–731.

Linn, Alexander/Reichl, Alexander/Wittkowski, Ansas: Grenzüberschreitende Verlustverrechnung: Möglichkeiten und Grenzen, BB 2006, S. 630–638.

Lodin, Sven-Olof/Gammie, Malcolm: Home State Taxation, Amsterdam 2001.

Lüdicke, Jochen/Sistermann, Christian: Unternehmenssteuerrecht; Gründung, Finanzierung, Umstrukturierung, Übertragung, Liquidation, 1. Auflage, München 2008.

Lüdicke, Jürgen/Rödel, Sabine: Generalthema II: Gruppenbesteuerung, IStR 2004, S. 549–554.

Lüdicke, Jürgen: Anmerkungen zur deutschen Verhandlungsgrundlage für Doppelbesteuerungsabkommen, Beihefter zu IStR 2013, Heft 10, S. 25–46.

Mangoldt, Hermann von/Klein, Friedrich/Starck, Christian (Hrsg.): Kommentar zum Grundgesetz, Band 1: Präambel, Artikel 1 bis 19, 6. Auflage, München 2010 (zitiert: Bearbeiter, in: v.Mangoldt/Klein/Starck, GG, Art. .. Rn. ..).

Maunz, Theodor/Dürig, Günter: Grundgesetz, Kommentar, Band I, Texte, Art. 1–5, Loseblatts., München, Stand: Mai 2013 (zitiert: Bearbeiter, in: Maunz/Dürig, Art. .. GG, Rn. ..).

Merten, Detlef (Hrsg.)/Papier, Hans-Jürgen (Hrsg.): Handbuch der Grundrechte in Deutschland und Europa, Band V, Grundrechte in Deutschland: Einzelgrundrechte II (zitiert: Bearbeiter, in: HGR V, §.. Rn. ..).

Michael Streck: Körperschaftsteuergesetz mit Nebengesetzen, 8. Auflage, München 2014 (zitiert: Streck/Bearbeiter, KStG § Rn.).

Middendorf, Oliver/Holtrichter, Thore: Änderungen bei der ertragsteuerlichen Organschaft, StuB 2013, S. 123–127.

Milatz, Jürgen E./Schäfers, Bernadette: Ausgliederung im Gemeinnützigkeitssektor am Beispiel von Krankenhäusern – Können Betriebe gewerblicher Art oder gemeinnützige Körperschaften steuerliche Organschaften nutzen?, DB 2005, 1761–1768.

Mitschke, Joachim: Lebenseinkommensbesteuerung durch interperiodischen Progressionsausgleich, StuW 1980, S. 122–134.

Mitschke, Joachim: Textentwurf einer EStG-Änderung zur Lebenseinkommensbesteuerung durch interperiodischen Progressionsausgleich, StuW 1980, S. 252–267.

Mössner, Jörg Manfred/Seeger, Siegbert: Kommentar zum KStG, Herne 2013 (zitiert: Mössner/Seeger/Bearbeiter, § Rn.).

Mühl, Thomas/Wagenseil, Andreas: Der Gewinnabführungsvertrag – gesellschafts- und steuerrechtliche Aspekte, NZG 2009, 1253–1259.

Müller-Gatermann, Gert/Möhlenbrock, Rolf/Fehling, Daniel: Wege zu mehr Konvergebt in der Unternehensbesteuerung in der EU, Eine Bestandsaufnahme zu wesentlichen Aspekten des GKKB-Richtlinienentwurfs, ISR 2012, S. 17–23.

Müller, Thomas/Stöcker, Ernst E./Lieber, Bettina: Die Organschaft, Körperschaftsteuerrecht, Gewerbesteuerrecht, Umsatzsteuerrecht, Grunderwerbsteuerrecht, 8. Auflage, Herne 2011.

Nef von Herisau, Hans: Gleichheit und Gerechtigkeit, zugl. Habil. Univ. Zürich 1941, Zürich 1941.

Neumayer, Jochen/Imschweiler, Christoph: Aktuelle Rechtsfragen zur Gestaltung und Durchführung von Gewinnabführungsverträgen, GmbHR 2011, S. 57–64.

Oesterwinter, Petra: Aktuelle Entwicklungen im Rahmen der Reform der ertragsteuerlichen Organschaft – Punktuelle Problemlösungen anstelle der Einführung einer Gruppenbesteuerung, DStZ 2012, S. 867–870.

Orth, Manfred: Geschäftsleitende Holding-Personengesellschaft als Organträger, DB 2005, S. 741–743.

Pache, Sven/Englert, Max: Grenzüberschreitende Verlustverrechnung deutscher Konzernspitzen – Ist die Organschaft noch zu retten?, IStR 2007, S. 47–52.

Prinz, Ulrich: Aktuelle Entwicklung und Beratungsfragen im steuerlichen Organschaftsrecht, FR 1993, S. 725–735.

Prinz, Ulrich: Gedankensplitter zur konzeptionellen Fortentwicklung des steuerlichen Organschaftsrechts, Beihefter zu DStR 2010, S. 67–72.

Prinz, Ulrich: Das europäische GKKB-Projekt – eine Einschätzung aus Beratersicht, StuB 2011, S. 461–463.

Probst, Arno: Die Behandlung der Anteile von Minderheitsgesellschaftern innerhalb der Besteuerung der Konzernunternehmung: eine steuersystematische Analyse konzerninduzierter betriebswirtschaftlicher Interessenvielfalt, (Dissertation Universität Mannheim 1996), Frankfurt am Main u.a., 1997.

Pullen, Michael: Körperschaftsbesteuerung nationaler und internationaler deutscher Konzerne: Eine kritische Analyse aus ökonomischer Sicht, Dissertation (Universität-Gesamthochschule Duisburg 1994), Hamburg 1994.

Quantschnigg, Peter/Achatz, Markus/Haidenthaler, Ernst/Trenkwalder, Verena. Tumpel, Michael: Gruppenbesteuerung, Kommentar und systematische Darstellungen, Wien 2005.

Rautenstrauch, Gabriele: Gruppenbesteuerung nach dem Richtlinienentwurf einer Gemeinsamen konsolidierten Körperschaftsteuerbemessungsgrundlage (GKKB), EWS 2011, S. 161–167.

Reis, Monique: Die Körperschaftsbesteuerung des Konzerns als wirtschaftliche Einheit – Mögliche Alternative zur Einzelbesteuerung?, (Dissertation Universität Würzburg 1995), Frankfurt am Main, Berlin, Bern, New York, Paris, Wien 1996.

Reuß, Andreas/Bürsing, Dirk: Mehrmütterorganschaft – Gehören die Anteile an der Organgesellschaft zum Sonderbetriebsvermögen?, BB 2002, S. 2525–2527.

Rödder, Thomas: Aktuelles Beratungs-Know-how Konzernsteuerrecht, DStR 2002, 1800–1803.

Rödder, Thomas: Reformbedarf bei der steuerlichen Organschaft – Einführung einer neuen modernen Gruppenbesteuerung, DB 2011 Standpunkte, S. 41–42.

Rödder, Thomas: Droht in Deutschland ein zigfaches Scheitern von steuerlichen Organschaften?, DStR 2010, S. 1218–1219.

Röder, Erik: Das System der Verlustverrechnung im deutschen Steuerrecht, Verfassungsrechtliche Vorgaben und Ausgestaltung de lege ferenda, Diss. Universität Bayreuth 2009, Köln 2010.

Rogall, Matthias/Dreßler, Daniel: Ungereimtheiten betreffend Ausgleichszahlungen an Minderheitsgesellschafter bei Organschaften, DStR 2015, S. 449–456.

Rottnauer, Achim E.: Vertragsgestaltung bei „Mehrmütterorganschaft" im GmbH-Konzernrecht, DB 1991, S. 27–31.

Rublack, Carolin: Berücksichtigung finaler Auslandsverluste – Ein Vorschlag zur Umsetzung der unionsrechtlichen Anforderungen im deutschen Steuerrecht –, IFSt-Schrift Nr. 472, Berlin 2011.

Schaefer, Franz/Wind, Martina/Mager, Martin: Beendigung und Begründung von Organschaften beim Unternehmenskauf, DStR 2013, S. 2399–2406.

Scheffler, Wolfram/Krebs, Claudia: Richtlinienvorschlag zur CCCTB: Bestimmungen der Steuerbemessungsgrundlage im Vergleich mit der Steuerbilanz nach EStG, DStR-Beihefter 2011, S. 13–28.

Scheffler, Wolfram/Schöpfel, Heiner/Köstler, Melanie/Binder, Sebastian: Konsequenzen der GKKB für die Gewerbesteuer, StuW 2013, S. 28–38.

Scheidle, Günther/Koch, Dirk: Zweifelsfragen bei der körperschaftsteuerlichen Organschaft aufgrund mittelbarer Beteiligung, DB 2005, 2656–2658.

Scheuchzer, Marco: Ertragsbesteuerung von Konzernen in den Niederlanden aus betriebswirtschaftlicher Sicht, IStR 1994, 562–568.

Scheunemann, Marc: Praktische Anforderungen einer grenzüberschreitenden Verlustberücksichtigung im Konzern in Inbound- und Outboundfällen nach der Entscheidung Marks & Spencer, IStR 2006, S. 145–154.

Schick, Walter: Der Verlustrücktrag, München 1976.

Schmidt, Ludwig/Müller, Thomas/Stöcker, Ernst E.: Die Organschaft, Körperschaftsteuerrecht, Gewerbesteuerrecht, Umsatzsteuerrecht, Grunderwerbsteuerrecht, 6. Auflage, Herne/Berlin 2003.

Schmidt, Ludwig: Einkommensteuergesetz, 32. Auflage, München 2013 (zitiert: Schmidt/Bearbeiter EStG §.. Rn. ..).

Schnitger, Arne: Urteil des EuGH in der Rs. SCA als Katalysator für eine deutsche Organschaftsreform – jetzt geht's los (?), IStR 2014, S. 587–591.

Schnittker, Helder/Hartmann, Rainer: Zur Verfassungsmäßigkeit des Ausschlusses der Lebens- und Krankenversicherungsunternehmen von der körperschaft- und gewerbesteuerlichen Organschaft, BB 2002, 277–282.

Scholz, Franz: Kommentar zum GmbH-Gesetz: mit Anhang Konzernrecht, 10. Auflage, Köln 2006.

Schön, Wolfgang/Osterloh-Konrad, Christine: Kernfragen des Unternehmenssteuerrechts, Berlin/Heidelberg 2010 (zitiert: Bearbeiter in Schön/Osterloh-Konrad, Kernfragen des Unternehmenssteuerrechts, S.).

Schön, Wolfgang: Gedächtnisschrift für Brigitte Knobbe-Keuk, Köln 1997.

Schöneborn, Thomas: Aktuelle Formfragen der ertragsteuerlichen Organschaft, DB 2010, S. 245–248.

Schönfeld, Jens: Praxisfragen der grenzüberschreitenden Organschaft – dargestellt anhand von Fallbeispielen, IStR 2012, S. 368–374.

Schönfeld, Jens: Praxisfragen der grenzüberschreitenden Organschaft – dargestellt anhand von Fallbeispielen, IStR 2012, S. 368–374.

Schröder, Holger: Neues DBA mit den Niederlanden unterzeichnet, IStR-LB 2012, S. 49–51.

Schultze-Schlutius, Hans-Gisbert: Die Organtheorie unter besonderer Berücksichtigung der Kapitalgesellschaften, Essen 1955 (zitiert: Schultze-Schlutius, Die Organtheorie, S.).

Schulze, Reiner/Zuleeg, Manfred/Kadelbach, Stefan: Europarecht, Handbuch für die deutsche Rechtspraxis, 2. Auflage, Baden-Baden 2010.

Sedlaczek, Stefan: Verlustbehandlung bei Kapitalgesellschaften und Konzernen in den Niederlanden – ein Überblick, IWB 2006, Fach 5 Gruppe 2, 435–440.

Seeger, Siegbert: Perspektiven der Unternehmensbesteuerung, 26. Jahrestagung der Deutschen Steuerjuristischen Gesellschaft, Köln 2002 (zitiert: Bearbeiter, DStJG 25, S.).

Seer, Roman: Das Spannungsverhältnis zwischen der Bestandskraft des Steuerbescheides und der Verfassungswidrigkeit einer Steuergesetznorm, DStR 1993, S. 307–313.

Seer, Roman: „Unfairer" und „fairer" Steuerwettbewerb in der EU, IWB 2006, Fach 11, Gruppe 2, S. 725–734.

Simon, Stefan/Leuering, Dieter: Beherrschungs- und Gewinnabführungsverträge im GmbH-Recht, NJW-Spezial 2006, S. 363–364.

Spengel, Christoph: Steuerliche Förderung von Forschung und Entwicklung in Deutschland – Ökonomische Begründung, Handlungsbedarf und Reformoptionen,

Beitrag der Arbeitsgruppe „Steuerliche FuE-Förderung“ der Forschungsunion Wirtschaft – Wissenschaft“, DStR 2009, S. 179–182.

Spengel, Christoph/Ortmann-Babel, Martina/Zinn, Benedikt/Matenaer, Sebastian: Gemeinsame Konsolidierte KSt-Bemessungsgrundlage (GK(K)B) und steuerliche Gewinnermittlung in den EU-Mitgliedstaaten der Schweiz und den USA – Eine vergleichende und quantitative Analyse –, DB 2013, Beilage 2, S. 1–16.

Stahl, Rudolf/Fuhrmann, Claas: Entwicklungen im Steuerrecht der Organschaft: Begründung, Durchführung und Beendigung der Organschaft, NZG 2003, 250–258.

Strik, S.A.W.J./De Vries, N.H.: Cursus Belastingrecht, Vennootschapsbelasting, Studenteneditie 2010–2011, Deventer 2010.

Süß, Stefan/Mayer, Stefan: BFH: Formal-zivilrechtliche Betrachtungsweise bei Organschaft gilt auch bei Änderung des Ergebnisabführungsvertrages, DStR 2009, S. 789–791.

Sydow, Sabine: Gruppenbesteuerung: steuerliche Einheit zwischen Tochtergesellschaften – EuGH-Entscheidung in den verb. Rs. C-39–41/13 „SCA Group Holding BV“, IStR 2014, S. 480–486.

Tappen, Falko/Riegel, Martin: Die verunglückte Organschaft (Teil I), SteuK 2010, 309–313.

Tappen, Falko/Riegel, Martin: Die verunglückte Organschaft (Teil II), SteuK 2010, 331–335.

Teiche, Andreas: Verfahrensrechtliche Aspekte nach der Organschaftsreform, DStR 2013, S. 2197–2205.

Tetzlaff, Christian: Aufhebung von harten Patronatserklärungen, WM 2011, S. 1016–1023.

Theisen, Manuel/René: Der Konzern, Betriebswirtschaftliche und rechtliche Grundlagen der Konzernunternehmung, 2. Auflage, Stuttgart 2000.

Tillmanns, Wolfhard: Frankreich: Einführung der Gruppenbesteuerung (Organschaft), RIW 1988, S. 275–284.

Tipke, Klaus: Steuergerechtigkeit unter besonderer Berücksichtigung des Folgerichtigkeitsgebots, StuW 2007, S. 201–220.

Tipke, Klaus: Über Steuergerechtigkeit in Steuergesetzgebung, Steuerverwaltung und Steuergerichtsbarkeit, Vom politischen Schlagwort zum Rechtsbegriff und zur praktischen Anwendung, StuW 1980, S. 281–297.

Tipke, Klaus: Die Steuerrechtsordnung, Band I: Wissenschaftsorganisatorische, systematische und grundrechtlich-rechtsstaatliche Grundlagen, 2. Auflage, Köln 2000.

Tipke, Klaus: Die Steuerrechtsordnung, Band II: Steuerrechtfertigungstheorie, Anwendung auf alle Steuerarten, sachgerechtes Steuersystem, 2. Auflage, Köln 2003.

Tipke, Klaus/Seer, Roman/Hey, Johanna/Englisch, Joachim: Gestaltung der Steuerrechtsordnung, Festschrift für Joachim Lang zum 70. Geburtstag, Köln 2010.

Van der Geld, J.A.G.: Hoofdzaken vennootschapsbelasting, 7. Auflage, Deventer 2011.

Wagner, Thomas: Konzeption einer Gruppenbesteuerung, Dissertation (Universität Köln 2006), Köln 2006.

Wassermeyer, Franz: Die Erzielung von Drittstaateneinkünften über eine schweizerische Personengesellschaft, IStR 2007, S. 211–212.

Wassermeyer, Franz: Widersprüchlichkeiten bei der Organschaft, DStR 2004, S. 214–216.

Wassermeyer, Franz/Richter, Stefan/Schnittker, Helder: Personengesellschaften im internationalen Steuerrecht, Köln 2010 (zitiert: Bearbeiter, in: Wassermeyer u.a., Personengesellschaften im internationalen Steuerrecht, Rn.).

Wendt, Rudolf: Besteuerung und Eigentum, NJW 1980, S. 2111–2118.

Winter, Michael/Marx, Eric: „Grenzüberschreitende" Organschaft mit zugezogenen EU/EWR-Gesellschaften, Neue Gestaltungsmöglichkeiten aufgrund des BMF-Schreibens vom 28.3.2011, IStR 2011, S. 1101–1107.

Wissenschaftlicher Beirat beim Bundesministerium der Finanzen: Gutachten zur Reform der direkten Steuern (Einkommensteuer, Körperschaftsteuer, Vermögensteuer und Erbschaftsteuer) in der Bundesrepublik Deutschland, Bad Godesberg 1967.

Witt, Carl-Heinz: Die Konzernbesteuerung – Vorschlag zur Fortentwicklung des Rechts der steuerlichen Organschaft (Habilitationsschrift Heidelberg/Osnabrück 2006), Köln 2006 (zitiert: Witt, Die Konzernbesteuerung, S.).

Witt, Carl-Heinz: Reform der steuerlichen Organschaft: Kleine Schritte, aber längst nicht der große Wurf, in Die Erste Seite, BB Heft 7/2013.

Witt, Carl-Heinz: Reform der Konzernbesteuerung (V), FR 2009, S. 1045–1049.

Witt, Georg: Die Organschaft im Ertragsteuerrecht, Stuttgart 1999.

Wittkowski, Ansas/Hielscher, Stephan: Wesentliche Gesetzesänderungen zur Unternehmensbesteuerung – insbesondere zum Jahreswechsel 2012/2013, BC 2012, S. 542–549.

Wöhe, Günter: Ausgewählte steuerliche Probleme bei Unternehmenszusammenschlüssen, DStR 1990, Beihefter zu Heft 7, S. 1–24.